L'EUROPE

DÉPARTEMENTS ET TERRITOIRES D'OUTRE-MER

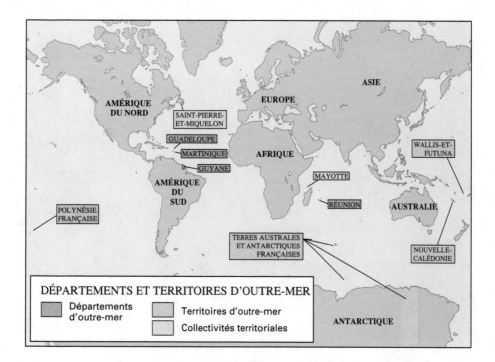

Contents

Chapitre deux   Qu'est-ce que vous aimez?   29

Chapitre trois   La famille   57

Chapitre quatre L'identité 89

Escale 1 L'Amérique du Nord 126

Chapitre cinq Quoi de neuf? 130

Chapitre six   Vos activités   162

Chapitre sept   Où êtes-vous allé(e)?   192

Chapitre huit On mange bien en France 219

Escale 2 L'Afrique noire francophone 252

Chapitre neuf Où est-ce qu'on l'achète? 256

Chapitre douze   Les réservations   343

Escale 3   Le Maghreb   374

Chapitre treize   Ma journée   378

To the Student

*E*ntre amis is a first-year college French program centered around the needs of a language learner like you. Among these needs is the ability to communicate in French and to develop insights into French culture and language. You will have many opportunities to hear French spoken and to interact with your instructor and classmates. Your ability to read and write French will improve with practice. The functions and exercises are designed to enable you to share information about your life—your interests, your family, your tastes, your plans.

HELPFUL HINTS

While you will want to experiment with different ways of studying the material you will learn, a few hints, taken from successful language learners, are in order:

En français, s'il vous plaît! Try to use what you are learning with anyone who is able to converse in French. Greet fellow students in French and see how far you can go in conversing with each other.

Enjoy it. Be willing to take off the "wise-adult" mask and even to appear silly to keep the communication going. Everybody makes mistakes. Try out new words, use new gestures, and paraphrase, if it helps. Laugh at yourself; it helps.

Bring as many senses into play as possible. Study out loud, listen to the taped materials, use a pencil and paper to test your recall of the expressions you are studying. Anticipate conversations you will have and prepare a few French sentences in advance. Then try to work them into your conversations.

Nothing ventured, nothing gained. One must go through lower-level stages before reaching a confident mastery of the language. Study and practice, including attentive listening, combined with meaningful interaction with others will result in an ability to use French to communicate.

Where there's a will, there's a way. Be resourceful in your attempt to communicate. Seek alternative ways of expressing the same idea. For instance, if you are stuck in trying to say, «Comment vous appelez-vous?» ("What is your name?"), don't give up your attempt and end the conversation. Look for other ways of finding out that person's name. You may want to say, «Je m'appelle John/Jane Doe. Et vous?» or «John/Jane Doe» (pointing to yourself). «Et vous?» (pointing to the other person). There are often numerous possibilities!

Use your imagination. Some of the exercises will encourage you to play a new role. Add imaginary details to these situations, to your life story, etc., to enliven the activities.

O R G A N I Z A T I O N   O F   T H E   T E X T

The text is divided into fifteen chapters with a brief preliminary chapter plus four *Escales* that provide a glimpse of some of the many places where French is spoken outside of France. Each chapter is organized around a central cultural theme with three major divisions: **Coup d'envoi, Buts communicatifs,** and **Intégration.**

All presentation material, *Prise de contact* and *Conversation* in the *Coup d'envoi*, and the introduction to each *But communicatif* are recorded on the Student Cassettes shrink-wrapped with your text. Listen to these to prepare for your French class or to review by yourself afterwards. You will also find on the cassettes the poems used as readings in the *Intégration* section and some *Vignettes* (short skits) for each chapter that you can listen to for additional practice. You can test your understanding of the *Vignettes* by doing the related exercises in the *Cahier d'activités.*

Coup d'envoi

Coup d'envoi = *Kickoff.*
Prise de contact = *Initial Contact.* See pp. 8, 30, etc.

This section starts the cycle of listening, practicing, and personalizing which will make your learning both rewarding and enjoyable. You will often be asked to reflect and to compare French culture with your own culture.

Prise de contact is a short presentation of key phrases, often illustrated. In this section you are encouraged to participate and respond to simple questions about your family, your life, or your recent activities.

Conversation/Lettre typically shows a language learner in France, adapting to French culture. You will often find this person in situations with which you can identify: introducing himself or asking for directions, for example. Then you will be asked what you would do or say in a similar situation.

The *À propos* section describes particular aspects of French culture. These cultural sections will help you understand why, for example, the French do not usually say "thank you" when responding to a compliment or why family meals are more structured and significant in France than they are in the United States.

The *Il y a un geste* section is a special feature of *Entre amis* and an integral part of every chapter. It consists of photos and descriptions of common French gestures. The primary purpose of the gestures is to reinforce the meaning of the expressions associated with them that you will learn and use throughout the year.

The *Entre amis* activities give you a chance to speak French one-on-one with a friend in class. You are given a skit or other role-playing activity that duplicates a real-life situation (ordering a meal in a café, finding out what your partner did yesterday, etc.). These appear several times in each chapter.

The *Prononciation* section helps you to imitate correctly general features of French pronunciation as well as specific sounds. It is important that your speech be readily understandable so that you can communicate more easily with people in

French. The Student Cassettes contain a section that practices the pronunciation lesson for each chapter.

Buts communicatifs

Buts communicatifs =
Communicative goals.
See pp. 13, 35, etc.

As was the case in the **Coup d'envoi** section, each of the **Buts communicatifs** sections begins with a presentation, including key phrases that you will use to interact with your instructor and classmates. Material from the **Coup d'envoi** is recycled in the **Buts communicatifs.** The section is divided according to specific tasks, such as asking for directions, describing your weekend activities, and finding out where things are sold. Within this context, there are grammar explanations, exercises, vocabulary, and role-playing activities. The vocabulary is taught in groups of words directly related to each of the functions you are learning. All of these words are then listed at the end of each chapter in the *Vocabulaire actif* section. Each section of the **Buts communicatifs** ends with an *Entre amis* activity that encourages you to put to use what you have just learned.

Intégration

This final section includes one or more reading selections *(Lectures).* These readings are usually adapted from authentic French materials, such as excerpts from newspapers, magazines, literary texts, or poems. There are activities both before and after each reading to relate the material to your own experience and to help increase your understanding. In addition, there is an activity that corresponds to a specific segment of the *Pas de problème!* videocassette. A list of all the active vocabulary of the chapter is included at the end of this section.

Escales

Escale = *Stop over.*
See pp. 126, 252, etc.

These four sections, appearing at intervals between chapters, will acquaint you with areas of the Francophone world in North America, Africa, and the Caribbean. After an introduction to basic facts and a brief chronology for some of these countries, you will enjoy hearing about particular aspects of their culture, such as food, music, art, festivals, literature, and traditions.

Appendices

The reference section contains verb conjugations, an appendix of phonetic symbols, a list of professions, a glossary of grammatical terms, French-English and English-French vocabularies, and an index.

A N C I L L A R I E S

Cahier d'activités

The *Cahier d'activités* combines Workbook, Lab Manual, and Video Workbook with answer keys for each section so that you can correct yourself as you progress through the chapters.

The Workbook activities will reinforce the vocabulary and grammar you have learned and give you writing practice as you correspond with four pen pals from some of the Francophone countries described in the first three *Escales* in the text.

Activities in the Lab Manual will help you practice pronunciation (Part A) and listening comprehension (Part B), using the Cassette Program.

Following the Lab Manual in the *Cahier* are some activities relating to *Vignettes* (short skits) to provide additional practice listening to an exchange between native speakers. The *Vignettes* are recorded on the Student Cassettes at the end of each chapter.

The Video Workbook activities are coordinated with the **Pas de problème! Videocassette.** Shot live in France, this exciting video will enable you to watch and listen to native-speaking French people interacting with others in their daily lives. Each module introduces an everyday problem which you will help to solve. The activities in the workbook will help you understand the video and apply what you have learned.

The *Pas de problème!* CD-ROM

A CD-ROM, using footage from the *Pas de problème!* Video, is available for you to practice specific skills and tasks, and to help you to understand the video.

The Cassette Program

In addition to the two Student Cassettes shrink-wrapped with your text, eight cassettes include the recordings coordinated with the Lab Manual activities.

Computer Study Modules

Designed to help you review your textbook material, this software offers computer activities to practice vocabulary and grammar. It is available in Windows and Mac format.

A C K N O W L E D G M E N T S

We, the authors, are deeply indebted to the editorial staff of Houghton Mifflin for giving us the opportunity to develop and produce the text. Their encouragement and guidance made *Entre amis,* Third Edition possible and allowed us to continue to improve the text through field testing and the editing process.

Michael Oates specifically wishes to thank his wife, Maureen O'Leary Oates, for her patience during the development and editing of *Entre amis.* Larbi Oukada also wishes to express his gratitude to the following individuals for their contribution to the renovated *Escales:*

Brenda Bertrand, Associate Faculty, IUPUI
Didier Bertrand, Associate Professor, IUPUI
Obioma Nnaemeka, Associate Professor, IUPUI
Page Curry, Associate Faculty, IUPUI DePauw University
Rosalie Vermette, Associate Professor, IUPUI

We would also like to express our sincere appreciation to the following people for their thoughtful reviews of the second edition of *Entre amis.*

Didier Bertrand, IUPUI, Indianapolis, IN
Anne Caillaud, Grand Valley State University, Allendale, MI
Michelle Connolly, Community College of Rhode Island, Warwick, RI
Ann D. Cordero, George Mason University, Fairfax, VA
Sara R. Hart, Shoreline Community College, Seattle, WA
Monique McDonald, Simon Fraser University, Burnaby, British Columbia, Canada
Wanda Sandle, formerly of Howard University, Washington, D.C.
Héloïse C. Séailles, Mississippi University for Women, Columbus, MS
Susan J. Skoglund, Kirkwood Community College, Cedar Rapids, IA
Marion Yudow, Rutgers University, New Brunswick, NJ

Buts communicatifs

Understanding basic
  classroom commands
Understanding numbers
Understanding basic
  expressions of time
Understanding basic
  weather expressions

Au départ

Buts communicatifs

Grasping the meaning of spoken French is fundamental to learning to communicate in French. Developing this skill will require patience and perseverance, but your success will be enhanced if you associate a mental image (e.g., of a picture, an object, a gesture, an action, the written word) with the expressions you hear. This preliminary chapter will focus on establishing the association of sound and symbol in a few basic contexts: classroom expressions, numbers, time, and weather.

I. Understanding Basic Classroom Commands

Dans la salle de classe

Listen carefully and watch the physical response of your teacher to each command. Once you have learned to associate the actions with the French sentences, you may be asked to practice them.

Levez-vous!
Allez à la porte!
Ouvrez la porte!
Sortez!
Frappez à la porte!
Entrez!
Fermez la porte!

Allez au tableau!
Prenez la craie!
Écrivez votre nom!
Mettez la craie sur la table!
Donnez la craie à ... !
Donnez-moi la craie!
Asseyez-vous!

Il y a un geste

Frapper à la porte. When knocking on a door (**toc**, **toc**, **toc**), the French often use the back of the hand (open or closed).

Compter avec les doigts. When counting, the French normally begin with the thumb, then the index finger, etc. For instance, the thumb, index, and middle fingers are held up to indicate the number three, as a child might indicate when asked his/her age.

II. Understanding Numbers

0 1 2 3 4 5 6 7 8 9

Les nombres

0	zéro	10	dix	20	vingt
1	un	11	onze	21	vingt et un
2	deux	12	douze	22	vingt-deux
3	trois	13	treize	23	vingt-trois
4	quatre	14	quatorze	24	vingt-quatre
5	cinq	15	quinze	25	vingt-cinq
6	six	16	seize	26	vingt-six
7	sept	17	dix-sept	27	vingt-sept
8	huit	18	dix-huit	28	vingt-huit
9	neuf	19	dix-neuf	29	vingt-neuf
				30	trente

III. Understanding Basic Expressions of Time

Quelle heure est-il?

Il est une heure.   Il est une heure dix.   Il est une heure quinze.   Il est une heure trente.

Il est deux heures   Il est deux heures   Il est deux heures.   Il est trois heures.
moins vingt.   moins dix.

Prononciation

This material is recorded on the Homework Cassette that accompanies your text. Use it to practice pronunciation.

Masculin ou féminin?

You will learn to identify nouns and adjectives in French as masculine or feminine.

Often, the feminine form ends in a consonant <u>sound</u> while the masculine form ends in a vowel <u>sound</u>.

Féminins		*Masculins*	
Françoise	Louise	François	Louis
Jeanne	Martine	Jean	Martin
Laurence	Simone	Laurent	Simon
chaude	froide	chaud	froid
française	intelligente	français	intelligent

L'alphabet français

Practice the French alphabet with the expressions you have learned so far. Read an expression out loud; spell it in French; close your book and try to write it from memory.

	prononciation		prononciation
A	ah	N	enne
B	bé	O	oh
C	sé	P	pé
D	dé	Q	ku
E	euh *(uh)*	R	erre *air*
F	effe	S	esse
G	jé	T	té
H	ashe	U	u *(ooh)*
I	i *(e)*	V	vé
J	ji	W	double vé
K	ka	X	iks
L	elle	Y	i grec *Egray*
M	emme	Z	zed

Comment est-ce qu'on écrit **merci?**   *How do you spell "merci"?*
Merci s'écrit M-E-R-C-I.   *"Merci" is spelled M-E-R-C-I.*

IV. Understanding Basic Weather Expressions

Quel temps fait-il?

Il fait beau.
Il fait du soleil. *(sole)*

Il fait du vent. *(vant)*

(fai)
Il fait froid. *(frwa)*

Il fait chaud. *(show)*

Il pleut.

Il neige. *(neeje)*

VOCABULAIRE

Quelques expressions pour la salle de classe

Pardon?	*Pardon?*
Comment?	*What (did you say)?*
Répétez, s'il vous plaît.	*Please repeat.*
Encore.	*Again.*
En français.	*In French.*
Ensemble.	*Together.*
Tout le monde.	*Everybody, everyone.*
Fermez le livre.	*Close the book.*
Écoutez.	*Listen.*
Répondez.	*Answer.*
Comment dit-on «*the teacher*»?	*How do you say "the teacher"?*
On dit «le professeur».	*You say "le professeur."*
Que veut dire «le tableau»?	*What does "le tableau" mean?*
Ça veut dire «*the chalkboard*».	*It means "the chalkboard."*
Je ne sais pas.	*I don't know.*
Je ne comprends pas.	*I don't understand.*

Handwritten margin notes: (Comme... repite —   En Sem   Ecutez   Comme dit on   Sen sai pa

Il y a un geste

Comment? Pardon? An open hand, cupped behind the ear, indicates that the message has not been heard and should be repeated.

Chapitre 1

Bonjour!

Coup d'envoi

[handwritten: habiter — Don't pronounce the H.]

Prise de contact   ### Les présentations

[handwritten: Don't pronounce the e. je suis — nous sommes — tu es — vous etes — il est — ils sont — elle est]

Mademoiselle Becker   **Monsieur Davidson**

[handwritten: j'bète →]

Je m'appelle°	Je m'appelle	*My name is*
Lori Becker.	James Davidson.	
J'habite à° Boston.	J'habite à San Francisco.	*I live in*
Je suis° américaine.	Je suis américain. *[handwritten: (can)]*	*I am*
Je suis célibataire°.	Je suis célibataire.	*single*

[handwritten: o(l né est pas]   *[handwritten: Monsieur]*

Madame Martin   **Monsieur Martin**

Review the Helpful Hints found in the *To the Student* section in the front of your text.

Be sure to learn the vocabulary on the first two pages of each chapter.

Je m'appelle	Je m'appelle
Anne Martin.	Pierre Martin.
J'habite à Angers.	J'habite à Angers.
Je suis française.	Je suis français.
Je suis mariée°.	Je suis marié. *married*

[handwritten: Macrie]

➔ **Et vous?**   Qui êtes-vous?°   *And you? Who are you?*

Dans un hôtel à Paris

Deux hommes sont au restaurant de l'hôtel Ibis à Paris.

Pierre Martin:	Bonjour°, Monsieur! Vous permettez?°	*Hello* *May I?*
	(He touches the empty chair.)	
James Davidson:	Bonjour! Certainement. Asseyez-vous là°!	*there; here*
Pierre Martin:	Vous êtes anglais?°	*Are you English?*
James Davidson:	Non, je suis américain. Permettez-moi de me présenter.° Je m'appelle James Davidson.	*Let me introduce myself.*
	(They stand up and shake hands.)	
Pierre Martin:	Martin, Pierre Martin.	
	(A receptionist comes into the room.)	
La Réceptionniste:	Le téléphone, Monsieur Davidson. C'est pour vous.° Votre communication de Californie.°	*It's for you.* *Your call from California.*
James Davidson:	Excusez-moi, s'il vous plaît, Monsieur.	
Pierre Martin:	Oui, certainement. Au revoir, Monsieur.	
	(They shake hands again.)	
James Davidson:	Bonne journée°, Monsieur.	*Have a good day*
Pierre Martin:	Merci°, vous aussi°.	*Thank you / also, too*

➡ **Jouez ces rôles.** Role-play the conversation with a partner. Use your own identities.

Why does Pierre Martin say Bonjour, Monsieur **instead of just** Bonjour?

a. He likes variety; either expression will do.
b. **Bonjour** alone is a bit less formal than **Bonjour, Monsieur.**
c. He is trying to impress James Davidson.

Only one answer is culturally accurate. Read the information below to find out which one.

Monsieur, Madame et Mademoiselle

A certain amount of formality is in order when initial contact is made with French speakers. It is more polite to add **Monsieur, Madame,** or **Mademoiselle** when addressing someone than simply to say **Bonjour.** James Davidson catches on toward the end of the conversation when he remembers to say **Bonne journée, Monsieur.**

Le premier contact (Breaking the ice)

Pierre Martin asks if he can sit at the empty seat. However, the French are usually more reticent than Americans to "break the ice." This may present a challenge to the language learner who wishes to meet others, but as long as you are polite, you should not hesitate to begin a conversation.

Le prénom (first name)

It is not unusual to have the French give their last name first, especially in professional situations. Americans are generally much quicker than the French to begin to use another's first name. Rather than instantly

condemning the French as "colder" than Americans, the wise strategy would be to refrain from using the first name when you meet someone. It is important to adapt your language usage to fit the culture. "When in Rome, do as the Romans do."

Il y a un geste

Le contact physique. James Davidson and Pierre Martin shake hands during their conversation, a normal gesture for both North Americans and the French when meeting someone. However, the French would normally shake hands with friends, colleagues, and their neighbors each time they meet and, if they chat for a while, at the end of their conversation as well. Physical contact plays a very important role in French culture and forgetting to shake hands with a friend would be rude.

Le téléphone. The French indicate that there is a telephone call by spreading the thumb and little finger of one hand and holding that hand near the ear.

→ À vous. How would you respond to the following?

1. Je m'appelle Alissa. Et vous?
2. Vous êtes français(e)?
3. J'habite à Paris. Et vous?
4. Excusez-moi, s'il vous plaît.
5. Bonne journée.

entre*amis*

Permettez-moi de me présenter

1. Greet your partner.
2. Find out if s/he is French.
3. Give your name and tell where you live.
4. Can you say anything else? (Be sure to shake hands when you say good-bye.)

Prononciation

This pronunciation lesson is recorded on the Homework Cassette that accompanies your text. Use it to practice pronunciation at home.

L'accent et le rythme

There are an enormous number of related words in English and French. We inherited most of these after the Norman Conquest, but many are recent borrowings. With respect to pronunciation, these are the words that tend to reveal an English accent the most quickly.

⊖ Compare:

Anglais	*Français*
CER-tain	cer-TAIN
CER-tain-ly	cer-taine-MENT
MAR-tin	Mar-TIN
a-MER-i-can	a-mé-ri-CAIN

Even more important than mastering any particular sound is the development of correct habits in three areas of French intonation.

1. *Rhythm:* French words are spoken in groups, and each syllable but the last is said very evenly.
2. *Accent:* In each group of words, the last syllable is lengthened, thus making it the only accented syllable in the group.
3. *Syllable formation:* Spoken French syllables end in a vowel sound much more often than English ones do.

Counting is an excellent way to develop proper French rhythm and accent. Repeat after your instructor:

un DEUX	*un deux TROIS*	*un deux trois QUATRE*
mon-SIEUR	s'il vous PLAÎT	le té-lé-PHONE
mer-CI	cer-taine-MENT	A-sse-yez-VOUS
fran-ÇAIS	té-lé-PHONE	Mon-sieur Mar-TIN

Les consonnes finales

A final (written) consonant is normally not pronounced in French.

Françoi~~s~~	permette~~z~~	s'il vou~~s~~ plaî~~t~~
George~~s~~	françai~~s~~	troi~~s~~
Il fai~~t~~ froi~~d~~	américai~~n~~	deu~~x~~

These are the same as the consonants in the English word CaReFuL.

There are some words whose final consonant is always pronounced (many words ending in **c, f, l,** or **r,** for instance).

Frédéri**c**	neu**f**	Miche**l**	bonjou**r**

When a consonant is followed by **-e** within the same word, the consonant is always pronounced. A single **-s-** followed by **-e** is pronounced as [z]. Two **-ss-** followed by **-e** are pronounced [ss].

français**e**   sui**ss**e   américain**e**   j'habi**t**e   je m'appe**ll**e

When a final silent consonant is followed by a word beginning with a vowel, it is often pronounced with the next word. This is called **liaison.**

vou~~s~~ *(silent)*   vou~~s~~ [z]êtes
deu~~x~~ *(silent)*   deu~~x~~ [z]hommes

Buts communicatifs

I. Greeting Others

Learn all the words in each *But communicatif*.

le jour° / le matin° / l'après-midi°   *day / morning / afternoon*

  Bonjour, Monsieur.
  Bonjour, Madame.
  Bonjour, Mademoiselle.

  Bonjour, Marie.
  Salut°, Marie.   *Hi*

le soir° / la nuit°   *evening / night*

  Bonsoir°, Monsieur.   *Good evening; Hello*
  Bonsoir, Madame.
  Bonsoir, Mademoiselle.

  Bonsoir, Marie.
  Salut, Marie.

Remarques:
1. **Bonjour** and **bonsoir** are used for both formal (**Monsieur, Madame,** etc.) and first-name relationships.
2. The family name (**le nom de famille**) is not used in a greeting. For example, when saying hello to Madame Martin, one says **Bonjour, Madame.**
3. **Salut** is used only in first-name relationships.
4. **M., Mme,** and **Mlle** are the abbreviations for **Monsieur, Madame,** and **Mademoiselle.**

1. **Attention au style.** Greet each of the following people at the indicated time of day. Adapt your choice of words to fit the time and the person being greeted. Be careful not to be overly familiar. If there is more than one response possible, give both. ↙*morning*

> *Modèles:* Monsieur Talbot (le matin à 8 heures)
> **Bonjour, Monsieur.**
>
> Marie (l'après-midi à 2 heures)
> **Bonjour, Marie.** ou
> **Salut, Marie.**

1. Éric (le soir à 7 heures)
2. Mademoiselle Monot (le matin à 9 heures)
3. Monsieur Talbot (l'après-midi à 4 heures)
4. another student (la nuit à 1 heure)
5. your French teacher (le matin à 11 heures)
6. your best friend (le soir à 10 heures)

II. Exchanging Personal Information

<table>
<tr><td>Comment vous appelez-vous?°
   Je m'appelle Nathalie Lachance.</td><td>*What is your name?*</td></tr>
<tr><td>Où habitez-vous?°
   J'habite à Laval.
   J'habite près de° Montréal.</td><td>*Where do you live?*

near</td></tr>
<tr><td>Êtes-vous célibataire?
   Non, je suis mariée.</td><td></td></tr>
</table>

> Learn all the words in each *But communicatif.*

> Pronounce **appelle** [apɛl] and **appelez** [aple].

➡ Et vous, Monsieur (Madame, Mademoiselle)?

Remarques:
1. **Je m'appelle** and **Comment vous appelez-vous?** should be memorized for now. Note that in **Comment vous appelez-vous?** there is only one **l**, while in **Je m'appelle,** there are two.
2. Use **J'habite à** to identify the *city* in which you live.
3. Use **J'habite près de** to identify the city you live *near*.

2. **Les inscriptions** *(Registration).* You are working at a conference in Geneva. Greet the following people and find out their names and the city where they live.

> *Modèle:* Monsieur Robert Perrin (Lyon)
>
> —**Bonjour, Monsieur. Comment vous appelez-vous?**
> —**Je m'appelle Perrin, Robert Perrin.**
> —**Où habitez-vous?**
> —**J'habite à Lyon.**

1. Mademoiselle Chantal Rodrigue (Toulouse)
2. Madame Anne Vermette (Montréal)
3. Monsieur Joseph Guy (Lausanne)
4. Mademoiselle Jeanne Delon (Paris)
5. le professeur de français
6. le président de la République française
7. le président des États-Unis (USA)
8. le premier ministre du Canada

A. Les pronoms sujets

▷ The subject pronouns in French are:

singular forms		plural forms	
je (j')	*I*	**nous**	*we*
tu	*you*		
vous	*you*	**vous**	*you*
il	*he; it*	**ils**	*they*
elle	*she; it*	**elles**	*they*
on	*one; someone; people; we*		

▷ Before a vowel sound at the beginning of the next word, **je** becomes **j'**. This happens with words that begin with a vowel, but also with most words that begin with **h-,** which is silent.

J'adore Québec, mais **j'**habite à New York.

▷ **Tu** is informal. It is used to address one person with whom you have a close relationship. **Vous** is the singular form used in other cases. To address more than one person, one always uses **vous.**

Tu es à Paris, Michel?
Vous êtes à Lyon, Monsieur?
Marie! Paul! **Vous** êtes à Bordeaux!

Note: Whether **vous** is singular or plural, the verb form is always plural.

▷ There are two genders in French: masculine and feminine. All nouns have gender, whether they designate people or things. **Il** stands for a masculine person or thing, **elle** for a feminine person or thing. The plural **ils** stands for a group of masculine persons or things, and **elles** stands for a group of feminine persons or things.

le tableau = **il**   les tables = **elles**
la porte = **elle**   les téléphones = **ils**

▷ For a group that includes both masculine and feminine nouns (**Nathalie, Karine, Paul et Marie), ils** is used, even if only one of the nouns is masculine.

Karine et Éric? **Ils** sont à Marseille.

▷ **On** is a subject pronoun used to express generalities or unknowns, much as do the English forms *one, someone, you, people*. In informal situations, **on** can sometimes be used to mean *we*.

On est à San Francisco.   *We are in San Francisco.*
On est riche en Amérique?   *Are people in America rich?*

B. Le verbe *être*

Il est à Québec.
Je suis à Strasbourg.
Nous sommes à Besançon.

▷ The most frequently used verb in French is **être** *(to be).*

je	**suis**	*I am*	nous	**sommes**	*we are*
tu	**es**	*you are*	vous	**êtes**	*you are*
il	**est**	*he is; it is*	ils	**sont**	*they are (m. or m. + f.)*
elle	**est**	*she is; it is*	elles	**sont**	*they are (f.)*
on	**est**	*one is; people are; we are*			

▷ Before a vowel sound at the beginning of the next word, the silent final consonant of many words (but not all!) is pronounced and is spoken with the next word. This is called **liaison. Liaison** is necessary between a pronoun and a verb.

Vous [z]êtes à Montréal.   On [n]est où?

Review the use of **liaison** on p. 13.

▷ **Liaison** is possible after all forms of **être,** but is common *only* with **est** and **sont.**

Il est [t]à Paris.   Elles sont [t]à Marseille.

3. **Où sont-ils?** *(Where are they?)*   Tell where the following people are. Use a subject pronoun in your answer.

Modèle: tu (Los Angeles) **Tu es à Los Angeles.**

1. Lori (Boston)
2. Lise et Elsa (Bruxelles)
3. Thierry (Monte Carlo)
4. je (…)
5. Pierre et Anne (Angers)
6. nous (…)
7. Thérèse et Sylvie (Paris)
8. vous (…)

C. L'accord des adjectifs

Review *Pronunciation,* p. 4.

▷ Most adjectives have two pronunciations: one when they refer to a feminine noun and one when they refer to a masculine noun. From an oral point of view, it is usually better to learn the feminine form first. The masculine pronunciation can often be found by dropping the last consonant *sound* of the feminine.

Barbara est **américaine.**   Bob est **américain** aussi.
Christine est **française.**   David est **français** aussi.

▷ Almost all adjectives change their spelling depending on whether the nouns they refer to are masculine or feminine, singular or plural. These spelling changes may or may not affect pronunciation.

Il est américain.   Elle est américaine.
Ils sont américains.   Elles sont américaines.

Il est marié.   Elle est mariée.
Ils sont mariés.   Elles sont mariées.

⟩ The feminine adjective almost always ends in a written **-e.** A number of masculine adjectives end in **-e** also. In this case, masculine and feminine forms are identical in pronunciation and spelling.

célibataire   fantastique   optimiste

⟩ The plural is usually formed by adding a written **-s** to the singular. However, since the final **-s** of the plural is silent, the singular and the plural are pronounced in the same way.

américain   américain**s**
américaine   américaine**s**

Note: If the masculine singular ends in **-s,** the masculine plural is identical.

un homme français   deux hommes français

⟩ Adjectives that describe a group of both masculine and feminine nouns take the masculine plural form.

Bill et Judy sont **mariés.**

VOCABULAIRE

L'état civil *(marital status)*

Femmes	*Hommes*	*Women/men*
célibataire(s)	célibataire(s)	*single*
mariée(s)	marié(s)	*married*
fiancée(s)	fiancé(s)	*engaged*
divorcée(s)	divorcé(s)	*divorced*
veuve(s)	veuf(s)	*widowed*

With the exception of **veuve(s)** [vœv] and **veuf(s)** [vœf], the spelling changes in the adjectives listed to the right do not affect pronunciation.

4. **Quelle coïncidence!** *(What a coincidence!)*   State that the marital status of the second person or group is the same as that of the first.

> *Modèles:*   Isabelle est fiancée. Et Marc?   Pierre est marié. Et Chantal et Max?
>   **Il est fiancé aussi.**   **Ils sont mariés aussi.**

1. Anne et Paul sont fiancés. Et Marie?
2. Nous sommes mariés. Et Monique?
3. Nicolas est divorcé. Et Sophie et Thérèse?
4. Je suis célibataire. Et Georges et Sylvie?
5. Madame Beaufort est veuve. Et Monsieur Dupont?

Qui est-ce? *(Who is it?)*   Answer the following questions. Try to identify real people or famous fictional characters. Can you name more than one person? Make sure that the verbs and adjectives agree with the subjects.

> *Modèle:*   Qui est fiancé?
> **Olive Oyl est fiancée.**   ou   **Olive Oyl et Popeye sont fiancés.**

1. Qui est célibataire?
2. Qui est fiancé?
3. Qui est marié?
4. Qui est divorcé?

5. Qui est veuf?
6. Qui est français?
7. Qui est américain?

 Carte de débarquement *(Arrival form).*   When you travel overseas you are usually given an arrival form to fill out. Provide the information requested in the form below.

Carte de débarquement

Nom de famille: _____
Prénom(s): _____
Âge: _____ ans
Nationalité: _____
État civil: _____
Adresse: _____
_____
Code postal: _____
Numéro de téléphone: _____
Motif du voyage: _____ touristique   _____ professionnel
_____ transit   _____ visite privée

---

entre *amis*

Dans un avion *(In an airplane)*

Complete the following interaction with as many members of the class as possible.

1. Greet your neighbor.
2. Find out if s/he is French.
3. Find out each other's name.
4. Find out the city in which s/he lives.
5. Find out his/her marital status.

III. Identifying Nationality

Learn all the words in each *But communicatif.*

Quelle est votre nationalité?°

Moi, je suis canadienne.

What is your nationality?

➡️ **Et vous?**   Vous êtes chinois(e)° ou russe°?
          Pas du tout!° Je suis …

Chinese / Russian
Not at all!

Remember to pronounce the final consonant in the feminine (see p. 13).

	Féminin	*Masculin*	
GB	anglaise	anglais	*English*
F	française	français	*French*
J	japonaise	japonais	*Japanese*
SN	sénégalaise	sénégalais	*Senegalese*
USA	américaine	américain	*American*
MA	marocaine	marocain	*Moroccan*
MEX	mexicaine	mexicain	*Mexican*
CDN	canadienne	canadien	*Canadian*
I	italienne	italien	*Italian*
S	suédoise	suédois	*Swedish*
D	allemande	allemand	*German*
E	espagnole	espagnol	*Spanish*
B	belge	belge	*Belgian*
CH	suisse	suisse	*Swiss*

Remarque: In written French, some feminine adjectives are distinguishable from their masculine form not only by a final **-e,** but also by a doubled final consonant.

un homme canadien   *a Canadian man*
*une femme canadie***nne**   *a Canadian woman*

7. **Quelle est votre nationalité?** The customs agent needs to know each person's nationality. Your partner will play the role of the customs agent and ask the question. You take the role of each of the following people, and answer.

> *Modèles:*   Madame Jones et Mademoiselle Jones (GB)
> **—Quelle est votre nationalité?**
> **—Nous sommes anglaises.**
>
> Maria Gomez (MEX)
> **—Quelle est votre nationalité?**
> **—Je suis mexicaine.**

1. Jean-François (CDN)
2. Monsieur et Madame Smith (USA)
3. Mademoiselle Nakasone (J)
4. Madame Colon et Mademoiselle Colon (E)
5. Mademoiselle Balke (D)
6. Bruno (SN)
7. Madame Volaro (I)
8. Marie-Christine (F)
9. votre professeur de français
10. vous

8. **Qui êtes-vous?** *(Who are you?)* Assume the identity of each one of the following people and introduce yourself, indicating your name, your nationality, and the city you are from.

> *Modèle:*   Mademoiselle Brigitte Lapointe/Paris (F)
> **Je m'appelle Brigitte et je suis française. J'habite à Paris.**

1. Monsieur Pierre La Vigne / Québec (CDN)
2. Madame Margaret Jones / Manchester (GB)
3. Madame Anne Martin / Angers (F)
4. Monsieur Yasuhiro Saya / Tokyo (J)
5. Madame Mary O'Leary / Boston (USA)
6. Monsieur Ahmed Zoubir / Casablanca (MA)
7. votre professeur de français
8. vous

D. La négation

> James Davidson **n'**est **pas** français. Il est américain.
> Il **n'**habite **pas** à Paris. Il habite à San Francisco.

▌ Two words, **ne** and **pas,** are used to make a sentence negative: **ne** precedes the conjugated verb and **pas** follows it.

Guy et Zoé **ne** sont **pas** mariés.	*Guy and Zoé aren't married.*
Il **ne** fait **pas** très beau.	*It's not very nice out.*

▌ Remember that both **ne** and **pas** are necessary in standard French to make a sentence negative.

ne + conjugated verb + **pas**

▌ **Ne** becomes **n'** before a vowel sound.

Je **n'**habite **pas** à Paris.	*I don't live in Paris.*
Nathalie **n'**est **pas** française.	*Nathalie is not French.*

9. **Vous êtes français(e)?** Choose a new nationality and have other students try to guess what it is. If the guess is incorrect, use the negative to respond. If it is correct, say so.

> *Modèle:* —**Vous êtes belge?**
> —**Non, je ne suis pas belge.** ou **Oui, je suis belge.**

10. **Ils sont français?** Ask your partner whether the following people are French. Choose the correct form of **être** and make sure that the adjective agrees. Your partner will first respond with a negative, and then state the correct information.

> *Modèle:* — **Elles sont françaises?**
> — **Non, elles ne sont pas françaises. Elles sont anglaises.**

1.

2.

3.

4.

5.

6.

7.

8.

entre*amis*

Une fausse identité: Qui suis-je?
(A false identity: Who am I?)

1. Pick a new identity (nationality, hometown, marital status) but don't tell your partner what you have chosen.
2. Your partner will try to guess your new nationality by asking you questions.
3. Your partner will guess your new marital status.
4. Your partner will guess which city you live in.

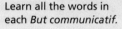

IV. Describing Physical Appearance

There is; Here is

Voilà° Christine.
Elle est jeune°.
Elle est assez grande°.
Elle n'est pas grosse°.
Elle est assez jolie°.

Voilà le père Noël.
Il est assez° vieux°.
Il est assez petit°.
Il n'est pas très° mince°.

There is; Here is
young / rather / old
tall / short; small
fat / very / thin
pretty

➔ **Et vous?**   Vous êtes …

jeune	*ou*	vieux (vieille)?
petit(e)	*ou*	grand(e)?
gros(se)	*ou*	mince?
beau (belle)	*ou*	laid(e)?°

Décrivez votre meilleur(e) ami(e).°

attractive or ugly
*Describe your best
  friend.*

Il y a un geste

Assez *(sort of, rather; enough).*
The gesture for **assez** is an
open hand rotated back and
forth (palm down).

E. L'accord des adjectifs (suite)

▷ The masculine forms of some adjectives are not like their feminine forms in either pronunciation or spelling, and so they must be memorized.

belle   **beau**   vieille   **vieux**

▷ The masculine plural of some adjectives is formed by adding **-x.** Pronunciation of the plural form remains the same as the singular.

Robert et Paul sont très **beaux.**

▷ Masculine singular adjectives that end in -s or -x keep the same form (and pronunciation) for the masculine plural.

Bill est **gros.** Roseanne et John sont **gros** aussi.
Je suis **vieux.** Georges et Robert sont très **vieux.**

Synthèse: L'accord des adjectifs

	féminin		masculin	
	singulier	*pluriel*	*singulier*	*pluriel*
	petite	petites	petit	petits
	grande	grandes	grand	grands
	jolie	jolies	joli	jolis
	belle	belles	beau	beaux
	laide	laides	laid	laids
	jeune	jeunes	jeune	jeunes
	vieille	vieilles	vieux	vieux
	mince	minces	mince	minces
	grosse	grosses	gros	gros

(Handwritten annotations: short sm., tall, pretty, beautiful/pretty, young, old, thin, fat; (manze), (crow))

11. **Oui, il n'est pas très grand.**   The French often tone down what they wish to say by stating the opposite with a negative and the word **très.** Agree with each of the following descriptions by saying the opposite in a negative sentence.

Modèle: Michael J. Fox est petit.
        Oui, il n'est pas très grand.

1. Abraham et Sarah sont vieux.
2. Marie-Christine est mince.
3. Goofy est laid.
4. Alissa est petite.
5. Dumbo l'éléphant est gros.
6. L'oncle Sam est vieux.
7. James et Lori sont jeunes.

12. **Décrivez ...**   Describe the following people. If you don't know what they look like, guess. Pay close attention to adjective agreement.

Modèle: Décrivez James Davidson.   **Il est grand, jeune et assez beau.**

1. Décrivez votre meilleur(e) ami(e).
2. Décrivez votre professeur de français.
3. Décrivez une actrice.
4. Décrivez un acteur.
5. Décrivez Minnie Mouse et Daisy Duck.
6. Décrivez le (la) président(e) de votre université.
7. Décrivez-vous.

entre*amis*

Je suis d'accord/Je ne suis pas d'accord *(I agree/I disagree)*

1. Choose a famous person and describe him/her.
2. If your partner agrees with each description s/he will say so.
3. If your partner disagrees, s/he will correct you.

Intégration

R É V I S I O N

 Il y a plus d'une façon *(There's more than one way).*

1. Give two ways to say hello in French.
2. Give two ways to find out someone's name.
3. Give two ways to find out where someone lives.
4. Give two ways to find out someone's nationality.

 L'Inspecteur Clouseau. A bumbling inspector is asking all the wrong questions. Correct him. Invent the correct answer if you wish. Use subject pronouns.

> *Modèles:* Vous êtes Mme Perrin?
> **Non, pas du tout, je ne suis pas Mme Perrin; je suis Mlle Smith.**
>
> Madame Perrin est française?
> **Non, pas du tout, elle n'est pas française; elle est canadienne.**

> Notice that 1 and 2 are plural. Use **nous** in your answer.

1. Vous êtes Monsieur et Madame Martin?
2. Vous *(pl.)* êtes belges?
3. Madame Martin est veuve?
4. Monsieur et Madame Martin sont divorcés?
5. James et Lori sont mariés?
6. Lori est italienne?
7. James est français?

 Décrivez trois personnes. Choose three people and give as complete a description as you can of each of them. Include at least one famous person.

> *Modèle:* **James Davidson est grand, jeune et assez beau. Il est aussi célibataire. Il est américain et il habite à San Francisco.**

 À vous. How would you respond to the following?

1. Bonjour, Monsieur (Madame, Mademoiselle).
2. Vous êtes Monsieur (Madame, Mademoiselle) Dupont?
3. Comment vous appelez-vous? *what is your name*
4. Vous n'êtes pas français(e)?
5. Quelle est votre nationalité? *what is your nationality*
6. Vous habitez près d'Angers? *where do you live*
7. Où habitez-vous?
8. Vous êtes célibataire? *Are you sing*
9. Bonne journée! *Merci, vous aussi*

[handwritten: Marie est canadienne]
[handwritten: Il est canadien Québec]

PAS DE PROBLÈME!

Complete the following exercise if you have watched the introduction to the *Pas de problème* video (up to 1:38). Give each person's nationality.

Quelle est la nationalité de Moustafa?
Il est tunisien.

Quelle est la nationalité …
1. de Jean-François?   3. de Bruno?   5. d'Yves?
2. de Marie-Christine?   4. d'Alissa?

[handwritten annotations: Il est senegalais; Française (Sé?); française Paris; Français; plural: Ils sont américains]

L E C T U R E

This first reading is a series of headlines (**manchettes**) taken from the French-language media. It is not vital that you understand every word in order to grasp the general meaning of what you read. The context will often help you guess the meaning.

 Trouvez les mots apparentés *(cognates).* In French and English, many words with similar meanings have the same or nearly identical spelling. These words are called cognates. Scan the headlines that follow and find at least fifteen cognates.

 Sigles *(Acronyms).* Acronyms are used frequently in French. They are abbreviations made of the first letter of each word in a title and may involve the same letters in their French and English forms. However, the order of the letters is normally different because in French, adjectives usually follow a noun, e.g., **la Croix-Rouge** *(the Red Cross).* Can you guess the meaning of the following French acronyms?

   Modèle: ONU (a group of countries)
                 UN, the United Nations (Organization)

1. OTAN (an alliance)   4. UE (a group of European countries)
2. URSS (a former nation)   5. TVA (a special tax)
3. SIDA (a disease)   6. ADN (a way to identify)

Manchettes

1. Le président américain propose une réduction des armements classiques de l'OTAN

2. La famille royale est éclaboussée par un livre sur le mariage du couple princier

3. Des combats violents se déroulent dans le nord de l'Afghanistan

4. Épidémie de pneumonie dans la région de Madrid

5. *Les dangers d'une baisse du dollar*

6. **Mise au point aux États-Unis d'un test prédicatif pour le cancer héréditaire**

7. *Le jazz fait vibrer la Nouvelle-Orléans d'un air de Mardi Gras*

8. Un observatoire national du SIDA va être mis en place

9. **Ottawa a entrepris de renforcer son dispositif de défense dans le Grand Nord**

10. UN HÉROS INCONNU: Le général canadien qui commanda deux forces de maintien de la paix

C. **Les manchettes.** Read the above headlines and decide which ones apply to any of the following categories.

1. Canada
2. the United States
3. politics
4. health and medicine
5. war and peace

D. **Dans ces contextes** *(In these contexts).* Study the above headlines to help you guess the meaning of the following expressions.

1. armements classiques
2. famille
3. combats violents
4. dans
5. baisse
6. pour
7. nouvelle
8. mis en place
9. renforcer
10. paix

VOCABULAIRE ACTIF

Pour identifier les personnes

Noms

un acteur / une actrice   *actor / actress*
une femme   *woman*
un homme   *man*
un(e) meilleur(e) ami(e)   *best friend*
une personne   *person (male or female)*
un professeur   *teacher (male or female)*
la nationalité   *nationality*
un nom   *name*
un nom de famille   *family name*
un prénom   *first name*

Description physique

beau (belle)   *handsome (beautiful)*
grand(e)   *big, tall*
gros(se)   *fat, large*
jeune   *young*
joli(e)   *pretty*
laid(e)   *ugly*
mince   *thin*
petit(e)   *small, short*
vieux (vieille)   *old*

Le jour et la nuit

à … heure(s)   *at … o'clock*
le jour   *day*
le matin   *morning*
la nuit   *night*
le soir   *evening*
l'après-midi *m.*   *afternoon*

D'autres noms

un hôtel   *hotel*
une porte   *door*
une table   *table*
un tableau   *chalkboard*
un téléphone   *telephone*
l'université *f.*   *university*

Prépositions

à   *at, in, to*
de   *from, of*
en   *in*
près de   *near*

Adjectifs de nationalité

allemand(e)   *German*
américain(e)   *American*
anglais(e)   *English*
belge   *Belgian*
canadien(ne)   *Canadian*
chinois(e)   *Chinese*
espagnol(e)   *Spanish*
français(e)   *French*
italien(ne)   *Italian*
japonais(e)   *Japanese*
marocain(e)   *Moroccan*
mexicain(e)   *Mexican*
russe   *Russian*
sénégalais(e)   *Senegalese*
suédois(e)   *Swedish*
suisse   *Swiss*

Salutations et adieux

Au revoir.   *Good-bye.*
Bonjour.   *Hello.*
Bonne journée.   *Have a good day.*
Bonsoir.   *Good evening.*
Salut!   *Hi!*

Pronoms sujets

je   *I*
tu   *you*
il   *he, it*
elle   *she, it*
on   *one, people, we, they*
nous   *we*
vous   *you*
ils   *they*
elles   *they*

État civil

célibataire   *single*
divorcé(e)   *divorced*
fiancé(e)   *engaged*
marié(e)   *married*
veuf (veuve)   *widowed*

Nombres

un   *one*
deux   *two*
trois   *three*
quatre   *four*

À propos de l'identité

Comment vous appelez-vous?   *What is your name?*
Je m'appelle …   *My name is …*
Madame (Mme)   *Mrs.*
Mademoiselle (Mlle)   *Miss*
Monsieur (M.)   *Mr.; sir*
Permettez-moi de me présenter.   *Allow me to introduce myself.*
Quelle est votre nationalité?   *What is your nationality?*
Vous habitez …   *You live, you reside …*
Où habitez-vous?   *Where do you live?*
J'habite …   *I live, I reside …*

Verbe

être   *to be*

Adverbes

assez   *sort of, rather; enough*
aussi   *also, too*
certainement   *surely, of course*
merci   *thank you*
ne … pas   *not*
là   *there; here*
où   *where*
très   *very*

D'autres expressions utiles

Asseyez-vous.   *Sit down.*
C'est …   *It is …; This is …*
C'est pour vous.   *It's for you.*
entre amis   *between friends*
Et moi?   *And me?*
Excusez-moi.   *Excuse me.*
Je ne suis pas d'accord.   *I disagree.*
Je suis d'accord.   *I agree.*
Oui ou non?   *Yes or no?*
Pas du tout!   *Not at all!*
qui   *who*
s'il vous plaît   *please*
Voilà …   *There is (are) …; Here is (are) …*
votre communication de …   *your call from*
Vous aussi.   *You too.*
Vous permettez?   *May I?*

Chapitre 2

Qu'est-ce que vous aimez?

Coup d'envoi

Prise de contact   **Quelque chose à boire?**

Vou voulez

Vous voulez …°	*Do you want …*
une tasse° de café?	*cup*
un verre° de coca°?	*glass / Coca-Cola*
un verre de vin°?	*wine*
une tasse de thé°? *te*	*tea*
Oui, je veux bien.°	*Gladly.; Yes, thanks.*
Non, merci.°	*No, thanks.*
J'aime° le coca.	*I like (love)*
Je n'aime pas le café.	
Vooz aimez Vous aimez …°	*Do you like …*
le café? le coca? le vin? le thé?	
➔ **Et vous?** Voulez-vous boire quelque chose?°	*Do you want to drink something? / Yes, I'd*
Oui, je voudrais …°	*like …*

Vous ne me pas le cafe?
You dont like coffee

Conversation

Listen carefully to your instructor and/or the tape while the conversation is presented. As soon as the presentation has ended, try to recall as many words as you can.

Une soirée à Besançon

*James Davidson étudie le français à Besançon. Mais il vient de°
San Francisco. Au cours d'une soirée°, il aperçoit° Karine Aspel,
qui est assistante au laboratoire de langues.*

*he comes from
During a
party / notices*

James:	Quelle° bonne surprise! Comment allez-vous?°
Karine:	Ça va bien°, merci. Et vous-même°?
James:	Très bien … Votre prénom, c'est Karine, n'est-ce pas°?
Karine:	Oui, je m'appelle Karine Aspel.
James:	Et moi, James Davidson.
Karine:	Vous êtes américain? Votre français est excellent.
James:	Merci beaucoup.
Karine:	Mais c'est vrai!° Vous êtes d'où?°
James:	Je viens de° San Francisco. Au fait°, voulez-vous boire quelque chose? Un coca?
Karine:	Merci°, je n'aime pas beaucoup le coca.
James:	Alors°, un kir, peut-être°?
Karine:	Je veux bien. Un petit kir, pourquoi pas°?
	(James hands a glass of kir to Karine.)
James:	À votre santé°, Karine.
Karine:	À la vôtre°. Et merci, James.

*What a / How are
you? / Fine / yourself*

isn't it?

*But it's true! / Where
are you from? / I
come from / By the
way / No thanks
Then / perhaps
why not*

*To your health
To yours*

➡️ **Jouez ces rôles.**   Role-play the above conversation with a partner. Use your own identities. Choose something else to drink.

BESANÇON
CENTRE INTERNATIONAL DE SEJOUR
19 rue Roger Martin du Gard
25000 BESANÇON
Tél. 81 50 07 54 - Fax 81 53 11 79

À PROPOS

Why does Karine say Mais, c'est vrai! **when James says** Merci beaucoup?

a. She misunderstood what he said.
b. She doesn't mean what she said.
c. She feels that James doesn't really believe her when she tells him his French is good.

Les compliments

While certainly not averse to being complimented, the French may respond by playing down a compliment, which may be a way of encouraging more of the same. While Americans are taught from an early age to accept and respond *thank you* to compliments, **merci**, when used in response to a compliment, is often perceived by the French as saying "you don't mean it." It is for this reason that Karine Aspel responds **Mais, c'est vrai!** insisting that her compliment was true. It is culturally more accurate, therefore, and linguistically enjoyable, to develop a few rejoinders such as **Oh, vraiment?** *(Really?)* or **Vous trouvez?** *(Do you think so?)*, which one can employ in similar situations. In this case, a really French response on James's part might be **Mais non! Je ne parle pas vraiment bien. Mon accent n'est pas très bon.** *(But, no! I don't speak really well. My accent's not very good.)*

Merci

The word **merci** is, of course, one of the best ways of conveying politeness and, its use is, by all means, to be encouraged. Its usage, however, differs from that of English in at least one important way: when one is offered something to eat, to drink, etc., the response **merci** is somewhat ambiguous and is often a way of saying *no, thank you*. One would generally say **je veux bien** or **s'il vous plaît** to convey the meaning *yes,*

thanks. **Merci** is however the proper polite response once the food, the drink, etc., has actually been served.

Le kir

A popular drink in France, four parts white wine and one part blackcurrant liqueur, **kir** owes its name to **le Chanoine Kir**, a French priest and former mayor of Dijon. It is often served as an **apéritif** *(before dinner drink).*

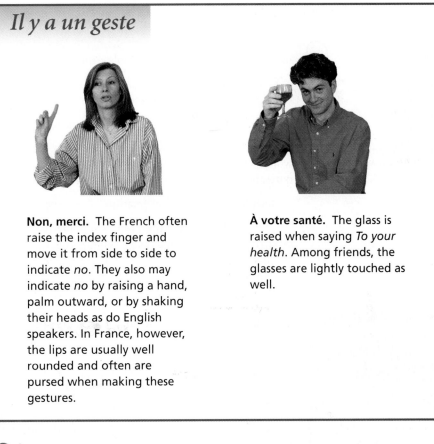

Il y a un geste

Non, merci. The French often raise the index finger and move it from side to side to indicate *no*. They also may indicate *no* by raising a hand, palm outward, or by shaking their heads as do English speakers. In France, however, the lips are usually well rounded and often are pursed when making these gestures.

À votre santé. The glass is raised when saying *To your health*. Among friends, the glasses are lightly touched as well.

→ **À vous.** How would you respond to the following questions?

1. Comment allez-vous?
2. Vous n'êtes pas français(e)?
3. Votre prénom, c'est … ?
4. Vous êtes d'où?
5. Voulez-vous boire quelque chose?

je suis nous sommes
tu es   vous etes
il est   ils sont
elle est
on est

entre*amis*

À une soirée *(At a party)*

1. Greet another "invited guest."
2. Find out his/her name.
3. Find out his/her nationality.
4. Find out where s/he comes from.
5. What else can you say?

Prononciation

L'alphabet français (suite)

English and French share the same 26-letter Latin alphabet, and although this is useful, it is also potentially troublesome.

Review the alphabet on p. 5 before doing this activity.

First, French and English cognates may not be spelled the same. French spellings must, therefore, be memorized.

    adresse   personne   appartement

Review what was said about **l'accent et le rythme**, p. 12.

Second, because the alphabet is the same, it is tempting to pronounce French words as if they were English. Be very careful, especially when pronouncing cognates, not to transfer English pronunciation to the French words.

    téléphone   conversation   professeur

Knowing how to say the French alphabet is not only important in spelling out loud. It is also essential when saying the many acronyms used in the French language.

    le TGV   les USA   la SNCF

    Speed train

➡ **Quelques sigles.** Read out loud the letters that make up the following acronyms.

UN BON VIN S'ACHÈTE
CHEZ UN BON CAVISTE
on le reconnaît à ce logo

FÉDÉRATION NATIONALE DES CAVISTES INDÉPENDANTS

F.N.C.I.

"Profession Caviste"

1. **SVP**   S'il vous plaît
2. **RSVP**   Répondez, s'il vous plaît
3. **La SNCF**   La Société nationale des chemins de fer français (*French railroad system*)
4. **La RATP**   La Régie autonome des transports parisiens (*Paris subway and bus system*)
5. **Les BD**   Les bandes dessinées (*comic strips*)
6. **Les USA**   Les United States of America (= *Les États-Unis*)
7. **La BNP**   La Banque nationale de Paris
8. **La CGT**   La Confédération générale du travail (*a French labor union*)
9. **BCBG**   Bon chic bon genre (*a French yuppy*)
10. **Le RER**   Le Réseau Express Régional (*a train to the suburbs*)

Accents

French accents are part of spelling and must be learned. They can serve:

1. to indicate how a word is pronounced

    ç → [s]: français
    é → [e]: marié
    è → [ɛ]: très
    ê → [ɛ]: être
    ë → [ɛ]: Noël

2. or to distinguish between meanings

    ou   *or*   la   *the (feminine)*
    où   *where*   là   *there*

The accents are:

accent aigu	américain; téléphone
accent grave	à; très; où
accent circonflexe	âge; êtes; s'il vous plaît; hôtel; sûr
tréma	Noël; coïncidence
cédille	français

Crème s'écrit C–R–E accent grave–M–E.

→ **Comment est-ce qu'on écrit … ?** Your partner will ask you to spell the words below. Give the correct spelling.

Modèle: être

VOTRE PARTENAIRE: **Comment est-ce qu'on écrit «être»?**
VOUS: **«Être» s'écrit E accent circonflexe–T–R–E.**

1. français
2. monsieur
3. belge
4. mademoiselle
5. professeur
6. vieux
7. hôtel
8. très
9. téléphone
10. j'habite
11. canadienne
12. asseyez-vous

Learn all the words in each *But communicatif.*

Buts communicatifs

I. **Asking and Responding to "How are you?"**

Questions

more formal Comment allez-vous?
Vous allez bien?

first-name basis Comment ça va?° How's it going?
Ça va?

Réponses

Je vais très bien°, merci. *Very well; I'm fine*
Ça va bien.
Oh! Comme ci, comme ça.° *So-so.*
Oh! Pas trop bien.° *Not too great.*
Je suis assez fatigué(e).° *I'm rather tired.*
Je suis un peu malade.° *I'm a little sick.*
Ça va mal.° *I'm feeling bad.*

Remarque: It is very important to try to tailor your language to fit the situation. For example, with a friend or another student, you would normally ask **Ça va?** or **Comment ça va?** For someone whom you address as **Monsieur, Madame,** or **Mademoiselle,** you would normally say **Comment allez-vous?**

Il y a un geste

Ça va. This gesture implies "so-so" and is very similar to **assez.** Open one or both hands, palms down, and slightly rotate them. This is often accompanied by a slight shrug, and the lips are pursed. One may also say **Comme ci, comme ça.**

1. **Attention au style.** Greet the following people and find out how they are.

> *Modèle:* Monsieur Talbot (le matin à 8 h)
> **Bonjour, Monsieur. Comment allez-vous?**

Review activity 1, p. 14.

1. Paul (le soir à 7 h)
2. Mademoiselle Monot (le matin à 9 h 30)
3. Monsieur Talbot (l'après-midi à 4 h)
4. le professeur de français (le matin à 11 h)
5. votre meilleur(e) ami(e) (le soir à 10 h)
6. le (la) président(e) de votre université (l'après-midi à 1 h)

2. **Vous allez bien?** Ask the following people how they are doing. Be careful to choose between the familiar and the formal questions. Your partner will provide the other person's answer.

> *Modèle:* Marie (a little sick)
> VOUS: **Comment ça va, Marie?**
> MARIE: **Oh! je suis un peu malade.**

1. Madame Philippe (tired)
2. Paul (not too great)
3. Monsieur Dupont (sick)
4. Mademoiselle Bernard (very well)
5. Anne (so-so)
6. votre professeur de français (...)
7. votre meilleur(e) ami(e) (...)
8. le (la) président(e) de l'université (...)

entre*amis*

Au café

Practice the following situation with as many members of the class as possible. You are in a sidewalk café at one o'clock in the afternoon.

1. Greet your partner in a culturally appropriate manner.
2. Inquire how s/he is doing.
3. Offer him/her something to drink.
4. What else can you say?

II. Giving and Responding to Compliments

Quelques° compliments   *A few*

Vous parlez très bien le français.°   *You speak French very*
Vous dansez très bien.   *very*   *well.*
Vous chantez° bien.   *sing*
Vous skiez vraiment° bien.   *really*   *really*
Vous nagez comme un poisson.°   *You swim like a fish.*

Quelques réponses

Vous trouvez?°   *vous trouvez*   *Do you think so?*
Pas encore.°   *Not yet.*
Oh! pas vraiment.°   *Not really.*
Oh! je ne sais pas.°   *I don't know.*
C'est gentil mais vous exagérez.°   *That's nice but you're*
                                                                               exaggerating.

Remarque: There are several ways to express an idea. For instance, there are at least three ways to compliment someone's French:

Votre français est excellent.   *Your French is excellent.*
Vous parlez bien le français.   *You speak French well.*
Vous êtes bon (bonne) en français.   *You are good in French.*

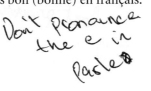

Don't pronounce the e in parler

3. **Un compliment.** Give a compliment to each of the people pictured below. Another student will take the role of the person in the drawing and will provide a culturally appropriate rejoinder.

Modèle: —Vous parlez bien le français.
—Vous trouvez? Oh! je ne sais pas.

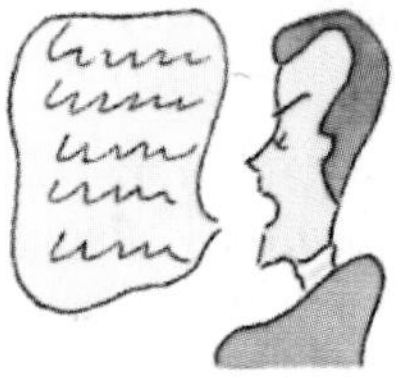

1.    2.   3.   4.

A. Les verbes en -*er*

All verb infinitives are made up of a **stem** and an **ending.** To use verbs in the present tense, one removes the ending from the infinitive and adds new endings to the resulting stem. Verbs that use the same endings are often classified according to the last two letters of their infinitive. By far the most common class of verbs is the group ending in -**er**.

For a further explanation of any grammatical terms with which you are not familiar, see Appendix C, *Glossary of Grammatical Terms*, at the end of this book.

parler *(to speak)*				**tomber** *(to fall)*		
	stem	endings			stem	endings
je	parl	**e**		je	tomb	**e**
tu	parl	**es**		tu	tomb	**es**
il/elle/on	parl	**e**		il/elle/on	tomb	**e**
nous	parl	**ons**		nous	tomb	**ons**
vous	parl	**ez**		vous	tomb	**ez**
ils/elles	parl	**ent**		ils/elles	tomb	**ent**

don't pronounce ent.

Whether you are talking to a friend (**tu**), or about yourself (**je**), or about one or more other persons (**il, elle, ils, elles**), the verb is pronounced the same because the endings are silent.

Tu **danses** avec Amy?	*Are you dancing with Amy?*
Je ne **danse** pas du tout.	*I don't dance at all.*
Il **danse** bien, non?	*He dances well, doesn't he?*
Moustafa et Betty **dansent.**	*Moustafa and Betty are dancing.*

se parle   je parle *(handwritten marginal note)*

▷ If you are using the **nous** or **vous** form, the verb is pronounced differently. The -ez ending is pronounced [e] and the -ons ending is pronounced [ɔ̃].

Vous **dansez** avec Marc?	*Do you dance with Marc?*
Nous ne **dansons** pas très souvent.	*We don't dance very often.*

▷ Remember that the present tense has only *one* form in French, while it has several forms in English.

P. 15 Remember to change **je** to **j'** before a vowel.

je **danse**	*I dance, I do dance, I am dancing*
j'**habite**	*I live, I do live, I am living*

▷ Before a vowel sound, the final -n of **on** and the final -s of **nous, vous, ils,** and **elles** are pronounced and linked to the next word.

On [n]écoute la radio?	*Is someone listening to the radio?*
Nous [z]étudions le français.	*We are studying French.*
Vous [z]habitez ici?	*Do you live here?*

VOCABULAIRE

Activités

chanter	*to sing*
chercher (mes amis)	*to look for (my friends)*
danser (avec mes amis)	*to dance (with my friends)*
écouter (la radio)	*to listen to (the radio)*
enseigner (le français)	*to teach (French)*
étudier (le français)	*to study (French)*
jouer (au tennis)	*to play (tennis)*
manger	*to eat*
nager	*to swim*
parler (français)	*to speak (French)*
patiner	*to skate*
pleurer	*to cry*
regarder (la télé)	*to watch, to look at (TV)*
skier	*to ski*
travailler (beaucoup)	*to work (a lot)*
voyager (souvent)	*to travel (often)*

Note: Verbs ending in -**ger** add an -**e**- before the ending in the form used with **nous: nous mangeons, nous nageons, nous voyageons.**

Ecouter

4. **Comparaisons.**   Tell what the following people do and then compare yourself to them. Use **Et moi aussi, …** or **Mais moi, …** to tell whether or not the statement is also true for you.

> *Modèle:*   Pierre et Anne / habiter à Angers
> **Ils habitent à Angers. Mais moi, je n'habite pas à Angers.**

Ma ilu

1. vous / nager comme un poisson
2. James / parler bien le français
3. Monsieur et Madame Dupont / danser très bien
4. tu / étudier le français
5. vous / chanter vraiment bien   *Mais aussi*
6. tu / regarder souvent la télévision
7. le professeur / enseigner le français
8. Karine et James / travailler beaucoup
9. Sébastien / patiner / mais / il / tomber souvent

5. **Non, pas du tout.**   Respond to each question with a negative and follow up with an affirmative answer using the words in parentheses. Supply your own responses for items 5 and 6.

> *Modèle:*   Je danse *mal*, n'est-ce pas? (bien)
> **Non, pas du tout. Vous ne dansez pas mal; vous dansez bien.**

1. Vous *écoutez* la radio? (regarder la télé)
2. Le professeur *voyage* beaucoup? (travailler)
3. Je chante *très mal?* (assez bien)
4. Vous *chantez* avec le professeur? (parler français)
5. Vous habitez *à Paris?* (…)
6. Nous étudions *l'espagnol?* (…)

VOCABULAIRE

Des gens que je connais bien
(People that I know well)

mon ami	*my (male) friend*
mon amie	*my (female) friend*
mes amis	*my friends*
ma mère	*my mother*
mon père	*my father*
le professeur	*the (male or female) teacher*
les étudiants	*the students*

6. **Mes connaissances.**   Tell about your family and your acquaintances by choosing an item from each list to create as many factual sentences as you can. You may make any of them negative.

Modèle: **Nous ne dansons pas mal.**

	chanter bien _bo coup_
	~~travaill~~ travailler beaucoup
	écouter souvênt la radio
les étudiants	étudier le français
le professeur	skier bien
je	danser mal
nous	patiner beaucoup
ma mère	habiter en France
mon père	parler français
mes amis	nager souvent
	voyager
	pleurer souvent
	regarder souvent la télévision

7. **Tu parles bien le français!**   Pay compliments to the following friends. Use **tu** for each individual; use **vous** for more than one person.

Modèles: Éric skie bien.
           Tu skies bien!

           Yann et Sophie dansent bien.
           Vous dansez bien!

1. Alissa est très jolie.
2. Christophe parle très bien l'espagnol.
3. David est bon en français.
4. François et Michel parlent bien l'anglais.
5. Ils travaillent beaucoup aussi.
6. Anne et Marie sont bonnes en maths.
7. Elles chantent bien aussi.
8. Olivier est très beau.
9. Luc skie comme un champion olympique.

8. **Identification.**   Answer the following questions as factually as possible.

Modèle: Qui parle bien le français?
           Le professeur parle bien le français.
           Mes amis parlent bien le français.

1. Qui étudie le français?
2. Qui enseigne le français?
3. Qui ne skie pas du tout?
4. Qui chante très bien?
   Shant
5. Qui joue mal au tennis?
6. Qui regarde souvênt la télévision?
7. Qui écoute souvent la radio?

entre*amis*

Avec un(e) ami(e)

Practice the following situation with as many members of the class as possible.

1. Pay your partner a compliment.
2. Your partner will give a culturally appropriate response to the compliment and then pay you a compliment in return.
3. Give an appropriate response.

III. Offering, Accepting, and Refusing

Pour offrir une boisson°

Voulez-vous boire quelque chose?
Voulez-vous un verre d'orangina°?
Voulez-vous un verre de (d') … ?
    bière°?
    eau°? — *dog*
    Know jus d'orange°?
    lait°? — *lay*
Voulez-vous une tasse de … ?
    café?
    chocolat chaud°?

To offer a drink

orange soda

beer
water
orange juice
milk

hot chocolate

Note culturelle: Les jeunes Américains aiment beaucoup le lait. Mais, en général, les jeunes Français n'aiment pas le lait.

Pour accepter ou refuser quelque chose°

Je veux bien.
Volontiers.°
S'il vous plaît.
Oui, avec plaisir.°
Oui, c'est gentil à vous.°

Merci.°
Non, merci.°

To accept or refuse something

Gladly.

Yes, with pleasure.
Yes, that's nice of you.

No, thank you.
No, thank you.

☐ *Boisson à l'orange*
☐ *Jus de pomme*
☐ *1/4 Evian*
☐ *Boisson aux fruits exotiques*

boissons

9. **Voulez-vous boire quelque chose?**   Use the list of words below to create a dialogue in which one person offers something to drink and the other responds appropriately.

> *Modèles:*   Coca-Cola
> **—Voulez-vous un verre de coca?**
> **—Volontiers.**
>
> coffee
> **—Voulez-vous une tasse de café?**
> **—Non, merci.**

1. water	4. wine	7. hot chocolate
2. tea	5. milk	8. beer
3. orange soda	6. orange juice	

10. **Qu'est-ce que vous voulez?**   *(What do you want?)*   Examine the drink menu of **La Bague d'or** *(The Golden Ring)* and order something.

> *Modèles:*   **Je voudrais une tasse de thé.**
> **Je voudrais un verre de coca-cola, s'il vous plaît.**

La Bague d'or
BRASSERIE ALSACIENNE

Boissons	Prix courants
Vin rouge	6,15 F
Riesling (Vin d'Alsace)	9,20 F
Jus de fruits	8,00 F
Bière (pression)	5,00 F
Café	4,10 F
Thé	5,00 F
Chocolat chaud	6,25 F
Coca-cola	8,00 F
Orangina	6,00 F
Eau minérale (Perrier)	4,00 F

Service (15%) compris

B. L'article défini: *le, la, l'* et *les*

▷ You have already learned that all nouns in French have gender — that is, they are classified grammatically as either masculine or feminine. You also know that you need to remember the gender for each noun you learn. One of the functions of French articles is to mark the gender (masculine or feminine) and the number (singular or plural) of a noun.

forms of the definite article	when to use	examples
le	before a masculine singular noun*	le thé
la	before a feminine singular noun*	la bière
les	before all plural nouns, masculine or feminine	les boissons

Use l' in place of le or la if the following word begins with a vowel sound: l'eau.

▸ When they are used to refer to specific things or persons, **le, la, l',** and **les** all correspond to the English definite article *the.*

Le professeur écoute **les** étudiants.   *The teacher listens to the students.*
L'université de Paris est excellente.   *The University of Paris is excellent.*

▸ **Le, la, l',** and **les** are also used before nouns that have a generic meaning, even when in English the word *the* would not be used.

Le lait est bon pour **la** santé.   *Milk is good for your health.*
Elle regarde souvent **la** télé.   *She often watches TV.*
J'étudie **le** chinois.   *I'm studying Chinese.*

▸ All languages are masculine. Many are derived from the adjective of nationality. All verbs except **parler** require **le** before the name of a language. With **parler, le** is normally kept if there is an adverb directly after the verb, but is normally omitted if there is no adverb directly after the verb.

Ils **étudient le** russe.   *They are studying Russian.*
Ma mère **parle bien le** français.   *My mother speaks French well.*
Mon père **parle** français **aussi.**   *My father speaks French too.*

11.   **Beaucoup d'activités.**   Describe what people do (or do not do) by combining elements from each column. Use the appropriate definite article wherever necessary. You may make any sentence negative.

Modèles: **Nous écoutons la radio.**
              Les étudiants n'écoutent pas le professeur.

je
le professeur   étudier   français
tu   écouter   femmes
vous   regarder   radio
les femmes   parler   anglais
les hommes   parler bien   professeur
nous   parler avec   étudiants
les étudiants   chanter avec   hommes
mon ami(e)   danser avec   espagnol
ma mère   télévision
mon père

VOCABULAIRE

Pour répondre à Comment? *(How?)*

très bien	*very well*
bien	*well*
assez bien	*rather well*
un peu	*a bit*
assez mal	*rather poorly*
mal	*poorly*
ne … pas du tout	*not at all*

---

12. **Nous parlons français.** Evaluate the language ability of people you know by combining items from each list. If you are unsure, guess.

Modèle: **Mes amis ne parlent pas du tout le japonais.**

mon ami(e)		très bien	l'anglais
je		bien	le russe
mon professeur		assez bien	l'espagnol
nous	parler	un peu	le français
mes amis		mal	l'italien
ma mère		ne … pas du tout	le japonais
mon père			l'allemand

entre*amis*

Une réception

You are at a reception at the French consulate.

1. Greet your partner and find out his/her name.
2. Offer him/her something to drink.
3. S/he will accept appropriately.
4. Toast each other.
5. Compliment each other on your ability in French.
6. Respond appropriately to the compliment.

IV. Expressing Likes and Dislikes

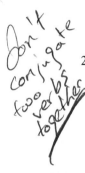

Qu'est-ce que° tu aimes, Sophie?	Qu'est-ce que tu n'aimes pas? *What*
J'aime beaucoup le vin blanc°.	Je n'aime pas le vin rosé. *white wine*
	Je déteste° le coca. *hate*
J'adore voyager.	Je n'aime pas beaucoup travailler.
J'aime bien danser.	Je n'aime pas chanter.

→ **Et vous?**   Qu'est-ce que vous aimez?
Qu'est-ce que vous n'aimez pas?

Remarques:

1. When there are two verbs in succession, the second is not conjugated. It remains in the infinitive form.

Mon ami **déteste nager** dans l'eau froide.	*My friend hates to swim in cold water.*
Les étudiants **aiment parler** français.	*The students like to speak French.*
Francis **désire danser.**	*Francis wants to dance.*

2. The use of **le, la, l',** and **les** to express a generality occurs particularly after verbs expressing preferences.

Marie adore **le** chocolat chaud.	*Marie loves hot chocolate.*
Elle aime **les** boissons chaudes.	*She likes hot drinks.*
Mais elle déteste **la** bière.	*But she hates beer.*
Et elle n'aime pas **l'**eau minérale.	*And she doesn't like mineral water.*

13.   **Qu'est-ce qu'ils aiment?**   Tell, as truthfully as possible, what the following people like and don't like by combining items from each of the three lists. Guess, if you don't know for certain. How many sentences can you create?

Modèles: **Mes amis détestent le lait.**
Je n'aime pas du tout skier.

		skier
		travailler
		la bière
		le français
		la télévision
mes amis	adorer	chanter
le professeur	aimer beaucoup	patiner
je	aimer assez	danser
nous	ne pas aimer du tout	le lait
	détester	l'université
		voyager
		nager
		enseigner

Vous aimez danser? Use the words below to interview the person sitting next to you. Find out if s/he likes to dance, to swim, etc. Use **aimer** in every question.

> *Modèle:* dance
>
> VOUS: **Vous aimez danser?**
> VOTRE PARTENAIRE: **Oui, j'aime (beaucoup) danser.** ou
> **Non, je n'aime pas (beaucoup) danser.**

1. sing	6. study French
2. swim	7. work
3. watch television	8. travel
4. ski	9. play tennis
5. study	10. speak French

VOCABULAIRE

Quelques boissons populaires

le café	*coffee*
le café au lait	*coffee with milk*
le café crème	*coffee with cream*
le chocolat chaud	*hot chocolate*
le citron pressé	*lemonade*
l'eau minérale *f.*	*mineral water*
le jus d'orange	*orange juice*
le thé	*tea*
le coca	*Coca-Cola*
la limonade	*lemon-lime soda*
l'orangina *m.*	*orange soda*
la bière	*beer*
le kir	*kir*
le vin	*wine*

Note culturelle: La limonade française ressemble beaucoup à la boisson **7-UP.** La boisson américaine *lemonade* est **le citron pressé** en France.

Le café au lait est moitié *(half)* café, moitié lait chaud.

 Vous aimez le café? Interview another person to find out which drinks s/he likes or dislikes, then be prepared to report as many answers as you can remember.

 En général, les étudiants ... Decide whether you agree (**C'est vrai**) or disagree (**C'est faux**) with the following statements. If you disagree, correct the statement.

> *Modèle:* En général, les étudiants détestent voyager.
> **C'est faux. En général, ils aiment beaucoup voyager.**

1. En général, les étudiants n'aiment pas du tout danser.
2. En général, les étudiants détestent la pizza.
3. En général, les étudiants aiment beaucoup étudier.
4. En général, les étudiants n'aiment pas beaucoup regarder la télévision.
5. En général, les étudiants aiment nager.
6. En général, les étudiants aiment skier.
7. En général, les étudiants aiment beaucoup patiner.
8. En général, les étudiants détestent chanter.
9. En général, les étudiants aiment parler français avec le professeur.
10. En général, les étudiants désirent habiter à New York.

17. **Comment trouvez-vous le café français?** (*What do you think of French coffee?*) Your partner will ask you to give your opinion about something you have tasted. Use **aimer, adorer,** or **détester** in an answer that reflects your own opinion. Or make up an imaginary opinion. You might also say **Je ne sais pas, mais …** and offer an opinion about something else that is related, instead.

> *Modèle:* les tamalis mexicains
>
> VOTRE PARTENAIRE: **Comment trouvez-vous les tamalis mexicains?**
>
> VOUS: **J'aime beaucoup les tamalis mexicains.** ou
> **Je ne sais pas, mais j'adore les enchiladas.**

1. le thé anglais
2. le chocolat suisse
3. la pizza italienne
4. l'eau minérale française
5. le jus d'orange de Floride
6. le café de Colombie
7. la limonade française
8. la bière allemande
9. le vin français

*Moi aussi – J'agree
Pas moi – not me
Moi non plus – me neither*

C. Les questions avec réponse *oui* ou *non*

In spoken French, by far the most frequently used way of asking a question that can be answered *yes* or *no* is by simply raising the voice at the end of the sentence.

Vous parlez français?	*Do you speak French?*
James habite ici?	*Does James live here?*
Lori est américaine?	*Is Lori American?*
Hélène danse bien?	*Does Hélène dance well?*

Est-ce que is often placed at the beginning of a sentence to form a question. It becomes **Est-ce qu'** before a vowel sound.

Est-ce que vous parlez français?	*Do you speak French?*
Est-ce que James habite ici?	*Does James live here?*
Est-ce que Lori est américaine?	*Is Lori American?*
Est-ce qu'Hélène danse bien?	*Does Hélène dance well?*

N'es pas – Doest she/he

▶ The phrase **n'est-ce pas?** (*right?, aren't you?, doesn't he?*, etc.), added at the end of a sentence, expects an affirmative answer.

Tu parles français, **n'est-ce pas?**	*You speak French, don't you?*
James habite ici, **n'est-ce pas?**	*James lives here, doesn't he?*
Lori est américaine, **n'est-ce pas?**	*Lori is American, isn't she?*
Hélène danse bien, **n'est-ce pas?**	*Hélène dances well, doesn't she?*

▶ Another question form, which is used more often in written French than in speech and which is characteristic of a more formal speech style, is *inversion* of the verb and its *pronoun* subject. When inversion is used, there is a hyphen between the verb and the pronoun.

Parlez-vous français?	*Do you speak French?*
Aimez-vous chanter?	*Do you like to sing?*
Êtes-vous américain(e)?	*Are you American?*

Note: If the third person (**il, elle, on, ils, elles**) is used in inversion, there is always a [**t**] sound between the verb and the subject pronoun. If the verb ends in a vowel, a written **-t-** is added between the final vowel of the verb and the initial vowel of the pronoun. If the verb ends in **-t,** no extra **-t-** is necessary.

Enseigne-**t**-il le français?	*Does he teach French?*
Aime-**t**-elle voyager?	*Does she like to travel?*

But:

Aimen**t**-ils voyager?	*Do they like to travel?*
Es**t**-elle française?	*Is she French?*
Son**t**-ils américains?	*Are they American?*

For Recognition Only:

▶ If the subject is a noun, the inversion form can be produced by adding the pronoun of the same number and gender after the verb.

$$\boxed{\text{noun } + \text{ verb } + \text{ pronoun}}$$

Karen est-elle américaine?	*Is Karen American?*
Thierry aime-t-il la bière?	*Does Thierry like beer?*
Nathalie et Stéphane aiment- **ils** danser?	*Do Nathalie and Stéphane like to* *dance?*

Comment? *(What did you say?)* We are often obliged to repeat a question when someone doesn't hear or understand us. For each question with inversion, ask a question beginning with **Est-ce que** and a question ending with **n'est-ce pas.**

> *Modèles:*   Aimez-vous l'eau minérale?
> VOTRE PARTENAIRE: **Comment?**
> VOUS: **Est-ce que vous aimez l'eau minérale?**
> VOTRE PARTENAIRE: **Comment?**
> VOUS: **Vous aimez l'eau minérale, n'est-ce pas?**
>
> Paul désire-t-il une tasse de café?
> VOTRE PARTENAIRE: **Comment?**
> VOUS: **Est-ce qu'il désire une tasse de café?**
> VOTRE PARTENAIRE: **Comment?**
> VOUS: **Il désire une tasse de café, n'est-ce pas?**

1. Peggy désire-t-elle un verre de lait?
2. Serge et Anne aiment-ils le thé?
3. Travailles-tu ici?
4. Chantal étudie-t-elle le français?
5. Aiment-elles le chocolat chaud?
6. Étudiez-vous beaucoup?
7. Le professeur enseigne-t-il bien?
8. Désirez-vous danser?

[handwritten annotations:] Comment / Est-ce que -elle un verre de lait. / Elle désire un verre de lait, n'est-ce pas?

 Une enquête entre amis *(A survey among friends).* Use the following list to determine the likes and dislikes of two classmates. Be prepared to report back the results of your "survey" to the class. Are there any items on which all the students agree completely?

> *Modèles:*   skier   —**Est-ce que tu aimes skier?**
> —**Oui, j'adore skier.**
>
> le jogging   —**Est-ce que tu aimes le jogging?**
> —**Non, je n'aime pas le jogging.**   ou
> **Non, je déteste le jogging. Je n'aime pas les sports.**

1. parler français
2. parler avec le professeur de français
3. voyager
4. regarder la télévision
5. chanter en français

6. la politique
7. l'université
8. étudier le français
9. nager dans l'eau froide
10. travailler beaucoup

[handwritten annotations:] 2. Comment est-ce que ils le thé / comment / Ils aiment le thé, n'est-ce pas.

20. Les Dupont.*   Here are a few facts about the Dupont family. Interview a classmate to find out if this information is also true for him/her.

> *Modèle:*   Les Dupont habitent à Marseille.
> VOUS: **Habites-tu à Marseille aussi?**
> VOTRE PARTENAIRE: **Non, je n'habite pas à Marseille.**

> Review the verb **être**, p. 16, and **-er** verbs, p. 38.

1. Gérard et Martine sont mariés.
2. Martine adore voyager.
3. Gérard Dupont aime la limonade.
4. Les Dupont sont français.
5. Martine Dupont parle un peu l'anglais.
6. Monsieur et Madame Dupont aiment beaucoup danser.
7. Les Dupont voyagent beaucoup.

An -s is not added to family names in French; the article **les indicates the plural.*

entre*amis*

À un bal

*Practice the following situation with as many members of the class as possible. You are at a dance and are meeting people for the first time. Use **vous**.*

1. Say good evening and introduce yourself.
2. Find out if your partner likes to dance.
3. Ask your partner if s/he wants to dance. (S/he does.)
4. Tell your partner that s/he dances well.
5. Find out what your partner likes to drink.
6. Offer your partner something.
7. Toast each other.
8. Compliment each other on your ability in French.
9. Respond appropriately to the compliment.

Intégration

RÉVISION

 A. **Trouvez quelqu'un qui ...** *(Find someone who ...).*   Interview your classmates in French to find someone who ...

> *Modèle:*   speaks French   **Est-ce que tu parles français?**

1. likes coffee
2. swims often
3. doesn't like beer
4. sings poorly
5. studies a lot
6. doesn't ski
7. is tired
8. hates to work
9. likes to travel
10. cries often
11. skates

B. **À vous.**   How would you respond to the following questions and comments?

1. Parlez-vous français?
2. Comment allez-vous?
3. Où habitez-vous?
4. Voulez-vous boire quelque chose?
5. Si oui, qu'est-ce que vous désirez boire?
6. Vous parlez très bien le français!
7. Vous étudiez l'espagnol, n'est-ce pas?
8. Aimez-vous voyager?
9. Est-ce que vous aimez danser?
10. Qu'est-ce que vous n'aimez pas?

PAS DE PROBLÈME!

Complete the following activity if you have watched video *Module 1* (queue to 1:37). Decide if the following statements are true or false. If a statement is false, correct it.   *ce vrai faux*

1. Jean-François et René jouent au tennis.   *T*
2. Jean-François joue très bien.   *F*
3. Il regarde Nathalie.   *T no René*
4. Marie-Christine est la cousine de Nathalie.
5. Marie-Christine n'aime pas les mélodrames.   *No. Marie-Christine*
6. Les Français détestent les sports.   *F*

L E C T U R E

The following reading selection is taken directly from the *Gab,* a weekly newspaper published in Besançon. It is not vital that you understand every word.

 Étude du vocabulaire.   There are words in French that we refer to as **faux amis** *(false friends, false cognates),* since they mean something different from the English word they seem to resemble. Study the following sentences and match the **faux ami,** in bold print, with the correct meaning in English: *understanding, reading, sensitive.*

La lecture est mon passe-temps préféré.
Florence est timide et très **sensible.**
Nous aimons les professeurs **compréhensifs.**

B. **Anticipez le contenu.**   Readers can often anticipate information they will read by using their knowledge of a topic to help predict some of the content. The reading that follows deals with the placement of personal ads in order to meet someone compatible. Before reading it, list five questions that you would like answered before accepting a blind date. Then read to see if your questions would be answered.

(handwritten) Are you married
Do you have
Schildren

Do you have
a job

Do you like
to dance

Do you like
music

SEUL(E) ET LAS(SE) DE L'ÊTRE*
VOUS ASPIREZ À NOUER UNE RELATION SENTIMENTALE DURABLE
Simplement, facilement, vous pouvez connaître quelqu'un
qui comme vous est motivé par une vie de couple stable.
Depuis 1975
ANDRÉE MOUGENOT CONSEILLÈRE DIPLÔMÉE
10 RUE DE LA RÉPUBLIQUE BESANÇON
fait des heureux
Retournez tout simplement le bon ci-dessous, vous recevrez gratuitement sans aucune marque extérieure un exemple de proposition de mise en relation.

JE SUIS
Nom et prénom..
Adresse

....
Âge .... Taille ....
Profession ....

Célibataire ☐ Veuf(ve) ☐ Divorcé(e) ☐
J'aime recevoir ☐ Sortir ☐ Danser ☐
Le sport ☐ La nature ☐ Bricoler ☐
Jardiner ☐ Voyager ☐ La lecture ☐
La musique ☐

JE CHERCHE
Célibataire ☐ Veuf(ve) ☐ Divorcé(e) ☐
Âgé de .... ans à........
Études souhaitées ....
Profession souhaitée
....
Autres caractéristiques ....
....

Simple ☐ Gai(e) ☐ Loyal(e) ☐ Calme ☐
Amusant(e) ☐ Tendre ☐ Sensible ☐
Compréhensif(ve) ☐ Affectueux(se) ☐
Sincère ☐ Tolérant(e) ☐ Conciliant(e) ☐
Passionné(e) ☐ Dynamique ☐

*Alone and tired of it.   Le Gab n° 648 (Besançon)

C. **Familles de mots** *(Word families).* Can you guess the meanings of the following words? One member of each word family is found in the reading.

1. comprendre, compréhensif, compréhensive, la compréhension
2. recevoir, une réception
3. sortir, une sortie
4. lire, un lecteur, une lectrice, la lecture

D. **Autoportrait** *(Self-portrait).* Describe *yourself* using five adjectives from the **Je cherche** section of the reading.

> *Modèle:* célibataire, loyal(e), …

VOCABULAIRE ACTIF

Quelque chose à boire

la bière   *beer*
une boisson   *drink*
le café   *coffee*
le café au lait   *coffee with milk*
le café crème   *coffee with cream*
le chocolat chaud   *hot chocolate*
le citron pressé   *lemonade*
le coca   *Coca-Cola*
l'eau *f.* (minérale)   *(mineral) water*
le jus d'orange   *orange juice*
le kir   *kir*
le lait   *milk*
la limonade   *lemon-lime soda*
l'orangina *m.*   *orangina (an orange soda)*
le thé   *tea*
le vin (rouge, blanc, rosé)   *(red, white, rosé) wine*

Des gens que je connais bien

les étudiants   *the students*
ma mère   *my mother*
mes amis   *my friends*
mon ami(e)   *my friend*
mon père   *my father*

D'autres noms et pronoms

le jogging   *jogging*
la pizza   *pizza*
un poisson   *fish*
la politique   *politics*
quelque chose   *something*
quelqu'un   *someone*
la radio   *radio*
une tasse   *cup*
la télévision (la télé)   *television (TV)*
un verre   *glass*

Adjectifs

bon (bonne)   *good*
chaud(e)   *hot*
cher (chère)   *dear*
excellent(e)   *excellent*
fatigué(e)   *tired*
faux (fausse)   *false; wrong*
froid(e)   *cold*
malade   *sick*
vrai(e)   *true*

Pour répondre à un compliment

Vous trouvez?   *Do you think so?*
Pas encore.   *Not yet.*
Oh! Pas vraiment.   *Not really.*
Je ne sais pas.   *I don't know.*
C'est gentil mais vous exagérez.
   That's nice but you're exaggerating.

Articles définis

le, la, l', les   *the*

D'autres verbes

chanter   *to sing*
chercher   *to look for*
danser   *to dance*
désirer   *to want*
écouter   *to listen to*
enseigner   *to teach*
étudier   *to study*
habiter   *to live; to reside*
jouer (au tennis)   *to play (tennis)*
manger   *to eat*
nager   *to swim*
parler   *to speak*
patiner   *to skate*
pleurer   *to cry*
regarder   *to watch; to look at*
skier   *to ski*
tomber   *to fall*
travailler   *to work*
trouver   *to find; to be of the opinion*
voyager   *to travel*

Mots invariables

alors   *then, therefore, so*
avec   *with*
beaucoup   *a lot*
bien   *well; fine*
comme   *like*
en général   *in general*
ensemble   *together*
ici   *here*
mais   *but*
mal   *poorly, badly*
peut-être   *maybe; perhaps*
pour   *for; in order to*
pourquoi   *why*
souvent   *often*
un peu   *a little bit*
vraiment   *really*

Pour demander à quelqu'un comment il va

Comment allez-vous?   *How are you?*
Vous allez bien?   *Are you well?*
(Comment) ça va?   *How is it going?*
Je vais très bien.   *Very well.*
Ça va bien.   *(I'm) fine.*
Comme ci, comme ça.   *So-so.*
Assez bien.   *Fairly well.*
Je suis fatigué(e).   *I am tired.*
Je suis un peu malade.   *I am a little sick.*
Pas trop bien.   *Not too well.*
Ça va mal.   *I'm feeling bad.*

Pour offrir, accepter et refuser quelque chose

Voulez-vous boire quelque chose?   *Do you want to drink something?*
Je veux bien.   *Gladly. Yes, thanks.*
Volontiers.   *Gladly.*
S'il vous plaît.   *Please.*
Oui, avec plaisir.   *Yes, with pleasure.*
Oui, c'est gentil à vous.   *Yes, that's nice of you.*
Merci.   *No, thank you.*
Non, merci.   *No, thank you.*
Je voudrais …   *I would like …*

Verbes de préférence

adorer   *to adore; to love*
aimer   *to like; to love*
détester   *to hate; to detest*

D'autres expressions utiles

Comment?   *What (did you say)?*
est-ce que … ?   *(question marker)*
n'est-ce pas?   *right? are you? don't they? etc.*
Comment est-ce qu'on écrit … ?   *How do you spell … ?*
Comment trouvez-vous … ?   *What do you think of … ?*
Qu'est-ce que vous aimez?   *What do you like?*
Qu'est-ce que vous voulez?   *What do you want?*
Vous êtes d'où?   *Where are you from?*
Quelle bonne surprise!   *What a good surprise!*
À votre santé!   *(Here's) to your health!*
À la vôtre!   *(Here's) to yours!*
Au fait …   *By the way …*
Je ne sais pas.   *I don't know.*
Je viens de …   *I come from …*
… s'écrit …   *… is spelled …*
même(s)   *-self (-selves)*

Chapitre 3

Buts communicatifs

Identifying family and
   friends
Sharing numerical
   information
Talking about people
   and things at home

Structures utiles

L'article indéfini: **un,
   une** et **des**
Les nombres de 0 à 29
Le verbe **avoir**
Les nombres de 30 à 79
Les expressions **il y a** et
   voilà
Les adjectifs possessifs
   mon, ton, notre et
   votre
La négation + **un (une,
   des)**
La possession avec **de**
Les adjectifs possessifs
   son et **leur**

Culture

La langue et la culture
Les pronoms **tu** et **vous**
Pour gagner du temps

La famille

Coup d'envoi

Coup d'envoi

Prise de contact   Une photo de ma famille

Marie:	Avez-vous des frères ou des sœurs?°
Christophe:	J'ai° un frère et une sœur. (sis)
➤ **Monique:**	J'ai une sœur, mais je n'ai pas de° frère.
Paul:	Moi, je n'ai pas de frère ou de sœur.
Marie:	Dans° ma famille il y a° cinq personnes. Ma sœur s'appelle° Chantal et mon frère s'appelle Robert. Mes parents s'appellent Bernard et Sophie.

Do you have any
  brothers or sisters?
I have
I don't have any

In / there are / My
  sister's name is

➡ **Et vous?**   Avez-vous des frères ou des sœurs?
        Avez-vous une photo de votre famille?
        Qui est sur la photo?°

Who is in the
  picture?

avec–with (handwritten)

L'arrivée à la gare

*Lori Becker est une étudiante américaine qui vient en France
pour passer un an° dans une famille française. Elle descend du
train à la gare° Saint-Laud à Angers. Anne Martin et sa fille,
Émilie, attendent° son arrivée.*

year
railroad station
are waiting for

Mme Martin:	Mademoiselle Becker?
Lori:	Oui. Bonjour, Madame. Vous êtes bien Madame Martin?°
Mme Martin:	Oui. Bonjour et bienvenue°, Mademoiselle. Vous êtes très fatiguée, sans doute°?
Lori:	Pas trop°. J'ai dormi° un peu dans le train.
Mme Martin:	Mademoiselle Becker, voilà ma fille.
Lori:	Bonjour, tu t'appelles comment?
La petite fille:	Émilie.
Lori:	Et tu as quel âge°? *The child holds up her thumb and two fingers.*
Mme Martin:	Elle a trois ans.
Lori:	Elle est charmante.° Vous avez d'autres enfants°, Madame Martin?
Mme Martin:	Oui, nous avons six enfants.
Lori:	Comment? Combien dites-vous?°
Mme Martin:	Six.
Lori:	Mon Dieu°! Vraiment?
Mme Martin:	Pourquoi? Qu'est-ce qu'il y a?°
Lori:	Euh … rien°. J'aime beaucoup les enfants.

Margin glosses:
You're Mme Martin, aren't you?
welcome
probably
too much / I slept
And how old are you?
She's charming.
other children
How many do you say?
God
What's the matter?
nothing

➡ **Jouez ces rôles.**   Role-play the conversation exactly as if you were Lori
Becker and Mme Martin. Once you have practiced it several times, role-play
the conversation using one partner's identity in place of Lori's.

(Handwritten notes:)

Verb
avoir – to have   être

Quiz
J'ai   Je suis
tu as   tu es
il a   il est
nous avons nous sommes
vous avez   vous êtes
ils (2) ont ils sont

elle s'appelle

Combien dans
personne de votre
famille?

Combien – how many
Dans de votre famille?
Il y a – these are (there)
(ya)

une fille – daughter
un fils – son (fis)

un père – father
un mère – mother

Why does Lori say "Mon Dieu!"?

a. She is swearing.
b. She is praying.
c. She is expressing surprise.

Why does Lori use tu with Émilie Martin?

a. They have met before and are good friends.
b. She is speaking to a child.
c. Lori considers Émilie an inferior.

La langue et la culture

Each language has its own unique way of expressing reality. The fact that French uses the verb **avoir** *(to have)* when expressing age, whereas English uses the verb *to be,* is only one of many examples that prove that languages are not copies of each other. Similarly, the expression **Mon Dieu!** *(Wow!)* is milder in French than its literal English equivalent *My God!* The French way is not right or wrong, nor is it more or less logical than its English counterpart.

Les pronoms tu et vous

French has two ways of saying *you.* The choice reflects the nature of the relationship, including degree of formality and respect. **Tù** is typically used when speaking to one's family and relatives as well as to close friends, fellow students, children, and animals. **Vous** is normally used when speaking to someone who does not meet the above criteria (e.g., in-laws, employers, teachers, or business acquaintances). It expresses a more formal relationship or a greater social distance than **tu.** In addition, **vous** is always used to refer to more than one person.

Visitors to French-speaking countries would be well advised to use **vous** even if first names are being used, unless they are invited to use the **tu** form. In the *Conversation,* Lori correctly uses **vous** with Madame Martin and **tu** with Émilie.

Pour gagner du temps (To stall for time)

A helpful strategy for the language learner is to acquire and use certain expressions and gestures that allow him or her to "buy time" to think without destroying the conversational flow or without resorting to English. Like the cup of coffee we sip during a conversation to give us a chance to organize our thoughts, there are a number of useful expressions for "buying time" in French. The number one gap-filler is **euh,** which is the French equivalent of the English *uh* or *umm.*

60

Euh rhymes with **deux**.
Ben [bɛ̃] is derived from
bien.

VOCABULAIRE

Pour gagner du temps *(To stall for time)*

alors	*then; therefore, so*	euh	*uh; umm*
ben	*well*	hein?	*huh?*
comment?	*what (did you say)?*	mais …	*but …*
eh bien	*well then*	tiens!	*well, well!*
et …	*and …*	voyons	*let's see*

Il y a un geste

Voilà. The open hand is
extended, palm up, to
emphasize that some fact is
evident. *Voilà* is also used to
conclude something that has
been said or to express that
that's how things are.

À vous.   How would you respond to the following?

1. Comment s'appellent vos parents?
2. Vous avez des frères ou des sœurs?
3. (Si oui) Comment s'appellent-ils (elles)?
4. Où est-ce qu'ils (elles) habitent?

entre*amis*

Des frères ou des sœurs?

1. Introduce yourself and tell what you can about yourself.
2. Find out what you can about your partner.
3. Find out if your partner has brothers or sisters.
4. If so, find out their names.

L'Accent et le rythme (suite)

Remember: When pronouncing French sentences, it is good practice to pay particular attention to the facts that: (1) French rhythm is even (just like counting), (2) syllables normally end in a vowel sound, and (3) the final syllable of a group of words is lengthened.

➡ Count before repeating each of the following expressions.

> *un, deux, trois, quatre, cinq, SIX*

Review the *Pronunciation* section of Ch. 1.

Je suis a-mé-ri-CAIN.
Elle est cé-li-ba-TAIRE.
Vous tra-va-illez beau-COUP?

> *un, deux, trois, quatre, cinq, six, SEPT*

Je m'a-ppelle Ka-rine As-PEL.
Vous ha-bi-tez à Pa-RIS?
Je n'aime pas beau-coup le VIN.

Les sons [e], [ɛ], [ə], [a], [wa]

The following words contain some important and very common vowel sounds.

➡ Practice saying these words after your instructor, paying particular attention to the highlighted vowel sound.

[handwritten: accent aigu écrivez (strong)]

[e] • écrivez, zéro, répétez, écoutez, nationalité, téléphone, divorcé
    • ouvrez, entrez, fermez, assez, asseyez-vous, excusez-moi
    • présenter, habiter, écouter, arrêter, commencer, continuer
    • et

[ɛ] • personne, professeur, hôtel, université, espagnol, elle, canadienne
    • crème, frère, chère, discrète   *[handwritten: (accent grave discrète)]*
    • être, êtes
    • anglaise, française, célibataire, laide, certainement

[handwritten: open e]

[handwritten: mute e, e don't here]

[ə] • le, levez-vous, prenez, regardez, que, de, je, ne, votre santé, me

Note: encore, heure, femme, homme, une, amie, famille, entre amis

[a]   • **la, a**llez, **a**mie, **a**méric**a**in, **a**ssez, m**a**tin, c**a**n**a**dien, qu**a**tre, s**a**lut,
        d'**a**ccord
       • **à**, voil**à**

[wa] • Fran**ço**is, m**oi**, tr**oi**s, v**oi**là, Mademo**i**selle, au rev**oi**r, bons**oi**r
       • v**oy**age

▷ Now go back and look at how these sounds are spelled and in what kinds of letter combinations they appear. What patterns do you notice?

▷ It is always particularly important to pronounce **la** [la] and **le** [lə] correctly since each marks a different gender, and the meaning of a word may depend on which is used.

la tour = *tower*	**la tour** Eiffel
le tour = *tour, turn*	**le Tour** de France

Buts communicatifs

I. Identifying Family and Friends

—Je vous présente (noe) mon amie, Anne Martin.   *I introduce to you*
 Elle a° une sœur qui habite près d'ici.   *has*
—Votre sœur, comment s'appelle-t-elle?
—Elle s'appelle Catherine.
—Et vous êtes d'où?
—Je suis de Nantes.
—Tiens! J'ai des cousins (cusan) à Nantes. (+ il)
—Comment s'appellent-ils?
—Ils s'appellent Dubois.

➔ **Et vous?**   Présentez un(e) ami(e).

Remarque: When you use **qui,** the verb that follows agrees with the person(s) to whom **qui** refers.

Elle a des cousins **qui habitent** à Nantes.

Arbre généologique d'une famille française

Jean et Monique Martin   Marie et Georges Duhamel

Éric Bernard et Chantal   Michel   Pierre et Anne   Catherine et Alain Dubois

Christophe   Céline   David   Sylvie   Amélie   Benoît   Emilie   Nathalie   Stéphane

VOCABULAIRE

Une famille française

des parents	*parents; relatives*
un mari et une femme	*a husband and a wife*
un père et une mère	*a father and a mother*
un(e) enfant	*a child (male or female)*
un fils et une fille	*a son and a daughter*
un frère et une sœur	*a brother and a sister*
des grands-parents	*grandparents*
un grand-père	*a grandfather*
une grand-mère	*a grandmother*
des petits-enfants	*grandchildren*
un petit-fils et une petite-fille	*a grandson and a granddaughter*
un oncle et une tante	*an uncle and an aunt*
un neveu et une nièce	*a nephew and a niece*
un(e) cousin(e)	*a cousin (male or female)*
des beaux-parents	*stepparents (or in-laws)*
un beau-père	*a stepfather (or father-in-law)*
une belle-mère	*a stepmother (or mother-in-law)*

Notes:

1. Most plurals of nouns are formed by adding **-s.** In compound words for family members, an **-s** is added to both parts of the term: **des grands-pères, des belles-mères.**
2. The words **neveu** and **beau** form their plurals with an **-x: des neveux, des beaux-frères.**
3. The word **fils** is invariable in the plural: **des fils, des petits-fils.**

A. L'article indéfini: *un, une* et *des*

The French equivalent of the English article *a (an)* is **un** for masculine nouns and **une** for feminine nouns.

un frère	**un** train	**un** orangina
une sœur	**une** table	**une** limonade

The final **-n** of **un** is normally silent. Liaison is required when **un** precedes a vowel sound.

un [n]étudiant

The consonant **-n-** is always pronounced in the word **une.** If it precedes a vowel sound, it is linked to that vowel.

une femme   [yn fam]   *But:*   une étudiante   [y ne ty djɑ̃t]

The plural of **un** and **une** is **des.**

singulier:	un frère	une sœur
pluriel:	**des** frères	**des** sœurs

Des corresponds to the English *some* or *any.* However, these words are often omitted in English. **Des** is not omitted in French.

J'ai **des** amis à Paris.   *I have (some) friends in Paris.*

Liaison is required when an article precedes a vowel sound.

un [n]enfant	un [n]étudiant	un [n]homme
des [z]enfants	des [z]étudiants	des [z]hommes

In a series, the article *must* be repeated before each noun.

un homme et **une** femme	*a man and (a) woman*
une mère et **des** enfants	*a mother and (some) children*

1. **Présentations.** How would you introduce the following people?

> *Modèle:* Mademoiselle Blondel / F / frère à New York
> **Je vous présente Mademoiselle Blondel.**
> **Elle est française.**
> **Elle a un frère qui habite à New York.**

Review nationalities on p. 19–21.

(handwritten: Elle a des parents qui habitent à New York)

1. Madame Brooks / GB / sœur à Toronto *(handwritten: Je vous présente. Elle est Great Britain)*
2. Mademoiselle Jones / USA / parents près de Chicago *(handwritten: Je vous présente Elle es Americain)*
3. Monsieur Callahan / CDN / frère à Milwaukee
4. Monsieur Lefont / B / fils près d'ici
5. Madame Perez / MEX / petits-enfants près d'El Paso
6. Mademoiselle Keita / SN / cousins à New York
7. un ami
8. une amie
9. votre père ou votre mère

(handwritten top right: Elle a une sœur à Toronto)

2. **Quelque chose à boire?** Order the following items.

> *Modèle:* citron pressé
> **Je voudrais un citron pressé, s'il vous plaît.**

Review the list of **boissons** on p. 47.

1. thé
2. café
3. bière
4. verre d'eau
5. jus d'orange
6. chocolat
7. coca
8. limonade
9. orangina
10. café crème

B. Les nombres de 0 à 29

0	zéro	10	dix	20	vingt
1	un	11	onze	21	vingt et un
2	deux	12	douze	22	vingt-deux
3	trois	13	treize	23	vingt-trois
4	quatre	14	quatorze	24	vingt-quatre
5	cinq	15	quinze	25	vingt-cinq
6	six	16	seize	26	vingt-six
7	sept	17	dix-sept	27	vingt-sept
8	huit	18	dix-huit	28	vingt-huit
9	neuf	19	dix-neuf	29	vingt-neuf

▌ All numbers are invariable except **un.** Remember to replace the number **un** with **une** before a feminine noun, even in a compound number.

un oncle	trois oncles	vingt et un cousins
une tante	trois tantes	**vingt et une** cousines

▌ When numbers from 1 to 10 stand alone, the final consonants of **un, deux,** and **trois** are silent, but all others are pronounced. The **-x** at the end of **six** and **dix** is pronounced [s].

	un	deux	trois			
But:	quatre	cin**q**	si**x**	sep**t**	hui**t**	neu**f**	di**x**

▌ Certain numbers have a different pronunciation when they precede a noun:

• The final consonant of **six, huit,** and **dix** is not pronounced before a consonant.

six personnes	huit jours	dix verres

• When the following noun begins with a vowel sound, the final consonant is always pronounced and linked to the noun. Note that with **quatre,** both final consonants are linked and the final **-e** is not pronounced.

un [n]homme	cinq [k]hommes	huit [t]hommes
deux [z]hommes	six [z]hommes	neuf [f]hommes
trois [z]hommes	sept [t]hommes	dix [z]hommes
quatre [tR]hommes		vingt [t]hommes

• The **-f** in **neuf** is pronounced as [v] only before the words **ans** *(years)* and **heures** *(hours).*

	neuf [v]ans	neuf [v]heures
But:	neuf [f]enfants	neuf [f]hommes

• The final **-t** in **vingt** is silent when the number stands alone, but is pronounced in the compound numbers built on it.

vingt	[vɛ̃]
vingt et un	[vɛ̃ te ɛ̃]
vingt-deux	[vɛ̃t dø]

C. Le verbe *avoir*

J'ai des cousins à Marseille.	*I have cousins in Marseille.*
Tu as un(e) camarade de chambre?	*Do you have a roommate?*
Nous avons un neveu qui habite près de Chicago.	*We have a nephew who lives near Chicago.*

avoir (to have)			
j'	**ai**	nous	**avons**
tu	**as**	vous	**avez**
il/elle/on	**a**	ils/elles	**ont**

▸ Liaison is required in **on a, nous avons, vous avez, ils ont,** and **elles ont.**

on [n]a
nous [z]avons

▸ Do not confuse **ils ont** and **ils sont.** In liaison, the **-s** in **ils** is pronounced [z] and is linked to the following verb.

	Ils [z]ont des enfants.	*They **have** children.*
But:	**Ilş sont** charmants.	*They **are** charming.*

▸ Use **Je n'ai pas de (d')** ... to say *I don't have a ...* or *I don't have any ...*

Je n'ai pas de père.	*I don't have a father.*
Je n'ai pas de frère.	*I don't have any brothers.*
Je n'ai pas d'enfants.	*I don't have any children.*

Séjour Enfants

Hébergements et loisirs adaptés pour des vacances familiales.

3. **Un recensement** *(A census).*   The following people are being interviewed by the census taker. Follow the model with a partner to complete each interview.

Modèle: Mademoiselle Messin/2 sœurs, 0 frère/Jeanne et Perrine (frères ou sœurs?)

LE RECENSEUR: **Avez-vous des frères ou des sœurs, Mademoiselle?**
MLLE MESSIN: **J'ai deux sœurs mais je n'ai pas de frère.**
LE RECENSEUR: **Comment s'appellent-elles?**
MLLE MESSIN: **Elles s'appellent Jeanne et Perrine.**

1. Monsieur Dubois/2 frères, 0 sœur/Henri et Luc (frères ou sœurs?)
2. Madame Bernard/1 enfant: 1 fils, 0 fille/Christophe (enfants?)
3. Monsieur Marot/2 enfants: 1 fils, 1 fille/Pascal et Hélène (enfants?)
4. vos parents (enfants?)
5. votre meilleur(e) ami(e) (frères ou sœurs?)
6. vos grands-parents (petits-enfants?)
7. vous (?)

 4. **La famille de David.**   Use the genealogical chart on page 64 to create sentences describing David's family ties.

> *Modèle:*   **David a des parents qui s'appellent Pierre et Anne.**

entre*amis*

Ta famille

1. Find out if your partner has brothers or sisters.
2. If so, find out their names.
3. Find out where they live.
4. Find out if your partner has children.
5. If so, find out their names.
6. Introduce your partner to another person. Tell as much as you can about your partner and his/her family.

II. Sharing Numerical Information

Quel âge ont tes parents, Christelle?	Ils ont cinquante ans et quarante-sept ans.
Quel âge a ta sœur?	Elle a dix-huit ans.
Quel âge as-tu?	J'ai vingt ans.

→ **Et vous?**   Quel âge ont les membres de votre famille? Quel âge avez-vous?

Remarques:

1. The verb **avoir** is used when asking or giving someone's age.

   Quel âge **a** ta camarade de chambre?   *How old is your roommate?*
   Quel âge **a** ton petit ami?   *How old is your boyfriend?*

2. In inversion, remember to insert a -**t**- before the singular forms **il, elle,** and **on.**

   Quel âge ont-elles?   *How old are they?*
   But: Quel âge a-**t**-elle?   *How old is she?*

3. The word **an(s)** must be used when giving someone's age.

   J'ai vingt et un **ans.**   *I am twenty-one.*

D. Les nombres de 30 à 79

30	trente	50	cinquante	70	soixante-dix
31	trente et un	51	cinquante et un	71	soixante et onze
32	trente-deux	52	cinquante-deux	72	soixante-douze
33	trente-trois	53	cinquante-trois	73	soixante-treize
etc.		etc.		74	soixante-quatorze
40	quarante	60	soixante	75	soixante-quinze
41	quarante et un	61	soixante et un	76	soixante-seize
42	quarante-deux	62	soixante-deux	77	soixante-dix-sept
43	quarante-trois	63	soixante-trois	78	soixante-dix-huit
etc.		etc.		79	soixante-dix-neuf

5. **Parlez-moi de votre famille** *(Tell me about your family).*   Describe the people listed below. Use the model as a guide. If you don't have a brother, etc., say so.

> *Modèle:*   un frère
> **J'ai un frère qui s'appelle Bill.**
> **Il habite à Boston.**
> **Il est grand et assez beau.**
> **Il a vingt-trois ans.**

1. une sœur	6. une cousine
2. un frère	7. des amis
3. un oncle	8. un(e) camarade de chambre
4. une tante	9. un(e) petit(e) ami(e)
5. des cousins	10. des parents

E. Les expressions *il y a* et *voilà*

Voilà la famille Laplante.
>   **Il y a combien de** personnes dans la famille Laplante?
>   **Il y a** quatre personnes.
>   **Il y a combien de** garçons et **combien de** filles?
>   **Il y a** deux filles mais **il n'y a pas de** garçon.

▶ **Voilà** can mean either *there is (are)* or *here is (are)*. **Il y a** means *there is (are)*. While **voilà** and **il y a** are both translated *there is* or *there are* in English, they are used quite differently.

▶ **Voilà** and **voici** *(here is, here are)* point something out. They bring it to another person's attention. There is usually an accompanying physical movement—a nod of the head, a gesture of the hand toward the person or object, or a pointing of the finger to identify a specific object.

> **Voici** mon fils et ma fille.   *Here are my son and daughter.*
> **Voilà** ma voiture.   *There's my car.*

**Vocabulaire
à retenir**

voilà *there is/are*

voici *here is/are*

il y a *there is/are*

voiture *car*

▶ **Il y a** simply states that something exists or tells how many there are.

> **Il y a** un livre sur la table.   *There is a book on the table.*
> **Il y a** quatre filles et deux garçons   *There are four girls and two*
>   dans la famille Martin.   *boys in the Martin family.*

▶ The negative of **il y a un (une, des)** is **il n'y a pas de.**

> **Il n'y a pas de** voiture ici.   *There aren't any cars here.*

Attention: Do not use **de** if **il n'y a pas** is followed by a number.

> **Il n'y a pas trois** voitures au   *There aren't three cars in the*
>   garage; il y a quatre voitures.   *garage; there are four cars.*

There are several ways to use **il y a** in a question.

Il y a un livre sur la table?
Est-ce qu'il y a un livre sur la table?
Y a-t-il un livre sur la table?

*Is there a book
on the table?*

Il y a is often used with **combien de**.

Il y a combien de garçons?
Combien de garçons **est-ce qu'il y a?**
Combien de garçons **y a-t-il?**

6. **Lori parle avec Anne Martin.** Complete the following sentences using either **il y a** or **voilà**.

Modèle: **Voilà** ma fille Émilie.

1. _il y a_ deux enfants dans votre famille?
2. Non, Mademoiselle, _il y a_ six enfants.
3. _Voilà_ une photo de ma famille. (ya)
4. _Voilà_ ma mère. Elle est jolie, n'est-ce pas?
5. _Il y a_ combien de filles dans votre famille?
6. Où sont-elles? Ah! _Voilà_ vos filles!

7. **À vous.** Answer the following questions as factually as possible.

1. Quel âge avez-vous?
2. Combien de personnes y a-t-il dans votre famille?
3. Quel âge ont les membres de votre famille?
4. Combien d'étudiants y a-t-il dans votre classe de français? Combien d'hommes et combien de femmes y a-t-il?
5. Quel âge a votre professeur de français? (Imaginez!)
6. Combien d'oncles et combien de tantes avez-vous? Quel âge ont-ils?

F. Les adjectifs possessifs *mon, ton, notre* et *votre*

—Comment s'appellent **tes** parents?
—**Mes** parents s'appellent Marcel et Jacqueline.
—Combien d'enfants y a-t-il dans **ta** famille?
—Il y a trois enfants dans **ma** famille: deux garçons et une fille.
—Quel âge a **ton** frère? Quel âge a **ta** sœur?
—**Mon** frère a dix-huit ans et **ma** sœur a douze ans.
—Où habitent **vos** grands-parents?
—**Nos** grands-parents habitent à Saumur.

adjectifs possessifs						
en anglais	masculin		féminin		pluriel (m. et f.)	
my	mon		ma		mes	
your	ton	père	ta	mère	tes	parents
our	notre		notre		nos	
your	votre		votre		vos	

Possessive adjectives agree in gender and number with the nouns they modify (the "possessions"). **Notre** and **votre** are used for both masculine and feminine singular nouns.

Denise, **ton** père est gentil.	Denise, your father is nice.
Alain, **ta** mère est gentille aussi!	Alain, your mother is nice also!
Nathalie, **tes** parents sont très gentils.	Nathalie, your parents are very nice.

In the singular, **ma** and **ta** become **mon** and **ton** when used directly before a feminine word beginning with a vowel sound.

ma meilleure amie	*But:* **mon** amie
ta tante	*But:* **ton** autre tante

Liaison occurs if the word following **mon, ton, mes, tes, nos,** or **vos** begins with a vowel sound.

	mon petit ami	vos bons amis
But:	mon [n]ami	vos [z]amis

As with **quatre,** the final **-e** of **notre** and **votre** is not pronounced before a vowel sound, but the final consonants are linked to the next word.

notre [tR]ami

8. **Qui?** Try to identify people from among your friends and relatives who "fit" the following questions. Use possessive adjectives in each response. Be sure that verbs agree with subjects, and that adjectives agree with nouns.

Modèle: Qui chante bien?
Mes parents chantent bien. ou **Notre professeur chante bien.**

1. Qui est grand?
2. Qui parle français?
3. Qui ne skie pas?
4. Qui adore le sport?
5. Qui n'aime pas beaucoup la bière?
6. Qui aime être étudiant(e)?

9. **À vous.** Show a real (or imaginary) picture of your family and point out parents, brothers, sisters, cousins, uncles, and aunts. Give each person's age as well.

Modèle: **Voilà ma sœur, Kristen. Elle a seize ans.**

entre*amis*

Dans ta famille

1. Ask your partner how many people there are in his/her family.
2. Find out their names.
3. Find out how old they are.
4. Find out where they live.

III. Talking about People and Things at Home

Qu'est-ce qu'il y a …	
dans votre maison° *(f.)*?	*house*
dans votre appartement° *(m.)*?	*apartment*
dans votre chambre° *(f.)*?	*bedroom*
dans votre garage *(m.)*?	

Il y a …

> **Bureau** can mean either *desk* or *office*. The teacher's office = **le bureau du professeur. Chambre** means only *bedroom,* not *room* in general.

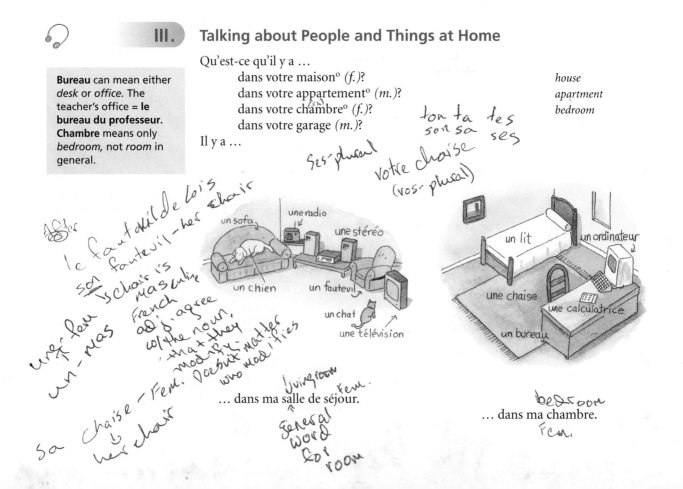

… dans ma salle de séjour.

… dans ma chambre.

le chien du professor
la fille de Loise s'appelle Elizabeth
le chien du professor
le chien du professor
drew se la fils de Louis
le chien de Lois

de + le → du
de + la → stay's the same
de + les → des
de l' → stays the same

un réfrigérateur

une cuisinière

une machine à laver

un lave-vaisselle

un vélo

une voiture

une moto

une mobylette

... dans ma cuisine. *Feu* *cooking/kitchen*

... dans mon garage. *Mas.*

10. **Les renseignements** *(Information).* Olivier is giving some information about people in his neighborhood. Help him to complete the sentences. Use the verb **avoir** and a number. Where no number is indicated, use **un, une,** or **des** as appropriate.

> *Modèle:* Les Dufoix / deux enfants / chat
> **Les Dufoix ont deux enfants et un chat.**

1. Charles / radio antique   *Charles a une radio antique*
2. Je / enfants extraordinaires   *J'ai des enfants extraordinaires*
3. Les Dubois / trois télévisions / stéréo / ordinateur   *Les Dubois une trois tv, une stereo un ordinateur*
4. Madame Martin / mari / six enfants   *Madame Martin a mari*
5. Nous / petit appartement / voiture   *Nous avons petit appartment une voiture*
6. Mes grands-parents / grande maison / quatre chambres   *Mes grandparents ils ont une maison des*
7. Les Martin / chat / chien / deux réfrigérateurs / cuisinière à gaz / lave-vaisselle
8. Madame Davis / voiture japonaise / vélo français   *a une voiture japonaise un vélo francaise*

know etre, avec, nous avons j'ai, tu as vous avez il a, ils ont elles ont

G. La négation + *un (une, des)*

After a negation, indefinite articles (**un, une, des**) usually become **de (d').**

Vous avez **un** ordinateur?   Non, je n'ai pas **d'**ordinateur.
Vous avez **une** voiture?   Non, je n'ai pas **de** voiture.
Vous avez **des** frères ou **des** sœurs?   Non, je n'ai pas **de** frère
                              ou **de** sœur.

Note: This rule does not apply after **être.**

Christophe n'est pas **un** enfant.
La voiture n'est pas **une** Ford.
Ce ne sont pas **des** amis.

On test distinguish between il y a + Voila

Also, definite articles (**le, la, l', les**) and possessive adjectives (**mon, ma, mes,** etc.) do not change after a negation.

Je n'aime pas **le** thé.   Mon frère n'aime pas **notre** chien.

When contradicting a negative statement or question, use **si** instead of **oui.**

Il n'y a pas de sandwichs ici.   **Si,** il y a des sandwichs.
Vous n'avez pas d'ordinateur?   **Si,** j'ai un ordinateur.
Vous n'aimez pas le café?   **Si,** j'aime le café.

11. **Un riche et un pauvre.** Guy has everything, but Philippe has practically nothing. Explain how they differ.

Modèle: voiture
Guy a une voiture, mais Philippe n'a pas de voiture.

1. appartement
2. machine à laver
3. petite amie
4. ordinateur
5. amis
6. chien
7. lave-vaisselle
8. mobylette

LA LIMOUSINE

12. **Bavardages** *(Gossip).* Someone has made up gossip about you and your neighbors. Correct these falsehoods.

Modèle: Monsieur Dupont a des filles.
Mais non! Il n'a pas de fille.

1. Les Charvet ont un lave-vaisselle.
2. Marie a un petit ami.
3. Nous avons un ordinateur.
4. Vous détestez le café.
5. Jean-Yves a des enfants.
6. Christophe et Alice ont un chien.
7. Votre voiture est une Renault.
8. Vous avez un(e) fiancé(e) qui habite à Paris.
9. Le professeur de français a une moto.

13. **As-tu … ?** Your partner will interview you according to the model. If you really do have the item in question, say so. If not, give a negative answer and then name something that you do have.

> *Modèle:* une voiture
> *tu a* [handwritten]
> VOTRE PARTENAIRE: **As-tu une voiture?**
> VOUS: **Non, je n'ai pas de voiture mais j'ai une moto.**

Non, je n'ai pas de moto japanaise mais j'ai une voiture. [handwritten]

1. une moto japonaise
2. une maison
3. un chien
4. un cousin à Lyon
5. un ordinateur
6. un fauteuil
7. des amis qui habitent à Paris
8. des parents à Marseille
9. un frère (une sœur) qui parle français
10. un ami qui chante très mal

14. **Une diseuse de bonne aventure.** A fortune teller has made the following statements about you. Affirm or deny them. Be careful to use **si** if you wish to contradict a negative statement.

> *Modèle:* Vous n'avez pas de frère.
> **Si, j'ai un frère (des frères).** ou
> **Oui, c'est vrai, je n'ai pas de frère.**

Si, j'ai une sœur [handwritten]
Oui, c'est vraiment pas de sœur [handwritten]

1. Vous n'avez pas de sœur.
2. Vous n'habitez pas dans un appartement.
3. Vous n'avez pas de stéréo.
4. Vous n'étudiez pas beaucoup.
5. Le professeur n'est pas gentil.
6. Vous n'aimez pas étudier le français.
7. Il n'y a pas de radio dans votre chambre.
8. Vous ne parlez pas anglais.

Si, il a pas gentil [handwritten]

o Si, ... Si, il y a de radio dans votre chambre [handwritten]

15. **À vous.** Answer the following questions.

1. Combien de filles y a-t-il dans votre famille?
2. Combien de garçons y a-t-il?
3. Y a-t-il un fauteuil dans votre chambre?
4. Combien de chaises y a-t-il dans votre chambre?
5. Y a-t-il un chien ou un chat dans votre maison?
6. Qu'est-ce qu'il y a dans votre chambre?
7. Qu'est-ce qu'il y a dans le garage du professeur? (Imaginez!)

entre*amis*

Une interview

1. Find out if your partner has a dog or a cat.
2. If so, find out the name of the animal and how old it is.
3. Find out if your partner has a refrigerator in his/her room.
4. Find out if s/he has a TV in his/her room.
5. If so, ask if s/he watches television often.
6. Try to find one additional item which your partner has and one item which s/he does not have.
7. Turn to another person and gossip about your partner. Tell what you found out.

H. La possession avec *de*

C'est le mari **de** Mme Martin.	*It's Mme Martin's husband.*
Ce n'est pas la maison **de** René.	*It's not René's house.*
C'est la maison **des** parents **de** René.	*It's René's parents' house.*

▷ The preposition **de (d')** is used to indicate possession or relationship. French has no possessive -*'s* ending: *Marie's sister* has to be expressed in French as *the sister of Marie.*

la sœur **de** Marie	*Marie's sister*
la voiture **d'**Alain	*Alain's car*

▷ When the word referring to the "owner" is not a proper name, an article or a possessive adjective precedes it: *The grandmother's room* has to be expressed as *the room of the grandmother.*

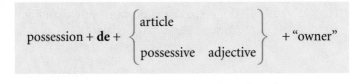

$$\text{possession} + \textbf{de} + \left\{ \begin{array}{l} \text{article} \\ \\ \text{possessive} \quad \text{adjective} \end{array} \right\} + \text{``owner''}$$

la chambre de **la** grand-mère	*the grandmother's room*
la moto de **mon** ami	*my friend's motorcycle*

The preposition **de** contracts with the articles **le** and **les**, but there is no contraction with the articles **la** and **l'**.

de + le	→ **du**	du professeur
de + les	→ **des**	des étudiants
de + la	→ **de la**	de la femme
de + l'	→ **de l'**	de l'enfant

> Remember that **de l'** could be masculine or feminine.

C'est une photo **du** professeur. — *It's a picture of the teacher.*
C'est la maison **des** parents d'Éric. — *It's Éric's parents' house.*
C'est le chat **de la** mère de Céline. — *It's Céline's mother's cat.*
C'est la voiture **de l'**oncle de Pascal. — *It's Pascal's uncle's car.*

(handwritten: Feminine stays the same)

16. **J'ai trouvé une radio** *(I found a radio).* A number of objects have been found. Ask a question to try to identify the owners. Your partner will answer negatively and will decide who *is* the owner.

Modèle: J'ai trouvé une radio. (Jeanne)
VOUS: **J'ai trouvé une radio. C'est la radio de Jeanne?**
VOTRE PARTENAIRE: **Non, ce n'est pas la radio de Jeanne. C'est la radio de Kevin.**

(handwritten: know)

1. J'ai trouvé une voiture. (Madame Dufour) *Se la voiture de Madame Dufour*
2. J'ai trouvé une radio. (professeur) *Se la radio du professeur*
3. J'ai trouvé un chat. (Karine) *Se le chat de Karine*
4. J'ai trouvé une moto. (l'ami de Michèle) *Se la moto de l'ami de Michèle*
5. J'ai trouvé un chien. (les parents de Denis) *Se le chien des parents de Denis*
6. J'ai trouvé une calculatrice. (Frédérique) *Se la calculatrice de Frederique*
7. J'ai trouvé un vélo. (la sœur de Sophie) *Se le vélo de la sœur de Sophie*

(handwritten: de ma sœur)

17. **Nos possessions.** Complete the following sentences by filling in the blanks.

(handwritten: know)

1. Le vélo *de* Laurence est dans le garage.
2. La voiture *du* père *d'*Anne est bleue.
3. La photo *de l'*oncle et *de la* tante *de* Guy est sur le bureau *des* grands-parents *de* Guy.
4. Le chat *du* frère *de* Chantal est sur le lit *des* parents *de* Chantal.
5. Où est la calculatrice *de la* sœur *de* Sandrine?
6. C'est la stéréo *des* enfants *du* professeur.
7. La moto *de* mon frère est dans notre garage.

18. Où est-ce?   Patrick's family has a number of possessions. Ask where each item is.

Modèle: La sœur de Patrick a un vélo.   **Où est le vélo de la sœur de Patrick?**

1. Les sœurs de Patrick ont une télévision. *Ou est la t.v. des soeur de Patrick*
2. Le frère de Patrick a une voiture. *Ou est la voiture du frère de Pat*
3. L'oncle de Patrick a un chien. *Ou est le chien de l'oncle de Pat*
4. Les cousins de Patrick ont une stéréo. *Ou est la stereo des cousins de Pat*
5. Les enfants de Patrick ont un ordinateur. *Ou est le ordinateur des enfants de Pat*
6. La cousine de Patrick a un appartement. *Ou est l'apartement de la cousin*
7. Les parents de Patrick ont une voiture allemande. *Ou est la voiture allemande des parents*
8. Le père de Patrick a un bureau. *Ou est le bureau du pere de Pat*
9. La tante de Patrick a un petit chat. *De la*
10. Les parents de Patrick ont une belle maison. *Ou est la belle maison des parents de Patrick*

I. Les adjectifs possessifs *son* et *leur*

As-tu une photo de la famille de Léa?   Voilà une photo de **sa** famille.
Où est le père de Léa?   Voilà **son** père.
Où est la mère de Léa?   Voilà **sa** mère.
Où sont les grands-parents de Léa?   Voilà **ses** grands-parents.
Où est la fille de M. et Mme Dupont?   Voilà **leur** fille. C'est Léa!
Où sont les cousins des Dupont?   Voilà **leurs** cousins.

▷ **Son, sa,** and **ses** can mean either *his* or *her.* As with **mon, ma,** and **mes,** the choice of form depends on whether the "possession" is masculine or feminine, singular or plural. It makes no difference what the gender of the "owner" is.

son lit	*his bed* or *her bed*
sa chambre	*his room* or *her room*
ses chaises	*his chairs* or *her chairs*

▷ **Leur** and **leurs** mean *their* and are used when there is more than one "owner." Both forms are used for either masculine or feminine "possessions."

leur lit   **leur** chambre   **leurs** lits   **leurs** chambres

Note: Be sure not to use **ses** when you mean **leurs.**

ses parents	*his parents* or *her parents*
leurs parents	*their parents*

▷ In the singular, **sa** becomes **son** when used directly before a feminine word beginning with a vowel sound.

sa meilleure amie   *But:* **son** amie

Liaison occurs if the word following **son, ses,** or **leurs** begins with a vowel sound.

son petit ami	ses bons amis	leurs parents
But: son [n]ami	ses [z]amis	leurs [z]amis

Sometimes the identity of the "owner" would be unclear if a possessive adjective were used. In such cases, it is better to use the possessive construction with **de.**

Robert et Marie habitent
avec **sa** mère. *(Robert's mother? Marie's mother?)*

Robert et Marie habitent
avec **la** mère **de Marie.** *(clearly Marie's mother)*

Synthèse: les adjectifs possessifs

pronom	masculin	féminin	pluriel (m. et f.)	
je	**mon**	**ma**	**mes**	*my*
tu	**ton**	**ta**	**tes**	*your*
il/elle/on	**son**	**sa**	**ses**	*his/her*
nous	**notre**	**notre**	**nos**	*our*
vous	**votre**	**votre**	**vos**	*your*
ils/elles	**leur**	**leur**	**leurs**	*their*

19. **La chambre de qui?** Clarify the identity of the "owner" in each of the following phrases by completing the following expressions with the appropriate form of **de** + *article défini.*

Modèle: sa chambre. La chambre de qui? La chambre __du__ frère de Marc.

1. leur photo. La photo de qui?
2. son nom. Le nom de qui?
3. sa moto. La moto de qui?
4. leurs livres. Les livres de qui?
5. son chien. Le chien de qui?
6. sa maison. La maison de qui?
7. ses amies. Les amies de qui?
8. son chat. Le chat de qui?
9. sa voiture. La voiture de qui?
10. son bureau. Le bureau de qui?

La photo _____ enfants de ma tante.
Le nom _____ jeune fille.
La moto _____ mari d'Anne.
Les livres _____ étudiants.
Le chien _____ oncle d'Isabelle.
La maison _____ ami de Laurent.
Les amies _____ sœur de Denis.
Le chat _____ petite amie de Jean-Luc.
La voiture _____ étudiante riche.
Le bureau _____ professeur.

20. **Comment s'appellent-ils?** Ask the names of the following people, using a possessive adjective in each question. Your partner will supply the answer.

> *Modèles:* le cousin de Nathalie? (Stéphane)
> > vous: **Comment s'appelle son cousin?**
> > votre partenaire: **Il s'appelle Stéphane.**
>
> les cousines de Nathalie? (Christelle et Sandrine)
> > vous: **Comment s'appellent ses cousines?**
> > votre partenaire: **Elles s'appellent Christelle et Sandrine.**

1. le père de Nathalie? (Michel)
2. la sœur d'Éric? (Isabelle)
3. la mère d'Éric et d'Isabelle? (Monique)
4. les frères de Nathalie? (Christophe et Sébastien)
5. les sœurs de Nathalie? (Sylvie et Céline)
6. le chien de Nathalie? (Fidèle)
7. les grands-parents de Nathalie? (Marie et Pierre Coifard; Louis et Jeanne Dupuis)
8. les parents de votre meilleur(e) ami(e)?
9. les amis de vos parents?

21. **Encore des photos de famille.** You are showing a number of family pictures to a friend. Answer your friend's questions by pointing people out in the pictures.

> *Modèle:* Où est le mari de ta sœur?
> **Voilà son mari.**

1. Où sont les parents de ton beau-frère?
2. Où est le frère de ta tante?
3. Où est la femme de ton cousin?
4. Où est le mari de ta cousine?
5. Où sont les sœurs et les frères de ta mère?
6. Où est la maison de tes grands-parents?

22. **Où sont-ils?** Answer the questions using possessive adjectives.

> *Modèle:* Où est le fils des Dupont? (dans sa chambre)
> **Leur fils est dans sa chambre.**

1. Où est la fille des Dupont? (dans sa chambre)
2. Où sont les enfants des Dupont? (dans leurs chambres)
3. Où est l'appartement des Dupont? (à Paris)
4. Où est la voiture de Madame Dupont? (dans le garage)
5. Où est la cousine de Monsieur Dupont? (à Nantes)
6. Où sont les chiens des Dupont? (à la maison)

23. **À vous.** Answer the questions using possessive adjectives.

> *Modèle:* Où est la maison de votre ami(e)?
> **Sa maison est à Denver.**

1. Comment s'appelle votre meilleur(e) ami(e)?
2. Quel âge a votre ami(e)?
3. Combien de personnes y a-t-il dans la famille de votre ami(e)?
4. Comment s'appellent les parents de votre ami(e)?
5. Où habitent les parents de votre ami(e)?
6. Qu'est-ce qu'il y a dans la maison des parents de votre ami(e)?

entre*amis*

Ton (ta) meilleur(e) ami(e)

1. Find out the name of your partner's best friend.
2. Find out where that friend lives.
3. Find out if that friend has a house, an apartment, a car, etc.
4. Find out all that you can about that friend's family, e.g., if s/he has brothers or sisters, their names, ages, etc.

know

Intégration

RÉVISION

A. Ma chambre. Décrivez votre chambre. Qu'est-ce qu'il y a dans votre chambre?

B. Trouvez quelqu'un qui ... Interview your classmates in French to find someone who ...

> *Modèle:* speaks French
> **Est-ce que tu parles français?**

1. has a computer
2. has no brothers or sisters
3. has a dog or a cat or a fish
4. likes children a lot
5. is 21 or older
6. has a sister named Nicole
7. has a brother named Christopher
8. lives in an apartment
9. has grandparents who live in another state or province

C. À vous. Answer the following questions.

1. Combien de personnes y a-t-il dans votre famille?
2. Comment s'appellent deux de vos ami(e)s?
3. Où habitent-ils?
4. Quel âge ont-ils?
5. Sont-ils étudiants? Si oui, ont-ils une chambre à l'université? Étudient-ils le français ou une autre langue?
6. Avez-vous des amis qui ont un appartement? Si oui, qu'est-ce qu'il y a dans leur appartement?
7. Avez-vous un ami qui est marié? Si oui, comment s'appelle sa femme? Quel âge a-t-elle?
8. Avez-vous une amie qui est mariée? Si oui, comment s'appelle son mari? Quel âge a-t-il?
9. Avez-vous des amis qui ont des enfants? Si oui, combien d'enfants ont-ils? Comment s'appellent leurs enfants? Quel âge ont-ils?

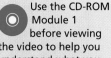

Use the CD-ROM Module 1 before viewing the video to help you understand what you will see and hear.

PAS DE PROBLÈME!

Complete the following activity if you have watched video *Module 1* (queue to 1:37). Answer the following questions.

1. Comment s'appellent les quatre personnes qui jouent au tennis?
2. Comment s'appelle l'amie de Marie-Christine?
3. Qui est la cousine de René?
4. Comment s'appelle le film d'aventures?
5. Comment s'appelle le mélodrame?
6. Quel film est-ce que Marie-Christine préfère?

L E C T U R E

 A. **Devinez de quoi il s'agit** *(Guess what it's about).* Pictures and titles can be of great help in guessing what a reading is about. Study the picture, the title, and the first sentence of the reading. Can you predict what the reading is about?

 B. **Que savez-vous déjà?** *(What do you already know?)* Your own experience with a topic can help you to more accurately determine meaning in a context. Answer the following questions before reading the article.

1. Do French students normally have part-time jobs?
2. Which foreign language do most French students study?
3. What do university students do after class in France?
4. Can you mention a few uses for foreign-language skills?
5. Are there graduate assistants at your university? If so, what do they do?

C. **Cherchez les adverbes.** Just as many adverbs in English end with the suffix -*ly*, so are many French adverbs formed by adding the ending **-ment** to an adjective. Use this knowledge of French grammar to help you determine meaning. Scan the reading to identify two such adverbs. Find also one word in **-ment** that is not an adverb.

 D. **Étude du vocabulaire.** Study the following sentences and choose the English words that correspond to the French words in bold print: *earn money, only child, College of Liberal Arts, easy, want, know.*

1. La **faculté des lettres** est la section d'une université où on étudie la littérature et les langues.
2. Jean-François et René **ont envie de** jouer au tennis.
3. Un **enfant unique** est une personne qui n'a pas de frère ou de sœur.
4. Il est important de **connaître** les autres personnes avec qui on étudie.
5. Les étudiants sont souvent obligés de travailler pour **gagner de l'argent.**
6. Le terme **facile** est le contraire de difficile.

Deux amis

Karine Aspel est une jeune Française de vingt-deux ans qui est assistante au Centre de linguistique appliquée de l'université de Besançon. Pour économiser de l'argent, elle habite chez ses parents qui ont un petit appartement assez près de l'université. Karine est leur fille unique. Son travail au laboratoire de langues et aux cours de conversation française lui offre la possibilité de connaître beaucoup d'étudiants. C'est au laboratoire, par exemple, qu'elle a fait la connaissance[1] d'un jeune Américain très gentil qui s'appelle James Davidson.

Comme Karine, James enseigne pour gagner un peu d'argent. Il est assistant d'anglais à la faculté des lettres. L'après-midi, ils sont souvent ensemble au café. Ils discutent de leurs amis, de leurs cours et de leur travail. James désire être professeur de français. Karine, par contre,[2] n'a pas vraiment envie d'enseigner. Elle espère[3] être interprète un jour. Tous les deux[4] ont envie de voyager et ils ont l'intention de visiter la France pendant[5] les vacances de Noël.

Quelquefois, mais rarement, ils se retrouvent[6] après le dîner pour regarder la télévision ou faire une promenade. Mais être étudiant et assistant n'est pas du tout facile. Il y a toujours trop de choses à faire.[7]

---

1. *that she met*   2. *on the other hand*   3. *hopes*   4. *Both*   5. *during*   6. *get together*
7. *things to do*

Vrai ou faux ou je ne sais pas. Decide if each of the following statements is true, false, or if it was impossible to tell from the reading. If any of the statements are false, correct them.

1. Les Aspel ont une famille nombreuse.
2. Karine enseigne le français.
3. Karine désire être professeur.
4. Karine et James travaillent.
5. Les deux sont célibataires.
6. Ils aiment être ensemble.
7. Ils regardent souvent la télévision ensemble.

 Questions. Answer the following questions in French.

1. Comment s'appellent les parents de Karine?
2. Karine a combien de frères et de sœurs?
3. Pourquoi James est-il en France?
4. Où est-ce qu'ils travaillent?
5. Quand *(when)* sont-ils au café?
6. Quand regardent-ils la télévision?

 Familles de mots. One member of each of the following word families is found in the reading. Can you guess the meaning of the other words?

1. étudier, étudiant/étudiante, des études
2. travailler, travailleur/travailleuse, le travail
3. voyager, voyageur/voyageuse, un voyage
4. connaître, connaisseur/connaisseuse, la connaissance

H. **Comparaisons culturelles.** What similarities or differences between university life in France and in North America can you deduce from what you have read?

V O C A B U L A I R E   A C T I F

Possessions

un appartement *apartment*
un bureau *desk*
une calculatrice *calculator*
une chaise *chair*
une chambre *bedroom*
un chat *cat*
un chien *dog*
une cuisine *kitchen*
une cuisinière *stove*

un fauteuil *armchair*
un garage *garage*
un lave-vaisselle *dishwasher*
un lit *bed*
un livre *book*
une machine à laver *washing machine*
une maison *house*
une mobylette *moped, motorized bicycle*
une moto *motorcycle*

un ordinateur *computer*
un réfrigérateur *refrigerator*
une salle de séjour *living room*
un sofa *sofa*
une stéréo *stereo*
un vélo *bicycle*
une voiture *automobile*

La famille

un beau-père   *stepfather (or father-in-law)*
des beaux-parents *(m. pl.)*   *stepparents (or in-laws)*
une belle-mère   *stepmother (or mother-in-law)*
un(e) cousin(e)   *cousin*
un(e) enfant   *child*
une famille   *family*
une femme   *wife*
une fille   *daughter*
un fils   *son*
un frère   *brother*
une grand-mère   *grandmother*
un grand-père   *grandfather*
des grands-parents *(m. pl.)*   *grandparents*
un mari   *husband*
une mère   *mother*
un neveu   *nephew*
une nièce   *niece*
un oncle   *uncle*
des parents *(m. pl.)*   *parents; relatives*
un père   *father*
une petite-fille   *granddaughter*
un petit-fils   *grandson*
des petits-enfants *(m. pl.)*   *grandchildren*
une sœur   *sister*
une tante   *aunt*

D'autres personnes

un(e) camarade de chambre   *roommate*
un(e) étudiant(e)   *student*
une fille   *girl*
un garçon   *boy*
une petite fille   *little girl*
un(e) petit(e) ami(e)   *boyfriend/girlfriend*

D'autres noms

l'âge *(m.)*   *age*
un an   *year*
la gare   *(train) station*
un membre   *member*
une photo   *photograph*
un train   *train*

Nombres

zéro   *zero*
un/une   *one*
deux   *two*
trois   *three*
quatre   *four*
cinq   *five*
six   *six*
sept   *seven*
huit   *eight*
neuf   *nine*
dix   *ten*
onze   *eleven*
douze   *twelve*
treize   *thirteen*
quatorze   *fourteen*
quinze   *fifteen*
seize   *sixteen*
dix-sept   *seventeen*
dix-huit   *eighteen*
dix-neuf   *nineteen*
vingt   *twenty*
vingt et un   *twenty-one*
vingt-deux   *twenty-two*
trente   *thirty*
quarante   *forty*
cinquante   *fifty*
soixante   *sixty*
soixante-dix   *seventy*
soixante et onze   *seventy-one*
soixante-douze   *seventy-two*

Adjectifs possessifs

mon, ma, mes   *my*
ton, ta, tes   *your*
son, sa, ses   *his; her*
notre, nos   *our*
votre, vos   *your*
leur, leurs   *their*

D'autres adjectifs

autre   *other*
charmant(e)   *charming*
gentil(le)   *nice*

Verbes

avoir   *to have*
passer (un an)   *to spend (a year)*

Prépositions

dans   *in*
sur   *on*

Conjonction

si   *if*

Articles indéfinis

un/une   *a, an*
des   *some; any*

Adverbes

combien (de)   *how many; how much*
comment   *how; what*
encore   *still; again; more*
trop (de)   *too much; too many*

Expressions utiles

Bienvenue!   *Welcome!*
Comment s'appelle-t-il (elle)?   *What's his (her) name?*
Comment s'appellent-ils (elles)?   *What are their names?*
Il (elle) s'appelle …   *His (her) name is …*
Ils (elles) s'appellent …   *Their names are …*
il y a   *there is (are)*
Je vous présente …   *Let me introduce you to …*

Qu'est-ce qu'il y a … ?   *What is there … ?*
Qu'est-ce qu'il y a ?   *What's the matter?*
Quel âge avez-vous? (a-t-il?, etc.)   *How old are you? (is he?, etc.)*
sans doute   *probably*
Si!   *Yes!*
sur la photo   *in the picture*
voici   *here is; here are*
vous dites   *you say*

Chapitre 4

Buts communicatifs
Describing personal attributes
Describing clothing
Describing people and things
Describing what you do at home
Identifying someone's profession

Structures utiles
Quelques groupes d'adjectifs
Ne ... jamais
Les adjectifs de couleur
L'adjectif démonstratif
La place de l'adjectif
Le verbe **faire**
Les mots interrogatifs **qui**, **que** et **quel**

Culture
Au pair
Le franglais
Les McDo et l'influence américaine
Les cartes postales

L'identité

Coup d'envoi

Qu'est-ce que c'est?
(Quel est ce vêtement?°)

What is this article
of clothing?

C'est …

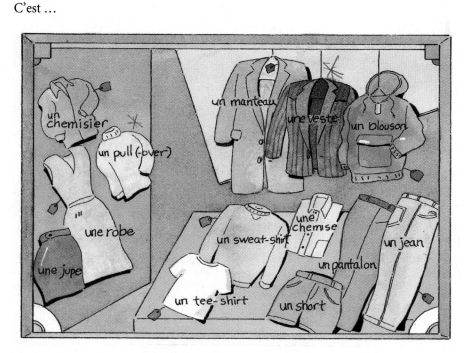

Ce sont° …

These are

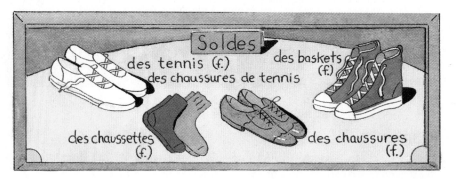

Et vous?   Qu'est-ce que vous portez aujourd'hui?°
Moi, je porte …

What are you
wearing today?

Date - le premier février
le 1· février

Lettre | **Une carte postale au professeur**

Lori Becker adresse une carte postale à son professeur américain, Madame Walter.

Chère Madame,   Angers, le 2 octobre
Me voilà au pair chez[1] les Martin.
J'aime bien cette[2] famille! Je
garde[3] deux des enfants et je fais
quelquefois le ménage.[4] Ça me donne[5]
beaucoup de travail mais c'est
Mme Martin qui fait la cuisine.[6] Et
puis[7] les enfants font la vaisselle[8]
le soir.
    Quelle belle ville[9]! Et les gens[10] sont
charmants! Je me sens chez moi.[11]
Tout le monde[12] porte un jean et
un tee-shirt. Et il y a deux McDo à
Angers! Avec mon meilleur souvenir,
                    Lori

1. *at (the house of)*   2. *this*   3. *look after*   4. *do housework sometimes*   5. *That gives me*
6. *who does the cooking*   7. *then*   8. *do the dishes*   9. *city*   10. *people*   11. *I feel at home*
12. *Everybody*

➔ Compréhension. Taking turns, read the following statements with your partner. Decide whether they are true (**C'est vrai**) or false (**C'est faux**). If a sentence is false, correct it.

1. Lori Becker habite à Angers.
2. Elle habite chez ses parents.
3. Elle travaille pour les Martin.
4. Elle fait la cuisine et la vaisselle.
5. Elle est contente d'être en France.
6. Les vêtements des jeunes Français sont très différents des vêtements des jeunes Américains.

l'hiver – winter
Il est 9h moins

Pourquoi est-ce que Lori fait le ménage et garde les enfants de Madame Martin?

a. Elle est masochiste.
b. Elle est très gentille et désire aider *(help)* la famille Martin.
c. Il y a souvent des jeunes filles qui habitent avec une famille française et qui travaillent pour payer leur chambre et leurs repas *(meals)*.

Au pair

Many young women from foreign countries work as **jeunes filles au pair** *(nannies)* in France. They are able to spend a year abroad by agreeing to work in a French home. In exchange for room and board, but only a token salary, they do some light housework and help to take care of the children. Lori is **au pair chez les Martin.**

Le franglais

Borrowing inevitably takes place when languages come in contact. The Norman conquest in 1066 introduced thousands of French words into English and many English words have been borrowed by the French. While some of these French cognates are obvious in meaning **(le chewing-gum, un tee-shirt, un sweat-shirt),** others may surprise you: **un smoking,** for instance, means a *tuxedo.* Official measures have been adopted in France to try to stem the flow of English expressions into the French language. Currently, for example, the term **le logiciel** is being encouraged rather than the English cognate **le software.**

Les McDo et l'influence américaine

Lori is, of course, exaggerating when she says **Tout le monde porte un jean.** There has been, however, a change in French cities with respect to clothing style and the use of fast-food restaurants, and many of the French claim this is due to the influence of American culture. Decried by some and

praised by others, these changes also reflect the fast-paced life of modern France.

Les cartes postales

When sending postcards, most French people will insert the card in an envelope and put stamp and address on the envelope. This perhaps speeds delivery and ensures privacy.

Il y a un geste

Bravo! The "thumbs up" gesture is used in French to signify approval.

 À vous.   Describe to your partner what your classmates are wearing.

Modèle: VOTRE PARTENAIRE: **Qu'est-ce que Sean porte aujourd'hui?**
VOUS: **Il porte …**

entre*amis*

J'aime beaucoup vos chaussures. Elles sont très belles.

1. Compliment your partner on some article of clothing s/he is wearing.
2. S/he should respond in a culturally appropriate manner.
3. Point to two other articles of clothing and ask what they are.
4. If s/he doesn't know, s/he should say **Je ne sais pas.**
5. If s/he *is* able to name the articles, be sure to say that s/he speaks French well.

Prononciation

Les voyelles nasales: [ɛ̃], [ã] et [ɔ̃]

Note the pronunciation of the following words:

[ɛ̃]
- **im**possible, **im**probable, **in**telligent, c**in**quante, v**in**, v**in**gt, m**in**ce
- **sym**pathique, **sym**phonie, s**yn**thèse
- **faim,** améric**ain,** maroc**ain,** mexic**ain,** tr**ain**
- h**ein**
- canadi**en,** itali**en,** bi**en,** je vi**en**s, chi**en,** combi**en,** ti**en**s

[ã]
- ch**am**bre, **an**, fr**an**çais, ch**an**ter, m**an**ger, gr**an**d, p**en**dant, étudi**an**te, t**an**te, dem**an**dent
- **en**semble, m**em**bre, par ex**em**ple, **en, en**core, comm**en**t, souv**en**t

Exception: exam**en** [ɛgzamɛ̃]

[ɔ̃]
- t**om**ber, c**om**bien, n**om**, prén**om**, **on**, **on**t, c**on**versati**on**, n**on**, **on**cle, **on**ze

Now go back and look at how these sounds are spelled and in what kinds of letter combinations they appear. What patterns do you notice?

When **-m-** or **-n-** is followed by a consonant or is at the end of a word, it is usually not pronounced. It serves instead to indicate that the preceding vowel is nasal.

| c**in**quante | **en**semble | c**om**bien | **im**possible |

When **-m-** or **-n-** is followed by a written vowel (pronounced or not pronounced), the preceding vowel is *not* nasal.

| canadien | crème | téléphone |
| brune | inévitable | imaginaire |

Note: The vowel preceding a written **-mm-** or **-nn-** is also not nasal.

| innocent | immobile | comme | personne |

Practice saying the following words after your instructor, paying particular attention to the highlighted vowel sound. In these words, the highlighted vowel sound is *not* nasal.

américain	même	limonade	comme	une
Madame	aime	cousine	comment	lunettes
examen	américaine	inactif	personne	fume

➔ In each of the following pairs of words, one of the words contains a nasal vowel and one does not. Pronounce each word correctly.

1. impossible / immobile
2. minuit / mince
3. faim / aime
4. marocain / marocaine
5. canadienne / canadien
6. une / un

7. ambulance / ami
8. anglaise / année
9. crème / membre
10. dentiste / Denise
11. combien / comment
12. bonne / bon

Buts communicatifs

généreux   désagréable
méchante
intéressante déséagr

I. Describing Personal Attributes

Comment est votre meilleur(e) ami(e)? Est-il (elle) …

ennuyeux

calme	ou	nerveux (nerveuse)?	
charmant(e)	ou	désagréable?	
discret (discrète)	ou	bavard(e)°?	*talkative*
généreux (généreuse)	ou	avare°?	*miserly*
gentil(le)	ou	méchant(e)°?	*mean*
heureux (heureuse)	ou	triste°?	*sad*
intelligent(e)	ou	stupide?	
intéressant(e)	ou	ennuyeux (ennuyeuse)°?	*boring*
optimiste	ou	pessimiste?	
patient(e)	ou	impatient(e)?	*ennuyeux*
travailleur (travailleuse)	ou	paresseux (paresseuse)°?	*lazy*

hard-working

➔ **Et vous?**   Comment êtes-vous? Comment sont vos professeurs?

travailleur Paresseux

Les étudiants sont très bavards et le garçon est un peu impatient.

Il y a un geste

Paresseux. The thumb and index finger of one hand "caress" an imaginary hair in the palm of the other hand. This gesture signifies that someone is so lazy that a hair could grow in his/her palm.

Ennuyeux. The gesture for **ennuyeux** is made by rubbing the knuckles back and forth on the side of the jaw. This rubbing of the "beard" is used to indicate that something is so boring that one could grow a beard while it is happening.

 La famille de Sandrine.   Correct the following false impressions, beginning with **Mais pas de tout!** Make sure each adjective agrees with the noun it modifies.

> *Modèle:*   Le frère de Sandrine est désagréable.
> **Mais pas du tout! Il est charmant.**

1. Sandrine est paresseuse.
2. Ses parents sont ennuyeux.
3. Leurs enfants sont très stupides.
4. La mère de Sandrine est triste et pessimiste.
5. Ses frères sont désagréables.
6. La sœur de Sandrine est méchante.
7. Son père est impatient.
8. Sa famille est bavarde.

A. Quelques groupes d'adjectifs

féminin	masculin
discrète(s)	discret(s)
ennuyeuse(s)	ennuyeux
généreuse(s)	généreux
heureuse(s)	heureux
nerveuse(s)	nerveux
paresseuse(s)	paresseux
travailleuse(s)	travailleur(s)
gentille(s)	gentil(s)
intellectuelle(s)	intellectuel(s)
active(s)	actif(s)
sportive(s)	sportif(s)
naïve(s)	naïf(s)
veuve(s)	veuf(s)

(handwritten annotations: discreet — boring — generous — happy — nervous — lazy — hard-working — gentle, kind — widow)

▶ The **-l** in the masculine form **gentil** is not pronounced. The final consonant sound of the feminine form **gentille** is [j], like the English **y** in *yes*.

   gentil   [ʒɑ̃ti]   gentille   [ʒɑ̃tij]

▶ In written French, some feminine adjectives (ending in **-e-** + consonant + **-e**) are distinguishable from their masculine forms not only by a final **-e,** but also by a grave accent on the **-e-** before the consonant.

   chère   cher   discrète   discret

▶ Some French adjectives are invariable. There is no change to indicate gender or number.

   deux femmes **snob**   des chaussures **chic**

2. **Qui est comme ça?**   Answer the following questions. Make sure each adjective agrees with the subject.

> *Modèle:*   Qui est patient dans votre famille?
> **Ma mère est patiente.**
> **Mes sœurs sont patientes aussi.**

1. Qui est travailleur dans votre famille?
2. Qui est bavard dans votre cours de français?
3. Qui est quelquefois triste?
4. Qui est généreux et optimiste?
5. Qui est sportif?
6. Qui est discret?
7. Qui est snob?
8. Comment sont vos parents?
9. Avez-vous des amis qui sont naïfs?
10. Et vous? Comment êtes-vous?

3. **Un test de votre personnalité.**   Complete the questionnaire by answering **oui** or **non.** Then read the analysis that follows and write a paragraph to describe yourself.

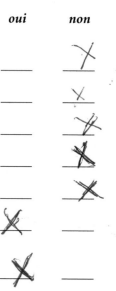

	oui	non
1. Vous parlez beaucoup avec certaines personnes, mais vous refusez de parler avec tout le monde.		X
2. Vous aimez beaucoup les sports, mais vous détestez étudier et travailler.		X
3. Vous détestez jouer, danser ou chanter avec les autres, mais vous aimez bien étudier.		X
4. Vous avez beaucoup d'argent *(money)*, mais vous ne donnez pas d'argent à vos amis.		X
5. Vous n'avez pas d'argent, mais vous n'êtes jamais *(you are never)* triste.		X
6. Votre conversation est agréable et vous parlez avec tout le monde.	X	
7. Vous étudiez beaucoup, vous aimez parler français et vous pensez que *(think that)* votre professeur de français est charmant.	X	

Une analyse de vos réponses

1. Si vous répondez **oui** au numéro 1, vous êtes extroverti(e) et bavard(e), mais vous êtes aussi un peu snob.
2. Si vous répondez **oui** au numéro 2, vous êtes sportif (sportive), mais aussi paresseux (paresseuse). Vous n'avez probablement pas de bonnes notes *(good grades)*.
3. Un **oui** au numéro 3, et vous êtes introverti(e), mais aussi travailleur (travailleuse). Vous avez probablement des notes excellentes.
4. Un **oui** au numéro 4, et vous êtes avare et pessimiste. Vous n'avez probablement pas beaucoup d'amis.
5. Si vous répondez **oui** au numéro 5, vous êtes optimiste et heureux (heureuse), mais peut-être aussi un peu naïf (naïve).
6. Si vous répondez **oui** au numéro 6, vous n'êtes pas du tout ennuyeux (ennuyeuse). Vos amis sont contents d'être avec vous.
7. Enfin *(finally)*, si votre réponse est **oui** au numéro 7, vous êtes certainement très intelligent(e), charmant(e) et intéressant(e). Les professeurs de français adorent les étudiant(e)s comme vous.

B. *Ne ... jamais*

Review the formation of the negative in Ch. 1, Section D.

Mon amie **n'**est **jamais** méchante.
Mon petit ami **ne** porte **jamais** de chaussettes.

My friend is never mean.
My boyfriend never wears socks.

▶ **Ne … jamais** *(never)* is placed around the conjugated verb just like **ne … pas**. It is one of the possible answers to the question **Quand?** *(When?)*.

> **Quand** est-ce que tu étudies?
> Je **n'**étudie **jamais!**

Note: **Jamais** can be used alone to answer a question.

> Quand est-ce que tu pleures?
> **Jamais!**

[handwritten notes in margin: ne jamais, rarement, souvent, quelquefois]

VOCABULAIRE

Adverbes qui répondent à *Quand?*

aujourd'hui	*today*	souvent	*often*
maintenant	*now*	quelquefois	*sometimes*
toujours	*always*	rarement	*rarely*
d'habitude	*usually*	(ne …) jamais	*never*
généralement	*generally*		

[handwritten notes in margins: aujourd'hui, maintenant, toujours, d'habitude, généralement; souvent, quelquefois, rarement, ne jamais; d'habitude généralement]

4. **Comment sont-ils?**   Describe the following people with as many true sentences as you can create. Use items from the lists below (or their opposites). Make all necessary changes, paying special attention to the form of the adjectives.

> *Modèle:*   **Mes parents ne sont jamais impatients.**
> **Ils sont toujours patients.**

[handwritten margin: aujourd'hui today, maintenant]

mes parents		méchant
je		triste
mon petit ami	ne … jamais	paresseux
ma petite amie	rarement	bavard
mes amis	quelquefois	impatient
mon professeur	souvent	pessimiste
nous (les étudiants)	d'habitude	ennuyeux
le (la) président(e) de l'université	toujours	désagréable
		avare

5. **Cinq personnes que j'aime.**   Write a description of five people you like. How much can you tell about each one?

> *Modèle:*   **Charles Thomas est mon ami.**
> **Charles est petit et un peu gros.**
> **Il est très gentil et intelligent.**
> **Mais il est aussi un peu paresseux.**
> **Voilà pourquoi il n'est pas du tout sportif.**

entre *amis*

Qui est la personne sur la photo?

1. Show your partner a picture (real or imaginary) of someone.
2. Identify that person (name, age, address).
3. Describe his/her personality.
4. Give a physical description as well.
5. Tell what the person is wearing in the picture.

II. Describing Clothing

The plural of **chapeau** is **chapeaux**.

Voilà Jean-Pierre.
Qu'est-ce qu'il porte?

Il porte un complet, une chemise, une cravate, une montre, une ceinture, des chaussettes et des chaussures.

Voilà Marie-Claire.
Qu'est-ce qu'elle porte?

Elle porte un chapeau, un foulard, un imperméable, des gants et des bottes. Elle porte aussi des lunettes.

➡ **Et vous?** Qu'est-ce que vous portez aujourd'hui?

6. **Qu'est-ce que c'est?** Identify the following items.

Modèles:

—Qu'est-ce que c'est? —Qu'est-ce que c'est?
—C'est une ceinture. —Ce sont des chaussures.

1. *C'est un chapeau*

2. *Ce sont des lunettes*

3. *C'est une robe*

4. *Ce sont des chaussettes*

5. *C'est un tee-shirt*

6. *C'est une veste ~~manteau~~*

7. *C'est un manteau*

8. *Ce sont des gants*

9. *C'est un blouson*

7. **Qu'est-ce qu'ils portent?** Combine words from each column to create as many factual sentences as you can.

Modèles: **Le professeur ne porte jamais de jean.**
Je porte souvent un tee-shirt.

Je, les étudiants portent d'habitude ~~sont~~ une robe

nous		jean
je		robe
les étudiants		sweat-shirt
le professeur	porter	pull
mon ami(e)	(*port*)	veste
les jeunes filles		chaussettes
les garçons		short
	ne … jamais	tee-shirt
	rarement	lunettes
	quelquefois	chapeau
	souvent	blouson
	d'habitude	chaussures
	toujours	ceinture
		tennis

Je porte rarement un sweat-shirt

C. Les adjectifs de couleur

De quelle couleur est le pantalon de Jean-Pierre?
Il est **gris.** C'est un pantalon **gris.**

De quelle couleur est sa chemise?
Elle est **bleue.** C'est une chemise **bleue.**

De quelle couleur sont ses chaussures?
Elles sont **noires.** Ce sont des chaussures **noires.**

➔ **Et vous?**   De quelle couleur sont vos vêtements?

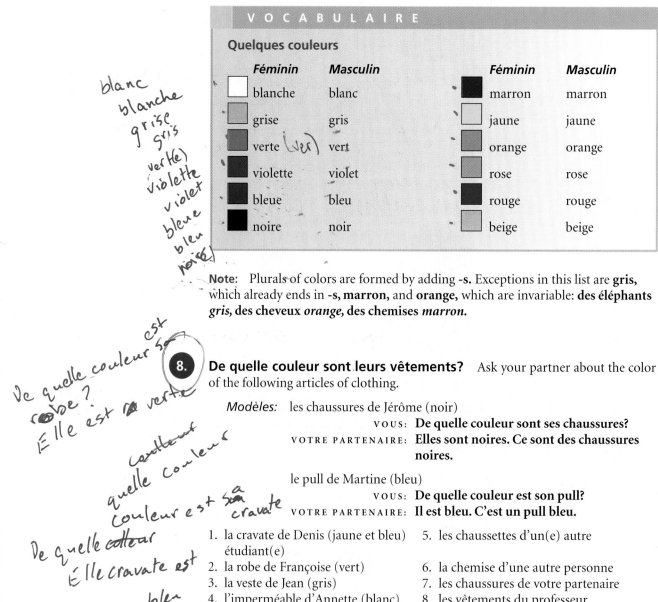

VOCABULAIRE

Quelques couleurs

Féminin	*Masculin*		*Féminin*	*Masculin*
blanche	blanc		marron	marron
grise	gris		jaune	jaune
verte	vert		orange	orange
violette	violet		rose	rose
bleue	bleu		rouge	rouge
noire	noir		beige	beige

Note: Plurals of colors are formed by adding **-s.** Exceptions in this list are **gris,** which already ends in **-s, marron,** and **orange,** which are invariable: **des éléphants** *gris,* **des cheveux** *orange,* **des chemises** *marron.*

8.   **De quelle couleur sont leurs vêtements?**   Ask your partner about the color of the following articles of clothing.

Modèles: les chaussures de Jérôme (noir)
            VOUS: **De quelle couleur sont ses chaussures?**
   VOTRE PARTENAIRE: **Elles sont noires. Ce sont des chaussures noires.**

            le pull de Martine (bleu)
            VOUS: **De quelle couleur est son pull?**
   VOTRE PARTENAIRE: **Il est bleu. C'est un pull bleu.**

1. la cravate de Denis (jaune et bleu)   5. les chaussettes d'un(e) autre
   étudiant(e)
2. la robe de Françoise (vert)   6. la chemise d'une autre personne
3. la veste de Jean (gris)   7. les chaussures de votre partenaire
4. l'imperméable d'Annette (blanc)   8. les vêtements du professeur

Il y a un geste

Cher! Similar to its English equivalent, the gesture for **cher!** is made by rubbing the thumb, index, and middle fingers together.

VOCABULAIRE

Pour décrire *(to describe)* les vêtements

bon marché	*inexpensive*	· bon marché, bon marché
cher (chère)	*expensive*	· cher, cher, cher
chic	*stylish*	· chic, chic
confortable	*comfortable*	· confortable
élégant(e)	*elegant*	· élégante
ordinaire	*ordinary, everyday*	· ordinaire
propre	*clean*	· propre
sale (sal)	*dirty*	· sal
simple (samplœ)	*simple, plain*	· simple
bizarre	*weird, funny-looking*	· bizarre

Confortable is not used to describe how a person feels. It is used to describe a thing: **une chemise confortable, une vie confortable.**

Note: **Chic** and **bon marché** are invariable. They do not change in the feminine or in the plural: **Ce sont des chaussures *chic*, mais elles sont *bon marché*.**

Synthèse:	Les adjectifs invariables			
bon marché	chic	marron	orange	snob

(handwritten notes)

to be
Je suis noussommes
tu es   vous etes
il est   ilsont

I have
J'ai   nous avons
tu as   vous avez
il a   ils ont

e   ons
es   ez
e   ent

9. **Comment sont leurs vêtements?**   Ask your partner what the following articles of clothing are like.

> *Modèle:*   la robe de Simone (cher)
>> V O U S :   **Comment est sa robe?**
>> V O T R E P A R T E N A I R E :   **Elle est chère. C'est une robe chère.**

1. la veste de Martin (élégant)
2. les chaussures d'un clown (bizarre)
3. le sweat-shirt de la fille de Monsieur Dupont (propre)
4. la robe de Pascale (chic)
5. les chaussettes d'un(e) autre étudiant(e)
6. l'imperméable de l'inspecteur Colombo
7. les vêtements du professeur
8. vos vêtements

10. **À vous.**   Answer the following questions.

1. Qu'est-ce que vous portez aujourd'hui?
2. De quelle couleur sont vos vêtements?
3. Décrivez les vêtements que vous portez.
4. Décrivez les vêtements d'un(e) autre étudiant(e).
5. Qu'est-ce que le professeur porte d'habitude?
6. De quelle couleur sont ses vêtements?
7. Qui ne porte jamais de jean dans votre classe de français?
8. Qui porte rarement des chaussures bon marché?
9. Qu'est-ce qu'on porte pour skier ou pour patiner?

Aimez-vous les défilés de mode *(fashion shows)*? Ce mannequin est chic, n'est-ce pas?

11. **Qui est-ce?** Describe as completely as possible the clothing of a fellow classmate.

Modèle: **Cette personne porte un pull jaune et un pantalon vert. Elle porte des chaussures marron. Elle ne porte pas de chaussettes. Ses vêtements ne sont peut-être pas très élégants mais ils sont confortables.**

entre*amis*

Au téléphone

You are meeting a friend for dinner in twenty minutes.

1. Call to find out what s/he is wearing.
2. Find out the colors of his/her clothing.
3. Describe what you are wearing as completely as possible.

The French answer the phone by saying «Allô!».

ce cet ces
cette ces

D. L'adjectif démonstratif

Cette femme est très intelligente.	*That (this) woman is very intelligent.*
Ce vin est excellent!	*This (that) wine is excellent.*
Vous aimez **cet** appartement?	*Do you like this (that) apartment?*
Qui sont **ces** deux personnes?	*Who are those (these) two people?*

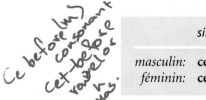

	singulier	pluriel
masculin:	**ce (cet)**	**ces**
féminin:	**cette**	**ces**

▷ The demonstrative adjectives are the equivalent of the English adjectives *this (that)* and *these (those)*.

ce garçon	*this boy*	or	*that boy*
cet ami	*this (male) friend*	or	*that (male) friend*
cette amie	*this (female) friend*	or	*that (female) friend*
ces amis	*these friends*	or	*those friends*
ces amies	*these (female) friends*	or	*those (female) friends*

▷ **Cet** is used before masculine singular words that begin with a vowel sound. It is pronounced exactly like **cette**.

cet homme	*this man*	or	*that man*
cet autre professeur	*this other teacher*	or	*that other teacher*

▷ If the context does not distinguish between the meanings *this* and *that* or *these* and *those,* it is possible to make the distinction by adding **-ci** (for *this/these*) or **-là** (for *that/those*) to the noun.

J'aime beaucoup cette chemise-**ci**.	*I like this shirt a lot.*
Ces femmes-**là** sont françaises.	*Those women are French.*

12. **Au grand magasin** *(At the department store).* While shopping, you over-hear a number of comments but are unable to make out all the words. Try to com-plete the following sentences using one of the demonstrative adjectives **ce, cet, cette,** or **ces,** as appropriate.

1. Vous aimez ____ chaussures? Oui, mais je déteste ____ chemise.
2. ____ pantalon est beau. Mais ____ jupes sont très chères.
3. ____ jean est trop petit pour ____ homme-là.
4. Je ne sais pas comment s'appelle ____ vêtement-là.
5. ____ robes sont jolies, mais ____ sweat-shirt est laid.
6. J'aime beaucoup ____ pull-là, mais je trouve ____ veste trop longue.

13. **Non, je n'aime pas ça.** Your shopping has made you tired and grouchy. Respond to your friend's questions or comments by saying that you dislike the item(s) in question. Use a demonstrative adjective in each response and invent a reason for your disapproval.

> *Modèle:* Voilà une robe rouge.
> **Je n'aime pas beaucoup cette robe; elle est bizarre.**

1. Voilà une belle cravate.
2. Voilà un ordinateur!
3. Oh! la petite calculatrice!
4. C'est un beau chapeau!
5. Tu aimes les chaussures vertes?
6. Voilà des chaussettes blanches intéressantes.
7. J'adore le chemisier bleu.
8. Tu aimes la veste de ce monsieur?

[handwritten: Ce - m w/cons / cet - m w/ vowels & h / cette - fem ces - plural]

entre*amis*

Cette robe est très élégante!

1. Pay your partner at least three compliments on his/her clothing.
2. S/he should respond in a culturally appropriate manner to each compliment.
3. Together, comment on the clothing of one of your neighbors.

[handwritten: 4]

[handwritten margin: vous savez / vous avez / ils ont / To have - J'ai / tu as / il a / Être - I am / Je suis nous sommes / tu es vous êtes / il est ils / J'ai]

III. Describing People and Things

De quelle couleur sont les yeux° et les cheveux° de Michèle?
Elle a les yeux bleus.
Elle a les cheveux blonds.

eyes / hair

[handwritten: (chevu)]

[handwritten: Elle a les yeux bron / Elle a les cheveux bron / De quelle colcouleur]

[handwritten right: es verbs / ons / e / ez / es / ent]

De quelle couleur sont les yeux et les cheveux de Thierry?
Il a les yeux verts et les cheveux roux°.

[handwritten: Elle a les yeux bron e / red]

[handwritten: Elle a les cheveux bron / Elle a les yeux bron / Elle a les cheveux brón]

De quelle couleur sont les yeux et les cheveux de Monsieur Monot?
Il a les yeux noirs, mais il n'a pas de cheveux.
Il est chauve°. *[handwritten: (Shove)]*

bald

→ **Et vous?** De quelle couleur sont vos yeux et vos cheveux?

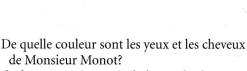
[handwritten: Être - to be I am / Je suis nous sommes / tu es vous êtes / il est ils sont   To have - Avoir / J'ai nous avons / tu as vous avez / il a ils ont]

Remarques:

1. Use the definite article **les** with the verb **avoir** to describe the color of a person's hair and eyes.

   Thierry **a les** yeux verts et **les** cheveux roux.

2. The word **cheveu** is almost always used in the plural, which is formed by adding **-x.**

   Michèle a **les cheveux** blonds.

3. Note that the adjective used to describe red hair is **roux** (**rousse**), never **rouge**.

   Il a les cheveux **roux.**   Notre petite-fille est **rousse.**

4. Use the adjective **brun(e)** to describe brown hair, never **marron**.

   Alissa a les cheveux **bruns.**   Elle est **brune.**

Remember that the masculine plural adjective is used with the words **yeux** and **cheveux: les yeux bleus, les cheveux noirs.**

14. **Leurs yeux et leurs cheveux.** Complete the following sentences with a form of the verb **être** or **avoir,** as appropriate.

1. Mon père _a_ les yeux bleus. Il _est_ chauve.
2. Brigitte et Virginie _ont_ les cheveux roux.
3. Vous _avez_ les yeux noirs.
4. De quelle couleur _sont_ les yeux de votre mère?
5. Elle _a_ les yeux verts.
6. Mes oncles _ont_ les cheveux blonds, mais ils _sont_ aussi un peu chauves.

15. **De quelle couleur … ?** Ask and answer questions with a partner based on the list below. If you don't know the answer, guess.

   Modèles: vos yeux

   VOUS: **De quelle couleur sont vos yeux?**
   VOTRE PARTENAIRE: **J'ai les yeux verts.**

   les cheveux de votre oncle

   VOUS: **De quelle couleur sont les cheveux de votre oncle?**
   VOTRE PARTENAIRE: **Il n'a pas de cheveux. Il est chauve.**

1. vos yeux
2. vos cheveux
3. les yeux de votre meilleur(e) ami(e)
4. les cheveux de votre meilleur(e) ami(e)
5. les yeux et les cheveux d'un(e) autre étudiant(e)
6. les cheveux de vos grands-parents
7. les yeux et les cheveux de vos frères et sœurs (ou de vos amis)

Handwritten annotations (top): il ya du personnes la familli de Nicole

Handwritten (right margin): Brown — 64 green — 4 — 56

entre*amis*

Dans ma famille

1. Find out how many people there are in your partner's family.
2. Find out their names and ages.
3. Find out the color of their hair.
4. Find out their eye color.

Handwritten annotations: Sa mere a les yeux verte et a les cheveux maron   Dans sa familli il ya du personnes   Son parents   Sa mere et s'appelle Maryanne et Jim   quatre sort   cinquante quatre   cinquante sis   black/black   Sa pere a les noir verte et a les cheveux noir

E. La place de l'adjectif

un livre **intéressant**	*an interesting book*
une femme **charmante**	*a charming woman*
un **bon** livre	*a good book*
l'**autre** professeur	*the other teacher*

▷ Most adjectives (including colors and nationalities) follow the noun they modify.

un homme **charmant**	un garçon **bavard**
une femme **intelligente**	une fille **sportive**
une robe **bleue**	une voiture **française**

▷ Certain very common adjectives, however, normally precede the noun.

1. Some that you already know are:

autre	grand	joli
beau	gros	petit
bon	jeune	vieux

2. Two others that usually precede the noun are:

masculin singulier	féminin singulier	masculin pluriel	féminin pluriel	équivalent anglais
mauvais	**mauvaise**	**mauvais**	**mauvaises**	*bad*
nouveau	**nouvelle**	**nouveaux**	**nouvelles**	*new*

Remember that **nouveau,** like **beau** and **chapeau,** forms the plural by adding **-x.**

3. **Beau, vieux,** and **nouveau** each have a special masculine singular form (**bel, vieil, nouvel**) for use when they precede a noun beginning with a vowel sound. These special forms are pronounced exactly like the feminine forms.

un **bel** homme   un **vieil** ami   un **nouvel** appartement

4. Adjectives ending in a silent consonant are linked by liaison to words beginning with a vowel sound. When linked, a final **-s** or **-x** is pronounced [z] and a final **-d** is pronounced [t].

un mauvais [z]hôtel   deux vieux [z]amis   un grand [t]hôtel

For Recognition Only

▶ In formal spoken and written French, **des** is replaced by **de** if a plural adjective comes *before* the noun.

	des professeurs intelligents	**des** voitures françaises
Mais:	**de** bons professeurs intelligents	**d'**autres voitures françaises

▶ A few adjectives can be used either before or after the noun. Their position determines the exact meaning of the adjective.

un **ancien** professeur	*a former teacher*
un château **ancien**	*an ancient castle*
le **pauvre** garçon	*the unfortunate boy*
le garçon **pauvre**	*the boy who has no money*

16. **C'est vrai.**   Restate the following sentence.

Modèles: Les chaussures de Monsieur Masselot sont sales.
C'est vrai. Il a des chaussures sales.

L'appartement de Monsieur Masselot est vieux.
C'est vrai. Il a un vieil appartement.

1. L'appartement de Monsieur Masselot est beau.
2. Les enfants de Monsieur Masselot sont jeunes.
3. La femme de Monsieur Masselot est intelligente.
4. Les parents de Monsieur Masselot sont charmants.
5. Le chat de Monsieur Masselot est gros.
6. Le chien de Monsieur Masselot est méchant.
7. La voiture de Monsieur Masselot est mauvaise.
8. L'ordinateur de Monsieur Masselot est nouveau.
9. L'appartement de Monsieur Masselot est grand.
10. Le réfrigérateur de Monsieur Masselot est petit.
11. La cravate de Monsieur Masselot est bleue.
12. Les chaussettes de Monsieur Masselot sont bizarres.

17. **Quelques compliments.**   Select items from each of the lists to pay a few compliments. How many compliments can you create? Make all necessary changes.

Modèles: **C'est une jolie robe.**
Tu as des chaussures chic.

[handwritten note in right margin]
Tu as une robe joli
C'est une jolie ro...

		robe	joli
		maison	élégant
		appartement	bon
tu as	un	vêtements	magnifique
c'est	une	chemise	intéressant
ce sont	des	chemisier	superbe
		chaussettes	beau
		chaussures	formidable
		jean	chic

[handwritten note in right margin]
Ce sont de
vêtements
magnifique

[handwritten "Practice" with star in left margin]

18. **Une identité secrète.**   Choose the name of someone famous that everyone will recognize. The other students will attempt to guess the identity of this person by asking questions. Answer only **oui** or **non.**

Review pp. 22, 95, and 107.

Modèle: **C'est une femme?**
Est-ce qu'elle est belle?
A-t-elle les cheveux roux?
Est-ce qu'elle porte souvent des vêtements élégants?
etc.

[handwritten "Practice" with star in left margin]

entre*amis*

Mon ami(e)

Interview your partner to find out as much as you can about his/her best friend's personality and physical appearance. Inquire also about the clothing that the friend usually wears.

IV. Describing What You Do at Home

Que fais°-tu chez toi°, Catherine?   *do / at home*
    Je regarde la télé ou j'écoute la radio.
    J'étudie et je fais mes devoirs°.   *homework*
    Je fais souvent la cuisine°.   *the cooking*
    Je parle avec mes parents.
    Je fais quelquefois la vaisselle°.   *the dishes*
    Je fais rarement le ménage°.   *housework*

➡ **Et vous?**   Que faites-vous chez vous?

F. Le verbe *faire*

Je déteste **faire** les courses, mais j'aime **faire** la liste.	*I hate doing the shopping, but I like making the list.*
Ma mère **fait** les provisions.	*My mother does the grocery shopping.*
Mes sœurs **font** la cuisine.	*My sisters do the cooking.*
Et c'est moi qui **fais** la vaisselle.	*And I'm the one who does the dishes.*
Nous **faisons** tous la lessive.	*We all do the wash.*

> **Vocabulaire à retenir**
>
> **courses** *shopping*
> **provisions** *grocery shopping*
> **lessive** *wash*

En France, on aime faire ses provisions au marché.

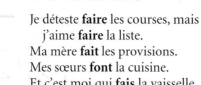

faire *(to do; to make)*			
je	**fais**	nous	**faisons**
tu	**fais**	vous	**faites**
il/elle/on	**fait**	ils/elles	**font**

The -ai- in **nous faisons** is pronounced [ə] as in **le**, **de**, etc.

The plural **les devoirs** means *homework*. The singular **la vaisselle** means *the dishes*. The plural **les courses** means *the shopping*.

Je dois faire **mes devoirs**.	*I must do my homework.*
Qui aime faire **la vaisselle**?	*Who likes to do the dishes?*
Nous faisons **nos courses** ensemble.	*We do our shopping together.*

There are a number of idiomatic uses of the verb **faire**.

Je ne **fais** jamais **la sieste**.	*I never take a nap.*
Veux-tu **faire une promenade**?	*Would you like to take a walk?*
Quel temps fait-il?	*What is the weather like?*
Il fait chaud.	*It's hot out.*
Faites attention!	*Pay attention!* or *Watch out!*

A question using **faire** does not necessarily require the verb **faire** in the response.

Que **faites**-vous?
Je *patine*, je *chante*, je *regarde* la télé, j'*écoute* la radio, etc.

19. **Nous faisons beaucoup de choses.** Use the list below to create as many factual sentences as you can.

Modèles: **Mon petit ami ne fait jamais de promenade.**
Ma mère ne fait jamais la sieste.
Nous faisons souvent les courses.

mes amis		la lessive
mon petit ami	toujours	la vaisselle
ma petite amie	d'habitude	la sieste
ma mère	souvent	les courses
mon père	faire	quelquefois	la cuisine
nous (ma famille)	rarement	une promenade
je	ne … jamais	le ménage
		les provisions
		attention

20. **À vous.**   Answer the following questions.

[handwritten: Je fais toujours mais devois pour le cours de Francais]

1. Faites-vous toujours vos devoirs pour le cours de français?
2. Quand faites-vous la sieste? *[handwritten: Je fait la siste apre diner]*
3. Faites-vous une promenade après le dîner? *[handwritten: D'habitude je fait promenade]*
4. Aux USA, est-ce le mari ou la femme qui fait le ménage d'habitude?
5. Qui aime faire les courses dans votre famille?
6. Aimez-vous faire la cuisine? Si non, qu'est-ce que vous aimez faire? *[handwritten: Know / Oui, J'aime la cuisine]*
7. Aimez-vous la cuisine italienne? *[handwritten: J'aime la cuisine Italienne]*
8. Qui fait les provisions pour votre famille d'habitude?
9. Qui fait la lessive d'habitude?

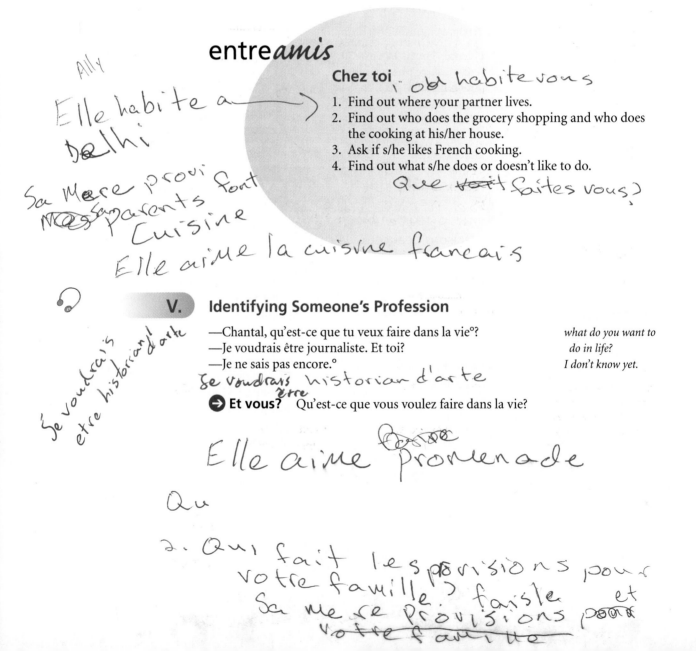

entre*amis*

Chez toi   *[handwritten: i où habite vous]*

1. Find out where your partner lives.
2. Find out who does the grocery shopping and who does the cooking at his/her house.
3. Ask if s/he likes French cooking.
4. Find out what s/he does or doesn't like to do.

[handwritten notes: Ally / Elle habite a Delhi / Sa Mere provi parents font / Mes parents font Cuisine / Elle aime la cuisine francais / Que faites vous?]

V.   Identifying Someone's Profession

—Chantal, qu'est-ce que tu veux faire dans la vie°?
—Je voudrais être journaliste. Et toi?
—Je ne sais pas encore.°

what do you want to do in life?
I don't know yet.

[handwritten: Je voudrais historian d'arte / être]

➜ **Et vous?**   Qu'est-ce que vous voulez faire dans la vie?

[handwritten: Je voudrais etre historian d'arte / Elle aime promenade / Qu / 2. Qui fait les provisions pour votre famille? / Sa mere fais le provisions et / votre famille]

[handwritten: 2) sa mere fais le provisions et son parents font la cuisine]

VOCABULAIRE

Quelques professions

architecte	
artiste	
assistant(e) social(e)	*social worker*
athlète	
avocat(e)	*lawyer*
*cadre	*executive*
comptable	*accountant*
cuisinier (cuisinière)	*cook*
*écrivain	*writer*
employé(e)	
fermier (fermière)	*farmer*
fonctionnaire	*civil servant*
homme (femme) d'affaires	*businessman (-woman)*
homme (femme) politique	*politician*
infirmier (infirmière)	*nurse*
*ingénieur	*engineer*
interprète	
journaliste	
*médecin	*doctor*
ouvrier (ouvrière)	*laborer*
patron(ne)	*boss*
pharmacien(ne)	
*professeur	
programmeur (programmeuse)	
secrétaire	
vendeur (vendeuse)	*salesperson*

[handwritten right column: architecte, artiste, athlete, avocat, cadre, comptable, cuisinier, écrivain, fermier, fonctionnaire, homme politique, infirmier, ingénieur, médecin, ouvrier, patron, pharmacien, professeur, programmeur, secrétaire, vendeur]

[handwritten left margin: la lessive - laundry; les courses - grocery list; la vaisselle - dishes; la cuisine]

A more extensive list of professions can be found in Appendix B at the end of this book.

*Certain professions are used only with masculine articles and adjectives (**un, mon, ce**) for a woman, as well as a man: **Elle est médecin. C'est un médecin.***

Remarques:

1. There are two ways to identify someone's profession:

   • One can use a name or a subject pronoun + **être** + profession, without any article.

Nouns of profession, nationality, and religion all act like adjectives when used this way.

Céline **est artiste.**	*Céline is an artist.*
Je **suis pharmacienne.**	*I am a pharmacist.*
Il **est ouvrier.**	*He is a factory worker.*

[handwritten at bottom: 3. Aimez vous la cuisine Francais? Ally aime la cuisine Francais.]

[handwritten: 2. Qu fait la cuisine pour votre famille. Son parents font cuisine pour votre famille]

• For *he, she,* and *they,* one can also say **c'est** (**ce sont**) + indefinite article + profession.

C'est un professeur.	*He (she) is a teacher.*
Ce n'est pas un employé;	*He isn't an employee;*
c'est le patron.	*he's the boss.*
Ce sont des fonctionnaires.	*They are civil servants.*

2. To give more detail, one can use a possessive adjective or an article with an adjective. **C'est** (**ce sont**), not **il/elle est** (**ils/elles sont**), is used.

C'est ton secrétaire?	*Is he your secretary?*
Monique est une athlète **excellente.**	*Monique is an excellent athlete.*
Ce sont des cuisiniers **français.**	*They are French cooks.*

21. **Que voulez-vous faire?**   Use the list on p. 115 to select professions that you would like and professions that you would not like.

> *Modèle:*   **Je voudrais être journaliste mais je ne voudrais pas être écrivain.**

22. **Qu'est-ce qu'il faut faire?** *(What do you have to do?)*   The following sentences tell what preparation is needed for different careers. Complete the sentences with the name of the appropriate career(s).

> *Modèle:*   Il faut étudier la biologie pour être **médecin, dentiste** ou **infirmier.**

1. Il faut étudier la pédagogie pour être ... instituteur *is it necessary*
2. Il faut étudier le droit *(law)* pour être ... avocat
3. Il faut étudier la comptabilité pour être ... homme d'affairs
4. Il faut étudier le commerce pour être ...
5. Il faut étudier le journalisme pour être ... journaliste
6. Il faut étudier l'agriculture pour être ... fermier
7. Il faut étudier l'informatique *(computer science)* pour être ...
8. Il faut étudier la chimie *(chemistry)* pour être ...
9. Il faut parler deux ou trois langues pour être ...
10. Il faut désirer aider les autres pour être ...
11. Il faut avoir une personnalité agréable pour être ...
12. Il faut faire très bien la cuisine pour être ... cuisiniers
13. Il faut taper *(type)* rapidement pour être ... secrétaire

23. **Cinq personnes que je connais** *(Five people I know).*   Give a description of five people you know. How much can you tell about each one? Be sure to include information about what they do and what they want to do.

> *Modèle:*   **Anne Smith est étudiante. C'est une jeune fille travailleuse et très gentille. Elle a les cheveux roux et les yeux verts. Elle étudie le français et elle désire être femme d'affaires. Elle fait bien la cuisine et elle adore la cuisine française.**

G. Les mots interrogatifs *qui, que* et *quel*

Qui fait la cuisine dans votre famille?	*Who does the cooking in your family?*
Que faites-vous après le dîner?	*What do you do after dinner?*
À **quelle** heure dînez-vous?	*At what time do you eat dinner?*

▸ **Qui** *(who, whom)* is a pronoun. Use it in questions as the subject of a verb or as the object of a verb or preposition.

Qui est-ce?	*Who is it?*
Qui regardez-vous?	*At whom are you looking?*
Avec **qui** parlez-vous?	*With whom are you talking?*

▸ **Que** *(what)* is also a pronoun. Use it in questions as the object of a verb. It will be followed either by inversion of the verb and subject or by **est-ce que.** There are therefore two forms of this question: **Que … ?** and **Qu'est-ce que … ?**

Que font-ils?	*What do they do?*
Qu'est-ce qu'ils font?	

Don't confuse **Est-ce que … ?** (simple question) and **Qu'est-ce que … ?** *(What?).*

Est-ce que vous voulez danser?	*Do you want to dance?*
Qu'est-ce que vous voulez faire?	*What do you want to do?*
Qu'est-ce qu'il y a?	*What is it? What's the matter?*

▸ **Quel** *(which, what)* is an adjective. It is always used with a noun and agrees with the noun.

Quel temps fait-il?	*What is the weather like?*
Quelles actrices aimez-vous?	*Which actresses do you like?*

	singulier	pluriel
masculin	**quel**	**quels**
féminin	**quelle**	**quelles**

Note: The noun may either follow **quel** or be separated from it by the verb **être.**

Quels vêtements portez-vous?	*Which clothes are you wearing?*
Quelle est votre **adresse?**	*What is your address?*

Know (handwritten)

24. **Quelles questions!**   Ask questions using the appropriate form of **quel** with the words provided below.

M, s, f, plural (handwritten)

Quel- m single (handwritten)
Quelle- (crossed out) (handwritten)
Quels- m, pl (handwritten)
Quelles -pl,f (handwritten)
é - any word that ends w/ an é is fem. (handwritten)

Modèle: votre profession
Quelle est votre profession?

1. heure/il est maintenant   *Quelle heure est il maintenant* (handwritten)
2. à /heure/vous mangez   *A quelle heure vous mangez* (handwritten)
3. temps/il fait   *Quel temps fait-il? Il neige* (handwritten)
4. votre nationalité   *Quelle a votre nationalite* (handwritten)
5. âge/vous avez   *Quel age ave vous?* (handwritten)
6. vêtements/vous portez/quand il fait chaud   *Quelles* (handwritten)
7. votre numéro (m.)/de téléphone   *Quel a votre numero* (handwritten)
8. de/couleur/vos yeux   *De quelle co___ sont vos yeux* (handwritten)

25. ***Qui, que ou quel?***   Complete the following sentences.

Quel- adj. (handwritten)
Que - is a pronounce means what (handwritten)
Qui - who (handwritten)

1. Qui fait le ménage chez toi?
2. Que font tes parents?   *what do you yous parents do* (handwritten)
3. Quel âge ont tes amis?   *what age is your friend* (handwritten)
4. De quel couleur sont les cheveux du professeur?
5. Avec qui parles-tu français?   *Do you speak French* (handwritten)
6. À quel heure dînes-tu d'habitude?   *At what time - A san't heur* (handwritten)
7. Que désires-tu faire dans la vie?
8. Que fais-tu après le dîner?   *what do you do after dinner* (handwritten)

Teacher will read questions write the answer to the questions (handwritten)

26. **À vous.**   Answer the following questions.

J'ai two frere (handwritten)

1. Avez-vous des frères ou des sœurs? Si oui, que font-ils à la maison? Qu'est-ce qu'ils désirent faire dans la vie?   *What do you want to do?* (handwritten)
2. Que voulez-vous faire dans la vie?
3. Qu'est-ce que vous étudiez ce semestre?   *what do you study* (handwritten)
4. Qu'est-ce que votre meilleur(e) ami(e) désire faire dans la vie?
5. Qui fait la cuisine chez vous?
6. À quelle heure faites-vous vos devoirs d'habitude?   *Je fait mede vois a huit heur* (handwritten)
7. Que font vos amis après le dîner?   *What do you do after dinner* (handwritten)
8. Qui ne fait jamais la vaisselle?

Je lit De - I read (handwritten)
Je lit le livre - I read a book (handwritten)

Fill in the blank section   Parler etudier   diner (handwritten)
Je ——— francais   quelle heure (handwritten)

27. **Une nouvelle identité.** Give yourself a new identity and give the information requested in the form below as completely as possible.

[Handwritten notes in left margin:]

basic diff.
between Quelle
is an adj. it
must modify
a noun.

Quelle est votre
nationality

Que — what → pronouns

Qu'est-ce que — don't
have to reverse the
Qu + Que
que fais tu

Quelle — fem
Quels — m/pl
Quelles — fem, pl.
Quel — m

Ce — m — garçon
Cet. — m — homme
Cette — fem — fille
Ces — pl.
amis

ces garçons

[Air France form:]

AIR FRANCE Economique

Pour mieux vous servir, aidez-nous
à vous mieux connaître.

Nom du passager _____

Adresse personnelle _____
_____ Pays _____

Ville _____ N° Tél. _____

Entreprise _____
_____ N° Tél. _____

Adresse professionnelle _____

Pays _____ Ville _____
Profession _____

Vol Air France N° _____ du _____
(mois et jour)

entre*amis*

Dans un avion *(In an airplane)*

1. Greet the person sitting next to you on the plane.
2. Find out his/her name and address.
3. Find out what s/he does.
4. What can you find out about his/her family?
5. Find out what the family members do.

Intégration

RÉVISION

A. Portraits personnels. Provide the information requested below.

1. Décrivez les membres de votre famille.
2. Décrivez votre meilleur(e) ami(e).
3. Décrivez une personne dans la salle de classe. Demandez à votre partenaire de deviner *(guess)* l'identité de cette personne.

B. Trouvez quelqu'un qui ... Interview your classmates in French to find someone who ...

Modèle: wants to be a doctor

VOUS: **Est-ce que tu désires être médecin?**
UN(E) AUTRE ÉTUDIANT(E): **Oui, je désire être médecin.** ou **Non, je ne désire pas être médecin.**

1. likes to wear jeans and a sweatshirt
2. is wearing white socks now
3. never wears a hat
4. has green eyes
5. likes to cook
6. hates to do housework
7. wants to be a teacher
8. takes a nap in the afternoon

1) Je porte un pantalon
Il est beige
C'est un pantalon beige

C. À vous. Answer the following questions.

1. De quelle couleur sont les vêtements que vous portez aujourd'hui?
2. Qu'est-ce que vos amis portent en classe d'habitude?
3. Quels vêtements aimez-vous porter quand il fait chaud?
4. De quelle couleur sont les yeux et les cheveux de votre meilleur(e) ami(e)?
5. Qui a les yeux bleus et les cheveux bruns?
6. Que faites-vous à la maison? J'écoute la radio
7. Que font les autres membres de votre famille chez vous? Ma mere regarde la tele.
8. Que voulez-vous faire dans la vie? Je voudrais etre professeur
9. Qu'est-ce que votre meilleur(e) ami(e) désire faire?

Know

What do other people do in your house

1) Je porte un jean bleu. Un pull-over noir.
2) Mon amis portent un jean. un pullover
4) Mon ami a les yeux bron et les cheveux bron.

[Handwritten notes at top of page:]
④ Elle a les yeux bruns
Elle a les cheveux bruns

Use the CD-ROM Module 2 before viewing the video to help you understand what you will see and hear.

PAS DE PROBLÈME!

Complete the following exercise if you have watched video, *Module 2* (queue to 6:53). Choose the most appropriate answer.

1. Marie-Christine habite dans la rue *(street)* ____.
   (Bonaparte, Saint-Sulpice, de Tournon)
2. Elle habite ____.
   (dans une maison, dans un appartement)
3. Il faut ____ pour ouvrir la porte.
   (la clé, le code, la télécarte)
4. Jean-François est assez ____.
   (nerveux, calme)
5. ____ est nécessaire pour téléphoner dans une cabine téléphonique.
   (l'argent, le code, la télécarte)

[Handwritten notes in left margin:]
① J'étudie à Inglés
② ma grand-mère regarde la télé
③ Je voudrais être historien d'arte
④ ⑤ Elle desire faire journaliste

L E C T U R E   1

A. **Parcourez les petites annonces.** Glance at the classified ads below to find out what kind of job each one is advertising. Guess which one would pay the most.

Offres d'emploi

1
Bébé, un an et demi, cherche fille au pair de nationalité américaine ou canadienne, expérience avec enfants. Appelez Cunin en fin de matinée 02.43.07.47.26.

2
Nous recherchons des secrétaires bilingues. Appelez l'Agence bilingue Paul Grassin au 02.42.76.10.14.

3
Professeurs anglophones pour enseigner l'anglais aux lycéens étrangers en France, école internationale, château. Deux sessions: du 30 juin au 21 juillet; du 25 juillet au 14 août. Tél. 02.41.93.21.62.

4
Famille offre logement et repas en échange de baby-sitting le soir et certains week-ends. Les journées sont libres. Écrivez BP 749, 49000 Angers.

[Handwritten notes in left margin:]
2) Elle porte un jean et un tee-shirt
3) Je porte un tee-shirt et un short

B. **Cela vous intéresse?** *(Does this interest you?)* Reorder the classified ads above according to how much they appeal to you (which ones you would apply for and in what order). Be prepared to explain your reasons.

C. **Votre petite annonce.** Write a classified ad to say you are looking for work in France. Mention your personal description and experience and include the fact that you speak French. Be sure to tell how you can be contacted.

L E C T U R E   I I

A. **Que savez-vous déjà?**   Previous knowledge of a topic is a definite asset in understanding a text. Answer the following before reading the poem.

1. Qui est Hamlet et quelle est son expression préférée?
2. Quelle est la nationalité du Hamlet de Shakespeare?
3. Faites une liste de quatre mots qui ont un accent grave.
4. Quelle différence y a-t-il entre **ou** et **où?** Que veulent dire ces deux mots?

B. **Étude du vocabulaire.**   Study the following sentences and choose the English words that correspond to the French words in bold print: *Do you understand?, so much, pupils, everyone, serious, you can answer, unhappy, What?, day dreaming.*

1. Quand on est étudiant, il y a **tant** de travail à faire!
2. Si vous n'êtes pas absent, **vous pouvez répondre** «présent».
3. Un étudiant qui ne fait pas attention est quelquefois **dans les nuages.**
4. **Hein** ou **quoi** sont souvent des synonymes de «Comment?».
5. À l'université il y a des étudiants; les **élèves** sont à l'école secondaire.
6. Si un professeur désire vérifier si un étudiant ou un élève comprend, il demande: «**Vous y êtes?**».
7. Si un étudiant ne fait pas attention, son professeur risque d'être **mécontent.**
8. La situation est **grave.** Il faut faire très attention.
9. Est-ce que **tout le monde** parle français en France?

l'accent grave

Le professeur

Élève Hamlet!

L'élève Hamlet (*sursautant*[1])

… Hein … Quoi … Pardon … Qu'est-ce qui se passe … Qu'est-ce qu'il y a … Qu'est-ce que c'est?

Le professeur (*mécontent*)

Vous ne pouvez pas répondre «présent» comme tout le monde? Pas possible, vous êtes encore dans les nuages.

L'élève Hamlet

Être ou ne pas être dans les nuages!

Le professeur

Suffit. Pas tant de manières. Et conjuguez-moi le verbe être, comme tout le monde, c'est tout ce que je vous demande.

L'élève Hamlet

To be …

Le professeur

En français, s'il vous plaît, comme tout le monde.

L'élève Hamlet

Bien, monsieur. (Il conjugue:)
Je suis ou je ne suis pas
Tu es ou tu n'es pas
Il est ou il n'est pas
Nous sommes ou nous ne sommes pas …

Le professeur *(excessivement mécontent)*
Mais c'est vous qui n'y êtes pas, mon pauvre ami!

L'élève Hamlet

C'est exact, monsieur le professeur,
Je suis «où» je ne suis pas
Et, dans le fond[2], hein, à la réflexion,
Être «où» ne pas être
C'est peut-être aussi la question.

Jacques Prévert, Éditions Gallimard

Review the meaning of
pauvre on p. 110.

---

1. startled   2. after all

 C. **Questions.**   Répondez.

1. Quelle réponse est-ce qu'on donne d'habitude en classe pour indiquer qu'on n'est pas absent?
2. Dans le poème, est-ce que l'élève Hamlet est en cours de français ou en cours d'anglais? Expliquez votre réponse.
3. Qui est impatient? Justifiez votre réponse.
4. Quel verbe est-ce que Hamlet conjugue?
5. Quelle est l'expression préférée du professeur?
6. Êtes-vous quelquefois comme cet élève Hamlet? Expliquez votre réponse.

 D. **Discussion.**

1. Why does Prévert call this poem **l'accent grave?**
2. Describe the personality of each of the characters in this poem.

VOCABULAIRE ACTIF

Quelques professions

un(e) assistant(e) social(e)   *social worker*
un(e) avocat(e)   *lawyer*
un cadre   *executive*
un(e) comptable   *accountant*
un cuisinier/une cuisinière   *cook*
un écrivain   *writer*
un(e) employé(e)   *employee*
un fermier/une fermière   *farmer*
un(e) fonctionnaire   *civil servant*
un homme d'affaires/une femme d'affaires   *businessman/businesswoman*
un homme politique/une femme politique   *politician*
un infirmier/une infirmière   *nurse*
un ingénieur   *engineer*
un médecin   *doctor*
un ouvrier/une ouvrière   *laborer*
un(e) patron(ne)   *boss*
un vendeur/une vendeuse   *salesman/saleswoman*

Description personnelle

avare   *miserly*
bavard(e)   *talkative*
calme   *calm*
chauve   *bald*
discret (discrète)   *discreet; reserved*
ennuyeux (ennuyeuse)   *boring*
extroverti(e)   *outgoing*
généreux (généreuse)   *generous*
gentil (gentille)   *nice*
heureux (heureuse)   *happy*
impatient(e)   *impatient*
intellectuel (intellectuelle)   *intellectual*
intelligent(e)   *intelligent*
intéressant(e)   *interesting*
naïf (naïve)   *naive*
sportif (sportive)   *athletic*
travailleur (travailleuse)   *hard-working*
méchant(e)   *nasty; mean*
nerveux (nerveuse)   *nervous*
paresseux (paresseuse)   *lazy*
patient(e)   *patient*
triste   *sad*

Activités qu'on fait

les courses *f. pl.*   *errands, shopping*
la cuisine   *cooking; food*
les devoirs *m. pl.*   *homework*
la lessive   *wash; laundry*
le ménage   *housework*
une promenade   *walk; ride*
les provisions *f. pl.*   *groceries*
la sieste   *nap*
la vaisselle   *dishes*

D'autres noms

une adresse   *address*
une carte postale   *postcard*
les cheveux *m. pl.*   *hair*
une chose   *thing*
une couleur   *color*
le dîner   *dinner*
les gens   *people*
un magasin   *store*
une note   *note; grade, mark*
un numéro de téléphone   *telephone number*
le temps   *weather*
la vie   *life*
une ville   *city*
les yeux *m. pl.*   *eyes*

Adjectifs de couleur

beige   *beige*
blanc (blanche)   *white*
bleu(e)   *blue*
blond(e)   *blond*
brun(e)   *brown(-haired)*
gris(e)   *grey*
jaune   *yellow*
marron   *brown*
noir(e)   *black*
orange   *orange*
rose   *pink*
rouge   *red*
roux (rousse)   *red(-haired)*
vert(e)   *green*
violet(te)   *purple*

Pour décrire les vêtements

bizarre   *weird, funny-looking*
bon marché   *inexpensive*
cher (chère)   *dear; expensive*
chic   *chic; stylish*
confortable   *comfortable*
élégant(e)   *elegant*
ordinaire   *ordinary, everyday*
propre   *clean*
sale   *dirty*
simple   *simple, plain*

Vêtements

des baskets *f.*   *high-top sneakers*
un blouson   *windbreaker, jacket*
des bottes *f.*   *boots*
une ceinture   *belt*
un chapeau   *hat*
des chaussettes *f.*   *socks*
des chaussures *f.*   *shoes*
une chemise   *shirt*
un chemisier   *blouse*
un complet   *suit*
une cravate   *tie*
un foulard   *scarf*
des gants *m.*   *gloves*
un imperméable   *raincoat*
un jean   *(pair of) jeans*
une jupe   *skirt*
des lunettes *f. pl.*   *eyeglasses*
un manteau   *coat*
une montre   *watch*
un pantalon   *(pair of) pants*
un pull-over (un pull)   *sweater*
une robe   *dress*
un short   *(pair of) shorts*
un sweat-shirt   *sweatshirt*
un tee-shirt   *tee-shirt*
des tennis *f.*   *tennis shoes*
une veste   *sportcoat*
un vêtement   *an article of clothing*

D'autres adjectifs

ce/cet (cette)   *this; that*
ces   *these; those*
mauvais(e)   *bad*
nouveau/nouvel (nouvelle)   *new*

Pronoms

cela (ça)   *that*
toi   *you*
tout le monde   *everybody*

Verbes

dîner   *to eat dinner*
donner   *to give*
faire   *to do; to make*
garder   *to keep; to look after*
porter   *to wear; to carry*

Adverbes qui répondent à *Quand?*

aujourd'hui   *today*
d'habitude   *usually*
généralement   *generally*
jamais (ne … jamais)   *never*
maintenant   *now*
quand   *when*
quelquefois   *sometimes*
rarement   *rarely*
toujours   *always*

Mots invariables

chez   *at the home of*
puis   *then; next*

Mots interrogatifs

que … ?   *what … ?*
qu'est-ce que … ?   *what … ?*
quel(le) … ?   *which … ?*

Expressions utiles

avec mon meilleur souvenir   *with my best regards*
chez moi   *at my house; at home*
Comment est (sont) … ?   *What is (are) … like?*
De quelle couleur est (sont) … ?   *What color is (are) … ?*
en classe   *in class; to class*
faire attention   *to pay attention*
Il fait chaud.   *It's hot out.*
Il faut …   *It is necessary …*
Quel temps fait-il?   *What is the weather like?*
Qu'est-ce que c'est?   *What is this?*

---

les courses (f) pl - errands, shopping
la cuisine - cooking (f)
les devoirs - m, pl - homework (m)
la lessive - laundry (f)   la lessive
le ménage - housework (m)   le ménage
une promenade (f) - walk   la promenade
les provisions (f) pl - groceries   les provisions
la sieste - nap (f)   la sieste
la vaisselle - dishes (f)   la vaisselle

L'Amérique du Nord

Escale 1

LE QUÉBEC

Que savez-vous?

Guess the answers to the following, then read to check your answers.

1. Le Québec est-il plus grand que le Texas?
2. Qui a fondé la ville de Québec?
3. Quel pourcentage de la population sait parler français?
4. Quelle est la plus grande ville du Québec?
5. Quels sont les attraits de la ville de Québec pour les touristes?

Montréal, Place Jacques Cartier

La belle province

La plus vaste des dix provinces canadiennes, le Québec, qu'on appelle «la belle province», est aussi plus grand que l'Alaska. C'est en 1534 que l'explorateur français, Jacques Cartier, prend possession de cette terre nouvelle au nom du roi de France. En 1608, Samuel de Champlain construit une cité sur un rocher qui forme une fortification naturelle près du Saint-Laurent. Cette première ville s'appelle Québec, comme la province. Aujourd'hui le Québec a une population de 6,93 millions d'habitants. Environ 83% sont d'origine française et 10% d'origine britannique. Le reste de la population est constitué d'Inuits, qui habitent dans le nord, et d'émigrés d'origines diverses, mais surtout de pays francophones. Soixante pour cent de la population parle seulement le français et 35% parle français et anglais. Dans la plupart des écoles, on enseigne entièrement en français.

Le Québec a une industrie minière importante, surtout de métaux précieux. Les vastes forêts de la province sont l'objet d'exploitation forestière. Les rivières sont une source importante d'hydro-électricité. Mais le développement de cette industrie entre parfois en conflit avec les intérêts des occupants, dont le territoire doit être inondé, pour permettre l'installation d'une centrale électrique.

Montréal, la plus grande ville francophone en Amérique du Nord, attire beaucoup de touristes chaque année. Au centre de la ville, le vieux quartier, avec ses belles maisons qui datent du dix-septième siècle, est un hommage au passé. La ville de Québec, capitale de la province, est, elle aussi, réputée pour son charme «vieille Europe», l'excellence de sa cuisine et son carnaval d'hiver.

ÉTUDE DU VOCABULAIRE

Quels mots en caractères gras correspondent aux mots suivants: *more, king, century, city, approximately, French-speaking world, most*?

1. **La ville** de New-York est **plus** grande que Montréal.
2. C'est **la plus** grande ville des États-Unis.
3. La France est une république. Elle n'a pas de **roi**.
4. Il y a **environ** 60 millions de Français en France.
5. Dans les pays de **la francophonie** on parle français.
6. **Un siècle** est une période de 100 ans.

126

Céline Dion: une vedette internationale

La chanteuse franco-canadienne, Céline Dion, a une renommée *(renown)* mondiale et un succès prodigieux comparable à celui de Madonna, Whitney Houston ou Gloria Estefan. Née en 1968 à Charlemagne, dans la province de Québec, Céline est la plus jeune d'une famille de 14 enfants. En 1994, elle épouse René Angelil, son manager de longue date. Cette artiste de talent est chanteuse professionnelle depuis l'âge de 13 ans et possède une voix superbe, qui enchante son public. Ses chansons ont été choisies comme thèmes des films «Beauty and the Beast», «Sleepless in Seattle», et «Up Close and Personal». Céline, qui a présenté des concerts au Canada, en France, aux États-Unis et en Asie, a aussi eu l'honneur de chanter la très belle chanson «The Power of the Dream» à l'ouverture des Jeux olympiques d'Atlanta.

En France on dit …	Au Québec on dit …
le week-end	la fin de semaine
s'amuser	avoir du fun
les myrtilles	les bleuets[1]
une voiture	un char
l'essence	le gaz
faire des achats	magasiner
bavarder	jaser
faire de l'autostop	faire du pouce[2]
un hot-dog	un chien chaud

1. *petit fruit bleu trouvé surtout en Nouvelle-Angleterre et au Québec.*
2. *chaque personne a un pouce et quatre doigts sur la main.*

Le Hockey: une passion sportive

Le hockey sur glace fait partie de la culture nationale du Canada, où ce sport est immensément populaire. Plus de cinq millions de Canadiens—un sur cinq—ont la passion de ce sport et y participent soit en tant que joueurs professionnels ou amateurs, soit en tant qu'entraîneurs, membres de comités, arbitres ou spectateurs de tous âges. Le Canada a plusieurs *(several)* équipes professionnelles de hockey sur glace. Le hockey sur glace est tellement populaire que la saison de ce sport d'hiver se prolonge jusqu'au mois de juin! L'origine précise du hockey est inconnue. Cependant, on peut tracer l'histoire et le développement du hockey nord-américain à la ville de Montréal, où le premier match officiel de hockey a eu lieu au Victoria Rink durant l'hiver de 1875. Aujourd'hui, les habitants de Montréal et du Québec tout entier suivent avec intérêt les matchs de leur équipe favorite, les «Canadiens de Montréal». Cette célèbre équipe a gagné la Coupe Stanley 24 fois depuis 1916 et a compté plusieurs super-vedettes telles que Maurice «Rocket» Richard, Jean Béliveau et Guy Lafleur.

Vincent Damphousse, capitaine des Canadiens de Montréal

Et vous?

- Aimez-vous les chansons de Céline Dion?
- Aimez-vous le hockey sur glace? Jouez-vous à ce sport ou regardez-vous quelquefois des matchs de hockey à la télévision?

Le canadien-français

C'est une langue de France

Aux accents d'Amérique

Elle déjoue[1] le silence

À grands coups de musique

C'est la langue de mon cœur

Et le cœur de ma vie

Que jamais elle ne meure[2]

Que jamais on ne l'oublie

(Michel Rivard, «Le Cœur de ma vie»
Les Éditions Sauvages)

1. thwarts   2. May she never die

Oui ou non à la séparation du Québec?

Le Québec, où 95% des habitants sont francophones, doit-il devenir une nation souveraine ou doit-il rester *(remain)* membre de la confédération canadienne? C'est la question qui a été posée aux Québécois durant le référendum du 30 octobre 1995. Des 92% de la population qui ont voté, 49.4% ont répondu «oui» et 50.6% «non» à cette question. Malgré *(in spite of)* cette faible victoire pour les fédéralistes, les sentiments nationalistes restent très forts au Québec. Les souverainistes québécois désirent préserver leur identité linguistique et culturelle en Amérique du Nord dans un Québec souverain et indépendant politiquement. Ils proposent une association économique avec le reste du Canada. Par contre, les fédéralistes québécois désirent rester membres de la confédération canadienne et craignent *(fear)* un désastre économique si le Québec est indépendant du reste du Canada.

La lutte *(struggle)* pour l'indépendance du Québec remonte *(goes back)* à 1763 quand la colonie canadienne est devenue possession anglaise. Le résultat du référendum d'octobre 1995 démontre clairement que la question de la séparation du Québec ne peut pas être ignorée et qu'elle reste un problème politique sérieux et délicat pour l'avenir du Canada.

Et vous?

Êtes-vous pour ou contre la séparation du Québec du reste du Canada? Expliquez votre réponse.

LA NOUVELLE-ANGLETERRE

À partir de 1830 et pendant le siècle suivant, plus d'un million de Canadiens français ont traversé la frontière canado-américaine à la recherche d'une meilleure vie dans les villes industrielles des États-Unis. C'est surtout dans les grandes villes textiles des six états de la Nouvelle-Angleterre que ces immigrés du nord ont transporté leur langue et leur culture. Les francophones de la Nouvelle-Angleterre sont appelés encore aujourd'hui les Franco-Américains.

Le français qu'ils parlent ressemble au français des Québécois. Cette langue française n'est pas un français classique ou littéraire, mais plutôt *(rather)* un français populaire et rural qui a ses origines dans le parler des premiers colons, venus de France au XVIIᵉ siècle. Petit à petit, les Canadiens français ont adapté leur langue aux besoins et aux circonstances de leur situation. Aujourd'hui, le français que parlent les Franco-Américains de la Nouvelle-Angleterre a beaucoup de mots empruntés à l'anglais.

Il y a aujourd'hui environ 2.500.000 Franco-Américains en Nouvelle-Angleterre (18% de la population de cette région) mais de ce nombre, seulement 14% parlent français à la maison.

Dans les villes où ils sont nombreux, les Franco-Américains habitent souvent dans des quartiers séparés, groupés autour d'une église catholique.

(Soldier Pond, dans le nord du Maine)

Vrai ou faux?

1. Les Canadiens français sont venus aux États-Unis pour faire de l'agriculture.
2. Le français canadien ressemble au français des anciens colons.
3. Dans le Maine, la majorité des familles d'origine canadienne parlent français à la maison.

Que savez-vous?

Guess the answers to the following, then read to check your answers.

1. Qui a découvert la Louisiane?
2. D'où sont les habitants de la Louisiane?
3. Quelle est l'origine du mot cajun?
4. Quelle musique aiment-ils jouer?
5. Quelles langues parlent-ils?

Le Maine

Population: 1.230.000 habitants

Population franco-américaine: 348.900 habitants

(28% de la population du Maine)

Population qui parle français à la maison: 81.000

(23% de la population franco-américaine)

Villes industrielles «franco-américaines»:

Lewiston, Biddeford, Waterville, Augusta

CHRONOLOGIE

1682 Robert Cavelier de La Salle descend le Mississippi. Il nomme le bassin du Mississippi «Louisiane» en l'honneur du roi Louis XIV.

1698 200 colons, leurs femmes et de nombreux soldats arrivent de Bretagne.

1719 Les premiers esclaves africains arrivent en Louisiane.

1755 Les Anglais déportent les Acadiens de Nouvelle-Écosse (Le «Grand Dérangement»). De nombreux Acadiens s'installent en Louisiane. Le mot «cajun» est une déformation du mot acadien.

1803 Napoléon vend la Louisiane aux États-Unis pour 15 millions de dollars.

1812 La Louisiane devient le dix-huitième état des États-Unis.

1921 La langue française est interdite dans l'enseignement public.

1974 La constitution permet aux populations ethniques de la Louisiane de conserver et de promouvoir leurs origines historiques, linguistiques et culturelles.

LA LOUISIANE

La Louisiane

Superficie: 125.674 km²

Population: 4.204.000

Langues: anglais, français, créole

Capitale: Bâton Rouge

Ville la plus importante: La Nouvelle-Orléans

Ressources: pétrole, gaz naturel

Buts communicatifs

Expressing future time
Telling time
Explaining your
 schedule
Locating places

Structures utiles

À + article défini
Le verbe **aller**
L'heure
Les jours de la semaine
Le verbe **devoir**
Quelques prépositions
 de lieu
Les prépositions de lieu
 avec une ville ou un
 pays
Les mots interrogatifs
 où et **quand**

Culture

Quelques malentendus
 culturels

Quoi de neuf?

Coup d'envoi

Coup d'envoi

Prise de contact **Qu'est-ce que vous allez faire?**

Qu'est-ce que tu vas faire° le week-end
   prochain°, Sylvie?
     Je vais sortir vendredi° soir.
     Je vais danser parce que j'adore danser.
     Je vais déjeuner dimanche° avec
       mes amis.
     Je vais aller à la bibliothèque.°
     Je vais étudier et faire mes devoirs.
     Mais je ne vais pas rester° dans ma
       chambre tout le week-end°.

*What are you going
  to do / next weekend*
*I'm going to go out
  on Friday*
*I'm going to have
  lunch on Sunday*
*I'm going to go to the
  library.*
to stay
the whole weekend

Et vous? Qu'est-ce que vous allez faire le week-end prochain? Où allez-vous étudier?

Conversation

Une sortie

C'est vendredi après-midi. Lori rencontre° son amie Denise
après° son cours de littérature française.

                                     meets
                                     after

Lori:	Salut, Denise. Comment vas-tu?	
Denise:	Bien, Lori. Quoi de neuf?°	*What's new?*
	(Elles s'embrassent° trois fois°.)	*kiss / times*
Lori:	Pas grand-chose°, mais c'est vendredi et je n'ai	*Not much*
	pas l'habitude de passer° tout le week-end dans ma	*I'm not used to*
	chambre.	*spending*
	Tu as envie d'aller au cinéma?°	*Do you feel like*
		going to the
Denise:	Quand ça?	*movies? / tomorrow*
Lori:	Ce soir ou demain° soir?	
Denise:	Ce soir je ne suis pas libre°. Mais demain	*free*
	peut-être. Tu vas voir° quel film?	*to see*
Lori:	Ça m'est égal.° Il y a toujours un bon film au	*I don't care.*
	cinéma Variétés.	
Denise:	D'accord°, très bien. À quelle heure?	*Okay*
Lori:	Vers 7 heures et demie°. Ça va?° Rendez-vous	*Around 7:30 / Okay?*
	devant° le cinéma?	*in front of*
Denise:	C'est parfait°.	*perfect*
Lori:	Bonne soirée, Denise, et à demain soir.	

➡️ **Jouez ces rôles.** Répétez la conversation avec votre partenaire. Utilisez vos
noms et le nom d'un cinéma près de chez vous.

Pourquoi est-ce que Lori et Denise s'embrassent trois fois?

a. Elles sont superstitieuses.
b. Denise habite à Angers et elle a l'habitude d'embrasser ses amis trois fois.
c. En France on embrasse tout le monde.

Quelques malentendus culturels

A possible misunderstanding may result from the use of expressions that seem to be equivalent in two languages. In the United States, for example, the expression *see you later* is often used as an alternate to *good-bye,* without necessarily implying any real meeting in the near future. This has proven to be frustrating for French visitors, for whom *see you later* is interpreted as meaning *see you soon.* Likewise, any North American who uses the French expression **À tout à l'heure** should realize that this implies that the people in question will be meeting again very soon.

This example is perhaps a useful springboard to understanding one of the basic differences between North Americans and the French: while typically more hesitant to extend an invitation to their home and certainly more reluctant to chat with strangers, once an invitation is extended or a conversation begun, the French take it seriously. North Americans may complain about not being invited to French homes right away, but they themselves have readily and casually extended invitations to "come and see us" and have then been surprised when French acquaintances write to say they are actually coming.

Another source of error for English speakers is the attempt to translate expressions such as *good morning* and *good afternoon* literally when greeting someone. **Bon après-midi** is used only when taking leave of someone. When saying hello, the only common expressions in French are **bonjour, bonsoir,** and **salut.** When saying good-bye, however, the range of possible expressions is much more extensive as can be seen in the list to the right.

Pour dire *au revoir*

à bientôt	*see you soon*
à demain	*see you tomorrow*
à la prochaine	*until next time, be seeing you*
à tout à l'heure	*see you in a little while*
au plaisir (de vous revoir)	*(I hope to) see you again*
au revoir	*good-bye, see you again*
bon après-midi	*have a good afternoon*
bonne journée	*have a good day*
bonne nuit	*pleasant dreams (lit. good night)*
bonne soirée	*have a good evening*
bonsoir	*good evening, good night*
salut	*bye(-bye)* (fam.)

Il y a un geste

La bise. The French kiss their friends and relatives on both cheeks. This is referred to as **faire la bise.** The number of times that their cheeks touch varies, however, from one region to another: twice in Besançon, three or four times in Angers, and four times in Quimper! In Paris, the number varies from two to four, most likely because people have moved to the capital from different regions.

Au revoir/Salut. When waving good-bye, the open palm, held at about ear level, is normally turned toward the person to whom one is waving. It is often moved toward the other person.

culture question

➔ À vous.   Répondez.

1. Comment allez-vous?
2. Allez-vous rester dans votre chambre ce soir?
3. À quelle heure allez-vous faire vos devoirs?
4. Qu'est-ce que vous allez faire demain soir?
5. Avez-vous envie d'aller au cinéma?

entre*amis*

Le week-end prochain

1. Greet your partner.
2. Find out how s/he is doing.
3. Find out what s/he is going to do this weekend.
4. Find out if s/he wants to go to a movie.
5. If so, agree on a time.
6. Be sure to vary the way you say good-bye.

Les syllabes ouvertes

There is a strong tendency in French to end spoken syllables with a vowel sound. It is therefore important to learn to link a pronounced consonant to the vowel that follows it.

il a	[i la]	votre ami	[vɔ tʀa mi]
elle a	[ɛ la]	femme américaine	[fa ma me ʀi kɛn]

The above is also true in the case of liaison. Liaison must occur in the following situations.

Synthèse: Les liaisons obligatoires		
	Alone	*With liaison*
1. when a pronoun is followed by a verb	nouś	nous [z]a vons
	vouś	vous [z]êtes
2. when a verb and pronoun are inverted	eśt	eśt- [t]elle
	ońt	ońt- [t]ils
	sońt	sońt-[t]ils
3. when an article or adjective is followed by a noun	uń	uń [n]homme
	deś	deś [z]en fants
	deux	deux [z]heures
	troiś	troiś [z]ans
	moń	moń [n]a mi
	petiť	petiť [t]a mi
4. after one-syllable adverbs or prepositions	trèś	très [z]im por tant
	eń	eń [n]A mé rique
	dańś	dańś [z]une fa mille

Buts communicatifs

I. Expressing Future Time

Qu'est-ce que tu vas faire samedi° prochain, Julien?   *Saturday*
    D'abord° je vais jouer au tennis avec mes amis.   *First (of all)*
    Ensuite° nous allons étudier° à la bibliothèque.   *Next / we're going to study*
    Je n'aime pas manger seul°, alors après°, nous   *alone / so after(wards)*
        allons dîner ensemble au restaurant universitaire.
    Enfin°, nous allons regarder la télé.   *Finally*

Compose paragraph for Thursday activities

→ **Et vous?**   Qu'est-ce que vous allez faire?

Note culturelle: Le restaurant universitaire, qu'on appelle d'habitude **le Resto U,** est très bon marché. C'est parce qu'en France on subventionne (*subsidizes*) en partie les repas (*meals*) des étudiants. Si on a une carte d'étudiant, on bénéficie d'une réduction du prix des repas.

Remember to consult the Appendix of Grammatical Terms at the end of the book to review any terms with which you are not familiar.

A. À + article défini — *only use w/avoir*

Céline ne travaille pas **à la** bibliothèque. Elle travaille **au** restaurant universitaire.

Céline doesn't work at the library. She works in the dining hall.

▸ The preposition **à** can mean *to, at,* or *in,* depending on the context. When used with the articles **la** and **l',** it does not change, but when used with the articles **le** and **les,** it is contracted to **au** and **aux.**

				to
à	+	le	**au**	au restaurant
à	+	les	**aux**	aux toilettes
à	+	la	**à la**	à la maison
à	+	l'	**à l'**	à l'hôtel

A word beginning w/ h (or a vowel)

▸ Liaison occurs when **aux** precedes a vowel sound.

aux [z]États-Unis

VOCABULAIRE

Quelques endroits (*A few places*)

A. Sur le campus

un bâtiment	*building*	une librairie	*bookstore*
une bibliothèque	*library*	un parking	*parking lot, garage*
une cafétéria	*cafeteria*	une piscine	*swimming pool*
un campus	*campus*	une résidence	
un couloir	*hall, corridor*	(universitaire)	*dormitory*
un cours	*course, class*	une salle de classe	*classroom*
un gymnase	*gymnasium*	les toilettes (*f. pl.*)	*restroom*

B. En ville

un aéroport	*airport*	une école	*school*
une banque	*bank*	une église	*church*
un bistro	*bar and café*	une épicerie	*grocery store*
une boulangerie	*bakery*	une gare	*railroad station*
un bureau de poste	*post office*	un hôtel	*hotel*
un bureau de tabac	*tobacco shop*	un musée	*museum*
un centre commercial	*shopping center, mall*	une pharmacie	*pharmacy*
		un restaurant	*restaurant*
un cinéma	*movie theater*	une ville	*city*
un château	*chateau, castle*		

(handwritten margin notes:)
une bibliothèque
une cafétéria
une librairie
une résidence
une salle de classe
une banque
une boulangerie
une école
une église
une épicerie
une gare
une pharmacie
une piscine
une ville

après le cours de français, je vais

1. **Qu'est-ce que c'est?** Identifiez les endroits suivants.

Modèle: C'est une église.

1.

2.

3.

4.

5.

6.

2. **Où vas-tu?** Posez la question. Votre partenaire va répondre d'après le modèle *(according to the model)*.

Modèle: restaurant (bibliothèque)
—**Tu vas au restaurant?**
—**Non, je ne vais pas au restaurant; je vais à la bibliothèque.**

1. bureau de poste (pharmacie)
2. église (centre commercial)
3. restaurant (cinéma)
4. librairie (bibliothèque)
5. hôtel (appartement de ma sœur)
6. gare (aéroport)

what are you going to do

3. **Qu'est-ce que vous allez faire?**   Indiquez vos projets avec **Je vais à** + article défini et les mots donnés *(given)*. Utilisez aussi les mots **d'abord**, **ensuite** et **après**.

> *Modèle:*   banque, centre commercial, épicerie
> **D'abord je vais à la banque, ensuite je vais au centre commercial et après je vais à l'épicerie.**

1. école, bibliothèque, librairie
2. banque, restaurant, aéroport
3. bureau de poste, pharmacie, cinéma
4. église, campus, résidence

entre*amis*

D'abord, ensuite, après

1. Tell your partner that you are going to go out.
2. S/he will try to guess three places where you are going.
3. S/he will try to guess in what order you are going to the three places.

B. Le verbe *aller*

Je vais en classe à 8 heures.	*I go to class at eight o'clock.*
Allez-vous en ville ce soir?	*Are you going into town this evening?*
Où **allons-nous** dîner?	*Where are we going to eat dinner?*
Les petits Français ne **vont** pas à l'école le mercredi.	*French children don't go to school on Wednesday.*

aller *(to go)*			
je	**vais**	nous	**allons**
tu	**vas**	vous	**allez**
il/elle/on	**va**	ils/elles	**vont**

The fundamental meaning of **aller** is *to go*.

> Où **vas-tu?** *Where are you going?*

The verb **aller** is also used to discuss health and well-being.

> **Comment allez-vous?** *How are you?*
> **Je vais bien,** merci. *I'm fine, thanks.*
> **Ça va,** merci. *Fine, thanks.*

The verb **aller** is also very often used with an infinitive to indicate the future, especially the near future.

> Qu'est-ce que **tu vas faire** ce soir? *What are you going to do this evening?*
>
> **Je vais étudier,** comme d'habitude. *I'm going to study, as usual.*
>
> **Nous allons passer** un test demain. *We are going to take a test tomorrow.*

Note: In the negative of this construction, **ne … pas** is placed around the verb **aller,** not around the infinitive.

> Thierry **ne va pas déjeuner** demain. *Thierry won't eat lunch tomorrow.*

4. **Comment vont-ils?**   Utilisez le verbe **aller** pour poser des questions. Votre partenaire va répondre.

> *Modèle:* VOUS: **Comment va ton frère?**
> VOTRE PARTENAIRE: **Il va très bien, merci.** ou
> **Quel frère? Je n'ai pas de frère.**

comment	aller	tes parents
		ton père
		ta mère
		ta sœur
		ton frère
		ton ami(e) qui s'appelle …
		tes cousins
		ton professeur de français
		tu
		ton oncle
		ta grand-mère
		ta nièce

> Several of these expressions can be preceded by **à** to mean *"See you ..."* or *"Until ...,"* e.g., **à ce soir, au week-end prochain.**

VOCABULAIRE

Quelques expressions de temps (futur)

tout à l'heure	*in a little while*
dans une heure	*one hour from now*
ce soir	*tonight*
avant (après) le dîner	*before (after) dinner*
demain (matin, soir)	*tomorrow (morning, evening)*
dans trois jours	*three days from now*
le week-end prochain	*next weekend*
la semaine prochaine	*next week*

5. **Que vont-ils faire la semaine prochaine?** Qu'est-ce qu'ils vont faire et qu'est-ce qu'ils ne vont pas faire la semaine prochaine? Créez *(create)* des phrases.

> *Modèle:* **La semaine prochaine, mes parents vont regarder la télévision, mais ils ne vont pas skier.**

		dîner au restaurant
		regarder la télévision
		aller aux cours
		passer un test
mes parents		jouer au tennis
mon père		étudier à la bibliothèque
ma mère	(ne … pas) aller	déjeuner au restaurant
mes amis		faire un voyage en Suisse
nous		travailler beaucoup
je		avoir «A» au test
		nager à la piscine
		parler français

6. **À vous.** Répondez.

1. Quand allez-vous regarder la télévision?
2. Quand allez-vous sortir avec vos amis?
3. Quand allez-vous passer un test?
4. Quand est-ce que vous allez manger?
5. Où allez-vous déjeuner demain midi?
6. Où et à quelle heure allez-vous dîner demain soir?
7. Allez-vous dîner seul(e) ou avec une autre personne?
8. Quand allez-vous étudier? Avec qui?
9. Qu'est-ce que vous allez faire samedi prochain?
10. Qu'est-ce que vous allez faire dimanche après-midi?

entre*amis*

Est-ce que tu vas jouer au tennis?

1. Tell your partner that you are not going to stay in your room this weekend.
2. S/he will try to guess three things you are going to do.
3. S/he will try to guess in what order you will do them.

II. Telling Time

Quelle heure est-il° maintenant?	*What time is it?*
Il est 10 heures et demie.°	*It's half past ten.*
Je vais au cours de français à 11 heures.	
Je déjeune à midi.°	*I eat lunch at noon.*
Je vais à la bibliothèque à une heure.	
Je vais au gymnase à 4 heures.	
J'étudie de 7 heures à 10 heures du soir.	

-- cours de français 11 h
-- déjeuner 12 h avec Étienne
-- bibliothèque 13 h
-- gymnase 16 h

What time

➡ **Et vous?** À quelle heure déjeunez-vous?
À quelle heure allez-vous à la bibliothèque?
À quelle heure allez-vous au gymnase?
À quelle heure allez-vous au cours de français?
Quelle heure est-il maintenant?

Remarque: The word **heure** has more than one meaning.

J'étudie trois **heures** par jour.	*I study three hours a day.*
De quelle **heure** à quelle **heure**?	*From what time to what time?*
De 15 **heures** à 18 **heures**.	*From three until six o'clock.*

military time

C. L'heure

Review *Understanding Basic Expressions of Time*, p. 4, and numbers, pp. 3, 70.

You have already learned to tell time in a general way. Now that you know how to count to 60, you can be more precise. There are two methods of telling time. The first is an official 24-hour system, which can be thought of as a digital watch on which the hour is always followed by the minutes. The other is an informal 12-hour system that includes the expressions **et quart** *(quarter past, quarter after)*, **et demi(e)** *(half past)*, **moins le quart** *(quarter to, quarter till)*, **midi,** and **minuit** *(midnight)*.

Vocabulaire à retenir

quart *quarter*
demi(e) *half*
minuit *midnight*
midi *noon*

Système officiel	*Système ordinaire*
neuf heures une	neuf heures une
neuf heures quinze	neuf heures et quart
neuf heures trente	neuf heures et demie
neuf heures quarante-cinq	dix heures moins le quart
douze heures trente	midi et demi
treize heures trente	une heure et demie
dix-huit heures cinquante et une	sept heures moins neuf
vingt-trois heures quarante-cinq	minuit moins le quart

The word **heure(s)** is usually represented as **h** (without a period) on schedules, e.g., 5 h 30.

In both systems, the feminine number **une** is used to refer to hours and minutes because both **heure** and **minute** are feminine.

1 h 21   **une** heure vingt et **une**

In the 12-hour system, **moins** is used to give the time from 1 to 29 minutes *before* the hour. For 15 minutes *before* or *after* the hour, the expressions **moins le quart** and **et quart,** respectively, are used. For 30 minutes past the hour, one says **et demie.**

9 h 40   dix heures **moins** vingt
9 h 45   dix heures **moins le quart**
10 h 15   dix heures **et quart**
10 h 30   dix heures **et demie**

Note: After **midi** and **minuit,** which are both masculine, **et demi** is spelled without a final **-e**: midi **et demi.**

The phrases **du matin, de l'après-midi,** and **du soir** are commonly used in the 12-hour system to specify A.M. or P.M. when it is not otherwise clear from the context.

trois heures **du matin** (3 h)   dix heures **du matin** (10 h)
trois heures **de l'après-midi** (15 h)   dix heures **du soir** (22 h)

7. **Quelle heure est-il?**   Donnez les heures suivantes. Indiquez l'heure officielle et l'heure ordinaire s'il y a une différence.

Modèle: 13 h 35

| *système officiel:* | **Il est treize heures trente-cinq.** |
| *système ordinaire:* | **Il est deux heures moins vingt-cinq de l'après-midi.** |

> Remember that these numbers are based on a 24-hour system.

1. 2 h 20   4. 1 h 17   7. 22 h 05   9. 11 h 15
2. 4 h 10   5. 6 h 55   8. 3 h 45   10. 10 h 30
3. 15 h 41   6. 1 h 33

8. **Décalages horaires** *(Differences in time).*   Vous êtes à Paris et vous voulez téléphoner à des amis. Mais quelle heure est-il chez vos amis? Demandez à votre partenaire.

> Use the maps on the inside covers of this book to locate as many of these places as possible.

Décalages horaires
(calculés par rapport à l'heure de Paris)

Anchorage (USA)	− 10	Montréal (CDN)	− 6
Athènes (Grèce)	+ 1	Mexico (M)	− 7
Bangkok (Thaïlande)	+ 6	Nouméa	
Casablanca (MA)	− 1	(Nouvelle-Calédonie)	+ 10
Chicago (USA)	− 7	New York (USA)	− 6
Dakar (SN)	− 1	Papeete (Polynésie)	− 11
Denver (USA)	− 8	Saint-Denis (Réunion)	+ 3
Fort-de-France		San Francisco (USA)	− 9
(Martinique)	− 5	Sydney (Australie)	+ 9
Halifax (CDN)	− 5	Tokyo (J)	+ 8
Le Caire (Égypte)	+ 1	Tunis (Tunisie)	0
Londres (GB)	− 1		

Modèle: 3 h à Paris / Bangkok?

VOUS: **S'il est trois heures à Paris, quelle heure est-il à Bangkok?**

VOTRE PARTENAIRE: **Il est neuf heures à Bangkok.**

1. 23 h à Paris / Anchorage?   5. 12 h à Paris / Mexico?
2. 6 h à Paris / Montréal?   6. 3 h 20 à Paris / Chicago?
3. 14 h à Paris / Londres?   7. 15 h 45 à Paris / Saint-Denis?
4. 18 h 30 à Paris / Fort-de-France?   8. 11 h à Paris / Tokyo?

9. **À vous.**   Répondez.

1. Quelle heure est-il maintenant?
2. À quelle heure déjeunez-vous d'habitude?
3. Allez-vous faire vos devoirs ce soir? Si oui, de quelle heure à quelle heure?
4. Combien d'heures étudiez-vous par jour?
5. À quelle heure allez-vous dîner ce soir?
6. Allez-vous sortir ce soir? Si oui, à quelle heure? Avec qui?
7. Allez-vous regarder la télévision ce soir? Si oui, de quelle heure à quelle heure? Qu'est-ce que vous allez regarder?

entre*amis*

À l'aéroport

1. Ask your partner what time it is.
2. Ask if s/he is going to Paris. (S/he is.)
3. Ask what time it is in Paris now.
4. Ask at what time s/he is going to arrive in Paris.
5. Find out what s/he is going to do in Paris.

III.   Explaining Your Schedule

Quel jour est-ce aujourd'hui?   *what day is it?*
C'est …

lundi°	*Monday*
mardi°	*Tuesday*
mercredi	
jeudi°	*Thursday*
vendredi	
samedi	
dimanche	

Quel jour est-ce demain?

[handwritten: don't use be if it's only on once on t.v.]

D. Les jours de la semaine

▷ Days of the week are not capitalized in French.

▷ The calendar week begins on Monday and ends on Sunday.

❄			Janvier			❄
lundi	mardi	mercredi	jeudi	vendredi	samedi	dimanche
		1	2	3	4	5
6	7	8	9	10	11	12
13	14	15	16	17	18	19
20	21	22	23	24	25	26
27	28	29	30	31		

▷ When referring to a specific day, neither an article nor a preposition is used.

Demain, c'est **vendredi.**	*Tomorrow is Friday.*
C'est **vendredi** demain.	*Tomorrow is Friday.*
J'ai envie de sortir **vendredi** soir.	*I feel like going out Friday evening.*
J'ai l'intention d'étudier **samedi.**	*I plan to study Saturday.*

▷ To express the meaning *Saturdays, every Saturday, on Saturdays,* etc., the article **le** is used with the name of the day.

Review the verb **avoir,** p. 68. It is used with **envie, l'intention,** and **l'habitude.** Remember to use **de** + infinitive after these expressions.

Je n'ai pas de cours **le samedi.**	*I don't have class on Saturdays.*
Le mardi, mon premier cours est à 10 heures.	*On Tuesdays, my first class is at ten o'clock.*
Le vendredi soir, j'ai l'habitude de sortir avec mes amis.	*On Friday nights, I usually go out with my friends.*

▷ Similarly, to express the meaning *mornings, every morning, in the morning,* etc., with parts of the day, **le** or **la** is used before the noun.

Le matin, je vais au cours de français.	*Every morning, I go to French class.*
L'après-midi, je vais à la bibliothèque.	*Afternoons, I go to the library.*
Le soir, je fais mes devoirs.	*In the evening, I do my homework.*
La nuit, je suis au lit.	*At night, I'm in bed.*

10. **Le samedi soir.**   Utilisez l'expression **avoir envie de** ou **avoir l'habitude de** dans chaque phrase *(each sentence).*

> *Modèles:*   **Le samedi soir les étudiants ont envie de sortir.**
> **Le samedi soir nous n'avons pas l'habitude d'étudier.**

		sortir
		étudier
		danser
		aller à la bibliothèque
		aller au cinéma
les étudiants		rester à la maison
le professeur	(ne … pas) avoir envie de	dîner avec des amis
je	(ne … pas) avoir l'habitude de	manger une pizza
nous		faire le ménage
		faire les courses
		travailler
		écouter la radio
		regarder la télévision

11. **À vous.**   Répondez.

1. Quels sont les jours où vous allez au cours de français?
2. À quelle heure est votre cours?
3. Quels sont les jours où vous n'avez pas de cours?
4. Qu'est-ce que vous avez l'intention de faire le week-end prochain?
5. Avez-vous l'habitude d'aller au gymnase? Si oui, quels jours et à quelle heure?
6. À quelle heure avez-vous votre premier cours le mardi?
7. Quand est-ce que vous allez à la bibliothèque?
8. Quand écoutez-vous la radio?
9. Quand avez-vous envie de regarder la télévision?

Des étudiants au cours dans un grand auditoire.

VOCABULAIRE

Quelques cours

l'art (*m.*)	*art*
la chimie	*chemistry*
le commerce	*business*
la comptabilité	*accounting*
la gestion	*management*
la gymnastique	*gymnastics*
l'histoire (*f.*)	*history*
l'informatique (*f.*)	*computer science*
la littérature	*literature*
les mathématiques (*f. pl.*)	*math*
la musique	*music*
la pédagogie	*education, teacher preparation*
la philosophie	*philosophy*
la psychologie	*psychology*
les sciences (*f. pl.*)	*science*
les sciences économiques (*f. pl.*)	*economics*
les sciences politiques (*f. pl.*)	*political science*

12. **Mon emploi du temps** (*My schedule*). Indiquez votre emploi du temps pour ce semestre. Indiquez le jour, l'heure et le cours.

Modèle: **Le lundi à dix heures, j'ai un cours de français.**
Le lundi à onze heures, j'ai un cours de mathématiques.
Le lundi à une heure, j'ai un cours d'histoire.

13. **As-tu un cours de commerce?** Essayez de deviner (*try to guess*) deux des cours de votre partenaire. Demandez ensuite quels jours et à quelle heure votre partenaire va à ces cours. Votre partenaire va répondre à vos questions.

Modèle: **As-tu un cours d'histoire?**
Quels jours vas-tu à ce cours?
À quelle heure vas-tu à ce cours?

E. Le verbe *devoir*

Les étudiants doivent beaucoup travailler.   *Students have to work a lot.*
Vous devez être fatigués.   *You must be tired.*

devoir (*to have to, must; to owe*)			
je	**dois**	nous	**devons**
tu	**dois**	vous	**devez**
il/elle/on	**doit**	ils/elles	**doivent**

▸ **Devoir** is often used with the infinitive to express an obligation or a probability.

Vous **devez faire** attention! *(obligation)*   *You must pay attention!*
Lori **doit avoir** vingt ans. *(probability)*   *Lori must be twenty.*

▸ **Devoir** plus a noun means *to owe.*

Je dois vingt dollars à mes parents.   *I owe my parents twenty dollars.*

14. **Mais qu'est-ce qu'on doit faire?**   Utilisez l'expression entre parenthèses pour indiquer ce que chaque personne doit faire.

Modèle: Gérard a envie d'aller au cinéma. (étudier)
Gérard a envie d'aller au cinéma mais il doit étudier.

1. Nous avons envie de sortir ce soir. (préparer un examen)
2. Les étudiants ont envie de regarder la télévision. (étudier)
3. Tu as envie de danser ce soir. (faire tes devoirs)
4. J'ai envie de rester au lit. (aller aux cours)
5. Le professeur a envie de faire un voyage. (enseigner)
6. Tes amis ont envie d'aller en ville. (faire la lessive)

15. **Je dois faire ça cette semaine.**   Faites une liste de sept choses que vous devez faire cette semaine (une chose pour chaque jour).

Modèle: **Samedi, je dois faire le ménage.**

Synthèse:	**Révision des verbes**				
	parler	*être*	*avoir*	*faire*	*aller*	*devoir*
je	parle	suis	ai	fais	vais	dois
tu	parles	es	as	fais	vas	dois
il/elle/on	parle	est	a	fait	va	doit
nous	parlons	sommes	avons	faisons	allons	devons
vous	parlez	êtes	avez	faites	allez	devez
ils/elles	parlent	sont	ont	font	vont	doivent

16. **Et alors?**   Pour chaque phrase, inventez une ou deux conclusions logiques.

Modèle: Lori n'a pas envie de passer le week-end dans sa chambre. Qu'est-ce qu'elle va faire?
Elle va sortir.   ou   **Elle a l'intention d'aller au cinéma.**

1. Lori a envie de sortir ce soir. Où va-t-elle? Que fait-elle?
2. Mais son amie Denise n'est pas libre. Qu'est-ce qu'elle doit faire?
3. Lori et Denise font souvent les courses ensemble. Où vont-elles?
4. Aujourd'hui Denise reste dans sa chambre. Pourquoi? Comment va-t-elle?
5. Lori téléphone à Denise. Pourquoi? De quoi parle-t-elle?

(handwritten notes in margins)
dois devons· devons
dois devez devez
doit doivent devoir

Je dois
tu dois
il doit
nous devons
vous devez
ils doivent

Dois devons
dois devez
doit doivent

Dois devons
dois devez
doit doivent

it dois
dois
doit
vous devons
vous devez
ils doivent

entre *amis*

Ton emploi du temps

1. Find out what time it is.
2. Find out what day it is today.
3. Find out what classes your partner has today.
4. Find out when your partner goes to the library.
5. Find out if your partner has to work and, if so, on what days.
6. Find out if your partner feels like going to the movies tonight.

IV. Locating Places

Où se trouve° la souris?

is located   *tev*

La souris est loin du fromage.

La souris est près du fromage.

La souris est devant le fromage.

La souris est derrière le fromage.

La souris est sur le fromage.

La souris est sous le fromage.

La souris est dans le fromage.

Où se trouve le fromage? Le fromage est dans la souris.

(handwritten)
Où se trouve la librairie
Elle est près de la cafeteria

F. Quelques prépositions de lieu

Les toilettes se trouvent **dans** le couloir.	*The restroom is in the hall.*
Les toilettes sont **à côté de** la salle de classe.	*The restroom is next to the classroom.*
Le cinéma se trouve **au** centre commercial.	*The movie theater is at the mall.*
La banque est **à droite** ou **à gauche** du parking?	*Is the bank on the right or on the left of the parking lot?*
Allez **tout droit** et ensuite tournez **à droite**.	*Go straight ahead and then turn to the right.*

Just use
A
w/ verb
Aller

de Aller

à	*at; in; to*		**dans**	*in*
à côté de	*beside*		**entre**	*between; among*
à droite de	*on the right of*	≠	**à gauche de**	*on the left of*
derrière	*behind*	≠	**devant**	*in front of*
loin de	*far from*	≠	**près de**	*near*
sous	*under*	≠	**sur**	*on*

▶ **À côté, à droite, à gauche, loin,** and **près** can all drop the **de** and stand alone.

> Nous habitons **à côté d'**une église.   *We live next to a church.*
> *But:* **L'église est à côté.**   *The church is next door.*

Note: **À droite** means *to (on) the right*, while **tout droit** means *straight ahead.*

17. **Où se trouvent ces endroits?** Répondez à la question posée par *(asked by)* votre partenaire.

> *Modèle:* La bibliothèque (près / bâtiment des sciences)
> **VOTRE PARTENAIRE: Où se trouve la bibliothèque?**
> **VOUS: Elle est près du bâtiment des sciences.**

Review contractions
with **de,** p. 79.

1. le bâtiment administratif (près / bibliothèque)
2. la pharmacie (à côté / église)
3. les résidences universitaires (sur / campus)
4. le restaurant universitaire (dans / résidence)
5. le cinéma (à / centre commercial)
6. le bureau de poste (derrière / pharmacie)
7. le centre commercial (loin / campus)
8. les toilettes (devant / salle de classe)
9. le parking (à gauche / banque)

18. **En ville.** Regardez le plan (*map*) de la ville. Demandez où se trouvent les endroits suivants. Votre partenaire va expliquer où ils se trouvent.

> *Modèle:* cinéma
>
> VOUS: **Où se trouve le cinéma, s'il vous plaît?**
> VOTRE PARTENAIRE: **Il est à côté du café. Allez tout droit et tournez à gauche. Il est à droite.**

1. café
2. épicerie
3. église
4. boulangerie
5. bureau de poste

6. bureau de tabac
7. banque
8. cinéma
9. pharmacie
10. hôtel

du- Ma
de la- fem
de l'- vowel or
des- plural

Vous êtes ici.

19. **Votre campus.** Faites rapidement le plan (*Draw a map*) de votre campus. Expliquez où se trouvent cinq endroits différents.

> *Modèle:* **Voilà la résidence qui s'appelle Brown Hall. Elle est près de la bibliothèque.**

simular- in the hall

entre*amis*

Vous êtes un(e) nouvel(le) étudiant(e)

1. Find out where a shopping center is.
2. Find out where the cafeteria is.
3. Find out where the library is.
4. Ask where the restroom is.

G. Les prépositions de lieu avec une ville ou un pays

▷ Use **à** to say that you are in a city or are going to a city.

Review the contractions in this chapter on p. 136.

Note: In cases where the name of a city contains the definite article (**Le Mans, Le Caire, La Nouvelle-Orléans**), the article is retained and the normal contractions occur where necessary.

> Emmanuelle habite **à La Nouvelle-Orléans.** Nous allons **au Mans.**
> Je suis **à Paris.** Je vais **à New York.**

▷ Most countries, states, and provinces ending in **-e** are feminine. An exception is **le Mexique.**

La Belgiqu**e**	**La** Colombi**e** Britannique
La Virgini**e**	**La** Californi**e**
But: **Le Mexique**	

▷ To say you are in or going to a *country,* the preposition varies. Use **en** before feminine countries or those that begin with a vowel sound. Use **au** before masculine countries which begin with a consonant and use **aux** when the name of the country is plural.

en France	**au** Canada	**aux** États-Unis
en Israël	**au** Mexique	**aux** Pays-Bas

▷ To say you are in or going to an American *state* or a Canadian *province,* **en** is normally used before those that are feminine or that begin with a vowel sound. The preposition **au** is often used with masculine provinces that begin with a consonant and with the states of Texas and New Mexico.

en Virginie	**en** Ontario	**au** Manitoba
en Nouvelle-Écosse	**en** Ohio	**au** Nouveau-Mexique

Note: You may also use **dans l'état de** or **dans la province de**.

J'habite **dans l'état de** New York.
Je voyage **dans la province d**'Alberta.

Review the adjectives of nationality in Ch. 1, p. 19.

See how many of the countries listed you can find on the maps on the inside covers of your text.

Quelques langues et quelques pays			
On parle …	allemand	**en …**	Allemagne
	anglais		Angleterre
	français et flamand		Belgique
	chinois		Chine
	espagnol		Espagne
	français		France
	anglais et irlandais		Irlande
	italien		Italie
	russe		Russie
	suédois		Suède
	français, allemand et italien		Suisse
On parle …	français et anglais	**au …**	Canada
	japonais		Japon
	français et arabe		Maroc
	espagnol		Mexique
	portugais		Portugal
	français et wolof		Sénégal
On parle …	anglais, espagnol et français	**aux …**	États-Unis
	hollandais		Pays-Bas

▷ When talking about more than one country, use a preposition before each one.

On parle français **en** France, **en** Belgique, **au** Canada, **au** Maroc, **au** Sénégal, etc.

▷ When there is no preposition with a country, state, or province, the definite article must be used.

La France est un beau pays.
J'adore **le Canada**.

Note: **Israël** is an exception.

Israël est à côté de la Syrie.

français français français (handwritten)

20. **Où habitent-ils?**   Dans quel pays les personnes suivantes habitent-elles?

> *Modèle:*   Vous êtes français.
> **Vous habitez en France.**

1. Lucie est canadienne.
2. Les Dewonck sont belges.
3. Phoebe est anglaise.
4. Pepe et María sont mexicains.
5. Yuko est japonaise.
6. Yolande est sénégalaise.
7. Sean et Deirdre sont irlandais.
8. Caterina est italienne.
9. Hassan est marocain.
10. Nous sommes américains.

21. **Qui sont ces personnes? Où habitent-elles?**   Vous êtes à l'aéroport d'Orly et vous écoutez des touristes de divers pays. Devinez leur nationalité et où ils vont.

> *Modèle:*   Il y a deux hommes qui parlent espagnol.
> **Ils doivent être espagnols ou mexicains.**
> **Ils vont probablement en Espagne ou au Mexique.**

1. Il y a un homme et une femme qui parlent français.
2. Il y a deux enfants qui parlent anglais.
3. Il y a une jeune fille qui parle russe.
4. Il y a trois garçons qui parlent arabe.
5. Il y a une personne qui parle suédois.
6. Il y a un homme qui parle allemand.
7. Il y a deux couples qui parlent flamand.
8. Il y a deux jeunes filles qui parlent italien.
9. Il y a un homme et une femme qui parlent japonais.

H. Les mots interrogatifs *où* et *quand*

▸ A question using **quand** or **où** is formed like any other question, using inversion or **est-ce que**.

Où habitent-ils?	Quand arrive-t-elle?
Où est-ce qu'ils habitent?	Quand est-ce qu'elle arrive?

> Review interrogative forms, pp. 49–50.

Note: In **Quand est-ce que**, the **-d** is pronounced [t]. When **quand** is followed by inversion, there is no liaison.

▸ With a *noun* subject, the inversion order is *noun + verb + subject pronoun.*

> **Où tes parents habitent-ils?**   Quand **ta sœur arrive-t-elle?**

▸ In addition, if there is only one verb and no object, the noun subject and the verb may be inverted.

> **Où habitent tes parents?**   Quand **arrive ta sœur?**

Où et quand? Pour chaque phrase, posez une question avec **où**. Votre partenaire va inventer une réponse. Ensuite, posez une question avec **quand**. Votre partenaire va inventer une réponse à cette question aussi.

> *Modèle:* Mon frère fait un voyage.
>
> VOUS: **Où est-ce qu'il fait un voyage?**
> VOTRE PARTENAIRE: **Il fait un voyage en France.**
> VOUS: **Quand est-ce qu'il fait ce voyage?**
> VOTRE PARTENAIRE: **Il fait ce voyage la semaine prochaine.**

1. Mon amie a envie de faire des courses.
2. Nous avons l'intention de déjeuner ensemble.
3. Je vais au cinéma.
4. Mon cousin travaille.
5. Mes amis étudient.

 À vous. Répondez.

1. Où les étudiants de votre université habitent-ils?
2. Où se trouve la bibliothèque sur votre campus?
3. Quels bâtiments se trouvent près de la bibliothèque?
4. Où se trouve la salle de classe pour le cours de français?
5. Quand avez-vous votre cours de français?
6. Où les étudiants dînent-ils d'habitude le dimanche soir?
7. Où allez-vous vendredi prochain? Pourquoi?

entre*amis*

Un pays où on ne parle pas anglais

1. Tell your partner you are going to a country where English is not spoken.
2. S/he will try to guess where.
3. S/he will try to guess the language(s) spoken there.
4. S/he will ask when you are going to that country.

Intégration

RÉVISION

A. *know* **Au revoir.** Quels sont cinq synonymes de l'expression **au revoir?**

B. **Les pays.** Répondez.

1. Quels sont cinq pays où on parle français?
2. Nommez deux pays en Europe, deux pays en Asie et deux pays en Afrique.
3. Dans quels pays se trouvent ces villes: Dakar? Genève? Trois-Rivières? Lyon? Montréal? Prairie du Chien? Rabat? Bruxelles? Des Moines? Bâton Rouge?

C. **À vous.** Répondez. *feel like*

1. Qu'est-ce que vous avez envie de faire ce week-end? (trois choses)
2. Qu'est-ce que vous devez faire? *What do you have to do*
3. Qu'est-ce que vos amis aiment faire le samedi soir? *Don't put faire in sentence*
4. Qu'est-ce que vous faites le lundi? (trois choses)
5. Quels sont les jours où vous allez à votre cours de français?
6. À quelle heure allez-vous à ce cours?
7. Dans quel bâtiment avez-vous ce cours? Où se trouve ce bâtiment?
8. Quel est votre jour préféré? Pourquoi? *know*

know what jour

D. **Trouvez quelqu'un qui …** Interviewez les autres.

1. Find someone who has a dog or a cat. *Nicole*
2. Find someone who takes a nap in the afternoon.
3. Find the person who has the most brothers or sisters. *3 Mike brothers*
4. Find someone who likes to do the housework.
5. Find the person who lives the farthest from school.
6. Find a person who is going to do something interesting on Friday evening.
7. Find a person who is going to do something boring on Friday evening.
8. Find someone who does homework on Friday night. *Nicole*

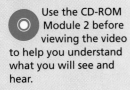

Use the CD-ROM Module 2 before viewing the video to help you understand what you will see and hear.

PAS DE PROBLÈME!

Cette activité est basée sur la vidéo *Pas de problème (Module 2)* (queue to 6:53). Répondez.

1. Qu'est-ce que Jean-François et Marie-Christine vont faire aujourd'hui?
2. Est-ce que Marie-Christine habite Rive *(bank)* gauche ou Rive droite?
3. Quelle est son adresse?
4. Pourquoi est-ce que Jean-François ne téléphone pas tout de suite *(right away)* à Marie-Christine?
5. Où est-ce qu'on va pour trouver des télécartes?
6. Quel est le code pour la porte de chez Marie-Christine?

L E C T U R E   I

 Étude du vocabulaire. Étudiez les phrases suivantes et choisissez *(choose)* les mots anglais qui correspondent aux mots français en caractères gras *(bold print):* river, friendly, winter, foreign, summer, holiday, king, team, schedule.

1. Le 14 juillet est un **jour férié** parce que c'est la fête nationale française.
2. Il faut consulter l'**horaire** des trains avant d'aller à la gare.
3. La Loire est le **fleuve** le plus long de France.
4. Les Angevins sont très **accueillants.** Ils vous invitent souvent.
5. L'**équipe** canadienne a gagné le match de hockey.
6. Un **roi** est le monarque d'un pays.
7. En **hiver** il fait d'habitude froid et en **été** il fait souvent très chaud.
8. Paris est la première ville par rapport au nombre de visiteurs **étrangers.**

 Parcourez la publicité. Lisez rapidement la lecture pour trouver l'adresse et le numéro de téléphone de l'Office de Tourisme.

Vos vacances à Angers

Douces vacances à Angers
Capitale de l'Anjou
Au cœur d'une province accueillante,
Angers vous offre
mille et une promenades.

Angers
Capitale de l'Anjou

Il y a en France, le long d'un fleuve majestueux qu'on appelle la Loire, une vallée célèbre par ses richesses, son climat et sa beauté. C'était dans cette région que les seigneurs, les princes et les rois de France ont fait construire les plus beaux châteaux, les plus belles maisons. C'est dans cette vallée de la Loire que se trouve l'Anjou et la capitale de l'Anjou s'appelle Angers.

RÉCEPTIF
Forfaits
Séjours à la carte
Événementiel

ACCUEIL
Information
Documentation
Billetterie
Change

ANGERS

TOURISME

Une équipe compétente qui vous simplifie la ville

Place du Président Kennedy - BP 5157 - 49 051 ANGERS Cédex 02
Tél. FRANCE : 02 41 23 51 11 - Fax. FRANCE : 02 41 23 51 10
Tél. FRANCE : 332 41 23 51 11 - Fax. ETRANGER : 332 41 223 51 10
Horaires d'hiver : du lundi au samedi : 9h30 à 18h30 - dimanche : 10h à 13h
Horaires d'été : du lundi au samedi : 9h à 19h - dimanches et jours fériés : 10h à 13h - 14h à 18h

C. **Questions.** Relisez toute la lecture et ensuite répondez aux questions suivantes.

1. Où se trouve la ville d'Angers?
2. Qu'est-ce que c'est que la Loire?
3. Pourquoi la vallée de la Loire est-elle célèbre?
4. À quelle heure l'Office de Tourisme ouvre-t-il le dimanche?
5. À quelle heure l'Office de Tourisme ferme-t-il le samedi en été?
6. À quelle heure ferme-t-il le 14 juillet? Pourquoi?

D. **Familles de mots.** Essayez de deviner le sens (*try to guess the meaning*) des mots suivants.

1. accueillir, un accueil, accueillant(e)
2. célébrer, une célébrité, célèbre
3. construire, la construction, constructif, constructive
4. offrir, une offre, offert(e)
5. simplifier, la simplification, simple

LECTURE II

A. **Trouvez le Cameroun.** Cherchez le Cameroun sur la carte à l'intérieur de la couverture de ce livre. Sur quel continent se trouve ce pays? Quelle est la capitale du Cameroun? Quels sont les pays qui se trouvent près du Cameroun?

B. **Étude du vocabulaire.** Étudiez les phrases suivantes et choisissez les mots anglais qui correspondent aux mots français en caractères gras: *birds, against, a cooking utensil, I see, each one, I hear, people, a popular African food, peace, bark, roof.*

1. **J'entends** quelquefois des chiens qui **aboient** quand une voiture passe.
2. Il y a des **oiseaux** sur le **toit** de la maison.
3. **Je vois** des **gens** qui portent des vêtements africains.
4. **Chacun** porte des sandales.
5. Dans leur village on mange du **taro**.
6. On prépare la cuisine avec un **pilon**.
7. Êtes-vous pour ou **contre** la **paix** dans ce pauvre pays?

Village Natal

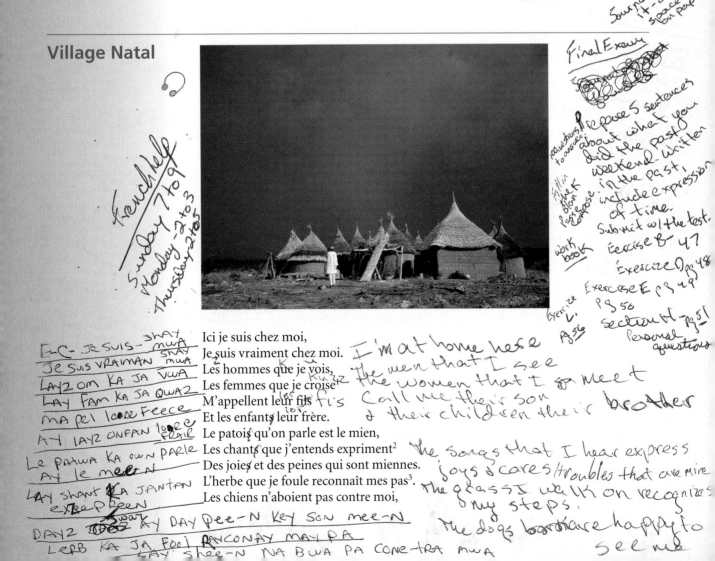

Ici je suis chez moi,
Je suis vraiment chez moi.
Les hommes que je vois,
Les femmes que je croise[1]
M'appellent leur fils
Et les enfants leur frère.
Le patois qu'on parle est le mien,
Les chants que j'entends expriment[2]
Des joies et des peines qui sont miennes.
L'herbe que je foule reconnaît mes pas[3].
Les chiens n'aboient pas contre moi,

Mais ils remuent la queue[4]
En signe de reconnaissance.
Les oiseaux me saluent au passage
Par des chants affectueux.
Des coups de pilon m'invitent
A me régaler de[5] taro
Si mon ventre est creux[6].
Sous chacun de ces toits qui fument
Lentement dans la paix du soir
On voudra m'accueillir[7].
Bientôt c'est la fête, la fête de chaque soir:
Chants et danses autour du feu[8],
Au rythme du tam-tam, du tambour, du balafon[9].
Nos gens sont pauvres
Mais très simples, très heureux;
Je suis simple comme eux[10]
Content comme eux,
Heureux comme eux.
Ici je suis chez moi,
Je suis vraiment chez moi.

Jean-Louis Dongmo, Neuf poètes camerounais, Éditions Clé

1. that I meet   2. express   3. the grass I walk on recognizes my steps   4. wag their tails   5. have a delicious meal of   6. stomach is empty   7. people will welcome me   8. around the fire   9. musical instruments   10. them

C. Discussion.   Répondez en anglais ou en français.

1. Cherchez les exemples dans le poème qui prouvent que le poète est heureux d'être dans son village.
2. Quelles ressemblances et quelles différences y a-t-il entre le poète et vous?

VOCABULAIRE ACTIF

Adverbes

après *after*
avant *before*
d'abord *at first*
demain *tomorrow*
enfin *finally*
ensuite *next, then*

Jours de la semaine

lundi (m.) *Monday*
mardi (m.) *Tuesday*
mercredi (m.) *Wednesday*
jeudi (m.) *Thursday*
vendredi (m.) *Friday*
samedi (m.) *Saturday*
dimanche (m.) *Sunday*

Adjectifs

libre *free*
parfait(e) *perfect*
premier (première) *first*
prochain(e) *next*
seul(e) *alone; only*

Expressions de lieu

à côté   *next door; to the side*
à côté de   *next to, beside*
derrière   *behind*
devant   *in front of*
à droite   *on (to) the right*
à gauche   *on (to) the left*
entre   *between, among*
loin   *far*
sous   *under*
tout droit   *straight ahead*

Pays

l'Allemagne *(f.)*   *Germany*
l'Angleterre *(f.)*   *England*
la Belgique   *Belgium*
le Canada   *Canada*
la Chine   *China*
l'Espagne *(f.)*   *Spain*
les États-Unis *(m. pl.)*   *United States*
la France   *France*
l'Irlande *(f.)*   *Ireland*
Israël *(m.)*   *Israel*
l'Italie *(f.)*   *Italy*
le Japon   *Japan*
le Maroc   *Morocco*
le Mexique   *Mexico*
les Pays-Bas *(m. pl.)*   *Netherlands*
le Portugal   *Portugal*
la Russie   *Russia*
le Sénégal   *Senegal*
la Suède   *Sweden*
la Suisse   *Switzerland*

Verbes

aller   *to go*
aller en ville   *to go into town*
avoir envie de   *to want to; to feel like*
avoir l'habitude de   *to usually; to be in the habit of*
avoir l'intention de   *to plan to*
déjeuner   *to have lunch*
devoir   *to have to, must; to owe*
faire un voyage   *to take a trip*
passer un test   *to take a test*
rester   *to stay*
tourner   *to turn*

Cours

la chimie   *chemistry*
le commerce   *business*
la comptabilité   *accounting*
la gestion   *management*
la gymnastique   *gymnastics*
l'informatique *(f.)*   *computer science*
la littérature   *literature*
la pédagogie   *education, teacher preparation*
les sciences *(f.)*   *science*
les sciences économiques *(f.)*   *economics*

Autre préposition

vers (8 heures)   *approximately, around (8 o'clock)*

Expressions de temps

Quelle heure est-il?   *What time is it?*
Quel jour est-ce?   *What day is it?*
Il est … heure(s).   *It is … o'clock.*
Il est midi (minuit).   *It is noon (midnight).*
et demi(e)   *half past*
et quart   *quarter past, quarter after*
moins le quart   *quarter to, quarter till*
ce soir   *tonight*
dans une heure (trois jours, etc.)   *one hour (three days, etc.) from now*
une minute   *minute*
une semaine   *week*
tout à l'heure   *in a little while*
tout le week-end   *all weekend (long)*

D'autres expressions utiles

Cela (ça) m'est égal.   *I don't care.*
D'accord.   *Okay.*
Je vais sortir.   *I'm going to go out.*
Où se trouve (se trouvent) … ?   *Where is (are) … ?*
pas grand-chose   *not much*
Quoi de neuf?   *What's new?*
Ça va?   *Okay?*
Tu vas voir.   *You are going to see.*

D'autres noms

une bise   *kiss*
un emploi du temps   *schedule*
un film   *film, movie*
le fromage   *cheese*
un rendez-vous   *appointment; date*
une souris   *mouse*
un voyage   *trip, voyage*
l'arabe   *Arabic*
le flamand   *Flemish*
le portugais   *Portuguese*
le wolof   *Wolof*

Endroits

un aéroport   *airport*
une banque   *bank*
un bâtiment   *building*
une bibliothèque   *library*
un bistro   *bar and café; bistro*
une boulangerie   *bakery*
un bureau de poste   *post office*
un bureau de tabac   *tobacco shop*
une cafétéria   *cafeteria*
un campus   *campus*
un centre commercial   *shopping center, mall*
un château   *chateau; castle*
un cinéma   *movie theater*
un couloir   *hall; corridor*
un cours   *course; class*
une école   *school*
une église   *church*
un endroit   *place*
une épicerie   *grocery store*
un état   *state*
un gymnase   *gymnasium*
une librairie   *bookstore*
un musée   *museum*
un parking   *parking lot, garage*
un pays   *country*
une pharmacie   *pharmacy*
une piscine   *swimming pool*
une province   *province*
une résidence (universitaire)   *dormitory*
un restaurant   *restaurant*
une salle de classe   *classroom*
les toilettes *(f. pl.)*   *restroom*
une ville   *city*

Buts communicatifs

Relating past events
Describing your study
  habits
Describing your
  weekend activities

Structures utiles

Le passé composé avec
  avoir
Les verbes **écrire** et **lire**
Ne … rien
Les verbes pronominaux
Jouer de et **jouer à**
Temps, heure et **fois**
Les pronoms accentués
Les verbes **dormir, partir**
  et **sortir**

Culture

La maison
Relativité culturelle: La
  maison

Vos activités

Coup d'envoi

Prise de contact   Qu'est-ce que tu as fait hier?

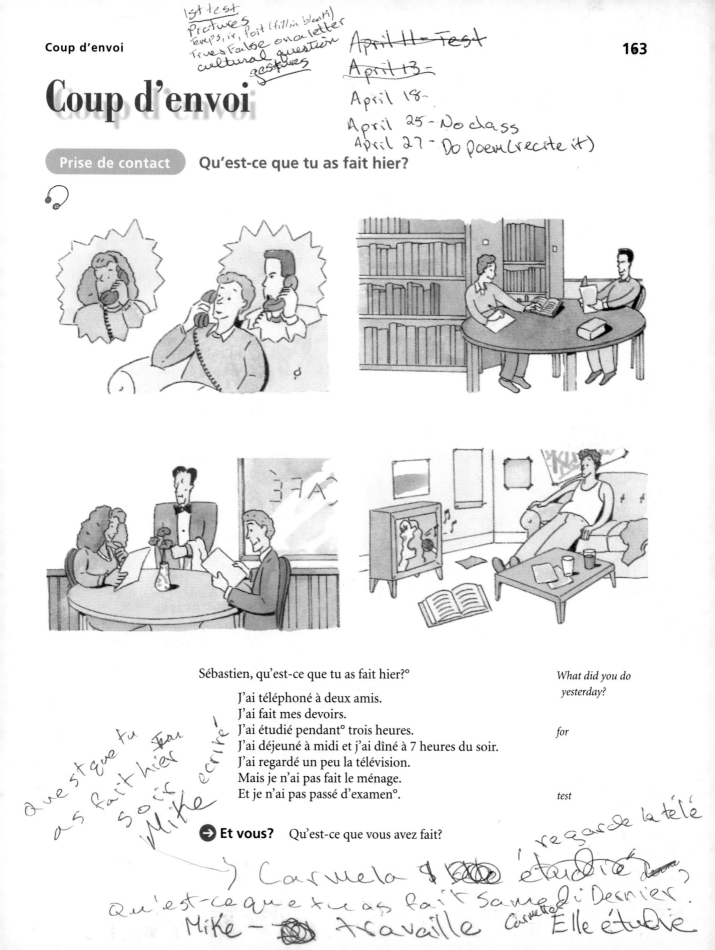

Sébastien, qu'est-ce que tu as fait hier?°

   J'ai téléphoné à deux amis.
   J'ai fait mes devoirs.
   J'ai étudié pendant° trois heures.
   J'ai déjeuné à midi et j'ai dîné à 7 heures du soir.
   J'ai regardé un peu la télévision.
   Mais je n'ai pas fait le ménage.
   Et je n'ai pas passé d'examen°.

What did you do yesterday?

for

test

➡ **Et vous?**   Qu'est-ce que vous avez fait?

Lettre

Une lettre à des amis

Lori a écrit une lettre à deux de ses camarades du cours de français aux États-Unis.

> This letter is recorded on the Student Cassettes that accompany your text. Use the cassettes to help you learn this material.

Angers, le 15 décembre

Chers John et Cathy,

Merci beaucoup de vos lettres. Que le temps passe vite![1] Je suis en France depuis déjà trois mois[2]. Vous avez demandé si j'ai le temps de voyager. Oui, mais je suis très active et très occupée parce qu[3]'il y a toujours tant de[4] choses à faire. C'est la vie, n'est-ce pas?

Dimanche dernier[5], j'ai accompagné ma famille française au Mans chez les parents de Mme Martin. Nous avons passé trois heures à table! Cette semaine, j'ai lu une pièce[6] de Molière pour mon cours de littérature et j'ai écrit une dissertation[7]. J'ai aussi fait le ménage et j'ai gardé[8] les enfants pour Mme Martin. Heureusement, je ne me lève pas tôt[9] le samedi.

Vous avez demandé si j'ai remarqué[10] des différences entre la France et les États-Unis. Eh bien, oui. Chez les Martin, par exemple, les portes à l'intérieur de la maison sont toujours fermées[11], les toilettes ne sont pas dans la salle de bain[12] et les robinets[13] sont marqués «C» et «F». J'ai déjà oublié[14] deux fois[15] que «C» ne veut pas dire «cold». Aïe![16]

Dites bonjour[17] pour moi à Madame Walter, s.v.p.

Bonnes vacances!

Votre amie «française»,

Lori

---

1. *How time flies!*   2. *I've already been in France for three months*   3. *because*   4. *so many*
5. *last*   6. *I read a play*   7. *I wrote a (term) paper*   8. *watched, looked after*   9. *Fortunately, I don't get up early*   10. *I noticed*   11. *closed*   12. *bathroom*   13. *faucets*   14. *I already forgot*
15. *times*   16. *Ouch!*   17. *say hello*

➔ Compréhension. Décidez si les phrases suivantes sont vraies ou fausses. Si une phrase est fausse, corrigez-la.

1. Lori a déjà passé trois mois en France.
2. En France on passe beaucoup de temps à table.
3. Lori a beaucoup de temps libre.
4. On ferme les portes dans une maison française.
5. «C» sur un robinet veut dire «chaud».
6. «F» sur un robinet veut dire «français».

Pourquoi est-ce que les portes sont fermées à l'intérieur d'une maison française?

a. Les Français désirent être différents des autres.
b. Les Français préfèrent l'ordre et l'intimité *(privacy)*.
c. Les Français ont peur des voleurs *(are afraid of thieves)*.

La maison

Living in France has meant more to Lori than just learning the French language. She has also had the opportunity to become part of a French family and has had to learn to cope with a number of cultural differences. There is no need in French for a separate word to distinguish between *house* and *home*. Both are **la maison,** and **la maison** is seen as a refuge from the storm of the world outside, a place to find comfort and solace and to put order into one's existence.

Given the French attitude about **la maison,** it is not surprising to find social and architectural indications of that need for order. There is a set time for meals, and family members are expected to be there. There is an order to a French meal that is quite different from the everything-on-one-plate-at-one-time eating style prevalent in English-

speaking North America. The walls around French houses, the shutters on the windows, and the closing of the doors inside the home are other examples of the French desire for order and clearly established boundaries.

Relativité culturelle: La maison

The home is undoubtedly the scene of the greatest number of cultural contrasts. There are, therefore, some potentially troublesome adjustments.

In France	In North America
Doors are closed, especially the bathroom door, even when no one is in the room.	Doors inside a house are often left open.
Since the toilet is often not in the bathroom, one has to be more specific about whether one is looking for **la salle de bain** or **les toilettes.**	Since the toilet, tub, and shower are all in the bathroom, one person may inconvenience the rest of the family.
Hands can be scalded trying to test "cold" water from a faucet marked "C."	Turning on a faucet marked "C" will not make the water get hot (**chaud**) no matter how long one waits.
There are no screens on windows to keep out insects.	Screens on windows don't allow the wide-open feeling one gets from French windows.
There are almost always walls or a hedge to ensure privacy and clearly mark the limits of one's property.	In many neighborhoods there are no walls to separate houses.

Il y a un geste

C'est la vie. A gesture often accompanies the expression **C'est la vie:** the shoulders are shrugged, and the head is slightly tilted to one side. Sometimes the lips are pursed as well, and the palms are upturned. The idea is *That's life and I can't do anything about it.*

J'ai oublié! The palm of the hand is raised against the temple. This gesture conveys the meaning that you have forgotten something or have made a mistake.

➔ À vous. Donnez une réponse personnelle.

1. Où avez-vous dîné hier soir?
2. Combien de temps avez-vous passé à table?
3. Qu'est-ce que vous avez fait après le dîner?

entre *amis*

Hier

1. Ask what your partner did yesterday.
2. S/he will tell you at least two things.
3. Choose one of the things s/he did and find out as much as you can about it (at what time, where, etc.).

Les sons [u] et [y]

Because of differences in meaning in words such as **tout** and **tu,** it is very important to distinguish between the vowel sounds **[u]** and **[y].** The following words contain these two important vowel sounds. Practice saying these words after your teacher, paying particular attention to the highlighted vowel sound.

[u]
- bonj**ou**r, r**ou**ge, c**ou**rs, éc**ou**ter, j**ou**er, tr**ou**ver, v**ou**lez, je v**ou**drais, t**ou**j**ou**rs, beauc**ou**p, p**ou**rquoi, s**ou**vent, c**ou**sin, d**ou**te, **ou**vrier, bl**ou**son, c**ou**leur, c**ou**rse, n**ou**veau, auj**ou**rd'hui, c**ou**loir, s**ou**s, t**ou**t, **ou**blié

- **où**

[y]
- j**u**s, **u**ne, ét**u**dier, ét**u**diants, t**u**, b**u**reau, calc**u**latrice, voit**u**re, s**u**r, j**u**pe, l**u**nettes, p**u**ll-over, n**u**méro, difficult**é**, br**u**ne, st**u**pide, camp**u**s, **u**niversitaire, m**u**sique, R**u**ssie, min**u**te, d**u**, occ**u**pé, j'ai l**u**, littérat**u**re

The **[u]** sound, represented by written **ou** or **où,** is close to the sound in the English word *tooth.*

n**ou**s   r**ou**ge   **où**

The **[y]** sound is represented by a single written **-u-.** There is, however, no English "equivalent" for this French sound. To produce it, round your lips as if drinking through a straw; then, without moving your lips, pronounce the vowel in the word **ici.**

d**u**   **u**ne   sal**u**t   v**u**e

In each of the following pairs of words, one of the words contains the [u] sound, the other the [y] sound. Pronounce each word correctly.

1. sur / sous
2. jour / jupe
3. vous / vu
4. pure / pour
5. cours / cure
6. russe / rousse
7. roux / rue
8. ou / eu
9. tout / tu

TOUT MONTRÉAL DANS UNE CARTE.
ET LA CARTE DANS VOTRE POCHE.

Buts communicatifs

I. **Relating Past Events**

Avez-vous déjà[1] skié cette année[2]?

> Oui, j'ai déjà skié.
> Non, je n'ai pas encore skié.

	oui	*non*
Avez-vous déjà chanté en français?	——	——
Avez-vous déjà dansé la valse?	——	——
Avez-vous déjà mangé des crêpes?	——	——
Avez-vous déjà joué au tennis?	——	——
Avez-vous déjà travaillé dans un restaurant?	——	——
Avez-vous déjà fumé[3] un cigare?	——	——
Avez-vous déjà été absent(e) ce semestre?	——	——
Avez-vous déjà eu 25 ans?	——	——
Avez-vous déjà fait vos devoirs pour demain?	——	——

1. already   2. year   3. smoked

Je n'ai pas encore eu

A. Le passé composé avec *avoir*

> Remember to consult *Appendix C* at the end of the book to review any grammatical terms with which you are not familiar.

Hier soir, **Michel a regardé** la télévision.	*Last night, Michel watched television.*
Et puis **il a fait** ses devoirs.	*And then he did his homework.*
Pendant combien de temps **a-t-il étudié?**	*How long did he study?*
Il a étudié pendant deux heures.	*He studied for two hours.*

▶ The passé composé *(compound past)* is used to tell about or narrate specific events that have already taken place. Depending on the context, its English translation may be any one of several possibilities.

J'ai mangé une pomme.   { *I ate an apple.*
                                I did eat an apple.
                                I have eaten an apple.

Nicole a déjà fais mes devoir

The passé composé is formed with the present tense of an auxiliary verb (normally **avoir**) and a past participle.

manger *(au passé composé)*			
j'ai	**mangé**	nous avons	**mangé**
tu as	**mangé**	vous avez	**mangé**
il/elle/on a	**mangé**	ils/elles ont	**mangé**

The past participles of all **-er** verbs are pronounced the same as the infinitive. They are spelled by replacing the **-er** ending of the infinitive with **-é.**

étudier + -é	⟶	**étudié**
manger + -é	⟶	**mangé**
jouer + -é	⟶	**joué**

In the expression j'ai **eu** (*I had*) the word **eu** is pronounced [y].

The past participles of many verbs that *don't* end in **-er** must be memorized.

eu (avoir)	**été** (être)	**fait** (faire)	**dû** (devoir)

J'**ai eu** la grippe pendant trois jours!

Anne et Guy **ont fait** la cuisine ensemble.

Ils ont **dû** dîner à la maison.

I had the flu for three days!

Anne and Guy did the cooking together.

They must have eaten at home.

In the negative, **ne … pas** (**ne … jamais**) is placed around the auxiliary verb.

ne (n') + auxiliary verb + **pas** (**jamais**) + past participle

Il **n'**a **pas** écouté la radio.

Nous **n'**avons **pas** fait de promenade.
La plupart des étudiants **n'**ont **jamais** fumé de cigare.

He didn't listen to the radio.

We didn't take a walk.
Most students have never smoked a cigar.

Pendant combien

Quelle est la dernierfoix? – When was the last time you whlated tv.

Je telephone rea une ami hier soir

Review the formation of questions in Ch. 2, pp. 49–50.

Questions in the passé composé are formed the way they are in the present tense. Note, however, that in all cases of inversion, only the auxiliary verb and the subject pronoun are involved. The past participle follows the inverted pronoun.

Il a fait ses devoirs?
Est-ce qu'il a fait ses devoirs?
A-t-il fait ses devoirs?
Marc a-t-il fait ses devoirs?

} *Has he (Marc) done his homework?*

 1. **Mais il a fait ça hier.**   Demandez si David fait les choses suivantes aujourd'hui. Votre partenaire va répondre que David a fait ces choses hier.

> *Modèle:*   parler à ses parents
>> VOUS: **Est-ce que David parle à ses parents aujourd'hui?**
>> VOTRE PARTENAIRE: **Non, mais il a parlé à ses parents hier.**

1. travailler
2. jouer au tennis
3. être absent
4. avoir une lettre de ses grands-parents
5. dîner avec Véronique
6. manger une pizza
7. faire la vaisselle
8. regarder la télé

 2. **Véronique.**   Pierre aime Véronique et il vous pose des questions parce qu'elle a dîné avec David hier soir. Répondez à ses questions d'après le modèle.

> *Modèle:*   Véronique a-t-elle dîné seule? (avec David)
>> **Non, elle n'a pas dîné seule; elle a dîné avec David.**

1. Ont-ils dîné au restaurant? (chez David)
2. David a-t-il fait la cuisine? (la vaisselle)
3. Ont-ils mangé un sandwich? (une pizza)
4. Véronique a-t-elle détesté la pizza? (aimé)
5. Ont-ils dansé après le dîner? (regardé la télévision)
6. Avez-vous aimé cet exercice? (détesté)

 3. **La plupart des étudiants.**   Qu'est-ce que la plupart des étudiants ont fait hier? Décidez.

Be sure to use plural verb forms with **la plupart des.**

> *Modèle:*   fumer une cigarette
>> VOTRE PARTENAIRE: **Est-ce que la plupart des étudiants ont fumé une cigarette hier?**
>> VOUS: **Non, la plupart des étudiants n'ont pas fumé de cigarette.**

1. chanter en français
2. être malade
3. travailler
4. avoir la grippe
5. regarder la télévision
6. pleurer
7. faire le ménage
8. étudier
9. devoir aller aux cours

> VOCABULAIRE

Expressions de temps (passé)

tout à l'heure	*a little while ago*
ce matin	*this morning*
hier soir	*last night*
hier	*yesterday*
hier matin	*yesterday morning*
lundi dernier	*last Monday*
le week-end dernier	*last weekend*
la semaine dernière	*last week*
le mois dernier	*last month*
l'année dernière	*last year*
il y a deux (trois, etc.) ans	*two (three, etc.) years ago*
il y a longtemps	*a long time ago*
la dernière fois	*the last time*
pendant les vacances	*during vacation*

Notes:

1. **Il y a,** used with an expression of time, means *ago*: **il y a deux mois** *(two months ago)*; **il y a trois ans** *(three years ago)*.
2. In general, the word **an** is used when counting the number of years: **un an, deux ans,** etc. The word **année** is normally used when referring to a specific year: **cette année, l'année dernière,** etc. The same distinction is made between **jour** and **journée: Il y a trois jours; une belle journée.**

4. **Il y a combien de temps?** Qu'avons-nous fait? Que n'avons-nous pas fait? Utilisez un élément de chaque colonne pour composer des phrases affirmatives ou négatives.

Modèles: **Mes parents ont fait un voyage il y a deux ans.**
Mes parents n'ont jamais parlé français.

	skier	
	faire un voyage	ne … jamais
je	avoir des vacances	il y a …
mes parents	dîner au restaurant	… dernier (dernière)
mon meilleur ami	avoir une lettre	pendant les vacances
ma meilleure amie	être absent(e)(s)	hier (…)
nous	faire la vaisselle	ce matin
	parler français	tout à l'heure
	étudier pendant trois heures	

5. **La dernière fois.**   Demandez à votre partenaire quand il (elle) a fait ces choses pour la dernière fois. Il (elle) va répondre.

> *Modèle:*   être absent(e)
>
> VOUS: **Quelle est la dernière fois que vous avez été absent(e)?**
>
> VOTRE PARTENAIRE: **J'ai été absent(e) la semaine dernière.**   ou   **Je n'ai jamais été absent(e).**

1. étudier seul(e)
2. fumer
3. devoir passer un examen
4. être malade
5. téléphoner à un ami
6. avoir «A» à l'examen
7. passer trois heures à table
8. nager à la piscine
9. manger une pizza

6. **À vous.**   Répondez.

1. Pendant combien de temps avez-vous étudié hier soir?
2. Pendant combien de temps avez-vous regardé la télévision?
3. Quelle est la dernière fois que vous avez téléphoné à un(e) ami(e)? Pendant combien de temps avez-vous parlé au téléphone?
4. Quelle est la dernière fois que vous avez eu la grippe? Pendant combien de temps avez-vous été malade?
5. Quelle est la dernière fois que vous avez été absent(e)?
6. Pendant combien de jours avez-vous été absent(e) ce semestre?

entre*amis*

Hier soir

1. Find out where your partner ate last night.
2. Find out if s/he watched TV.
3. Ask if s/he listened to the radio.
4. Find out if s/he did his/her homework.
5. If so, find out where.
6. If so, find out how long s/he studied.

Les étudiants font quelquefois leurs devoirs au café.

II. Describing Your Study Habits

	oui	*non*
J'aime étudier seul(e).	——	——
Je fais mes devoirs à la bibliothèque.	——	——
J'écris[1] souvent des dissertations.	——	——
Je passe au moins[2] trois heures à étudier.	——	——
Je lis[3] au moins un livre par semaine.	——	——
J'écoute la radio pendant que[4] j'étudie.	——	——
Je regarde la télé pendant que j'étudie.	——	——

1. write   2. at least   3. read   4. while

Remarque: Use **passer** + unit(s) of time + **à** + infinitive to express how long you spend doing something.

Nous **avons passé deux heures à manger.**	*We spent two hours eating.*
D'habitude, Marc **passe quatre heures à faire** ses devoirs.	*Marc usually spends four hours doing his homework.*

biblioteque   6, Je étudié pendant deux
                                                    heus

J'écris
Je lis

J'écris
Je lit
J'ai écrit une lettre hier soir ce matin
J'ai lu un magazine ce matin

Ne J'ai déjà manger ce matin
Je n'ai pas encore se manter

B. Les verbes *écrire* et *lire*

J'aime **lire** les romans policiers.	I like to read detective stories.
J'ai passé trois heures à **lire** hier soir.	I spent three hours reading last night.
Quelles langues **lisez-vous?**	What languages do you read?
Éric lit le journal pendant qu'il mange.	Éric reads the newspaper while he eats.
Mes parents n'**écrivent** pas souvent.	My parents don't write often.
À qui **écrivez-vous** régulièrement?	To whom do you write regularly?
Comment est-ce qu'**on écrit** le mot «lisent»?	How do you spell the word "lisent"?

écrire *(to write)*		lire *(to read)*	
j'	**écris**	je	**lis**
tu	**écris**	tu	**lis**
il/elle/on	**écrit**	il/elle/on	**lit**
nous	**écrivons**	nous	**lisons**
vous	**écrivez**	vous	**lisez**
ils/elles	**écrivent**	ils/elles	**lisent**
passé composé: j'**ai écrit**		*passé composé:* j'**ai lu**	

▸ Note the pronunciation distinction between the third person singular and plural forms.

il écrit [ekRi]   elle lit [li]
ils [z]écrivent [ekRiv]   elles lisent [liz]

▸ The verb **décrire** *(to describe)* is conjugated like **écrire.**

Nous **décrivons** nos familles au professeur.

See p. 22. The plural of **journal** is **journaux.**

V O C A B U L A I R E

Des choses à lire ou à écrire

une bande dessinée	*comic strip*
une carte postale	*postcard*
une dissertation	*(term) paper*
un journal	*newspaper*
une lettre	*letter*
un livre	*book*
un magazine	*magazine*
une pièce	*play*
un poème	*poem*
un roman	*novel*
un roman policier	*detective story*

7. **Qu'est-ce qu'ils lisent? Qu'est-ce qu'ils écrivent?**   Faites des phrases complètes avec les éléments donnés. Indiquez le nombre de livres, etc., qu'on lit ou qu'on écrit.

Modèles: **Mon amie Christelle lit deux romans par semaine.**
            Mes parents n'écrivent jamais de dissertation.

mon ami(e) …		bande dessinée		
je		carte postale		jour
nous		livre		semaine
les professeurs	écrire	roman		mois
mes parents	lire	magazine	par	semestre
mon camarade de chambre		journal		an
ma camarade de chambre		lettre		
		poème		
		pièce		
		dissertation		

C. *Ne … rien*

▸ The opposite of **quelque chose** is **ne … rien** (*nothing, not anything*).

Mangez-vous **quelque chose?**	*Are you eating something?*
Non, je **ne** mange **rien.**	*No, I am not eating anything.*

▸ **Ne … rien** works like **ne … pas** and **ne … jamais;** that is, **ne** and **rien** are placed around the conjugated verb. This means that in the passé composé, **ne** and **rien** surround the auxiliary verb and the past participle follows **rien.**

Je **ne** vais **rien** écrire.	*I'm not going to write anything.*
Je **n'**ai **rien** écrit hier soir.	*I didn't write anything last night.*

▸ **Rien** can follow a preposition.

Je **n'**ai pensé **à rien.**	*I didn't think about anything.*
Je **ne** pense **à rien.**	*I'm not thinking about anything.*

Review the use of **ne … jamais,** pp. 98–99.

▸ Unlike English, French allows the use of more than one negative word in a sentence.

Il **ne** fait **jamais rien!**	*He never does anything!*

▸ Like **jamais,** **rien** can be used alone to answer a question.

Qu'est-ce que tu as lu? **Rien.**

For Recognition Only

▸ **Quelque chose** and **rien** can be made slightly more specific by the addition of **de** + *masculine adjective* or of **à** + *infinitive.* The two constructions can even be combined.

Jean lit **quelque chose** *d'intéressant.*	Éric **ne** lit **rien** *d'intéressant.*
Il a **quelque chose** *à lire.*	Il **n'**a **rien** *à lire.*
Il a **quelque chose** *d'intéressant à lire.*	Il **n'**a **rien** *d'intéressant à lire.*

8. **Une personne paresseuse.** Éric ne fait rien. Répondez aux questions suivantes avec le mot **rien**.

> *Modèles:* Qu'est-ce qu'il fait le vendredi soir? **Il ne fait rien.**
> Qu'est-ce qu'il a fait vendredi dernier? **Il n'a rien fait.**
> Qu'est-ce qu'il va faire vendredi prochain? **Il ne va rien faire.**

1. Qu'est-ce qu'il étudie à la bibliothèque?
2. Qu'est-ce qu'il écrit pour son cours de français?
3. Qu'est-ce qu'il lit pendant le week-end?
4. Qu'est-ce qu'il va faire cet après-midi?
5. Qu'est-ce qu'il va écrire ce soir?
6. Qu'est-ce qu'il va lire pour ses cours?
7. Qu'est-ce qu'il a écrit pendant les vacances?
8. Qu'est-ce qu'il a lu l'année dernière?
9. Qu'est-ce qu'il a mangé ce matin?

9. **Ces travailleurs.** Sylvie et David sont très travailleurs et la semaine dernière, ils n'ont pas eu le temps de faire des choses amusantes. Posez une question à leur sujet au passé composé. Votre partenaire va utiliser **rien** dans sa réponse.

> *Modèle:* regarder quelque chose à la télé
> VOUS: **Est-ce qu'ils ont regardé quelque chose à la télé?**
> VOTRE PARTENAIRE: **Non, ils n'ont rien regardé.**

1. écouter quelque chose à la radio
2. écrire des poèmes
3. chanter quelque chose ensemble
4. lire un roman policier
5. faire quelque chose en ville

10. **À vous.** Répondez.

1. D'habitude qu'est-ce que vous lisez le matin?
2. Qu'est-ce que vous avez écrit la semaine dernière?
3. Qu'avez-vous lu hier soir?
4. Avez-vous écouté la radio ce matin? Si oui, pendant combien de temps?
5. Avez-vous des amis qui regardent la télé pendant qu'ils étudient?
6. Qu'est-ce que vous regardez à la télévision pendant que vous étudiez?
7. Combien de temps passez-vous d'habitude à préparer vos cours?
8. Lisez-vous souvent des magazines? Si oui, quels magazines?
9. Combien de dissertations écrivez-vous par semestre?

entre*amis*

Es-tu bon(ne) en français?

1. Find out if your partner reads and writes French.
2. Find out how long s/he studied last night.
3. Find out what s/he studied last night.
4. Ask your partner how to spell some word in French.
5. Compliment your partner on his/her French.

III. Describing Your Weekend Activities

Qu'est-ce que vous faites pendant le week-end?

	oui	non
Je passe le week-end à étudier.	✓	
Je reste dans ma chambre.	✓	
Je pars[1] du campus.		
Je sors[2] avec mes amis.		
Je m'amuse[3] bien.	✓	
Je vais au cinéma.		
Je joue du piano.		
Je joue au golf.		
Je dors[4] beaucoup.		
Je me lève tard[5].		
Je ne me couche[6] pas tôt.		

1. *leave*   2. *go out*   3. *have fun*   4. *sleep*   5. *late*   6. *go to bed*

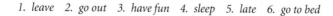

[handwritten: se lever - Raise yourself]

D. Les verbes pronominaux

▶ Reflexive verbs (**les verbes pronominaux**) are those whose subject and object are the same. English examples of reflexive verbs are *he cut himself* or *she bought herself a dress.*

▶ You have already learned a number of expressions that use reflexive verbs in French.

Comment vous appelez-vous?	*What is your name?*
Je m'appelle …	*My name is …*
Comment s'appellent vos amis?	*What are your friends' names?*
Asseyez-vous là!	*Sit there!*

▶ Reflexive verbs use an object pronoun (**me, te, se, nous, vous**) in addition to the subject. With the exception of affirmative commands, this pronoun is always placed directly in front of the verb.

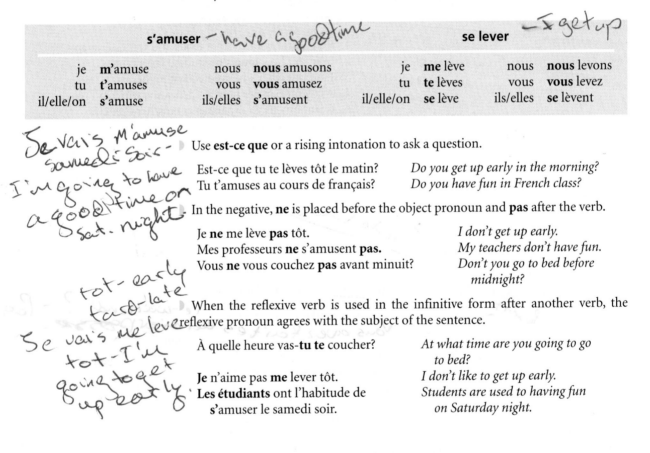

s'amuser *[handwritten: - have a good time]*   **se lever** *[handwritten: - I get up]*

	s'amuser					se lever		
je	**m'**amuse	nous	**nous** amusons	je	**me** lève	nous	**nous** levons
tu	**t'**amuses	vous	**vous** amusez	tu	**te** lèves	vous	**vous** levez
il/elle/on	**s'**amuse	ils/elles	**s'**amusent	il/elle/on	**se** lève	ils/elles	**se** lèvent

[handwritten: Je vais m'amuse samedi soir - I'm going to have a good time on Sat. night]

▶ Use **est-ce que** or a rising intonation to ask a question.

Est-ce que tu te lèves tôt le matin?	*Do you get up early in the morning?*
Tu t'amuses au cours de français?	*Do you have fun in French class?*

▶ In the negative, **ne** is placed before the object pronoun and **pas** after the verb.

Je **ne** me lève **pas** tôt.	*I don't get up early.*
Mes professeurs **ne** s'amusent **pas**.	*My teachers don't have fun.*
Vous **ne** vous couchez **pas** avant minuit?	*Don't you go to bed before midnight?*

[handwritten: tôt - early, tard - late]

▶ When the reflexive verb is used in the infinitive form after another verb, the reflexive pronoun agrees with the subject of the sentence.

[handwritten: Je vais me lever tôt - I'm going to get up early]

À quelle heure vas-**tu te** coucher?	*At what time are you going to go to bed?*
Je n'aime pas **me** lever tôt.	*I don't like to get up early.*
Les étudiants ont l'habitude de s'amuser le samedi soir.	*Students are used to having fun on Saturday night.*

11. **D'habitude.** Faites des phrases qui sont vraies, à votre avis *(in your opinion)*. Utilisez la forme négative, si vous voulez.

Modèle: **D'habitude nous ne nous levons pas tard le lundi.**

je
nous
les étudiants
le professeur

s'amuser
se coucher tôt
se lever tard

pendant les vacances
avant un examen
le lundi
le samedi
le week-end
s'il y a quelque chose d'intéressant à faire

12. **À vous.** Répondez.

1. Comment vous appelez-vous et comment s'appelle votre meilleur(e) ami(e)?
2. Quel jour est-ce que vous vous couchez tard?
3. Est-ce que vous vous levez tôt ou tard le samedi matin? Expliquez votre réponse.
4. Avez-vous des amis qui ne s'amusent pas beaucoup? Si oui, comment s'appellent-ils?
5. Est-ce que vos professeurs aiment s'amuser en classe?
6. Est-ce que vous vous amusez au cours de français? Pourquoi ou pourquoi pas?
7. À quelle heure est-ce que vous vous levez le lundi matin? Pourquoi?
8. À quelle heure est-ce que vous allez vous coucher ce soir? Expliquez votre réponse.

Review **de** + article, pp. 78–79, and **à** + article, p. 136.

VOCABULAIRE

Quelques instruments de musique

un accordéon	*accordion*	un piano	*piano*
une batterie	*drums*	un saxophone	*saxophone*
une flûte	*flute*	une trompette	*trumpet*
une guitare	*guitar*	un violon	*violin*

Note: *To play a musical instrument* is expressed by **jouer de** + definite article + musical instrument. The definite article is retained in the negative before the name of the instrument.

Mon frère **joue du** saxophone,
  mais il ne **joue** pas **de la** guitare.
De quoi **jouez**-vous?
Moi, je ne **joue de** rien.

My brother plays the saxophone
  but he doesn't play the guitar.
What (instrument) do you play?
I don't play any (instrument).

VOCABULAIRE

Quelques jeux *(Several games)*

le basket-ball (le basket)	*basketball*
le bridge	*bridge*
les cartes *(f. pl.)*	*cards*
les dames *(f. pl.)*	*checkers*
les échecs *(m. pl.)*	*chess*
le football (le foot)	*soccer*
le football américain	*football*
le golf	*golf*
le hockey	*hockey*
la pétanque	*lawn bowling (bocce)*
le rugby	*rugby*
le tennis	*tennis*

Je joue aux les dames

a+ les-aux
a + le - au

▷ *To play a game* is expressed by **jouer à** + definite article + game.

—Mon amie **joue au** golf le lundi, elle **joue à la** pétanque le mercredi et elle **joue aux** cartes le vendredi soir. Mais elle ne **joue** jamais **aux** échecs.
—À quoi **jouez**-vous?
—Moi, je ne **joue à** rien.

13.   **Tout le monde joue.**   À quoi jouent-ils? De quoi jouent-ils? Faites des phrases complètes avec les éléments donnés.

> *Modèles:*   **Les Canadiens jouent au hockey.**
> **Ma sœur ne joue pas de l'accordéon.**

les Français			la pétanque
Bill Clinton			l'accordéon
Michael Jordan			le piano
ma sœur			les cartes
mon frère		de	le saxophone
les violonistes	(ne … pas) jouer	à	le basket-ball
les Américains			la guitare
les Canadiens			les échecs
un accordéoniste			le violon
Jean-Pierre Rampal			le golf
je			le hockey
mon ami(e) …			la flûte

Bill Clinton joue au saxophon

14. **À vous.** Répondez.

1. Quel est votre instrument de musique préféré? *what is your favorite music.*
2. Quel est votre sport préféré?
3. Jouez-vous d'un instrument de musique? Si oui, de quoi jouez-vous?
4. Êtes-vous sportif (sportive)? Si oui, à quoi jouez-vous?
5. Avez-vous des amis qui jouent aux cartes? Si oui, à quel jeu de cartes jouent-ils?
6. Avez-vous des amis qui jouent d'un instrument de musique? Si oui, de quoi jouent-ils?

F. *Temps, heure* et *fois*

Depending on the context, the French use different words to express what, in English, could always be expressed by the word *time*.

- **L'heure,** as you already know, means *clock time*.

Quelle **heure** est-il?   *What time is it?*

Reminder: **Heure** can also mean *hour* or *o'clock*.

J'ai étudié pendant trois **heures.**   *I studied for three hours.*
Il est deux **heures.**   *It is two o'clock.*

heure — hour or o'clock

- **La fois** means *time* in a countable or repeated sense.

Combien de **fois** par an?   *How many times per year?*
la dernière **fois**   *the last time*

fois — how many times

- **Le temps** means *time* in a general sense.

Remember that **temps** can also mean *weather:* **Quel temps fait-il aujourd'hui?**

Je n'ai pas **le temps** d'étudier.   *I don't have time to study.*
Avez-vous **le temps** de voyager?   *Do you have time to travel?*
Combien de **temps** avez-vous?   *How much time do you have?*

le temps — time in a general sense
Do you have time to study

15. **Hier soir.** Utilisez **temps, heure** ou **fois** pour compléter ce dialogue.

1. J'ai passé quatre _heure_ à faire mes devoirs. *specific amount of time*
2. Avez-vous eu assez de _temps_ pour regarder la télévision?
3. Non, parce que mes parents ont téléphoné trois _fois_.
4. À quelle _heure_ ont-ils téléphoné la première _fois_?
5. À six _heure_ _fois_
6. Combien de _fois_ par mois allez-vous chez vos parents?
7. Trois ou quatre _temps_ _fois_
8. Avez-vous dîné hier soir? Oui, à sept _heure_
9. Combien de _temps_ avez-vous passé à table?
10. Une _heure_ _spend_

Know

16. **À vous.**   Répondez.

1. D'habitude combien de temps passez-vous à faire vos devoirs?
2. Pendant combien d'heures avez-vous étudié hier soir? Combien de temps avez-vous passé à faire vos devoirs pour le cours de français?
3. À quelle heure avez-vous dîné? Combien de temps avez-vous passé à table?
4. Combien de temps par semaine passez-vous avec votre meilleur(e) ami(e)?
5. Combien de fois par mois allez-vous au cinéma?
6. Combien de temps avez-vous passé à la bibliothèque la semaine dernière?
7. Combien de fois par semaine jouez-vous aux cartes?
8. Combien de fois par semaine jouez-vous d'un instrument de musique?

entre *amis*

La curiosité

1. Find out what your partner does on the weekend.
2. Ask if s/he has fun.
3. Ask if s/he gets up late on Saturday morning.
4. Find out when s/he does his/her homework.
5. Find out if s/he plays a musical instrument. If so, what instrument and how often.

G. Les pronoms accentués

▶ *Stress pronouns* (**les pronoms accentués**) are used in certain circumstances where a subject pronoun cannot be used. Each stress pronoun has a corresponding subject pronoun.

je	→	**moi**	nous	→	**nous**
tu	→	**toi**	vous	→	**vous**
il	→	**lui**	ils	→	**eux**
elle	→	**elle**	elles	→	**elles**

▌ Stress pronouns are used in the following circumstances:

• to stress the subject of a sentence

Moi, je n'aime pas le café.	*I don't like coffee.*
Ils aiment le thé, **eux.**	*They like tea.*

• in a compound subject

Mes parents et **moi,** nous habitons ici.	*My parents and I live here.*
Lui et **elle** ont deux enfants.	*He and she have two children.*

• after a preposition

chez **moi**	*at my house*	pour **lui**	*for him*
entre **nous**	*between us*	sans **elles**	*without them*

Note: A stress pronoun after the expression **être à** indicates possession.

Ce livre est **à moi.**	*This book belongs to me.*
Il est **à toi,** ce pull?	*Is this sweater yours?*

• after **c'est** and **ce sont**

C'est **moi.**	*It is I (me).*	Ce n'est pas **elle.**	*It is not she (her).*

Note: **C'est** is used with **nous** and **vous**. **Ce sont** is used only with **eux** and **elles.**

C'est nous.	*It is we (us).*	**Ce sont** eux.	*It is they (them).*

• alone or in phrases without a verb

Lui!	*Him!*
Et **toi?**	*And you?*
Elle aussi.	*So does she. So has she. So is she. She too.*
Moi non plus.	*Me neither. Nor I.*

• with the suffix **-même(s)**

toi-même	*yourself*	**eux**-mêmes	*themselves*

17. **Eux aussi.** La famille de Paul fait exactement ce qu'il fait *(what he does)*. Utilisez un pronom accentué pour répondre à la question. Si la première phrase est affirmative, répondez affirmativement. Si la première phrase est négative, répondez négativement.

Modèles: Paul a fait le ménage. Et sa sœur?
Elle aussi.

Paul n'a pas regardé la télévision. Et son frère?
Lui non plus.

1. Paul n'a pas lu le journal ce matin. Et ses sœurs? ~~eux~~ Elles non plus.
2. Paul écrit des lettres. Et ses parents? ~~Eux~~ eux aussi
3. Paul ne se lève jamais tard. Et sa sœur? Elle non plus
4. Il a déjà mangé. Et son frère? ~~lui~~ lui aussi
5. Paul n'aime pas les cigares. Et ses parents? ~~Eux~~ non plus
6. Il va souvent au cinéma le vendredi soir. Et sa sœur? Elle aussi

18. **Au restaurant.** Répondez à la question. Utilisez **être à** et un pronom accentué dans chaque réponse.

> *Modèle:*   C'est votre chapeau, Madame?   **Oui, ce chapeau est à moi.**

1. C'est le restaurant de Monsieur Coutand?	4. C'est ta chaise?
2. C'est notre table?	5. Ce sont nos verres?
3. C'est la table de tes amis?	6. C'est ma tasse?

> Review **ce, cet, cette, ces,** pp. 105–106.

19. **À vous.** Répondez aux questions suivantes. Utilisez un pronom accentué dans chaque réponse.

1. Faites-vous la cuisine vous-même?
2. Déjeunez-vous d'habitude avec ou sans votre meilleur(e) ami(e)?
3. Avez-vous dîné chez cet(te) ami(e) hier soir?
4. Avez-vous passé les dernières vacances chez vos parents?
5. Vos amis et vous, allez-vous souvent au cinéma?
6. Vos amis parlent-ils quelquefois en français?
7. Faites-vous vos devoirs avec ou sans vos amis?

H. Les verbes *dormir, partir* et *sortir*

Je ne **dors** pas bien.	*I don't sleep well.*
Quand **partez-vous** en vacances?	*When are you leaving on vacation?*
Avec qui Annie **sort-elle** vendredi?	*With whom is Annie going out on Friday?*

dormir *(to sleep)*		**partir** *(to leave)*		**sortir** *(to go out)*	
je	**dors**	je	**pars**	je	**sors**
tu	**dors**	tu	**pars**	tu	**sors**
il/elle/on	**dort**	il/elle/on	**part**	il/elle/on	**sort**
nous	**dormons**	nous	**partons**	nous	**sortons**
vous	**dormez**	vous	**partez**	vous	**sortez**
ils/elles	**dorment**	ils/elles	**partent**	ils/elles	**sortent**

▸ Note the pronunciation distinction between the third person singular and plural forms.

elle dort [dɔR]	il part [paR]	elle sort [sɔR]
elles dorment [dɔRm]	ils partent [paRt]	elles sortent [sɔRt]

▸ The past participle of **dormir** is **dormi.**

> J'ai **dormi** pendant huit heures.

> **Partir** and **sortir** use **être** as the auxiliary in the passé composé and will be studied in the past tense in Ch. 7.

Notre vie à l'université. Utilisez les phrases suivantes pour poser des questions à votre partenaire.

> *Modèle:* tu / sortir souvent
>
> VOUS: **Est-ce que tu sors souvent?**
> VOTRE PARTENAIRE: **Oui, je sors souvent.** ou
> **Non, je ne sors pas souvent.**

1. tu / dormir quelquefois pendant les cours
2. tes professeurs / dormir pendant les cours
3. tu / sortir le vendredi soir avec tes amis
4. tes amis et toi / partir du campus le week-end
5. les étudiants / sortir tous les soirs (*every night*)
6. le professeur de français / partir souvent en vacances

 La vie des étudiants. Répondez aux questions suivantes.

1. Combien d'heures dormez-vous d'habitude par nuit?
2. Pendant combien de temps avez-vous dormi la nuit dernière?
3. Qui ne dort pas le samedi matin?
4. Qui dort mal avant un examen important? Pourquoi?
5. Les étudiants sortent-ils quelquefois pendant la semaine? Si oui, où vont-ils? Si non, pourquoi pas?
6. Où les étudiants partent-ils le week-end s'ils ne restent pas sur le campus?
7. Quand allez-vous partir en vacances cette année?

entre*amis*

Le week-end prochain

1. Ask your partner what s/he usually does on weekends.
2. Find out what s/he is doing next Saturday.
3. S/he will say s/he is not doing anything.
4. Ask if s/he wants to go out.
5. Discuss where you are going and at what time.

Intégration

RÉVISION

Write Out: Maybe for Final, Present (handwritten)

A. **Mon week-end.** Décrivez votre week-end habituel. Que faites-vous d'habitude?

B. **Notre vie à l'université.** Posez des questions. Votre partenaire va répondre. Attention au présent et au passé composé.

> *Modèle:* parler français avec tes amis pendant le cours de français
>
> VOUS: **Est-ce que tu parles français avec tes amis pendant le cours de français?**
>
> VOTRE PARTENAIRE: **Oui, je parle français avec eux.** ou
> **Non, je ne parle pas français avec eux.**

1. dormir bien quand il y a un examen
2. aller souvent à la bibliothèque après le dîner
3. écouter la radio quelquefois pendant que tu étudies
4. être absent(e) le mois dernier
5. jouer aux cartes avec tes amis le week-end dernier
6. faire la vaisselle d'habitude après le dîner
7. sortir avec tes amis ce soir

(Handwritten notes in margins):
1) Oui il dors bien quand il y a une examen
2. Oui jé sou... Il va
3. S'écoute Il écoute
4. Je suis absent le mois dernier
5. Je joue
6. Je fait
7. Je sort

Mike Il dors / Il va / Il a... / Il a / Il fait / Il sort ses

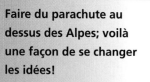

Faire du parachute au dessus des Alpes; voilà une façon de se changer les idées!

C. **Trouvez quelqu'un qui …** Interviewez les autres étudiants pour trouver quelqu'un qui …

1. écoute la radio pendant qu'il étudie   *Mike*
2. joue de la guitare   *Kristen*
3. lit un journal le matin   *Sonya*
4. a déjà écrit une dissertation ce semestre   *Nicole*
5. a dîné au restaurant la semaine dernière   *~~Rob~~ Logan*
6. a eu la grippe l'année dernière   *Rob*
7. va sortir vendredi prochain   *Katie*
8. ne sort jamais le dimanche soir   *~~Sarah~~ Carmella*
9. se couche avant 10 heures tous les soirs   *John*

D. **À vous.** Répondez.

1. Que fait-on pour s'amuser le week-end sur votre campus?   *On vais ~~au~~ cinema*
2. Qu'est-ce que la plupart des étudiants font le dimanche soir?
3. Avez-vous regardé la télévision hier soir? Si oui, combien de temps avez-vous passé devant la télévision?
4. Quelle est la dernière fois que vous avez dîné au restaurant? Combien de temps avez-vous passé à table?
5. Combien de fois avez-vous été malade cette année?
6. Jouez-vous d'un instrument de musique? Si oui, de quel instrument jouez-vous?
7. À quoi joue-t-on au Canada et aux États-Unis? Jouez-vous aussi à ce(s) sport(s)?

> ◉ Use the CD-ROM Module 3 before viewing the video to help you understand what you will see and hear.

PAS DE PROBLĒME!

Cette activité est basée sur la vidéo, *Module 3* (queue to 11:27). Choisissez la bonne réponse *(Choose the right answer)* pour compléter les phrases suivantes.

1. Marie-Christine admire _____ dans la vitrine *(store window)*.
   (un foulard, une carte, un pull)
2. Jean-François et Marie-Christine traversent la ville de Paris pour _____ .
   (jouer au tennis, aller au magasin, prendre *(take)* un autobus)
3. Ils ont pris *(took)* _____ ensemble.
   (un autobus, le métro, un taxi)
4. Le métro ferme à _____ .
   (minuit, une heure de l'après-midi, une heure du matin)
5. Jean-François a mis *(put)* _____ dans la petite machine.
   (son ticket, sa carte orange)

L E C T U R E   I

 A **Étude du vocabulaire.** Étudiez les phrases suivantes et choisissez *(choose)* les mots anglais qui correspondent aux mots français en caractères gras *(bold print)*: *to clean up, to move, the south of France, meals, knife, trees, fingers, all.*

1. Je ne sais pas **tous** les mots français.
2. Un homme attaque deux jeunes filles au **couteau.**
3. Quand on est paralysé, on n'est pas capable de **bouger.**
4. Les enfants comptent souvent sur les **doigts** pour faire l'addition.
5. Marseille est dans le **Midi.**
6. Pour **nettoyer** la maison, il faut faire le ménage.
7. Il y a beaucoup d'**arbres** dans une forêt.
8. Le déjeuner et le dîner sont des **repas.**

B. **Parcourez les deux articles.** Skim each of the following selections to find: (1) an example of personal charity and (2) the reward that was given.

UN HOMME COURAGEUX

PARIS: Aziz Soubhane a 17 ans. Il est marocain, mais il habite en France depuis sept ans et fait ses études au Lycée d'enseignement professionnel privé de Notre-Dame, à la Loupe, en Eure-et-Loir.

Aziz a désarmé un homme qui attaquait au couteau deux jeunes filles anglaises dans le métro. Aziz a été le seul à bouger; les autres passagers n'ont pas levé le petit doigt.

Pour son courage, Aziz a reçu le «Prix servir» du Rotary-club de Paris et un chèque de 10 000 francs. C'est l'adjoint au maire de Paris qui a donné le prix à Aziz.

Ce jeune homme est un très bon exemple pour nous.

Les Soldats ont Planté des Arbres

TOULON: L'été dernier, des feux ont détruit une grande partie de la forêt dans le Midi de la France. Le 29 décembre, on a vu des soldats américains aider tous les volontaires de la région à nettoyer la forêt et à replanter des arbres. En une journée, ils ont replanté 5 000 arbres près de la ville d'Hyères, dans la région du Var.

Le 2 janvier, le maire de la ville a donné un grand méchoui à tous les volontaires. Les 165 soldats américains sont en escale à Toulon en ce moment. Ils ont profité de leur temps libre pour aider les Français.

Adjoint au maire = *deputy mayor;* **feux** = *fires;* **méchoui** = *a North African specialty in which a whole lamb is roasted over an open pit of live coals for several hours.*

C. **Vrai ou faux?** Si une phrase est fausse, corrigez-la.

1. Aziz n'est pas français.
2. Il étudie dans une école publique.
3. Les soldats américains ont aidé les Français.
4. Les soldats ont été obligés d'aider les Français.
5. Les soldats ont travaillé une semaine.

 D. **Questions.** Répondez.

1. Qui sont les «bons Samaritains» dans ces deux articles?
2. Qu'est-ce qu'Aziz a fait? Et les soldats américains?
3. Est-ce que les autres personnes dans le métro ont aidé Aziz?
4. Qui a travaillé avec les soldats américains?
5. Qu'est-ce qu'on a donné à Aziz après son acte de courage?
6. Qu'est-ce qu'on a donné aux soldats après leur travail?

 E. **Familles de mots.** Essayez de deviner le sens des mots suivants.

1. détruire, la destruction
2. donner, un don, un donneur, une donneuse
3. enseigner, l'enseignement (*m.*), un enseignant, une enseignante
4. voir, vu, la vue, une vision

F. **Discussion.**

1. Identify three aspects of French culture mentioned in these newspaper articles that are similar to or different from American culture.
2. Are North African people and their cultures viewed favorably or unfavorably in these articles? Explain your answer.

L E C T U R E   I I

 A. **Étude du vocabulaire.** Étudiez les phrases suivantes et choisissez les mots anglais qui correspondent aux mots français en caractères gras: *therefore, head, let go, voice, told.*

1. Le professeur nous a **raconté** une anecdote amusante.
2. Les aviateurs ont **lâché** des bombes sur la ville.
3. Cette chanteuse a une jolie **voix.**
4. As-tu des cachets d'aspirine? J'ai mal à la **tête.**
5. Marc habite à Paris. **Donc** il doit bien parler le français.

MOI

—Comment t'appelles-tu?
Le petit homme lève la tête sans répondre.
Voilà une plaisante question!
—Comment t'appelles-tu?
Il lâche d'une voix triomphante:
—Moi!
—Allons, allons! Tu t'appelles Jean.
—Oui! Jean Moi!
Cette réponse me plaît beaucoup. J'ai formé le projet de la rapporter à un philosophe de mes amis qui étudie ce qu'il appelle «la mentalité des enfants». J'appelle donc mon philosophe au téléphone et je demande: «Qui est à l'appareil[1]?» Une voix grêle et dénaturée[2] me répond: «Moi!» Impossible de raconter mon histoire au philosophe.

Georges Duhamel, Les Plaisirs et les jeux

1. *on the phone* 2. *shrill and distorted*

B.   **Questions.**   Choisissez *(Choose)* la meilleure réponse.

1. Le «petit homme» est …
   a. un garçon   b. un homme qui est petit
2. La question du narrateur est …
   a. sérieuse   b. juste pour parler avec l'enfant
3. Le narrateur …
   a. aime la réponse   b. trouve la réponse ridicule
4. Le philosophe trouve la question «Qui est à l'appareil?» …
   a. sérieuse   b. bizarre

VOCABULAIRE ACTIF

Instruments de musique

un accordéon   *accordion*
une batterie   *drums*
une flûte   *flute*
une guitare   *guitar*
un piano   *piano*
un saxophone   *saxophone*
une trompette   *trumpet*
un violon   *violin*

D'autres noms

un examen   *test, exam*
un exercice   *exercise*
un cigare   *cigar*
une cigarette   *cigarette*
la grippe   *flu*
un robinet   *faucet*
une salle de bain   *bathroom*
la valse   *waltz*
une crêpe   *crepe (pancake)*

Pronoms accentués

moi   *I, me*
toi   *you*
lui   *he, him*
elle   *she, her*
nous   *we, us*
vous   *you*
eux   *they, them*
elles   *they, them (female)*

Jeux

le basket-ball (le basket) *basketball*
le bridge *bridge*
les cartes *f. pl.* *cards*
les dames *f. pl.* *checkers*
les échecs *m. pl.* *chess*
le football (le foot) *soccer*
le football américain *football*
le golf *golf*
le hockey *hockey*
un jeu *game*
la pétanque *lawn bowling*
le rugby *rugby*
le tennis *tennis*

Choses à lire ou à écrire

une bande dessinée *comic strip*
une carte postale *postcard*
une dissertation *(term) paper*
un journal *newspaper*
une lettre *letter*
un magazine *magazine*
un mot *word*
une pièce *play*
un poème *poem*
un roman *novel*
un roman policier *detective story*

Divisions du temps

une année *year*
une fois *one time*
une journée *day*
un mois *month*
un semestre *semester*
le temps *time; weather*
les vacances *f. pl.* *vacation*

Prépositions

par *per; by; through*
pendant *for; during*
sans *without*

Verbes

accompagner *to accompany*
s'amuser *to have fun*
se coucher *to go to bed*
décrire *to describe*
demander *to ask*
dormir *to sleep*
écrire *to write*
être à *to belong to*
fermer *to close*
fumer *to smoke*
se lever *to get up*
lire *to read*
oublier *to forget*
partir *to leave*
préparer (un cours) *to prepare (a lesson)*
remarquer *to notice*
sortir *to go out*
téléphoner (à qqn) *to telephone (someone)*

Expressions de temps

il y a … ans (mois, etc.) *… years (months, etc.) ago*
Je suis ici depuis … mois (heures, etc.). *I've been here for … months (hours, etc.).*
Pendant combien de temps … ? *How long … ?*
tous les soirs *every night*
tout à l'heure *a little while ago; in a little while*

Adverbes de temps

déjà *already*
hier *yesterday*
hier soir *last night*
longtemps *a long time*
récemment *recently*
tard *late*
tôt *early*

D'autres adverbes

au moins *at least*
heureusement *fortunately*
rien (ne … rien) *nothing, not anything*
tant *so much; so many*

D'autres expressions utiles

À quoi jouez-vous? *What (game, sport) do you play?*
Aïe! *Ouch!*
à l'intérieur de *inside of*
à table *at dinner, at the table*
Bonnes vacances! *Have a good vacation!*
C'est la vie! *That's life!*
De quoi jouez-vous? *What (instrument) do you play?*
Eh bien *Well*
en vacances *on vacation*
la plupart (de) *most (of)*
(moi) non plus *nor (I), (me) neither*
parce que *because*
par exemple *for example*
Pourquoi pas? *Why not?*
… veut dire … *… means …*

Chapitre 7

Buts communicatifs

Relating past events (continued)
Describing your background
Stating what you just did

Structures utiles

Le passé composé avec **être**
Le pronom **y**
Le verbe **venir**
Les prépositions de lieu avec une ville ou un pays (suite)
Les mois de l'année, les saisons, le temps
Venir de + infinitif

Culture

L'amabilité
Une technologie de pointe
La télécarte
Le TGV

Où êtes-vous allé(e)?

Coup d'envoi

Coup d'envoi

Prise de contact **J'ai fait un voyage**

Où es-tu allée l'été° dernier, Stéphanie?   *summer*
    Je suis allée en Europe.
Parle-moi de ce voyage, s'il te plaît.
        Eh bien! Je suis arrivée à Londres le 15 juin°.   *June*
        J'ai passé quinze jours à voyager en Angleterre.
        Puis je suis partie pour Paris le premier juillet°.   *July first*
        Je suis restée chez des amis de mes parents qui habitent
          à Paris.
        Je me suis très, très bien amusée.
        Enfin je suis revenue° le 10 août°.   *I came back / August*
        Voilà!

➔ **Et vous?**   Qu'est-ce que vous avez fait pendant les vacances? Êtes-vous
parti(e) en voyage ou êtes-vous resté(e) chez vous?

Conversation   ## Monsieur et Madame Smith sont arrivés à Angers

Monsieur et Madame Smith, amis de la famille de Lori Becker, sont partis pour Angers. Là, ils sont descendus du TGV° à la gare Saint-Laud. Monsieur Smith est entré dans une cabine téléphonique, a utilisé sa télécarte et a formé le numéro des Martin.

got off the high-speed train

Mme Martin:	Allô.
M. Smith:	Madame Martin?
Mme Martin:	Oui, qui est à l'appareil°?
M. Smith:	Bonjour, Madame. C'est Joseph Smith.
Mme Martin:	Ah! les amis de Lori. Vous êtes arrivés?
M. Smith:	Oui, nous sommes un peu en avance°. Nous venons de descendre° du train.
Mme Martin:	Mon mari et Lori sont déjà partis vous chercher. Restez là; ils arrivent.
M. Smith:	D'accord. Merci, Madame. À tout à l'heure.
Mme Martin:	À tout de suite°, Monsieur. Au revoir.
	(Une demi-heure plus tard, chez les Martin)
Lori:	Madame Martin, je vous présente Monsieur et Madame Smith.
Mme Martin:	Bonjour, Madame. Bonjour, Monsieur. Vous devez être fatigués après votre voyage.
Mme Smith:	Bonjour, Madame. Non, pas trop.
M. Martin:	C'est la première fois que vous venez° en France?
Mme Smith:	Non, nous sommes déjà venus° il y a deux ans.
M. Smith:	Mais la dernière fois, nous n'avons pas beaucoup voyagé.
Mme Smith:	C'est gentil de vous occuper° de nous. Ça ne vous dérange° pas trop?
Mme Martin:	Mais non! Je vous en prie.°

on the phone

early
we just got off

See you very soon

come

came

take care of
bother
Don't mention it.

➡ **Jouez ces rôles.**   Répétez la conversation avec votre partenaire. Une personne joue le rôle des Smith et de Lori et l'autre joue le rôle des Martin. Utilisez vos propres *(own)* noms.

À PROPOS

Pourquoi est-ce que Monsieur Smith utilise une télécarte?

a. Il n'a pas d'argent *(money)* français.
b. Il faut une carte pour utiliser les cabines téléphoniques à la gare Saint-Laud.
c. On peut utiliser des pièces de monnaie ou une carte pour téléphoner dans les cabines téléphoniques.

L'amabilité (Kindness)

The Martins go out of their way to be helpful to Lori's friends. A warm welcome is the norm rather than the exception in Angers. Many *Angevins* serve as host families to foreign students who are enrolled at the *Centre international d'études françaises* or in one of the institutes organized on the campus of the *Université Catholique de l'Ouest.* Others, such as the Martins, employ a **jeune fille au pair** who often becomes a "member" of the family. The tourist who stays only a few days in Paris may not get to appreciate the generosity and the friendliness of the French.

Une technologie de pointe

France is known world-wide for its leadership in art, fashion, perfume, food, and drink. It is also a leader in the area of high technology: the **TGV**, the métro system, the supersonic Concorde airliner, and France Télécom with its minitel phone, and the télécarte are but a few examples.

La télécarte

The **télécarte** is an electronic smart card used throughout France

for both local and long distance phone calls. It can be purchased in post offices, railroad stations, and tobacco shops in France. Tourists are often caught off guard believing that they will be able to use French coins to make a telephone call. Coin operated phones are becoming increasingly rare in France. In Angers, for example, none of the phone booths at the railroad station accept coins.

Le TGV

France is also a world leader in public transportation *(les transports en commun).* Buses, subways, and trains run well, are on time, and are widely used. Among the latter, the **TGV, Train à Grande Vitesse**, is a spectacular technological achievement and a commercial success! The **TGV Atlantique** is a "bullet train" that serves the western part of France and transports over 40,000 customers per day. With a top speed of over 300 kilometers (200 miles) per hour, it offers exceptional comfort and service. **TGV Atlantique** passengers can even phone to all parts of the world. The **télécarte** is sold in the **TGV** lounge.

Pour utiliser la télécarte:

Décrochez le téléphone.	*Pick up the phone.*
Introduisez votre télécarte.	*Put your telecarte in the slot.*
Composez le numéro.	*Dial the number.*
Attendez que quelqu'un réponde.	*Wait until someone answers.*
Quand vous avez fini, raccrochez le téléphone.	*When you've finished, hang up the phone.*
Reprenez votre télécarte.	*Take your telecarte.*

195

Il y a un geste

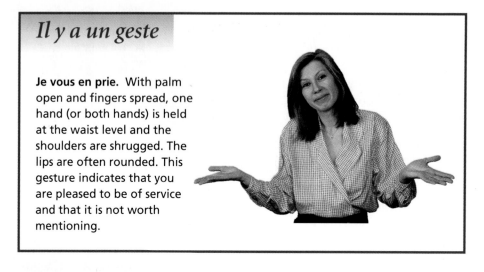

Je vous en prie. With palm open and fingers spread, one hand (or both hands) is held at the waist level and the shoulders are shrugged. The lips are often rounded. This gesture indicates that you are pleased to be of service and that it is not worth mentioning.

→ **À vous.**   Vous téléphonez à un(e) ami(e). Répondez.

VOTRE AMI(E):   Allô.
VOUS: _____
VOTRE AMI(E):   Tu es arrivé(e)?
VOUS: _____
VOTRE AMI(E):   Où es-tu?
VOUS: _____
VOTRE AMI(E):   Reste là. J'arrive.
VOUS: _____

entre*amis*

Vous êtes arrivé(e) à la gare

You are a foreign student at a French university and will be staying with a host family.

1. Call your host family and identify yourself.
2. Say that you are at the train station.
3. Get directions to the family's house.
4. Express your thanks and say "Be right there."

Prononciation   ## Les sons [ɔ] et [o]

French has an open [ɔ] sound and a closed [o] sound. The following words contain these sounds. Practice saying the words after your instructor, paying particular attention to the highlighted sound.

[ɔ]   • orange, bonne, comme, alors, sommes, connaissez, encore, poste, personnes, accordéon, hockey, postale, dormir, sortir, notre, note, jogging

[o]   • radio, piano, mot, vos, gros
        • chose, quelque chose, rose
        • hôtel, à la vôtre, drôle
        • chaud, faux, au fait, d'autres, au moins, à gauche, il faut, faux, fausse, jaune
        • eau, beaucoup, beau, chapeau

→ Now go back and look at how these sounds are spelled and in what kinds of letter combinations they appear. What patterns do you notice?

The sound [ɔ] is always followed by a pronounced consonant.

téléphone   adore   postale   note   dorment   mode   octobre

The sound [o] is used in several circumstances.

o as the word's final sound	piano, mot
o + [z]	chose, rose
ô	hôtel, vôtre
au	au fait, il faut
eau	l'eau, beaucoup

Say the following pairs of words, making sure to pronounce the [ɔ] and [o] sounds correctly.

1. nos / notre
2. robinet / rose
3. votre / vôtre
4. chaud / chocolat
5. beau / bonne

bonvivre

Buts communicatifs

I. **Relating Past Events** *(continued)*

Tu es sortie vendredi dernier, Nathalie?
   Oui, je suis sortie.
Où es-tu allée?
   Je suis allée au restaurant et chez des amis.
À quelle heure es-tu rentrée° chez toi?   *did you get back*
   Je suis rentrée à minuit.

→ **Et vous?**   Vous êtes sorti(e) le week-end dernier?
                 Si oui, où êtes-vous allé(e)?
                 À quelle heure êtes-vous rentré(e)?

A. Le passé composé avec *être*

Review the formation of the **passé composé** with **avoir,** pp. 168–170.

Êtes-vous **arrivée** en train?	*Did you arrive by train?*
Non, je **suis venue** en voiture.	*No, I came by car.*
Paul et Karine **sont sortis** hier soir?	*Did Paul and Karine go out last night?*
Oui, mais ils **sont rentrés** à neuf heures.	*Yes, but they came home at nine o'clock.*
Mon père **est né** à Paris en 1935.	*My father was born in Paris in 1935.*
Mais sa famille **est partie** aux États-Unis avant la guerre.	*But his family left for the United States before the war.*
En 1985 il **est tombé** malade.	*He got sick in 1985.*
Il **est mort** en 1986.	*He died in 1986.*

Remember to consult Appendix C at the end of the book to review any terms with which you are not familiar.

▶ While most verbs use **avoir** to form the passé composé (see Ch. 6), there are a limited number that use **être.** These verbs are intransitive; that is, they do not take a direct object. The most common are listed on the opposite page.

Quelques verbes qui forment le passé composé avec *être*

Infinitif		*Participe passé*
aller	*to go*	allé
venir	*to come*	venu
devenir	*to become*	devenu
revenir (ici)	*to come back (here)*	revenu
retourner (là)	*to go back; to return (there)*	retourné
rentrer	*to go (come) back; to go (come) home*	rentré
arriver	*to arrive; to happen*	arrivé
rester (à la maison)	*to stay, remain (at home)*	resté
partir	*to leave*	parti
monter (dans une voiture)	*to go up; to get into (a car)*	monté
descendre (d'une voiture)	*to go down; to get out (of a car)*	descendu
tomber	*to fall*	tombé
entrer (dans la classe)	*to enter (the classroom)*	entré
sortir (de la classe)	*to go out (of the classroom)*	sorti
naître	*to be born*	né
mourir	*to die*	mort

Remember that if a plural subject is of mixed gender, the masculine plural form of the participle will be used.

Past participles used with **être** agree in gender and number with the subject, just as if they were adjectives. To show agreement, add **-e** (feminine singular), **-s** (masculine plural), or **-es** (feminine plural).

Masculin	*Féminin*
Je suis **né** à Paris.	Je suis **née** à Paris.
Tu es **né** à New York.	Tu es **née** à New York.
Il est **né** à Montréal.	Elle est **née** à Montréal.
Nous sommes **nés** à Boston.	Nous sommes **nées** à Boston.
Vous êtes **né(s)** à Angers.	Vous êtes **née(s)** à Angers.
Ils sont **nés** à Halifax.	Elles sont **nées** à Halifax.

Most of these verbs are followed by a preposition when they precede the name of a place.

Sandrine est entrée **dans** la salle de classe.	*Sandrine went into the classroom.*
Moi, je suis arrivé **au** cours de français à l'heure.	*I arrived at the French class on time.*
Mais Nicolas est retourné **chez** lui pour chercher son livre. Alors, il est arrivé en retard.	*But Nicolas went back home for his book. So, he came late.*

Review reflexive verbs, p. 178.

Reflexive verbs also use **être** to form the passé composé.

Les étudiants **se sont amusés** à la soirée.	*Students had fun at the party.*
Ils ne **se sont** pas **couchés** tôt.	*They did not get to bed early.*
Est-ce que Mélanie **s'est levée** tard le jour suivant?	*Did Mélanie get up late the following day?*
Elle et sa sœur ne **se sont** pas **levées** avant midi.	*She and her sister didn't get up before noon.*

There is no accent on the first **-e-** of the past participle **levé(e)**.

Remember to choose the appropriate object pronoun.

se coucher *(to go to bed)*			
je	**me** suis couché(e)	nous	**nous** sommes couché(e)s
tu	**t'**es couché(e)	vous	**vous** êtes couché(e)(s)
il	**s'**est couché	ils	**se** sont couchés
elle	**s'**est couchée	elles	**se** sont couchées

1. **Le week-end dernier.** Utilisez les expressions suivantes pour parler du week-end dernier. Utilisez la forme négative si vous voulez.

> Remember that the past participles of **descendre** and **sortir** are **descendu** and **sorti.**

Modèles: **Le professeur est sorti avec des amis.**
Nous ne sommes pas restés à la maison.

je	aller au cinéma
nous	tomber malade(s)
mon ami	rentrer après minuit
mon amie	sortir avec des amis
mes parents	rester à la maison
mon professeur	entrer à la bibliothèque
les étudiants	descendre en ville
	se coucher tard
	se lever tôt

2. **Thierry ne fait jamais rien comme les autres.** Expliquez d'après le modèle.

Modèle: Les autres (partir pour le Canada) / Et Thierry?
Les autres sont partis pour le Canada, mais Thierry n'est pas parti pour le Canada.

1. vous (aller au concert) / Et Thierry?
2. nous (sortir hier soir) / Et Thierry?
3. Marie et Monique (arriver à l'heure) / Et Thierry?
4. ses amis (tomber malades) / Et Thierry?
5. Madame Dubuque (monter dans un taxi) / Et Thierry?
6. les étudiants (rester sur le campus) / Et Thierry?
7. les étudiants (s'amuser) / Et Thierry?

3. **Le voyage.** Racontez la journée *(Tell about the day)* de Monsieur et Madame Smith. Attention à l'emploi des verbes **avoir** et **être.**

Modèles: se lever à 7 heures
Ils se sont levés à 7 heures.

chercher un taxi
Ils ont cherché un taxi.

1. voyager en train
2. arriver à Angers
3. descendre du train à la gare Saint-Laud
4. téléphoner aux Martin
5. monter dans la voiture de Monsieur Martin
6. parler avec Lori Becker
7. aller chez les Martin
8. déjeuner chez les Martin
9. s'amuser

4. **Qu'est-ce que tu as fait la semaine dernière?** Utilisez **tu** et les expressions suivantes pour interviewer votre partenaire.

> *Modèle:* manger une pizza
>
> VOUS: **Est-ce que tu as mangé une pizza la semaine dernière?**
>
> VOTRE PARTENAIRE: **Oui, j'ai mangé une pizza.** ou
> **Non, je n'ai pas mangé de pizza.**

1. aller au cinéma
2. étudier à la bibliothèque
3. regarder la télévision
4. passer un examen
5. tomber malade
6. entrer dans un bistro
7. descendre en ville
8. lire un journal
9. se lever à 5 heures du matin

5. **La plupart des étudiants.** Qu'est-ce que la plupart des étudiants ont fait la semaine dernière? Utilisez les expressions suivantes pour la question et pour la réponse.

> *Modèle:* manger une pizza —**Est-ce que la plupart des étudiants ont mangé une pizza la semaine dernière?**
> —**Oui, ils ont mangé une pizza.** ou
> **Non, ils n'ont pas mangé de pizza.**

1. retourner chez eux
2. aller au centre commercial
3. écrire une lettre
4. venir au cours de français
5. travailler
6. sortir avec leurs amis
7. faire leurs devoirs
8. se coucher tôt
9. téléphoner à leurs parents
10. arriver au cours en hélicoptère

6. **À vous.** Répondez.

1. Êtes-vous resté(e) sur le campus le week-end dernier?
2. Qu'est-ce que vous avez fait le week-end dernier?
3. Quelle est la dernière fois que vous êtes sorti(e) avec vos amis? Où êtes-vous allés? Qu'est-ce que vous avez fait? À quelle heure êtes-vous rentrés?
4. Vos parents ont-ils déjà visité votre campus? Si oui, quand sont-ils venus?
5. Êtes-vous d'habitude à l'heure quand vous arrivez au cours?
6. Quelle est la dernière fois que vous êtes arrivé(e) au cours en retard?
7. Qui aime arriver en avance au cours de français?

7. Le voyage des Smith. Racontez l'histoire suivante au passé composé.

Monsieur et Madame Smith passent la nuit à Paris. Ils se lèvent tôt. D'abord ils sortent de leur hôtel et ils traversent *(cross)* la rue. Ensuite ils montent dans un taxi pour aller à la gare Montparnasse. Quand ils arrivent à la gare, ils trouvent leur train et ils cherchent leurs places. Enfin le train part. Ils ne mangent rien pendant le voyage, mais Madame Smith commande *(orders)* une tasse de café. Après une heure et demie, leur train arrive à la gare Saint-Laud. Monsieur Smith s'occupe de leurs bagages et ils descendent du train.

entre *amis*

La dernière fois

1. Find out when the last time was that your partner went out.
2. Ask where s/he went.
3. Find out what s/he did.
4. See how much other information you can obtain.

B. Le pronom *y*

Ta sœur est **en France?**	Oui, elle **y** est.
Va-t-elle souvent **à Paris?**	Non, elle n'**y** va pas souvent.
Quand pars-tu **en France?**	J'**y** pars dans un mois.
Ton frère est resté **chez lui?**	Non, il n'**y** est pas resté.
Est-il allé **au cinéma?**	Oui, il **y** est allé.
Tu vas rester **dans ta chambre?**	Non, je ne vais pas **y** rester.

▶ **Y** *(There)* is very often used in place of expressions that tell where something is located (**à l'université, dans la voiture,** etc.). The pronoun **y** replaces both the preposition (**à, chez, dans, en, sur,** etc.) and the name of the place.

Nous allons **au cinéma.**   Nous **y** allons.

▶ **Y** is placed directly before the conjugated verb. This means that in the passé composé, it goes in front of the auxiliary.

Nous **y** allons la semaine prochaine.	*We are going there next week.*
Nous n'**y** allons pas demain.	*We are not going there tomorrow.*
J'**y** suis allé.	*I went there.*
Ma mère n'**y** est jamais allée.	*My mother has never gone there.*

▌ When there is more than one verb, **y** is placed directly in front of the verb to which it is related (usually the infinitive).

Je vais **y** aller.	*I am going to go there.*
Je ne vais pas **y** rester.	*I am not going to stay there.*
J'ai envie d'**y** passer un mois.	*I feel like spending a month there.*
Je n'ai pas l'intention d'**y** habiter.	*I don't plan to live there.*

 8. **Non, je n'y vais pas.** Un(e) étudiant(e) demande **Vas-tu à la pharmacie?** Un(e) autre répond **Non, je n'y vais pas; je vais …** (**au centre commercial, à l'église**, etc.). Inventez au moins 10 questions.

Review **Quelques endroits** p. 136.

 9. **Tu y vas souvent?** Demandez si votre partenaire fait souvent les choses suivantes. Votre partenaire va utiliser **y** dans chaque *(each)* réponse.

> *Modèle:* aller au cinéma
>
> VOUS: **Tu vas souvent au cinéma?**
> VOTRE PARTENAIRE: **Oui, j'y vais souvent.** ou
> **Non, je n'y vais pas souvent.**

1. aller chez le médecin	5. monter dans ta voiture
2. étudier à la bibliothèque	6. retourner chez tes parents
3. dîner au restaurant	7. aller à la poste
4. arriver au cours en retard	

10. **Tu y es allé(e) hier?** Refaites l'exercice 9, mais posez les questions au passé composé. Votre partenaire va utiliser **y** dans chaque réponse.

> *Modèle:* aller au cinéma
>
> VOUS: **Es-tu allé(e) au cinéma hier?**
> VOTRE PARTENAIRE: **Oui, j'y suis allé(e).** ou
> **Non, je n'y suis pas allé(e).**

Paris patchwork *édition révolutionnaire*

ALLEZ-Y EN MÉTRO

COMMENT S'Y PERDRE, COMMENT S'Y RETROUVER

11. **À vous.** Répondez. Utilisez **y** dans chaque réponse.

1. Êtes-vous sur le campus maintenant?
2. Êtes-vous allé(e) à la bibliothèque hier soir? Si oui, à quelle heure y êtes-vous entré(e)? Combien de temps y êtes-vous resté(e)?
3. Combien de fois par semaine allez-vous au cours de français? Y allez-vous demain?
4. Êtes-vous resté(e) chez vous pendant les dernières vacances?
5. La plupart des étudiants ont-ils dîné au restaurant hier soir?
6. Avez-vous envie d'aller un jour en France? Y êtes-vous déjà allé(e)? Si oui, combien de temps y avez-vous passé?
7. Allez-vous au cinéma ce soir? Si oui, avec qui y allez-vous?

entre*amis*

Au campus et à la maison

Use **y**, *if possible, in your answers.*

1. Ask if your partner went to the library last night.
2. Find out if s/he is going there this evening.
3. Find out the same information with respect to the gymnasium, the post office, and the grocery store.
4. Find out if your partner is going home next weekend.
5. Find out when s/he went home last.
6. Find out what s/he did when s/he went home.

II. Describing Your Background

D'où viennent ces personnes?

> Alain et Sylvie viennent de Nantes.
> Tom vient d'Angleterre. Il vient de Londres.
> Mike vient des États-Unis et Rose vient du Canada.
> Il vient de l'état d'Iowa et elle vient de la province d'Ontario.

➔ **Et vous?** D'où venez-vous?

C. Le verbe *venir*

Est-ce que **Monique vient** de France?	*Does Monique come from France?*
Non, **elle vient** du Canada.	*No, she comes from Canada.*
Elle est devenue médecin.	*She became a doctor.*
Elle n'est pas ici mais **elle revient** à 6 heures.	*She isn't here but she's coming back at six o'clock.*

venir *(to come)*			
je	**viens**	nous	**venons**
tu	**viens**	vous	**venez**
il/elle/on	**vient**	ils/elles	**viennent**

passé composé: je **suis venu(e)**

> Note the pronunciation distinction between the third person singular and plural forms.

vient̸ [vjɛ̃]   viennen̸t̸ [vjɛn]

This is similar to the distinction between **américain** and **américaine**, p.94.

> The verbs **revenir** *(to come back)* and **devenir** *(to become)* are conjugated like **venir**.

 12. **Les gens partent.** Demandez quand ils reviennent. Votre partenaire va répondre.

> *Modèle:* Marie-Dominique (à 15 h 30)
> VOUS: **Quand est-ce qu'elle revient?**
> VOTRE PARTENAIRE: **Elle revient à quinze heures trente.**

1. Stéphanie (à 12 h 45)
2. Colette et Karine (à midi)
3. nous (la semaine prochaine)
4. tu (ce soir)

5. le patron (demain matin)
6. vos amis (mercredi)
7. vous (dans une heure)
8. ta sœur et toi (tout de suite)

D. Les prépositions de lieu avec une ville ou un pays (suite)

You have already learned to use prepositions to express *to* or *at* with a city, state, province, or country (see Ch. 5).

D'où viennent vos parents?	*Where do your parents come from?*
Mon père est originaire **du** Canada.	*My father is a native of Canada.*
Ma mère vient **des** États-Unis.	*My mother comes from the United States.*
Je viens **de** Bruxelles.	*I come from Brussels.*
Monsieur et Madame Luc viennent **de** France.	*Monsieur and Madame Luc come from France.*

▷ To tell where a person is *from,* some form of **de** is used.

- **de** with cities:
  de Paris, **d'**Angers

- **de** with feminine countries or countries that begin with a vowel sound:
  de France, **d'**Iran

- **du** with masculine countries:
  du Mexique, **du** Canada

- **des** with plural countries:
  des États-Unis

▷ To say that someone is from a U.S. state or Canadian province, **de** is normally used before those that are feminine or that begin with a vowel sound. The preposition **du** is often used with masculine states and provinces that begin with a consonant.

de Géorgie	**d'**Iowa	**du** Kansas
de Terre-Neuve	**d'**Alberta	**du** Québec

Note: You may also use **de l'état de** or **de la province de** to say which U.S. state or Canadian province someone is from.

Mon meilleur ami vient **de l'état d'**Arizona.
Je viens **de la province d'**Ontario.

▷ Use the expression **d'où** with **venir** to inquire where someone comes from.

D'où vient Guy—du Canada ou de France?

See Ch. 5 for a list of countries already studied, p. 161.

Synthèse: Les prépositions de lieu		
	Je viens …	*J'habite … / Je vais …*
ville	**de**	**à**
pays féminin ou pays qui commence par une voyelle	**de**	**en**
pays masculin	**du**	**au**
pays pluriel	**des**	**aux**

One can also say **la Hollande** for **les Pays-Bas.**

Je viens **d'**Atlanta. Je vais **à** New York.
María vient **d'**Espagne. Elle habite **en** France.
Emilio téléphone **du** Mexique **au** Canada.
Nous venons **des** États-Unis. Nous allons **aux** Pays-Bas en vacances.
John vient **de l'état de** Nebraska mais il habite **dans l'état d'**Arizona.
Denise vient **de la province d'**Ontario, mais elle habite **dans la province de** Québec.

André va voyager.   Il a l'intention de donner de ses nouvelles *(keep in touch)* à ses parents et à ses amis. Qu'est-ce qu'il va faire?

> *Modèle:*   écrire / Italie
> **Il va écrire d'Italie.**

1. téléphoner / Allemagne
2. poster une lettre / Moscou
3. écrire une carte postale / Japon
4. téléphoner / Mexique
5. écrire / état de New York
6. écrire un message / province d'Ontario
7. poster une cassette / Liverpool

 André est retourné chez lui.   Il a contacté ses parents et ses amis pendant son voyage. Qu'est-ce qu'il a fait?

> *Modèle:*   écrire / Rome
> **Il a écrit de Rome.**

1. téléphoner / Berlin
2. poster une lettre / Russie
3. écrire une carte postale / Tokyo
4. téléphoner / Mexico
5. écrire / États-Unis
6. écrire un message / Canada
7. poster une cassette / Angleterre

 D'où viennent-ils?   La liste des passagers du vol *(flight)* Air France n° 0748 inclut des personnes de différents pays. Expliquez d'où viennent ces personnes et où elles habitent maintenant.

> *Modèle:*   Sandrine (Paris / New York)
> **Sandrine vient de Paris, mais elle habite à New York maintenant.**

1. Ralph (Canada / États-Unis)
2. Alice (Belgique / France)
3. Helmut et Ingrid (Allemagne / Italie)
4. William (Angleterre / Irlande)
5. José et María (Mexique / États-Unis)
6. Gertrude (Ontario / Manitoba)
7. Judy et Bill (Michigan / Allemagne)

16. **À vous.**   Répondez.

1. De quelle ville venez-vous?
2. De quelle(s) ville(s) viennent vos parents?
3. D'où vient votre meilleur(e) ami(e)?
4. D'où viennent vos grands-parents?
5. D'où vient votre professeur de français? (Devinez.)
6. D'où viennent deux autres étudiants du cours de français?

> VOCABULAIRE

Les mois de l'année, les saisons, le temps

Les mois de l'année	Les saisons	Le temps
janvier	l'hiver	Il fait froid.
février		Il neige.
mars		Il fait du vent.
avril	le printemps	Il pleut.
mai		Il fait frais.
juin		
juillet	l'été	Il fait beau.
août		Il fait du soleil.
septembre		Il fait chaud.
octobre	l'automne	Il fait encore beau.
novembre		Il commence à faire froid.
décembre		Il fait mauvais.

The opposite of **Il fait beau** is **Il fait mauvais.**

Note: The negation of **il fait du vent** is **il ne fait pas *de* vent.**

E. Les mois de l'année, les saisons, le temps

▶ Names of months begin with lowercase letters in French. Use the preposition **en** before the months to mean *in.*

    en février   **en** août   **en** septembre

▶ Use **en** also with all seasons except **le printemps.**

            en été   **en** automne   **en** hiver
    But: **au** printemps

▶ The French represent the date by giving the day first, then the month.

Amy est née **le premier mai.**	*Amy was born on the first of May.*
Mon anniversaire est **le dix février.**	*My birthday is the tenth of February.*
Le bébé est né **le vingt-cinq avril.**	*The baby was born on April twenty-fifth.*

Note: Use **le premier** (*… first, the first of …*), but then **le deux, le trois,** etc.

En quelle saison sont-ils nés? Expliquez quand et en quelle saison les personnes suivantes sont nées.

> *Modèle:* Monique (15/4)
> **Elle est née le quinze avril. Elle est née au printemps.**

1. Martin Luther King, fils (15/1)
2. Maureen (10/2) et Michel (23/9)
3. Anne (25/8) et Stéphanie (13/7)
4. George Washington (22/2)
5. vous

 Quelle est la date? Votre partenaire va poser une question. Donnez la réponse.

> *Modèle:* Noël
> VOTRE PARTENAIRE: **Quelle est la date du jour de Noël?**
> VOUS: **C'est le vingt-cinq décembre.**

1. ton anniversaire
2. l'anniversaire de ton (ta) meilleur(e) ami(e)
3. le Jour de l'An *(New Year's Day)*
4. le commencement du printemps
5. le commencement de l'été
6. le commencement de l'automne
7. le commencement de l'hiver
8. le commencement des vacances d'été à votre université
9. la fête nationale *(national holiday)* américaine
10. la fête nationale canadienne
11. la fête nationale française

 Quel temps fait-il? Posez des questions. Si votre partenaire ne sait pas la réponse, il (elle) va deviner.

> *Modèle:* février / chez toi
> VOUS: **Quel temps fait-il en février chez toi?**
> VOTRE PARTENAIRE: **Il fait froid et il neige.**

1. été / chez toi
2. hiver / Montréal
3. automne / Chicago
4. printemps / Washington, D.C.
5. août / Maroc
6. avril / Paris
7. décembre / Acapulco

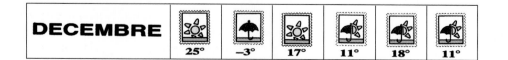

À vous. Répondez.

1. En quelle saison êtes-vous né(e)?
2. En quel mois êtes-vous né(e)?
3. En quel(s) mois les membres de votre famille sont-ils nés?
4. En quelle saison est-ce qu'il pleut chez vous?
5. En quelle saison est-ce qu'il commence à faire froid chez vous?
6. Quelle est votre saison préférée? Pourquoi?
7. Qu'est-ce que vous avez fait l'été dernier?

entre*amis*

D'où viennent-ils?

1. Find out where your partner comes from.
2. Find out if that is where s/he was born.
3. Find out where your partner lives now.
4. Find out his/her birthdate.
5. Find out if your partner has ever been to France, Canada, or some other French-speaking country.

 III. **Stating What You Just Did**

Tu as déjà mangé, Thierry?
    Oui, il y a une demi-heure. Je viens de manger.°   *I just ate.*
Tes amis ont téléphoné?
    Oui, il y a dix minutes. Ils viennent de téléphoner.°   *They just called.*

→ Et vous? Qu'est-ce que vous venez de faire?
              Est-ce que vous venez de parler français?

F. *Venir de* + infinitif

▶ **Venir de** followed by an infinitive means *to have just.*

Je **viens d'arriver.**	*I have just arrived.*
Ils **viennent de manger.**	*They just ate.*
Mon frère **vient de se coucher.**	*My brother just went to bed.*
Qu'est-ce que tu **viens de faire?**	*What did you just do?*

21. **Qu'est-ce qu'ils ont fait?** Chaque phrase est assez vague. Posez une question qui commence par **Qu'est-ce que** pour demander une précision. Ensuite votre partenaire va suggérer *(suggest)* une réponse à la question.

> *Modèle:* Mes amis viennent de manger quelque chose.
>
> VOUS: **Qu'est-ce qu'ils ont mangé?**
> VOTRE PARTENAIRE: **Ils ont mangé une pizza.**

1. Pierre vient de lire quelque chose.
2. Nous venons de regarder quelque chose.
3. Je viens d'étudier quelque chose.
4. Mon frère et ma sœur viennent de trouver quelque chose.
5. Je viens d'écrire quelque chose.
6. Nous venons de faire quelque chose.

 22. **Elle vient de téléphoner.** Votre camarade de chambre vient de rentrer chez vous. Répondez **oui** à ses questions et utilisez **venir de** dans chaque réponse.

> *Modèle:* Martine a téléphoné? **Oui, elle vient de téléphoner.**

1. Est-elle rentrée chez elle?
2. Est-ce qu'elle a déjà dîné?
3. Vous avez parlé de moi?
4. A-t-elle trouvé ma lettre?
5. Est-ce qu'elle a lu ma lettre?
6. Tu as expliqué pourquoi je n'ai pas téléphoné?

23. **La naissance *(birth)* de Julien.** Vous êtes le frère de Brigitte et vos parents vous téléphonent de la maternité *(maternity hospital)*. Vous posez des questions au passé composé. Votre partenaire joue le rôle des parents et utilise **venir de** pour répondre.

> *Modèle:* Vous / monter à la salle d'attente *(waiting room)*
>
> LE FRÈRE: **Est-ce que vous êtes montés à la salle d'attente?**
> LES PARENTS: **Oui, nous venons de monter à la salle d'attente.**

Matthieu Monnier est né le 17 mai 1989 et son frère, Antoine, est né le 4 avril 1991. Leur petit frère, Julien, est né le 29 mars 1993. Tous les trois habitent à Angers avec leurs parents, Brigitte et Jean-Philippe.

1. Brigitte / avoir son bébé
2. Julien / naître
3. le médecin / partir
4. vous / entrer dans la chambre de Brigitte
5. Matthieu et Antoine / parler avec leurs parents
6. Chantal / téléphoner

Antoine, Matthieu, et leurs parents, Brigitte et Jean-Philippe, sont très heureux de vous annoncer la naissance de ... A Angers, le

29 Mars 1993

Viens avec nous si tu veux
On va faire de notre mieux
Pour qu'aux enfants de demain
On puisse tendre la main
En essayant chaque jour
De trouver les mots d'Amour
Qui signeraient les pages des années.

Intégration

RÉVISION

A. **Les mois et les saisons**

1. Nommez les mois de l'année.
2. Nommez les saisons de l'année.
3. Parlez du temps qu'il fait pendant chaque *(each)* saison.
4. Pour chaque saison, mentionnez une activité qu'on fait.

B. **Le week-end dernier.** Faites une liste de vos activités du week-end dernier. Essayez ensuite de deviner ce que votre partenaire a écrit.

C. **À vous.** Répondez.

1. Quelle est la date de votre anniversaire?
2. De quel pays venez-vous?
3. Dans quelle ville êtes-vous né(e)?
4. D'où viennent vos parents?
5. Quand les membres de votre famille sont-ils nés?
6. À quelle heure êtes-vous arrivé(e) au cours de français la dernière fois? Y êtes-vous arrivé(e) en retard, à l'heure ou en avance?
7. Êtes-vous déjà allé(e) dans un pays où on parle français? Si oui, où, et avec qui?
8. Qu'est-ce que vous venez d'étudier au cours de français?
9. Avez-vous déjà voyagé en train ou en avion? Où êtes-vous allé(e)?

D. **Trouvez quelqu'un qui ...** Interviewez les autres étudiants.

1. Find someone who was born in another state.
2. Find someone who comes from a large city.
3. Find someone who has been to a French-speaking country.
4. Find someone who spent last summer on campus.
5. Find someone who did not go out last Friday evening.
6. Find someone who stayed in his/her room last night.
7. Find someone who went to the library last night.
8. Find someone who did not watch television last night.
9. Find someone who has just eaten.

Use the CD-ROM Module 4 before viewing the video to help you understand what you will see and hear.

PAS DE PROBLÈME!

Cette activité est basée sur la vidéo, *Module 4* (queue to 16:15). Choisissez la bonne réponse pour compléter les phrases suivantes.

1. Jean-François a l'intention d'acheter *(buy)* ___.
   (du pain, des croissants, des pâtisseries)
2. Il est ___ quand Jean-François parle avec l'artiste pour la première fois.
   (9 h 15, 9 h 45, 8 h 45)
3. L'artiste se trouve ___.
   (à Montparnasse, au Quartier Latin, à Montmartre)
4. L'artiste dessine *(is drawing)* ___.
   (Notre-Dame, le Sacré-Cœur, la Sainte-Chapelle)
5. Jean-François parle ___ fois avec lui.
   (deux, trois, quatre)
6. C'est ___.
   (mercredi, vendredi, dimanche)
7. L'homme qui entre dans la boulangerie avant Jean-François veut ___ croissants.
   (deux, trois, quatre)
8. Un croissant coûte *(costs)* ___ francs.
   (deux, trois, quatre)

L E C T U R E   I

 Étude du vocabulaire. Étudiez les phrases suivantes et choisissez les mots anglais qui correspondent aux mots français en caractères gras: *second, according to, in fact, only, understand, such as, remember, following.*

Numbers will be explained on p. 275.

1. D'abord, nous faisons cet exercice. Ensuite nous allons faire l'exercice **suivant.**
2. Il est important de **se rappeler** que cinq et demi s'écrit 5,5 en France mais 5.5 aux États-Unis.
3. Il est souvent difficile de **comprendre** ces différences culturelles.
4. **D'après** les experts, il fait plus chaud au mois d'août qu'au mois de juillet.
5. Y a-t-il **seulement** vingt-huit jours au mois de février?
6. **En effet** il y a d'habitude 28 jours dans le **deuxième** mois de l'année.
7. Dans certaines villes, **telles que** Paris, Lyon et Montréal, il y a un métro.

 Identifiez les pays. Combien de pays y a-t-il dans l'Union européenne? Combien de ces pays se trouvent sur la carte au début du livre?

Les femmes parlementaires européennes

Les femmes représentent cinquante-deux pour cent de la population française mais, d'après des statistiques récemment publiées dans le magazine *L'Express,* les femmes françaises constituent seulement 5,5 pour cent des parlementaires en France. C'est en effet le plus petit pourcentage de femmes parlementaires des quinze pays de l'Union européenne.

Tableau I.	**À l'Assemblée nationale**		
	pays	*femmes députés*	*pourcentage de l'Assemblée*
1	la Suède	151	43
2	le Danemark	59	34
3	la Finlande	67	33,5
4	les Pays-Bas	43	28,5
5	l'Allemagne	176	26,5
6	l'Autriche	47	25,7
7	l'Espagne	76	22
8	le Luxembourg	11	18
9	le Portugal	31	13,5
10	la Belgique	18	12
11	l'Irlande	20	12
12	la Grande-Bretagne	63	10
13	l'Italie	60	9,5
14	la Grèce	17	5,6
15	la France	32	5,5

Tableau II.	**Au Sénat ou dans les Chambres hautes**		
	pays	*femmes sénateurs*	*pourcentage du Sénat*
1	les Pays-Bas	43	22,5
2	l'Autriche	13	20,3
3	la Belgique	13	18,3
4	l'Allemagne	12	17,4
5	l'Espagne	31	15
6	l'Irlande	8	13
7	l'Italie	26	8
8	la Grande-Bretagne	82	6
9	la France	18	5,6

Née au Sénégal de père militaire avant l'indépendance, Ségolène Royal fait ses études en France en sciences politiques, économiques et administratives. Elle est député socialiste depuis 1988, avec interruption d'un an pour devenir Ministre de l'Environnement. Elle devient Présidente du conseil national du parti socialiste de 1994–95.

Pour bien comprendre ces statistiques, il faut d'abord se rappeler que, dans certains pays y compris la France, il y a deux chambres parlementaires; dans d'autres, telles que la Suède et le Danemark, il y en a seulement une. Donc il y a quinze pays qui ont représentation à l'Assemblée nationale (tableau I), mais seulement neuf qui ont un Sénat (tableau II). En France, il y a 577 députés à l'Assemblée nationale et 303 sénateurs.

L'Express, juin 1996

 Vrai ou faux?   Décidez si les phrases suivantes sont vraies ou fausses. Si une phrase est fausse, corrigez-la.

1. Il y a plus de cinquante pour cent de femmes dans la population française.
2. Il y a neuf pays qui n'ont pas de chambre correspondant à l'Assemblée nationale.
3. Il y a 545 députés hommes en France.
4. Les Suédois ont le plus grand pourcentage de sénateurs féminins.
5. La Hollande est un des pays de l'Union européenne.
6. L'Irlande a le plus petit nombre de femmes sénateurs.
7. La France a le plus petit nombre de femmes députés.

D.   **Discussion.**

1. Y a-t-il beaucoup, assez ou trop peu de femmes parlementaires dans votre pays? Expliquez votre réponse.
2. Comparez votre pays aux différents pays de l'Union européenne.

L E C T U R E 1 1

 A. **Parlons du genre *(gender)*.** Identifiez les mots suivants qui sont masculins, féminins ou peuvent *(can)* être les deux.

	M	F	M/F
1. personne	___	___	___
2. enfant	___	___	___
3. professeur	___	___	___
4. artiste	___	___	___
5. victime	___	___	___
6. médecin	___	___	___
7. ingénieur	___	___	___

B. **Faites une liste.** Faites une liste de toutes les expressions que vous connaissez *(that you know)* qui commencent par «Il».

IL

Il pleut Il pleut
Il fait beau
Il fait du soleil
Il est tôt
Il se fait[1] tard
Il
Il
Il
toujours Il
Toujours Il qui pleut et qui neige
Toujours Il qui fait du soleil
Toujours Il
Pourquoi pas Elle
Jamais Elle
Pourtant[2] Elle aussi
Souvent se fait[3] belle!

Jacques Prévert, Éditions Gallimard

---

1. is getting   2. However   3. makes herself

C. **Discussion.** Quel est le point de vue du poète? Êtes-vous d'accord avec lui? Pourquoi ou pourquoi pas?

V O C A B U L A I R E   A C T I F

Les mois de l'année

janvier *(m.)*   *January*
février *(m.)*   *February*
mars *(m.)*   *March*
avril *(m.)*   *April*
mai *(m.)*   *May*
juin *(m.)*   *June*
juillet *(m.)*   *July*
août *(m.)*   *August*
septembre *(m.)*   *September*
octobre *(m.)*   *October*
novembre *(m.)*   *November*
décembre *(m.)*   *December*

Les saisons de l'année

le printemps   *spring*
l'été *(m.)*   *summer*
l'automne *(m.)*   *fall*
l'hiver *(m.)*   *winter*
une saison   *season*

Expressions météorologiques

Il fait froid.   *It's cold.*
Il fait chaud.   *It's hot (warm).*
Il fait frais.   *It's cool.*
It fait beau.   *It's nice out.*
Il fait mauvais.   *The weather is bad.*
Il fait du soleil.   *It's sunny out.*
Il fait du vent.   *It's windy.*
Il pleut.   *It's raining.*
Il neige.   *It's snowing.*
Il commence à faire froid.   *It's starting to get cold.*

Expressions de temps

à l'heure   *on time*
en avance   *early*
en retard   *late*
une demi-heure   *half an hour*
puis   *then; next*
tout de suite   *immediately; right away*
À tout de suite.   *See you very soon.*

D'autres noms

un anniversaire   *birthday*
un avion   *airplane*
un bébé   *baby*
la fête nationale   *national holiday*
une guerre   *war*
le monde   *world*
une place   *seat*
un problème   *problem*
une victime   *victim (male or female)*

Expressions utiles

Ça ne vous dérange pas?   *That doesn't bother you?*
D'où venez-vous?   *Where do you come from?*
en voiture   *by car*
Je vous en prie.   *Don't mention it; You're welcome; Please do.*
Parlez-moi de ce voyage.   *Tell me about this trip.*
Qui est à l'appareil?   *Who is speaking (on the phone)?*
suivant(e)   *following; next*
y   *there*

Verbes

arriver   *to arrive; to happen*
commander   *to order*
commencer   *to begin*
descendre   *to go down; to get out of*
devenir   *to become*
entrer   *to enter*
monter   *to go up; to get into*
mourir   *to die*
naître   *to be born*
poster   *to mail*
rentrer   *to go (come) back; to go (come) home*
retourner   *to go back; to return*
revenir   *to come back*
tourner   *to turn*
traverser   *to cross, to go across*
venir   *to come*
venir de …   *to have just …*

On mange bien en France

Coup d'envoi

Coup d'envoi

Prise de contact ### Quelque chose à manger?

Tu as faim°, Bruno?	*You are hungry*
Qu'est-ce qu'il y a?	
Il y a …	
du pain° .	*bread*
des hors-d'œuvre°.	*appetizers*
de la soupe.	
du poisson.	
de la viande°.	*meat*
des légumes°.	*vegetables*
de la salade.	
du fromage.	
Qu'est-ce que tu vas prendre?°	*What are you going to have?*

➔ Et vous? Qu'est-ce que vous allez prendre?
Je voudrais …
Merci, je n'ai pas faim.
Je regrette° mais j'ai déjà mangé.   *I'm sorry*

Conversation

L'apéritif chez les Aspel

James Davidson est invité à prendre l'apéritif° chez Monsieur et   *have a before-dinner*
Madame Aspel, les parents de Karine. Monsieur Aspel lui offre   *drink*
quelque chose à boire.

M. Aspel:	Que voulez-vous boire, James? J'ai du vin, de la	
	limonade, du jus de pomme°, de la bière …	*apple*
James:	Quel choix!° Comment s'appelle ce vin?	*What a choice!*
M. Aspel:	C'est du beaujolais. Et voilà une bouteille° de	*bottle*
	bordeaux.	
James:	Alors, un peu de beaujolais, s'il vous plaît.	
M. Aspel:	Bien sûr°, voilà.	*Of course*
	(James lève° son verre et Monsieur Aspel verse° du	*lifts / pours*
	vin.)	
James:	Merci beaucoup.	
M. Aspel:	Je vous en prie.	
	(Un peu plus tard)	
M. Aspel:	Alors, que pensez-vous° de ce petit vin?	*what do you think*
James:	Il est délicieux.	
M. Aspel:	Encore à boire?°	*More to drink?*
James:	Non, merci.	
M. Aspel:	C'est vrai?	
James:	Oui, vraiment. Sans façon.°	*Honestly.*
M. Aspel:	Alors, je n'insiste pas.°	*I won't insist.*

→ **Jouez ces rôles.**   Répétez la conversation avec votre partenaire. Utilisez vos
noms.

Château St.Georges

Pourquoi est-ce que James lève son verre quand Monsieur Aspel va verser du vin?

a. James est très poli. Cela fait partie *(is part of)* du savoir-vivre *(code of good manners)*.
b. C'est plus facile *(easier)* pour Monsieur Aspel.
c. James ne veut pas renverser *(knock over)* son verre.

L'apéritif

A before-dinner drink is often offered. This might be **un kir, un porto** *(port wine),* **un jus de pomme,** etc.

L'art d'apprécier le vin

Wine is an integral part of French social life and there are a number of polite gestures, such as lifting one's glass when wine is to be poured, that are associated with wine appreciation.

Tout se fait autour d'une table (Everything takes place around a table)

It does not take long in France to realize how much time is spent sitting around a table. Not only is a table the place to enjoy a meal or share a drink, it is also a primary spot for business deals, serious discussion, pleasant companionship, courtship, and child rearing! It is not surprising, therefore, to find that the table has a place of honor in France, whether it is in **la cuisine, la salle à manger** *(dining room),* **le restaurant, le café, le bistro,** or **la cafétéria.**

Un repas français (A French meal)

A good example of the presence of structure in French lives is the order of a French meal. There are as many as five separate courses at both lunch and dinner, although these are not necessarily heavy meals. After the **hors-d'œuvre,** the **plat principal** is served. There may be more than one **plat principal** (e.g., fish *and* meat). **La salade** normally comes next, followed by **le fromage** and **le dessert.** In a light meal, either the cheese or the dessert may be omitted.

Any variation in the order of the French meal is almost always minor. In some regions, such as **Angers,** the salad is often eaten with the main course. The number of courses in a French meal reflects not only the French feeling for structure, but also the French appreciation of savoring each taste individually.

Sans façon

Refusing additional servings is often quite difficult in France. The French are gracious hosts and are anxious that their guests have enough to eat and drink. There is therefore a need to find ways to convey politely that you are full. Do not, incidentally, say **Je suis plein(e)** (literally, *I am full*), since this would convey that you were either drunk or pregnant. When all else fails (e.g., **Merci; Non, merci; Vraiment; Je n'ai plus faim/soif; J'ai très bien mangé/bu,** etc.), the expression **Sans façon** *(Honestly; No kidding)* will usually work. Of course, if you feel like having a second serving, you may say **Volontiers!** or **Je veux bien.**

In France	In North America
Eating several courses, even light ones, means that you have to stop after each course and wait for the next. Much more time is spent at the table.	Everything may be served at once and, therefore, much less time is spent at the table.
A green salad is served *after* (occasionally with) the **plat principal.** It is not eaten as a first course.	If there is a salad, it is eaten at the start of the meal.
There is only one type of dressing (oil and vinegar) served with a salad.	There is a variety of salad dressings available. What is referred to as *French dressing* is nothing like what is served with a salad in France.
Bread is always served with the meal, usually without butter, and is bought fresh every day.	Bread is not always served with the meal.
Coffee is not served during lunch or dinner. It is served, without cream, at the end of these meals.	Coffee is occasionally served right away at the start of the meal.
Café au lait is served only at breakfast. This mixture of 1/2 coffee and 1/2 warm milk is often served in a bowl.	Many people put milk in their coffee at every meal.

En France, on boit beaucoup d'eau minérale.

Il y a un geste

Encore à boire? A fist is made with the thumb extended to somewhat resemble a bottle. Then the thumb is pointed toward a glass as an invitation or a request to have more to drink.

À vous. Répondez.

1. Que voulez-vous? J'ai de la limonade, du jus de pommes, …
2. Bien sûr, voilà.
3. Aimez-vous la limonade, le jus de pommes, … ?
4. Encore à boire?

entre*amis*

Tu as faim?

1. Find out if your partner is hungry. (S/he is.)
2. Ask if s/he wants something to eat.
3. S/he will ask what there is.
4. Tell what there is.
5. Find out what s/he is going to have.

Prononciation · **Les sons [k], [s], [z], [ʃ], [ʒ] et [ɲ]**

The following words contain some related French consonant sounds. Practice saying the words after your instructor, paying particular attention to the highlighted sound. As you pronounce the words for one sound, look at how that sound is spelled and in what kinds of letter combinations it appears. What patterns do you notice?

[k]
- café, encore, bicyclette, chic
- cinq, quelquefois
- kir, vodka

[s]
- sa, sur, discret, skier, conversation, valse, fils, mars
- pressé, poisson
- citron, exercice, bicyclette
- ça, français, garçon
- six, dix, soixante

[z]
- maison, vase, poison, magasin
- zéro, seize, magazine

[ʃ]
- chaud, blanche, méchant
- short, sweat-shirt

[ʒ]
- jouer, toujours, déjeuner, déjà
- orange, général, garage, refrigérateur

[ɲ]
- espagnol, Allemagne, renseignement

In most situations, -s- is pronounced [s]. But when it appears between two vowels, it is pronounced as [z].

	soir	salade	seul	classe	considération
But:	vase	présente	raison	chose	musée

As in English, -c- is usually pronounced [k], but becomes [s] when it precedes the letters -e, -i, or -y. To create the [s] sound of -c- in some words where it is not followed by e, i, or y, it is written as ç.

	encore	cassis	comment	Maroc	crème
But:	France	voici	bicyclette	français	François

Finally, as in English, the letter -g- is usually pronounced [g], but becomes [ʒ] when it precedes the letters -e, -i, or -y. To create the [ʒ] sound of -g- in some words where it is not followed by e, i, or y, an -e is added after it.

	regarder	golf	guitare	grippe	église
But:	gentil	orangina	gymnase	mangeons	voyageons

Pronounce the following words correctly.

1. chocolat, commerce, chaussures, citron, bicyclette, ça, garçon, chercher, chance, avec
2. cinq, cinquante, quelques, pourquoi, Belgique, quart, chaque, question, banque
3. kir, vodka, skier, baskets, hockey
4. excellent, saxophone, examen, exercice, six, dix, soixante
5. Sénégal, orange, mangeons, voyageur, garage, gauche, âge, ménage, agent, gymnastique
6. surprise, Suisse, sous, semestre, saison, sieste, poisson, plaisir, ensuite
7. conversation, télévision, fonctionnaire, attention, provisions, dissertation
8. zéro, onze, magazine, douze
9. jupe, jeune, je, janvier, aujourd'hui, déjeuner, déjà
10. espagnol, Allemagne, accompagner, renseignement

En été, on commence souvent le repas par un demi melon bien froid. C'est délicieux.

Buts communicatifs

I. Ordering a French Meal

Client(e)	Serveur/Serveuse°	waiter/waitress

Garçon is the traditional way of referring to a waiter; however, the word **serveur** is increasingly used.

Client(e)	Serveur/Serveuse°	
Qu'est-ce que vous avez comme …	Il y a …	
hors-d'œuvre?	des crudités°.	*raw vegetables*
	du pâté°.	*pâté (meat spread)*
	de la salade de tomates.	
soupes?	de la soupe aux légumes.	
	de la soupe à l'oignon°.	*onion*
plats principaux?	de la truite°.	*trout*
	du saumon°.	*salmon*
	du bœuf°.	*beef*
	du porc.	
	du poulet°.	*chicken*
légumes?	des haricots verts°.	*green beans*
	des petits pois°.	*peas*
	des épinards°.	*spinach*
	des frites°.	*French fries*
	du riz°.	*rice*
fromages?	de l'emmental°.	*Swiss cheese*
	du camembert.	
	du chèvre°.	*goat cheese*
	du brie.	
desserts?	des fruits.	
	de la glace°.	*ice cream*
	des pâtisseries°.	*pastries*
	de la tarte°.	*pie*
	du gâteau°.	*cake*

➔ **Et vous?** Avez-vous décidé? Qu'est-ce que vous allez commander?
Je vais prendre …

Remarques:

1. The words **hors-d'œuvre** and **haricot** begin with the letter **h-** but are treated as if they began with a pronounced consonant. Liaison does not take place after words like **les** and **des,** nor is the letter **-e** dropped in words like **le** and **de.**

   Nous aimons **les/hors-d'œuvre.**   Il n'y a pas **de haricots.**

2. **Hors-d'œuvre** is invariable in the plural.

   un **hors-d'œuvre**   des **hors-d'œuvre**

Vocabulaire
à retenir

moutarde   *mustard*

A. L'article partitif

Apportez-moi **du** pain, s'il vous plaît.   *Bring me some bread, please.*
Vous voulez **de la** moutarde?   *Do you want (some) mustard?*
Vous avez **de l'**eau minérale?   *Do you have (any) mineral water?*
Je vais manger **des** frites.   *I'm going to eat (some) French fries.*

▌ You have already learned about definite articles and indefinite articles in French. There is a third type of article in French called **l'article partitif** *(the partitive article)* that is used when a noun represents a certain quantity, or a part, of a larger whole. In English, we sometimes use the words *some* or *any* to represent this idea, but sometimes we use no article at all.

Je voudrais **du** gâteau.   *I would like cake (but just some of it).*
Le professeur a **de la** patience. *The professor has patience (not all the patience in the world, just a portion of it).*

Jean a **des** livres.   *Jean has books (but not all the books in the whole world).*

partitive article	when to use	examples
du	before a masculine singular noun	**du** pain
de la	before a feminine singular noun	**de la** salade
de l'	before a masculine or feminine singular noun that begins with a vowel sound	**de l'**eau
des	before all plural nouns, masculine or feminine	**des** frites

▷ Like the indefinite article, the partitive article usually becomes **de** after a negation.

Est-ce qu'il y a **de l'**eau minérale?	*Is there any mineral water?*
Non, il n'y a **pas d'**eau minérale.	*No, there isn't any mineral water.*
Il y a **des** légumes?	*Are there any vegetables?*
Non, il n'y a **pas de** légumes.	*No, there aren't any vegetables.*

Note: This rule does not apply after **être**.

Ce n'est pas **du** vin, ce n'est pas **de la** limonade, ce n'est pas **de** l'eau. C'est **du** lait.

▷ In a series, the article must be repeated before each noun.

Vous voulez **de la** glace, **de la** tarte ou **du** gâteau?

Be sure to use the contractions **l'**, **de l'**, and **d'** before a vowel.

Review the definite article, p. 43, and the indefinite article, p. 65.

Synthèse:	Les articles		
	définis	*indéfinis*	*partitifs*
masculin singulier	**le**	**un**	**du**
féminin singulier	**la**	**une**	**de la**
pluriel	**les**	**des**	**des**
dans une phrase négative	**le/la/les**	**de**	**de**

Voici un des desserts préférés des Français. Les gâteaux dans cette vitrine *(window)* font venir l'eau à la bouche *(makes one's mouth water)*, n'est-ce pas?

1. **Qu'est-ce que c'est?** Identifiez les choses suivantes.

> *Modèles:*

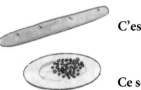

C'est du pain.

Ce sont des petits pois.

1.   2.   3.

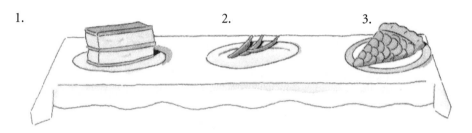

4.   5.   6.

2. **Qu'est-ce que vous commandez?** Dites au garçon ou à la serveuse que vous aimez la chose indiquée. Ensuite demandez quels sont les choix. Il (elle) va mentionner deux choix. Décidez.

> *Modèle:* vegetables
>
> VOUS: **J'aime beaucoup les légumes. Qu'est-ce que vous avez comme légumes?**
> SERVEUR/SERVEUSE: **Nous avons des petits pois et des épinards.**
> VOUS: **Je voudrais des petits pois, s'il vous plaît.**

1. appetizers   5. wine
2. meat   6. cheese
3. fish   7. desserts
4. vegetables

Ils viennent de pique-niquer. Qu'est-ce qu'ils ont apporté *(brought)*? Qu'est-ce qu'ils n'ont pas apporté?

> *Modèle:* Les Delille (pain, salade)
> **Les Delille ont apporté du pain, mais ils n'ont pas apporté de salade.**

1. Séverine (salade, fromage)
2. Roland (haricots verts, moutarde)
3. Serge et Christelle (fromage, vin rouge)
4. Patricia (poisson, vin blanc)
5. Vous (… , …)

 Un(e) touriste va au restaurant. Jouez la scène suivante en complétant les phrases avec **du, de la, de l', des, de** ou **d'.**

—Vous avez décidé?
—Oui, je voudrais ＿＿ pâté, ＿＿ truite, ＿＿ frites et ＿＿ épinards.
—Et comme boisson?
—Apportez-moi ＿＿ café, s'il vous plaît.
—Mais c'est impossible! Il n'y a jamais ＿＿ café avec le plat principal.
—Qu'est-ce qu'il y a?
—Nous avons ＿＿ vin ou ＿＿ eau minérale.
—Vous n'avez pas ＿＿ orangina?
—Si, si vous insistez. Et comme dessert?
—Je crois que je voudrais ＿＿ gâteau.
—Nous n'avons pas ＿＿ gâteau. Il y a ＿＿ glace et ＿＿ fruits.
—Merci, je ne vais pas prendre ＿＿ dessert.

B. *Ne … plus*

▸ The opposite of **encore** is **ne … plus** *(no more, not any more, no longer).*

Avez-vous **encore** soif?	*Are you still thirsty?*
Non, je **n'**ai **plus** soif et je **n'**ai **plus** faim.	*No, I'm not thirsty any more and I'm no longer hungry.*

▸ **Ne … plus** works like the other negations you have learned; that is, **ne** and **plus** are placed around the conjugated verb. This means that in the passé composé, **ne** and **plus** surround the auxiliary verb and the past participle follows **plus.**

> Remember that the partitive article becomes **de** after a negation: **plus *de* glace, plus *de* dessert.**

Je regrette; nous **n'**avons **plus** de glace.	*I'm sorry; we have no more ice cream.*
Je **ne** vais **plus** manger de dessert.	*I am not going to eat any more dessert.*
Delphine **n'**a **plus** dîné dans ce restaurant-là.	*Delphine did not eat in that restaurant again.*

Encore à manger ou à boire?   Offrez encore à manger ou à boire. Votre partenaire va refuser poliment.

> *Modèles:* bière   glace
> —**Encore de la bière?**   —**Encore de la glace?**
> —**Sans façon, je n'ai plus soif.**   —**Merci, je n'ai plus faim.**

1. café	7. tarte
2. eau	8. poisson
3. limonade	9. légumes
4. pâté	10. beaujolais
5. viande	11. salade
6. frites	12. fromage

 Le restaurant impossible.   Il n'y a plus beaucoup à manger ou à boire. Le serveur (la serveuse) répond toujours **Je regrette** et suggère autre chose. Insistez! Expliquez que vous n'aimez pas ce qu'il (elle) propose.

> *Modèle:* poisson (viande)
> VOUS: **Avez-vous du poisson?**
> SERVEUR/SERVEUSE: **Je regrette, nous n'avons plus de poisson; mais nous avons de la viande.**
> VOUS: **Mais je voudrais du poisson! Je n'aime pas la viande.**

1. coca (vin)	6. pâtisseries (glace)
2. soupe (hors-d'œuvre)	7. chocolat chaud (café)
3. épinards (frites)	8. haricots verts (petits pois)
4. truite (saumon)	9. orangina (limonade)
5. pâté (crudités)	

Il y a un geste

L'addition, s'il vous plaît *(Check, please).* When the French want to signal to a waiter or waitress that they want the check, they pretend to be writing on the open palm of one hand. This is discreetly held up for the waiter to see.

entre *amis*

L'addition, s'il vous plaît

You have just finished your meal in a French restaurant. You signal the waiter/waitress.

1. Ask the waiter/waitress for your bill.
2. S/he will verify the items you ordered.
3. Confirm or correct what s/he says.

C. Le verbe *prendre*

Nous prenons souvent un repas ensemble.	*We often have a meal together.*
Je prends un café.	*I'm having a cup of coffee.*
Mes amis ne **prennent** pas le petit déjeuner.	*My friends don't eat breakfast.*
Qui a pris mon dessert?	*Who took my dessert?*

prendre *(to take; to eat, drink)*			
je	**prends**	nous	**prenons**
tu	**prends**	vous	**prenez**
il/elle/on	**prend**	ils/elles	**prennent**
passé composé: j'**ai pris**			

▶ Note the pronunciation distinction between the third person singular and plural forms.

il prend [prã]   ils prennent [prɛn]

▶ The verbs **apprendre** *(to learn)* and **comprendre** *(to understand; to include)* are conjugated like **prendre.**

Quelle langue **apprenez-vous?**	*What language are you learning?*
J'apprends le français.	*I'm learning French.*
Peggy comprend bien le français.	*Peggy understands French well.*
Comprennent-ils toujours le professeur?	*Do they always understand the teacher?*
Pardon, **je** n'**ai** pas **compris.**	*Excuse me, I didn't understand.*
Le service est **compris.**	*The service (tip) is included.*

Vocabulaire
à retenir

apprendre *to learn*
comprendre *to understand; to include*

Note: *To learn to do something* is **apprendre à** + infinitive.

Nous **apprenons à parler** français.   *We are learning to speak French.*

 7. **Les voyageurs.**   Les personnes suivantes vont voyager. Expliquez quelle langue elles apprennent.

> *Modèle:*   Je vais en France.
> **Alors j'apprends le français.**

Review **langues et pays,** in Ch. 5.

1. Mes parents vont en Italie.
2. Mon cousin va en Allemagne.
3. Ma sœur va au Mexique.
4. Mon oncle et ma tante vont en Russie.

5. Mes amis et moi allons en Belgique.
6. Vous allez en Chine.
7. Je vais au Maroc.

 8. **La plupart des étudiants.**   Interviewez votre partenaire à propos des étudiants de votre cours de français. Attention au présent et au passé composé.

> *Modèles:*   apprendre le français
> **—Est-ce que la plupart des étudiants apprennent le français?**
> **—Bien sûr, ils apprennent le français.**
>
> apprendre le français à l'âge de quinze ans
> **—Est-ce que la plupart des étudiants ont appris le français à l'âge de quinze ans?**
> **—Non, ils n'ont pas appris le français à l'âge de quinze ans.**

1. prendre quelquefois un verre de vin au petit déjeuner
2. prendre le petit déjeuner ce matin
3. comprendre toujours le professeur de français
4. apprendre l'espagnol à l'âge de cinq ans
5. prendre souvent un taxi
6. prendre un taxi hier
7. comprendre cet exercice

 9. **À vous.**   Répondez.

1. Vos amis prennent-ils le petit déjeuner d'habitude? Si oui, qu'est-ce qu'ils prennent comme boisson?
2. D'habitude, qu'est-ce que vous prenez comme boisson au petit déjeuner? au déjeuner? au dîner?
3. Qu'est-ce que vous avez pris comme boisson ce matin?
4. Qu'est-ce que la plupart des Français prennent comme boisson au dîner?
5. Qu'est-ce que vous allez prendre si vous dînez dans un restaurant français?
6. Si vous commandez un dessert, que prenez-vous d'habitude?
7. Comprenez-vous toujours les menus qui sont en français?
8. Avez-vous appris à faire la cuisine?

entre*amis*

Tu comprends les serveurs de restaurant?

1. Ask if your partner is learning French.
2. Find out if s/he understands French waiters.
3. Tell him/her you are going to a French restaurant and invite him/her to go with you. (S/he will.)
4. Ask if s/he is hungry.
5. Discuss what you are going to have.

II.   Discussing Quantities

Qu'est-ce que tu manges, Solange?
>   Je mange …
>>   trop de glace.
>>   beaucoup de frites.
>>   assez de poisson.
>>   un peu de gâteau.
>>   peu d'épinards.
>   Je mange …
>>   un morceau° de pizza.   *piece*
>>   une tranche de jambon°.   *slice of ham*
>>   une assiette° de crudités.   *plate*
>>   une boîte de bonbons°.   *box of candy*

➡ **Et vous?**   Qu'est-ce que vous mangez?
>   Je mange …
>   Qu'est-ce que vous buvez°?   *you drink*
>   Je bois° …   *I drink*

Remarque: The plural of **un morceau** is **des morceaux.**

Thomas a mangé cinq **morceaux** de pizza.

D. Les expressions de quantité

▸ You have already been using expressions of quantity throughout this course. There are two kinds of expressions of quantity: specific measures (**une tasse, un verre,** etc.) and indefinite expressions of quantity (**assez, beaucoup,** etc.).

To use these expressions of quantity with nouns, insert **de** (but no article) before the noun.

Une bouteille de vin, s'il vous plaît.	*A bottle of wine, please.*
Une douzaine d'œufs, s'il vous plaît.	*A dozen eggs, please.*
Il faut **un kilo de porc.**	*We need a kilo of pork.*
Trois kilos de pommes de terre aussi.	*Three kilos of potatoes also.*
Je voudrais **un morceau de pain.**	*I'd like a piece of bread.*
Ils n'ont pas **beaucoup d'amis.**	*They don't have a lot of friends.*
Combien de frères ou **de sœurs** avez-vous?	*How many brothers or sisters do you have?*

Trop, beaucoup, assez, and **peu** can be used with either singular or plural nouns. *Un* **peu** can only be used with singular nouns, those that cannot be counted. To express the idea of a small amount with a plural noun (which *can* be counted), use **quelques** *(a few, some)* without **de.**

	Voulez-vous **un peu de** fromage?	*Would you like a little cheese?*
But:	Voulez-vous **quelques** frites?	*Would you like a few French fries?*

The indefinite expressions of quantity can also be used with verbs, without the addition of **de.**

Je chante **beaucoup.**	*I sing a lot.*
Rip van Winkle a **trop** dormi.	*Rip van Winkle slept too much.*
Nous avons **assez** travaillé!	*We have worked enough!*

To express how much you like or dislike a thing, the definite article (not **de**) is used before the noun.

Je n'aime pas **beaucoup le** lait.	*I don't much like milk.*
Mon frère aime **trop la** glace.	*My brother likes ice cream too much.*

Peu de can be introduced by the word **très** to make it more emphatic. **Très** cannot be used with the other expressions of quantity.

L'ex-président mange **très peu de** brocoli.

E. Le verbe *boire*

Quel vin **boit-on** avec du poisson?
Nous buvons un peu de thé.
Nos amis mangent de la salade et **ils boivent** de l'eau.
Hélène a trop **bu!**

boire *(to drink)*			
je	**bois**	nous	**buvons**
tu	**bois**	vous	**buvez**
il/elle/on	**boit**		
ils/elles	**boivent**		
passé composé: j'**ai bu**			

▶ Note the pronunciation distinction between the third person singular and plural forms.

elle boit͟   [bwa]   elles boivent͟   [bwav]

10. **Les goûts et les couleurs** *(Tastes and colors).*   Donnez des précisions en utilisant *(by using)* les expressions de quantité entre parenthèses.

> *Modèles:*   Nous buvons du vin. (peu)   Nous aimons les fruits. (beaucoup)
> **Nous buvons peu de vin.**   **Nous aimons beaucoup les fruits.**

1. Ma sœur boit de l'orangina. (trop)
2. Elle aime l'orangina. (beaucoup)
3. Nos parents prennent du café. (un peu)
4. Vous avez de la salade? (assez)
5. Jean n'aime pas le vin. (beaucoup)
6. Il boit de l'eau. (peu)
7. J'aime le poisson. (assez)
8. Du vin blanc, s'il vous plaît. (un verre)
9. Marie désire des hors-d'œuvre. (quelques)
10. Je voudrais de la viande et du vin. (quatre tranches/une bouteille)

11. **Dans ma famille.**   Décrivez les habitudes de votre famille.

> *Modèles:*   **Nous mangeons beaucoup de glace.**
> **Ma sœur boit très peu de lait.**

			épinards
			fruits
		trop	limonade
mes parents		beaucoup	lait
ma sœur	manger	assez	glace
mon frère	boire	peu	salade
je		très peu	poisson
nous		jamais	eau
			chocolat chaud
			pommes de terre

12. **Sur le campus.**   Utilisez une expression de quantité pour répondre à chaque question.

> *Modèle:*   Les étudiants ont-ils du temps libre?
> **Ils ont très peu de temps libre.**

1. Avez-vous des amis à l'université?
2. Est-ce que les étudiants de votre université boivent de la bière?
3. Aiment-ils le coca light?
4. Est-ce que vos amis boivent du thé?
5. Vos amis mangent-ils du fromage?
6. Les étudiants mangent de la pizza, n'est-ce pas?
7. Les étudiants ont-ils des devoirs?

13. **L'appétit vient en mangeant** *(Eating whets the appetite).* Complétez les paragraphes avec **le, la, l', les, du, de la, de l', des, de** et **d'.**

Before doing this activity, review the use of the definite article in Ch. 2 (p. 43) and also the use of **de** after a negation.

1. Françoise est au restaurant. Elle va manger ____ hors-d'œuvre, ____ poisson, ____ viande, ____ salade, un peu ____ fromage et beaucoup ____ glace. Elle va boire ____ vin blanc avec ____ poisson et ____ vin rouge avec ____ viande et ____ fromage. Mais elle ne va pas manger ____ soupe parce qu'elle n'aime pas ____ soupe.

2. Monsieur et Madame Blanc ne boivent jamais ____ café. Ils détestent ____ café mais ils aiment beaucoup ____ thé. Quelquefois ils boivent ____ vin, mais jamais beaucoup. Leurs enfants adorent ____ orangina et ____ coca-cola classique. Malheureusement *(unfortunately)*, il n'y a jamais ____ orangina ou ____ coca chez eux. Les parents pensent que ____ coca et ____ orangina ne sont pas bons pour les dents *(teeth)*. Alors leurs enfants boivent ____ lait ou ____ eau.

Note culturelle: Les Québécois disent «déjeuner» pour **petit déjeuner,** «dîner» pour **déjeuner** et «souper» pour **dîner.**

Le petit déjeuner à Paris

du pain
un croissant
du beurre
de la confiture
du café au lait
du thé
du chocolat chaud

Le petit déjeuner à Québec

du jus de fruits (orange, pomme, canneberge)
des céréales (froides ou chaudes)
un œuf
du jambon ou du bacon
du pain grillé
des crêpes
du beurre
de la confiture
du sirop d'érable
du café
du thé
du lait
du chocolat chaud

entre*amis*

Tu prends le petit déjeuner d'habitude?

Use the breakfast menu on the previous page, if possible.

1. Find out if your partner usually has breakfast.
2. Find out if s/he had breakfast this morning.
3. If so, find out what s/he ate.
4. Ask what s/he drank.

III. Expressing an Opinion

Que penses-tu de ce fromage, René?
    Mmm … miam°, il est délicieux.   *Yum*
Que penses-tu de ces épinards?
    Ils sont assez bons.
Que penses-tu de la pizza aux anchois°?   *anchovies*
    Berk°, elle est affreuse°.   *Yuck / awful*

➡ Et vous?   Que pensez-vous du thé au citron? Est-il … délicieux? bon?
affreux?
Que pensez-vous des croissants français? Sont-ils … délicieux?
bons? affreux?
Que pensez-vous de la glace au chocolat? Est-elle … délicieuse?
bonne? affreuse?
Que pensez-vous des soupes froides? Sont-elles … délicieuses?
bonnes? affreuses?

14. **Qu'en penses-tu?** *(What do you think of it/of them?)*   Vous êtes à une
soirée avec un(e) ami(e). Donnez votre opinion des choses indiquées et demandez
l'opinion de votre ami(e).

    Modèles: hors-d'œuvre

            VOUS: **Je trouve ces hors-d'œuvre très bons. Qu'en
penses-tu?**
     VOTRE AMI(E): **Je suis d'accord. Ils sont délicieux.**

         pâtisserie

            VOUS: **Je trouve cette pâtisserie affreuse! Qu'en
penses-tu?**
     VOTRE AMI(E): **Mais pas du tout. Elle est excellente.**

1. fromage	3. café	5. fruits *(m.)*	7. légumes *(m.)*	9. viande
2. bière	4. glace	6. poisson	8. vin	10. salade

entre *amis*

Que penses-tu de … ?

1. Give your partner something to eat and drink.
2. Toast your partner.
3. Ask what s/he thinks of the food.
4. Find out what s/he thinks of the drink.
5. Offer some more.

Review the verb **avoir**,
p. 68.

Use **très** with **faim, soif,**
etc. to express the
meaning *very.*

Vocabulaire
à retenir

The expressions with
avoir in this section

F. Quelques expressions avec *avoir*

A number of idiomatic expressions in French use **avoir** with a noun where English would use *to be* with an adjective.

Feelings		*Opinions/Judgments*	
j'ai faim	*I am hungry*	j'ai raison	*I am right*
j'ai soif	*I am thirsty*		*I am wise*
j'ai froid	*I am cold*	j'ai tort	*I am wrong*
j'ai chaud	*I am hot*		*I am unwise*
j'ai sommeil	*I am sleepy*		
j'ai peur	*I am afraid*		

Peur, raison, and **tort** can be used alone, but are often followed by **de** and an infinitive. **Peur** can also be followed by **de** and a noun.

Paul **a tort de** fumer.	*Paul is wrong to smoke.*
Tu **as raison** d'étudier souvent.	*You are wise to study often.*
Nous **avons peur d'**avoir une mauvaise note.	*We are afraid of getting a bad grade.*
Je **n'ai pas peur des** examens.	*I am not afraid of tests.*

When an infinitive is negative, both **ne** and **pas** precede it.

Il a eu tort de **ne pas étudier.**	*He was wrong not to study.*

Explications.   Donnez une explication ou exprimez votre opinion. Complétez les phrases suivantes avec une des expressions idiomatiques avec le verbe **avoir.**

> *Modèle:*   Olivier ne porte pas de manteau en novembre. Il …
> **Il a froid.**   ou   **Il a tort.**

1. Je suis fatigué. J' …
2. Ah! Quand nous pensons à une bonne pizza au fromage, nous …
3. Christelle pense qu'on parle espagnol au Portugal. Elle …
4. Mon frère … des gros chiens.
5. Vous pensez que notre professeur est charmant? Ah! Vous …
6. Nous allons boire quelque chose parce que nous …
7. Cet après-midi je voudrais aller à la piscine. J' …
8. C'est le mois de décembre et nous …

 Si c'est comme ça *(If that's the way it is).*   Utilisez une ou deux expressions avec **avoir** pour compléter les phrases suivantes.

> *Modèle:*   Si on travaille beaucoup, on …
> **Si on travaille beaucoup, on a faim et soif.**

1. On a envie de manger quelque chose si on …
2. Si on ne va pas aux cours, on …
3. Si on ne porte pas de manteau en décembre, on …
4. Si on pense que deux fois quatre font quarante-quatre, on …
5. S'ils font leurs devoirs, les étudiants …
6. Si on porte beaucoup de vêtements en été …
7. Si on ne boit pas d'eau, on …
8. Si on pense que les professeurs sont méchants, on …

À vous.   Répondez.

1. À quel(s) moment(s) de la journée avez-vous faim? Que faites-vous quand vous avez faim?
2. À quel(s) moment(s) de la journée avez-vous soif? Que faites-vous?
3. Où vont les étudiants de votre université quand ils ont soif?
4. À quel(s) moment(s) de la journée avez-vous sommeil? Que faites-vous?
5. Pendant quels cours avez-vous envie de dormir?
6. Quel vêtement portez-vous si vous avez froid?
7. Que faites-vous si vous avez chaud?
8. Avez-vous peur d'avoir une mauvaise note?
9. Avez-vous peur avant un examen? Si oui, de quels examens avez-vous peur?
10. Vos professeurs ont-ils toujours raison?

entre*amis*

Un examen

1. Tell your partner that there is a test next week.
2. Find out if s/he is afraid.
3. Find out if s/he is going to study this weekend.
4. Depending on the answer, say whether you think s/he is wise or unwise.

IV. Expressing a Preference

Quelle sorte de sandwichs préfères-tu, Valérie?

    Je préfère les sandwichs au fromage.

Quelle sorte de pizzas préfères-tu?

    Je préfère les pizzas aux champignons°.   *mushrooms*

Quelle sorte de glace préfères-tu?

    Je préfère la glace à la fraise°.   *strawberry*

 Et vous?   Que préférez-vous?

Moi, je préfère les sandwichs …

au beurre°	*with butter*
au beurre d'arachide°	*with peanut butter*
à la confiture°	*with jam*
au fromage	
au jambon	
à la mayonnaise	
à la moutarde	
au pâté	

Et je préfère les pizzas …

au fromage	
aux champignons	
aux oignons	
aux anchois	
à l'ail°	*with garlic*

Et je préfère la glace …

au chocolat
à la vanille
à la fraise
au café

Review the use of **à** with the definite article, p. 136.

Remarque: Use **à** and the definite article to specify ingredients.

une omelette **au fromage**	*a cheese omelet*
une crêpe **à la confiture**	*a crepe with jam*
une pizza **aux champignons**	*a mushroom pizza*
un croissant **au beurre**	*a croissant made with butter*

 18. **Quel choix!** Vous êtes dans une pizzeria à Paris. Demandez à la serveuse ou au serveur le choix qu'elle (il) offre. Elle (il) va répondre. Ensuite commandez quelque chose.

Modèle: pizzas

> VOUS: **Quelles sortes de pizzas avez-vous?**
> SERVEUSE/SERVEUR: **Nous avons des pizzas au jambon, aux champignons et au fromage.**
> VOUS: **Je voudrais une pizza au fromage et au jambon, s'il vous plaît.**

1. sandwichs	3. pizzas	5. crêpes
2. omelettes	4. glaces	6. croissants

 19. **Mes préférences.** Écrivez trois petits paragraphes pour décrire …

1. les choses que vous aimez beaucoup.
2. les choses que vous mangez si vous avez très faim.
3. les choses que vous ne mangez jamais.

G. Les verbes comme *préférer*

Vocabulaire
à retenir

préférer *to prefer*
espérer *to hope*
répéter *to repeat*
exagérer *to exaggerate*

Vous préférez la glace ou la pâtisserie?	*Do you prefer ice cream or pastry?*
Je préfère la glace.	*I prefer ice cream.*
Espérez-vous aller en France un jour?	*Do you hope to go to France sometime?*
Oui, et **j'espère** aller au Canada aussi.	*Yes, and I hope to go to Canada also.*
Répétez, s'il vous plaît.	*Repeat, please.*
Les étudiants **répètent** après leur professeur.	*The students repeat after their teacher.*

The verbs **préférer** *(to prefer)*, **espérer** *(to hope)*, **répéter** *(to repeat; to practice)*, and **exagérer** *(to exaggerate)* are all conjugated as regular -er verbs except that before a silent ending (as in the present tense of the **je, tu, il/elle/on,** and **ils/elles** forms), the -é- before the ending becomes -è-.

Préférer usually is followed by **le, la, les,** when used with a noun.

préférer *(to prefer)*		
silent endings		*pronounced endings*
je **préfère**	nous	**préférons**
tu **préfères**	vous	**préférez**
il/elle/on **préfère**		
ils/elles **préfèrent**		

passé composé: j'**ai préféré**

20. **Vos amis et vous.**   Interviewez une autre personne d'après le modèle.

> *Modèle:*   la truite ou les anchois
>
> VOUS: **Est-ce que vos amis préfèrent la truite ou les anchois?**
> VOTRE PARTENAIRE: **Ils préfèrent la truite.**
> VOUS: **Et vous, qu'est-ce que vous préférez?**
> VOTRE PARTENAIRE: **Moi, je préfère les anchois.**
> VOUS: **Berk!**

1. le samedi soir ou le lundi matin
2. faire la vaisselle ou faire la cuisine
3. New York ou Los Angeles
4. la politique ou les mathématiques
5. partir en vacances ou travailler
6. étudier ou jouer au tennis
7. le cinéma ou le théâtre
8. le petit déjeuner ou le dîner
9. voyager ou rester à la maison
10. les sandwichs ou les omelettes
11. le coca ou le coca light
12. apprendre les mathématiques ou apprendre le français
13. regarder la télévision ou écouter la radio

21. **Microconversation: Vous déjeunez au restaurant.** Qu'est-ce qu'il y a à manger et à boire? Il y a toujours un choix. Vous préférez autre chose, mais il faut choisir *(you have to choose)*. Suivez *(follow)* le modèle.

Review the choices on p. 227.

Modèle: le fromage

VOUS: **Qu'est-ce que vous avez comme fromage?**
SERVEUR: **Nous avons du brie et du camembert.**
VOUS: **Je préfère le chèvre. Vous n'avez pas de chèvre?**
SERVEUR: **Je regrette, mais le brie et le camembert sont très bons.**
VOUS: **Très bien, je vais prendre du brie, s'il vous plaît.**

(Un peu plus tard)
SERVEUR: **Comment trouvez-vous le brie?**
VOUS: **Je pense qu'il est excellent!**

1. les hors-d'œuvre
2. la viande
3. les légumes
4. le fromage
5. les desserts

entre*amis*

Au snack-bar

1. Find out if your partner is hungry. (S/he is.)
2. Find out if s/he likes sandwiches, pizza, ice cream, etc.
3. Find out what kind of sandwich, etc., s/he prefers.
4. Tell your partner what you are going to order.

Intégration

RÉVISION

A. **À la carte**

1. Nommez trois sortes de pizzas.
2. Nommez trois sortes de sandwichs.
3. Nommez trois sortes de légumes.
4. Nommez trois sortes de plats principaux.

B. **À vous.** Répondez.

1. Où allez-vous si vous avez faim ou soif?
2. Aimez-vous les sandwichs? Si oui, quelle sorte de sandwich préférez-vous?
3. Qu'est-ce que vous préférez comme pizza? Qu'est-ce que vos amis préfèrent?
4. Si vous allez au restaurant, qu'est-ce que vous commandez d'habitude? Qu'est-ce que vous refusez de manger?
5. Avez-vous pris le petit déjeuner ce matin? Si oui, qu'est-ce que vous avez mangé? Qu'est-ce que vous avez bu?
6. Qu'est-ce que vous buvez le soir d'habitude? Qu'est-ce que vos amis boivent?
7. Qu'est-ce que vous pensez du vin de Californie? du vin de New York? du vin français?
8. Qu'est-ce que vous pensez du fromage américain? du fromage français?
9. Que pensez-vous des repas au restaurant universitaire?
10. À quel moment avez-vous sommeil? Pourquoi?
11. Qu'est-ce que vous espérez faire dans la vie?

On trouve en France beaucoup de restaurants vietnamiens ou marocains. Les propriétaires sont généralement immigrés de ces pays francophones.

Chez Jacques

Menu à 95 francs

assiette de crudités
soupe à l'oignon
pâté du chef
tarte à l'oignon
salade de tomates

bœuf bourguignon
truite aux amandes
canard à l'orange
steak-frites
poulet frites

salade

fromage

omelette norvégienne
mousse au chocolat
tarte maison
glace

Boisson non comprise; service compris

entre *amis*

Le menu, s'il vous plaît

You are a waiter (waitress). Use the menu provided and wait on two customers. When you have finished taking their order, tell the chef (the teacher) what they are having.

Use the CD-ROM Module 5 before viewing the video to help you understand what you will see and hear.

Note culturelle: «Faire le pont» *(bridge)*: Si, par exemple, on a un jour de congé *(holiday)* le mardi, on ne travaille pas le lundi. Comme cela, on a quatre jours de suite *(in a row)* sans travail: le week-end plus lundi et mardi.

PAS DE PROBLĒME!

Cette activité est basée sur la vidéo, *Module 5* (queue to 22:08). Répondez.

1. Quelle est la nationalité de Bruno?
2. Qu'est-ce que les quatre jeunes personnes commandent au café?
3. Quel temps fait-il?
4. Quels sont les quatre jours mentionnés par Marie-Christine pour expliquer le mot «pont»?
5. Qui a un ami qui s'appelle Noël?
6. Pourquoi est-ce qu'ils ne partent pas en voiture?
7. Comment vont-ils voyager?
8. Qui ne va pas voyager? Pourquoi pas?

L E C T U R E   I

A. **Imaginez la scène.** Deux personnes prennent le petit déjeuner ensemble. Imaginez cette scène. Répondez aux questions suivantes.

1. Qu'est-ce qu'il y a sur la table?
2. Qui sont les deux personnes?
3. Que font-elles?
4. Que boivent-elles?
5. De quoi est-ce qu'elles parlent?
6. Quel temps fait-il?

Déjeuner du Matin

Il a mis[1] le café
Dans la tasse
Il a mis le lait
Dans la tasse de café
Il a mis le sucre
Dans le café au lait
Avec la petite cuiller[2]
Il a tourné
Il a bu le café au lait
Et il a reposé[3] la tasse
Sans me parler

Il a allumé[4]
Une cigarette
Il a fait des ronds[5]
Avec la fumée
Il a mis les cendres[6]
Dans le cendrier[7]
Sans me parler
Sans me regarder

Il s'est levé
Il a mis
Son chapeau sur sa tête[8]
Il a mis
Son manteau de pluie[9]
Parce qu'il pleuvait[10]
Et il est parti
Sous la pluie
Sans une parole[11]
Sans me regarder
Et moi j'ai pris
Ma tête dans ma main[12]
Et j'ai pleuré.

Jacques Prévert

---

1. He put   2. spoon   3. he set down   4. He lit   5. rings   6. ashes   7. ashtray   8. head
9. rain   10. it was raining   11. a word   12. hand

B. **Questions.** Répondez.

1. Où sont ces personnes?
2. Qui sont les deux personnes? (Imaginez)
3. Quels problèmes possibles ont-elles? (Imaginez)
4. Est-ce que ce poème est triste? Expliquez votre réponse.

C. **Jouez cette scène.** Faites tous les gestes nécessaires et présentez le poème *Déjeuner du Matin* sans parler.

L E C T U R E   I I

A. **Étude du vocabulaire.** Étudiez les phrases suivantes et choisissez les mots anglais qui correspondent aux mots français en caractères gras: *not including, in force, until, way, leisure activities, valid.*

1. Cette carte visa est **valable?** Oui, **jusqu'au** mois de juillet.
2. Les **loisirs** comprennent les promenades, les jeux de cartes, etc.
3. Jean-François joue au tennis d'une **façon** bizarre.
4. C'est le prix **hors**-taxe ou est-ce que les taxes sont comprises?
5. La nouvelle loi entre **en vigueur** le premier janvier.

B. **Un coup d'œil sur la lecture.** Lisez rapidement la publicité et faites une liste des avantages du Week-end Privilège.

Vrai ou faux? Décidez si les phrases suivantes sont vraies ou fausses d'après la lecture. Si une phrase est fausse, corrigez-la.

1. Pour un total de 645 francs deux personnes passent une nuit à l'hôtel et prennent le petit déjeuner.
2. Il faut payer 1.290 francs si deux personnes restent dans une chambre.
3. L'hôtel Royal est un hôtel de luxe.
4. Si on est seul, cette offre n'est pas valable.
5. Le Week-end Privilège comprend deux nuits à l'hôtel.
6. En novembre le prix change.
7. Au dîner, le vin est compris dans le repas.

 Discussion. Répondez.

1. En quoi consiste un petit déjeuner continental? Faites une liste.
2. Cherchez Deauville dans une encyclopédie. Expliquez son intérêt touristique.
3. Est-ce que cette offre est vraiment exceptionnelle? Expliquez votre réponse.

VOCABULAIRE ACTIF

Boissons

un apéritif *before-dinner drink*
du beaujolais *Beaujolais*
du bordeaux *Bordeaux*

Hors-d'œuvre ou soupe

des crudités *(f. pl.)* *raw vegetables*
un hors-d'œuvre *appetizer*
du pâté *pâté (meat spread)*
de la salade de tomates *tomato salad*
de la soupe *soup*
de la soupe aux légumes *vegetable soup*

Viandes

du bœuf *beef*
du jambon *ham*
du poulet *chicken*
du porc *pork*
de la viande *meat*

Poissons

des anchois *(m. pl.)* *anchovies*
du saumon *salmon*
de la truite *trout*

Légumes

de l'ail *(m.)* *garlic*
du brocoli *broccoli*
des épinards *(m. pl.)* *spinach*
des frites *(f. pl.)* *French fries*
des haricots verts *(m. pl.)* *green beans*
un légume *vegetable*
un oignon *onion*
des petits pois *(m. pl.)* *peas*
une pomme de terre *potato*
du riz *rice*

Fromages

du brie *Brie*
du camembert *Camembert*
du chèvre *goat cheese*
de l'emmental *(m.)* *Swiss cheese*

D'autres choses à manger

du beurre *butter*
du beurre d'arachide *peanut butter*
des céréales *(f. pl.)* *cereal*
des champignons *(m.)* *mushrooms*
de la confiture *jam*
un croissant *croissant*
de la mayonnaise *mayonnaise*
de la moutarde *mustard*
un œuf *egg*
une omelette *omelet*
du pain *bread*
du pain grillé *toast*
de la salade *salad*
un sandwich *sandwich*
une tomate *tomato*

Desserts

un bonbon   *candy*
une crêpe   *crepe, French pancake*
un dessert   *dessert*
des fraises *(f.)*   *strawberries*
un fruit   *fruit*
du gâteau   *cake*
de la glace (à la vanille)   *(vanilla) ice cream*
des pâtisseries *(f.)*   *pastries*
une pomme   *apple*
de la tarte   *pie*

Quantités et mesures

une assiette   *plate*
une boîte   *box; can*
une bouteille   *bottle*
une douzaine   *dozen*
un kilo   *kilogram*
un morceau   *piece*
une tranche   *slice*

D'autres noms

l'addition *(f.)*   *(restaurant) bill, check*
un choix   *choice*
le déjeuner   *lunch*
un garçon   *waiter; boy*
le petit déjeuner   *breakfast*
le plat principal   *main course, main dish*
un repas   *meal*
la salle à manger   *dining room*
un serveur   *waiter*
une serveuse   *waitress*
le théâtre   *theater*

Adjectifs

affreux (affreuse)   *horrible*
délicieux (délicieuse)   *delicious*
quelques   *a few; some*

Verbes

apporter   *to bring*
apprendre   *to learn; to teach*
avoir chaud   *to be hot*
avoir faim   *to be hungry*
avoir froid   *to be cold*
avoir peur   *to be afraid*
avoir raison   *to be right; to be wise*
avoir soif   *to be thirsty*
avoir sommeil   *to be sleepy*
avoir tort   *to be wrong; to be unwise*
boire   *to drink*
comprendre   *to understand*
espérer   *to hope*
penser   *to think*
préférer   *to prefer*
prendre   *to take; to eat, to drink*
répéter   *to repeat; to practice*

Adverbes

naturellement   *naturally*
peu (de)   *little; few*
plus (ne … plus)   *no more; no longer*

Expressions utiles

à propos de   *regarding, on the subject of*
au contraire   *on the contrary*
Berk!   *Yuck! Awful!*
bien sûr   *of course*
Encore à boire (manger)?   *More to drink (eat)?*
Encore de … ?   *More … ?*
Je n'insiste pas.   *I won't insist.*
je regrette   *I'm sorry*
Le service est compris.   *The tip is included.*
Miam!   *Yum!*
Quelle(s) sorte(s) de … ?   *What kind(s) of … ?*
Qu'en penses-tu?   *What do you think of it (of them)?*
Qu'est-ce que vous avez comme … ?   *What do you have for (in the way of) … ?*
sans façon   *honestly; no kidding*
si vous insistez   *if you insist*

L'Afrique noire francophone

Le savez-vous?

Dans quels pays de l'Afrique noire parle-t-on français? Pourquoi?

Formée en majeure partie d'anciennes (*former*) colonies françaises, l'Afrique noire francophone consiste en deux grandes régions: l'Afrique occidentale, qui va de la Mauritanie au Golfe de Guinée, et l'Afrique équatoriale, qui regroupe les pays du Tchad au Congo et l'ancien Congo belge (voir la carte de l'Afrique au début du livre). Le climat est tropical dans le nord de cette vaste région, désertique dans le centre, plus humide près de l'océan. Vers le sud, le désert fait place à la savane, puis à la forêt équatoriale.

Préhistoire	L'Afrique, berceau (*cradle*) de l'humanité, riche en souvenirs préhistoriques
Iᵉʳ–Xᵉ siècles	Civilisations Nok au Nigeria, Ifé au Bénin
XIᵉ–XIVᵉ siècles	Dans la région des fleuves Sénégal et Niger, s'établissent les empires du Ghana, du Mali, du Songhaï. L'Islam, introduit par des caravanes arabes, devient la religion dominante.
XIVᵉ–XVᵉ siècles	Civilisations yoruba au Bénin et bantoue au royaume du Kongo.
XVᵉ–XVIIIᵉ siècles	Explorateurs et marchands d'Europe établissent des centres de commerce le long des côtes africaines. La traite des esclaves se développe.
1659	La France fonde la ville de Saint-Louis au nord de Dakar.
1858–1958	La France s'établit en Afrique occidentale et équatoriale.
1908	La Belgique acquiert le Congo belge.
1960	Indépendance de la plupart des colonies africaines.

Sanctuaire Yoruba

LE SÉNÉGAL

Dakar

Le port de Dakar

Dakar, la capitale du Sénégal, est la ville la plus moderne et l'un des ports les plus importants de la côte ouest africaine. On y trouve de grands immeubles modernes, de belles maisons à la française qui datent de l'époque coloniale, et des avenues bordées d'arbres. Dakar se trouve à la pointe ouest du continent africain. C'est un grand centre métropolitain, un des ports maritimes les plus importants de l'Afrique, et son aéroport est le point de départ de la plupart des vols vers l'Amérique. On y trouve la plupart des services disponibles dans les centres urbains importants. Mais l'augmentation de la population urbaine et la demande énorme des navires qui font escale dans le port rendent parfois les réserves d'eau insuffisantes pour les besoins de la ville.

Dakar est plus que la capitale du Sénégal; centre de l'ancienne fédération de l'Afrique occidentale française, elle est aussi le centre culturel et économique de l'Afrique de l'ouest. Bien que de nombreux Sénégalais fassent leurs études en France, l'université de Dakar est une des plus grandes de l'Afrique noire et attire des étudiants de tous les pays de la région. On accède à son instruction gratuite par un examen d'entrée.

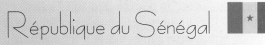

République du Sénégal

Superficie: 196.180 km² (équivalente à celle du Nebraska)

Population: environ 9 millions; 45% de la population a moins de 15 ans)

Langues: français (langue officielle), wolof (langue parlée par la majorité de la population) et autres langues orales

Capitale: Dakar

Religion: Islam (92%), catholicisme, animisme

Groupes ethniques principaux: Wolofs, Serers

Économie: principalement agricole, surtout l'arachide

Industries: alimentation, chimie, raffinage de pétrole

Vrai ou faux?

1. Il n'y a pas assez d'eau à Dakar.
2. Dakar est sur la côte ouest de l'Afrique.
3. Il n'y a pas d'aéroport à Dakar.
4. La langue officielle au Sénégal est le wolof.

Léopold Sédar Senghor

Premier président de la nouvelle République du Sénégal, il reste au pouvoir pendant 21 ans (1960–1981). Contrairement à la majorité de la population sénégalaise, il n'est ni wolof ni musulman. Sa famille est serer et il est catholique. Pendant des années, il travaille pour l'indépendance de son pays. Puis il fonde le parti socialiste, un parti très progressiste.

Mais Senghor est aussi un des poètes les plus importants de la langue française de son époque. Il a eu l'honneur d'être nommé membre de l'Académie française, l'institution prestigieuse, gardienne de la langue française. Avec d'autres écrivains noirs, il crée le mouvement de la négritude (voir la colonne suivante). Il exprime ses idées, ses sentiments et son amour de l'Afrique dans sa poésie. Dans son poème «Tokô Waly», il compare la nuit africaine à une femme qu'il aime passionnément:

Nuit d'Afrique, ma nuit noire, mystique et claire, noire et brillante
. . .
O ma Lionne, ma Beauté noire, ma Nuit noire, ma Noire, ma Nue!
Ah! que de fois as-tu fait battre mon cœur comme le léopard indompté dans sa cage étroite.

Le mouvement de la négritude

Imaginez un petit garçon, assis sous un arbre, aux Antilles, en train de lire une bande dessinée publiée en France. Les héros du livre que tiennent ses petites mains noires sont blonds, aux yeux bleus, et combattent vaillamment leurs ennemis noirs. Le jeune Antillais s'identifie bien sûr avec ces blonds héros. Quelques années plus tard, ce jeune Antillais arrive à Paris pour faire ses études universitaires. Imaginez sa surprise quand il voit ses contemporains français le regarder avec mépris et découvre qu'il est, lui, l'ennemi de ces bandes dessinées!

Ce scénario illustre la crise culturelle des jeunes Antillais et Africains, arrivés en France pendant les années trente pour étudier à l'université. Leurs études littéraires approfondissent cette crise, car ils se rendent compte que les littératures antillaises et africaines, jugées d'après les critères culturels français, semblent peu riches. Trois de ces étudiants se réunissent et publient une revue, *Légitime défense*, à Paris en 1932. Ils y invitent les jeunes écrivains noirs à être fiers de leur race et de leur culture, et surtout à se libérer du style européen. Le gouvernement français réagit en supprimant les bourses de ces trois étudiants. Seul le premier numéro de *Légitime défense* paraît. Mais ces trois jeunes gens fondent, deux ans plus tard, le journal *L´Étudiant noir*, qui offre les premières tentatives de libération du style européen et un surréalisme africain, souvent basé sur la tradition orale. Ces trois jeunes gens courageux deviennent de grandes figures littéraires et politiques: Aimé Césaire de la Martinique, Léon Gontron Damas de la Guyane et Léopold Sédar Senghor du Sénégal.

En 1939, apparaît la première œuvre renommée dans ce style nouveau: le *Cahier d'un retour au pays natal*, d'Aimé Césaire. C'est ici que le terme «négritude» est employé pour la première fois. Selon Césaire, la négritude est «la simple reconnaissance du fait d'être noir et l'acceptation de ce fait, de notre destin de noir, de notre histoire et de notre culture». Le mouvement de la négritude donne sa voix à l'âme africaine et continue à s'amplifier jusqu'aux années 60, lorsque les pays africains obtiennent l'indépendance.

Avec l'indépendance, la littérature africaine prend une orientation nouvelle. Les problèmes et les contradictions engendrés par le régime colonial et l'influence européenne font place à de nouvelles difficultés. Les questions de race sont supplantées par les tensions relatives à la préservation des traditions anciennes dans un monde qui se modernise rapidement et devient de plus en plus uniforme. Comment rester africain tout en adoptant un style de vie urbain et moderne? Les femmes, silencieuses par le passé, prennent la plume. Parmi celles-ci, Mariama Bâ adresse le problème que pose le concubinage pour la femme moderne; Calixthe Beyala (Grand prix du roman de l'Académie française en 1996 pour son roman *Les honneurs perdus*) décrit le monde cruel et insensé des bidonvilles *(shantytowns)* des grandes agglomérations africaines et l'exploitation entre Africains où la femme est plus que jamais victime de l'homme. Dans cette littérature nouvelle, un thème constant se retrouve: celui d'une lutte pour une identité qui ne se soumet à aucun pouvoir opprimant.

À vous!

- Quel est le message donné par le mouvement de la négritude?
- Comment la littérature africaine a-t-elle changé après l'indépendance?

Poème de la négritude

Le mouvement de la négritude inspire beaucoup d'auteurs noirs. Ici Bernard Dadié, de la Côte d'Ivoire, exprime sa fierté *(pride)* d'être noir.

> *Je vous remercie mon Dieu de m'avoir créé noir,*
> *D'avoir fait de moi*
> *la somme de toutes les douleurs,*
> *mis sur ma tête,*
> *Le Monde.*
> *J'ai la livrée du Centaure*
> *Et je porte le Monde depuis le premier matin.*
>
> *Le blanc est une couleur de circonstance*
> *Le Noir, la couleur de tous les jours*
> *Et je porte le Monde depuis le premier soir.*
>
> *Je suis content*
> *de la forme de ma tête*
> *faite pour porter le Monde,*
> *satisfait de la forme de mon nez*
> *Qui doit humer tout le vent du Monde,*
> *heureux*
> *de la forme de mes jambes*
> *prêtes à courir toutes les étapes du Monde.*

Le cinéma joue un rôle culturel important en Afrique noire. Passant outre *(by-passing)* aux langues multiples, il touche le peuple par les gestes, les métaphores, les images.

Chapitre 9

Buts communicatifs

Finding out where
  things are sold
Describing an illness or
  injury
Making a purchase

Structures utiles

Les verbes en **-re**
Depuis
Le verbe **acheter**
Les nombres de 80 à
  l'infini

Culture

La pharmacie
Le tabac
Les petits magasins

Où est-ce qu'on l'achète?

Coup d'envoi

Coup d'envoi

Prise de contact **Les achats**

Où est-ce qu'on achète° des journaux?   *buy*
    On peut° aller …   *you can*
        au bureau de tabac.
        à la gare.
        au kiosque°.   *newsstand*
Où est-ce qu'on achète des cadeaux°?   *gifts*
    On peut aller …
        dans une boutique.
        dans un grand magasin°.   *department store*
        au marché aux puces°.   *flea market*
Où est-ce qu'on achète quelque chose à manger?
    On peut aller …
        au marché°.   *(open-air) market*
        au supermarché.
        à l'épicerie.

Et vous?   Qu'est-ce que vous voulez acheter?
            Où allez-vous faire cet achat°?   *purchase*

GALERIES Lafayette

THE DEPARTMENT STORE CAPITAL OF FASHION.
LE GRAND MAGASIN CAPITALE DE LA MODE

DEPUIS 1893
LES BOUTIQUES
DU CHÂTEAU

Conversation   À la pharmacie

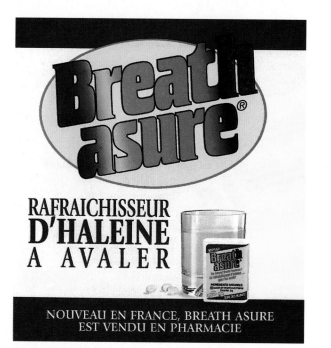

RAFRAICHISSEUR D'HALEINE À AVALER

NOUVEAU EN FRANCE, BREATH ASURE EST VENDU EN PHARMACIE

This and all conversations are recorded, for your convenience, on the Student Cassettes that accompany your text. Use the cassettes to help you learn this material.

Joseph Smith est un touriste. Il désire acheter un journal américain et il pense qu'on achète les journaux à la pharmacie. Mais en France cela n'est pas possible.

Joseph Smith:	Bonjour, Monsieur. Vous avez le *Herald Tribune*?	
Pharmacien:	Comment? Qu'est-ce que vous dites?°	*What are you saying?*
Joseph Smith:	Je voudrais acheter le *Herald Tribune*.	
Pharmacien:	Qu'est-ce que c'est?	
Joseph Smith:	C'est un journal.	
Pharmacien:	Mais on ne vend° pas de journaux ici, Monsieur.	*sell*
Joseph Smith:	Vous n'en° avez pas?	*any*
Pharmacien:	Non, Monsieur. C'est une pharmacie. Nous vendons des médicaments°.	*medicine*
Joseph Smith:	Mais aux États-Unis on peut acheter des journaux à la pharmacie.	
Pharmacien:	Désolé°, Monsieur, mais nous sommes en France.	*sorry*
Joseph Smith:	Pouvez-vous me dire° où on peut trouver des journaux, s'il vous plaît?	*Can you tell me*
Pharmacien:	C'est bien simple°. Il faut aller au bureau de tabac, Monsieur. C'est au coin° de la rue°.	*quite simple* *corner / street*

➔ **Jouez ces rôles.**   Répétez la conversation avec votre partenaire. Utilisez le nom de votre journal préféré.

À PROPOS

Pourquoi le pharmacien ne vend-il pas de journal à Monsieur Smith?

a. Parce que Monsieur Smith est américain.
b. Parce que le pharmacien ne comprend pas Monsieur Smith quand il parle français.
c. Parce qu'on vend les journaux dans un magasin différent.

La pharmacie

Pharmacists in France don't sell magazines, newspapers, candy, drinks, or greeting cards. They will fill a prescription and are much less reticent than North American pharmacists to suggest treatments for nonserious illnesses, including a cold, a sore throat, and a headache. In this respect French pharmacies are a convenient and helpful solution for travelers who become ill.

Le tabac

One can buy magazines, newspapers, and postcards at the tobacco shop. Among the most popular English language publications available in France are the *International Herald Tribune* and the international edition of *Time* magazine. Since **le bureau de tabac** is under state license, one can also purchase stamps and cigarettes. Smoking is more widespread than in the U.S. While there have been some efforts to suggest that smoking is bad for your health, the state monopoly on the sale of tobacco has meant that, until recently, little was done to restrict the purchase or the use of cigarettes. However, since November 1992, smoking is confined to specific areas in public places. Fines can be levied on those who refuse to obey.

Les petits magasins

Although supermarkets are more common than in the past, the tourist in France is struck by the variety of shops that specialize in one type of food. **La boulangerie** *(bakery)*, **la pâtisserie** *(pastry shop)*, **la boucherie** *(butcher)*, **la charcuterie** *(pork butcher, delicatessen)*, and **l'épicerie** *(grocery store)* are found in most neighborhoods. Not only, for example, do the French buy fresh bread daily; they will also go out of their way and pay a bit more, if necessary, to get bread that they consider more tasty. The French often use the possessive adjective to refer to **mon boulanger** *(my baker)*, a phenomenon that is very rare or nonexistent in North America.

259

Il y a un geste

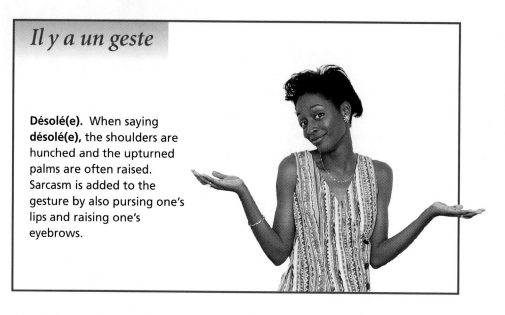

Désolé(e). When saying **désolé(e),** the shoulders are hunched and the upturned palms are often raised. Sarcasm is added to the gesture by also pursing one's lips and raising one's eyebrows.

➔ **À vous.** Entrez dans une pharmacie et essayez d'acheter *(try to buy)* un magazine—*Time, Paris Match, Elle,* etc. Répondez au pharmacien.

PHARMACIEN: Bonjour, Monsieur (Madame/Mademoiselle).
VOUS: _____
PHARMACIEN: Comment? Qu'est-ce que vous dites?
VOUS: _____
PHARMACIEN: Mais on ne vend pas de magazines ici.
VOUS: _____

entre*amis*

Au tabac

Your partner will take the role of the proprietor of a tobacco shop.

1. Ask if s/he has a certain newspaper or magazine.
2. S/he will say s/he doesn't.
3. Ask if s/he has bread, milk, wine, etc.
4. S/he will say s/he is sorry, but s/he doesn't.
5. Find out where you can find the things you are looking for.
6. Get directions.

Le son [R]

▶ The most common consonant sound in French is [R]. While there are acceptable variations of this sound, [R] is normally a friction-like sound made in roughly the same area of the mouth as [g] and [k]. Keeping the tongue tip behind the lower teeth, the friction sound is made when the back of the tongue comes close to the back part of the mouth (pharynx). Use the word **berk!** to practice several times. It might also be helpful to use the following process: (1) say "ahhh …," (2) change "ahhh …" to "ahrrr …" by beginning to gargle as you say "ahhh …," (3) add [g] at the beginning and say **gare** several times, (4) say **garçon.** Then practice the following words.

- pour, sur, bonjour, bonsoir
- garçon, merci, parlez
- russe, rien, Robert, rouge
- très, trois, crois, droit, frère, écrire
- votre, quatre, notre, propre, septembre

Buts communicatifs

I. Finding Out Where Things Are Sold

Qu'est-ce qu'on vend à la pharmacie?
    On y vend …
        des médicaments.
        des cachets d'aspirine°.   *aspirin tablets*
        des pastilles°.   *lozenges*
        des pilules°.   *pills*
        du savon°.   *soap*
Qu'est-ce qu'on vend au bureau de tabac?
    On y vend …
        du tabac°.   *tobacco*
        un paquet° de cigarettes.   *pack*
        des timbres°.   *stamps*
        des journaux.
        des magazines.
        des cartes postales.

A. Les verbes en -re

Nous **attendons** notre amie avec impatience.	*We are anxiously waiting for our friend.*
Elle **a rendu** visite à sa grand-mère.	*She visited her grandmother.*
Vous **entendez** son train?	*Do you hear her train?*
Répondez à la question, s'il vous plaît.	*Answer the question, please.*
Je **perds** patience.	*I'm losing (my) patience.*
La voilà. Elle **descend** du train.	*There she is. She's getting off the train.*

vendre *(to sell)*					
je	**vend**	s	nous	**vend**	ons
tu	**vend**	s	vous	**vend**	ez
il/elle/on	**vend**		ils/elles	**vend**	ent

passé composé: j'**ai vendu**

Be careful to distinguish between the endings for **-re** verbs and those of **-er** verbs, p. 38.

▷ A number of frequently used verbs are conjugated like **vendre**.

VOCABULAIRE

Quelques verbes réguliers en -re

attendre (un ami)	*to wait (for a friend)*
descendre	*to go down; to get out of*
entendre (un bruit)	*to hear (a noise)*
perdre	*to lose*
rendre (les devoirs)	*to give back (homework)*
rendre visite à quelqu'un	*to visit someone*
répondre (à une question)	*to answer (a question)*

Be careful to avoid confusing **attendre** and **entendre**. Review the nasal vowels on p. 94. **Entendre** begins with a nasal vowel.

The verb **visiter** is normally reserved for use with *places*. **Rendre visite à** is used with *persons*.

▷ The singular (**je, tu, il/elle/on**) forms of each of these verbs are pronounced alike.

je perds	tu perds	il perd	[pɛR]
je rends	tu rends	elle rend	[Rɑ̃]

▷ There is no ending added to the stem in the **il/elle/on** forms of regular **-re** verbs.

▷ In inversion of the **il/elle/on** form, the **-d** is pronounced [t].

	vend**ons**	[vãdɔ̃]	vend**ent**	[vãd]
But:	vend-**on**	[vãtɔ̃]	vend-**elle**	[vãtɛl]

▷ Past participles of regular **-re** verbs are formed by adding **-u** to the present tense verb stem.

vend**u**   perd**u**   répond**u**

▷ **Rendre visite** and **répondre** are used with the preposition **à** before an object.

J'**ai rendu visite à** mon frère.   *I visited my brother.*
Anne **répond** toujours **aux** questions   *Anne always answers the*
    du professeur.   *teacher's questions.*

▷ **Attendre** does not use a preposition before an object.

J'**attends** mes amis.   *I am waiting for my friends.*

▷ In the expression **perdre patience,** the article or possessive adjective is omitted.

Le professeur a **perdu patience** avec moi.
But: J'ai **perdu** *mes* devoirs.

 1.   **Sur notre campus.**   Décrivez quelques aspects de la vie sur le campus. Utilisez les expressions suivantes pour faire des phrases affirmatives ou négatives.

Modèle: **Sur notre campus les professeurs ne perdent jamais patience.**

	attendre les vacances avec impatience
on	entendre beaucoup de bruit
je	répondre à beaucoup de questions
nous	perdre patience
les professeurs	rendre toujours les devoirs
les étudiants	vendre des livres
	rendre souvent visite à des amis
	descendre quelquefois en ville

2. **Un petit sketch: Au bureau de tabac.** Lisez ou jouez le sketch suivant et répondez ensuite aux questions.

M. SMITH: Madame, est-ce que vous avez le *Herald Tribune?*
LA MARCHANDE: Non, Monsieur. Je n'ai plus de journaux américains.
M. SMITH: Où est-ce que je peux acheter un journal américain, s'il vous plaît?
LA MARCHANDE: Il faut aller à la gare.
M. SMITH: Pourquoi à la gare?
LA MARCHANDE: Parce qu'on vend des journaux internationaux à la gare.
M. SMITH: Merci, Madame.
LA MARCHANDE: Je vous en prie, Monsieur.

Questions:

1. Quelle sorte de journal Joseph cherche-t-il?
2. La marchande vend-elle des journaux?
3. A-t-elle le *Herald Tribune?* Expliquez.
4. Où Joseph va-t-il aller? Pourquoi?
5. Où vend-on des journaux dans votre ville? Et des journaux internationaux?
6. Quel journal préférez-vous?

3. **À vous.** Répondez.

1. Où vend-on des cigarettes dans votre pays?
2. Qu'est-ce que les pharmaciens vendent dans votre pays?
3. D'habitude, est-ce que vous vendez vos livres?
4. À qui rendez-vous visite pendant les vacances?
5. Attendez-vous les vacances avec impatience? Pourquoi (pas)?
6. Dans quelles circonstances perdez-vous patience?
7. Est-ce que vous répondez rapidement aux lettres de vos amis?
8. À qui avez-vous répondu récemment?

entre*amis*

Des achats

Your partner will take the role of a pharmacist.

1. Find out if s/he has postcards, stamps, cigarettes, bread, meats, gifts, etc. (S/he doesn't.)
2. Find out where these items are sold.
3. Ask directions to one of the stores.

II. Describing an Illness or Injury

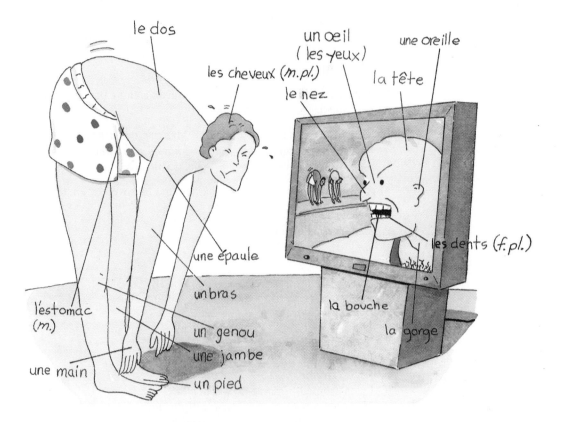

Jacques, qu'est-ce que tu as?° Tu as l'air° malade.
   J'ai mal au dos° depuis° hier. J'ai trop fait de
   gymnastique.
Oh là là! Moi aussi, mais j'ai mal aux jambes, moi!

*what's the matter
with you? / You
look / My back
hurts / since*

 Et vous?   Avez-vous eu la grippe cette année? Avez-vous souvent mal à la
tête?
Et les étudiants? S'ils étudient trop, ont-ils mal aux yeux?

Remarques:

1. Like the word **tabac, estomac** has a silent final **-c.**
2. **Si** *(if)* becomes **s'** only before the words **il** and **ils.** Before other words beginning with vowels, it does not elide.

> **Si on** a mal à la tête, on prend des cachets d'aspirine.
> **Si elle** est malade, elle doit rester au lit.

But: **S'il** est malade, il doit rester au lit.

3. **Avoir mal à** is used with the definite article and a part of the body to express that one has a sore hand, arm, etc.

Mon fils **a mal au bras.**	*My son's arm hurts.*
J'**ai mal à la gorge.**	*I have a sore throat.*
Avez-vous **mal aux dents?**	*Do you have a toothache?*

4. **Avoir l'air** *(to seem, appear, look)* is often followed by an adjective.

> Hélène **a l'air sportive.**
> Jean-Yves **a l'air fatigué.**

VOCABULAIRE

Qu'est-ce que vous avez?

Je suis malade.	*I'm sick.*
J'ai de la fièvre.	*I have a fever.*
J'ai un rhume.	*I have a cold.*
J'ai la grippe.	*I have the flu.*
J'ai le nez qui coule.	*I have a runny nose.*
Je tousse.	*I am coughing.*
J'ai mal …	
à l'estomac.	*I have a stomachache. My stomach hurts.*
aux oreilles.	*My ears hurt.*
au pied.	*I have a sore foot. My foot hurts.*
Je suis …	
déçu(e).	*I'm disappointed.*
déprimé(e).	*I'm depressed.*
triste.	*I'm sad.*

4. Ça ne va pas. Complétez les phrases suivantes.

> *Modèle:* Si on a de la fièvre, … **Si on a de la fièvre, on est malade.** ou
> **Si on a de la fièvre, on a peut-être la grippe.**

1. Si on regarde trop la télévision, …
2. Si on danse trop souvent, …
3. Si on boit trop, …
4. Si on a le nez qui coule, …
5. Si on tousse beaucoup, …
6. Si on mange trop, …
7. Si on fume trop, …
8. Si on écrit trop, …
9. Si on étudie trop, …
10. Si on fait une trop longue promenade, …
11. Si on entend trop de bruit, …
12. Si on mange trop de bonbons, …
13. Si on skie mal, …
14. Si on passe trop d'examens, …

 5. Pauvres étudiants! Répondez aux questions suivantes.

1. Que prenez-vous si vous avez la grippe?
2. Restez-vous au lit si vous êtes malade?
3. Qu'est-ce que vous faites si vous avez un rhume?
4. Quand les étudiants ont-ils mal à la tête?
5. Quand les étudiants ont-ils mal aux pieds?
6. Quand les étudiants ont-ils mal à l'estomac?
7. Fumez-vous des cigarettes? Pourquoi ou pourquoi pas?

6. Aïe! Utilisez les expressions suivantes pour faire des phrases, mais ajoutez une explication *(add an explanation)* avec **si** ou **parce que.**

> *Modèles:* **Les étudiants ont mal aux yeux s'ils étudient trop.**
> **J'ai mal à la tête parce que je passe trop d'examens.**

		la tête	
		le dos	
		les bras	
		les yeux	
		la main	
les étudiants		les jambes	si …
je	avoir mal	les pieds	parce que …
un(e) de mes ami(e)s		les dents	
		la gorge	
		l'estomac	
		le nez	
		l'épaule	
		le genou	

B. *Depuis*

Depuis combien de temps habites-tu ici?	*How long (for how much time) have you been living here?*
J'habite ici **depuis un an.**	*I've been living here for a year.*
Depuis quand étudies-tu le français?	*How long (since when) have you been studying French?*
J'étudie le français **depuis septembre.**	*I've been studying French since September.*

▷ Use **depuis combien de temps** or **depuis quand** with the present tense to ask about something that has already begun but is *still continuing.* **Depuis combien de temps** asks for the length of time so far and **depuis quand** asks for the starting date.

$$\text{verb (present tense)} + \textbf{depuis} + \begin{cases} \text{length of time} \\ \text{starting date} \end{cases}$$

Depuis combien de temps … ?	*For how much time … ?*
Depuis quand … ?	*Since when … ?*

Review expressions of time in Ch. 6, p. 171.

▷ In the affirmative, the English translation of the present tense verb and **depuis** is usually *has (have) been … ing for* a certain length of time or *since* a certain date.

Chantal habite à Chicago.	*Chantal is living in Chicago.*
Chantal **habite** à Chicago **depuis un an.**	*Chantal has been living in Chicago for a year.*
Chantal **habite** à Chicago **depuis février dernier.**	*Chantal has been living in Chicago since last February.*

▷ To state that something has *not* happened for a period of time, however, the negative of the passé composé is used with **depuis.**

Je **n'ai pas été** malade **depuis** six mois.	*I haven't been sick for six months.*
Mes parents **n'ont pas écrit depuis** deux semaines.	*My parents haven't written for two weeks.*

Attention: **Depuis** is used to talk about situations that are still going on. To ask or state how much time was spent doing something that has already been *completed,* use **pendant** with the passé composé.

	J'étudie depuis deux heures.	*I've been studying for two hours (and I haven't finished yet).*
But:	**J'ai étudié pendant** deux heures.	*I studied for two hours (and now I'm finished).*

7. **Ils sont tous malades.** Demandez à chaque personne depuis combien de temps elle est malade. Utilisez **tu** avec les amis (les personnes identifiées par leurs prénoms), **vous** avec les autres personnes. Votre partenaire va prendre le rôle de la personne et va répondre.

> *Modèles:* Virginie (pieds / deux jours)
> > VOUS: **Depuis combien de temps as-tu mal aux pieds?**
> > VIRGINIE: **J'ai mal aux pieds depuis deux jours.**
>
> Madame Monnier (rhume / huit jours)
> > VOUS: **Depuis combien de temps avez-vous un rhume?**
> > MADAME MONNIER: **J'ai un rhume depuis huit jours.**

1. Michel (estomac / deux heures)
2. Le professeur (gorge / trois jours)
3. Madame Matté (dents / une semaine)
4. Jeanne (grippe / deux jours)
5. Anne (tête / quinze minutes)
6. Mademoiselle Cochin (yeux / un mois)
7. Monsieur Monneau (fièvre / 24 heures)
8. Guy (genou / trois mois)

 8. **Comment allez-vous?** Utilisez les expressions suivantes pour faire des phrases.

> *Modèles:* **Mon frère est malade depuis trois mois.**
> **Je n'ai pas été malade depuis cinq ans.**
> **Je n'ai pas eu mal à la tête depuis cinq ans.**

		malade	
je		rhume	
ma sœur	(ne … pas) avoir	fièvre	depuis …
mon frère	(ne … pas) être	déprimé(e)	
un(e) des mes ami(e)s		mal …	
		fatigué(e)	

 9. **Une interview.** Posez des questions avec **depuis** ou **pendant** selon le cas. Votre partenaire va répondre.

> *Modèles:* parler français
> > VOUS: **Depuis combien de temps parles-tu français?**
> > VOTRE PARTENAIRE: **Je parle français depuis six mois.**
>
> regarder la télé hier soir
> > VOUS: **Pendant combien de temps as-tu regardé la télé hier soir?**
> > VOTRE PARTENAIRE: **J'ai regardé la télé pendant une heure.**

1. étudier le français
2. étudier hier soir
3. habiter à l'adresse que tu as maintenant
4. écouter la radio ce matin
5. être étudiant(e) à cette université
6. faire cet exercice

entre*amis*

Tu es malade depuis longtemps?

1. Greet your partner and inquire about his/her health. (S/he is sick.)
2. Find out what the matter is.
3. Find out how long s/he has been sick.
4. Suggest a remedy.

III. ## Making a Purchase

Où vas-tu Alain?

> Je vais faire des achats.

De quoi as-tu besoin?°   *What do you need?*

> J'ai besoin de toutes sortes de choses.°   *I need all kinds of*
> J'ai besoin de pain, de bœuf, de   *things.*
>   saucisses°, de légumes et de fruits.   *sausages*
> J'ai besoin d'un livre aussi.
> Je vais acheter°…   *to buy*
>> du pain à la boulangerie,
>> du bœuf à la boucherie,
>> des saucisses à la charcuterie°,   *delicatessen*
>> des légumes et des fruits à l'épicerie,
>> et un livre à la librairie.
> Alors, j'ai besoin d'argent° pour payer tout cela.   *money*

Note culturelle: À la boucherie, on vend de la viande de bœuf et on vend aussi du mouton. On y trouve des steaks, des rôtis *(roasts)*, etc. À la charcuterie, on vend de la viande de porc et on vend aussi du poulet et du lapin *(rabbit)*. On y trouve du jambon, des pâtés variés, du bacon, des saucisses, du saucisson *(salami)*, etc.

➔ **Et vous?**   De quoi avez-vous besoin?

Remarques:

1. **Avoir besoin** *(to need)* works much like **avoir envie.** It is used with **de** and an infinitive or a noun. If **avoir besoin** is used with a noun, the definite article is usually omitted.

J'**ai besoin d'**étudier.	*I need to study.*
Nous **avons besoin de** légumes et d'eau minérale.	*We need vegetables and mineral water.*

2. Use **un (une)** with **avoir besoin d'** to say that *one* item is needed.

Vous **avez besoin d'une** feuille de papier.	*You need a sheet of paper.*

Le magasin du coin reste l'endoit préféré pour les petits achats de tous les jours et aussi le lieu de rencontre du quartier *(neighborhood).*

 10. **Où faut-il aller?** Où est-ce qu'on trouve les produits suivants? Suivez *(follow)* le modèle.

> *Modèle:* pâté   **Si on a besoin de pâté, il faut aller à la charcuterie.**

1. épinards
2. médicaments
3. un kilo d'oranges
4. un rôti de bœuf
5. croissants
6. poulet
7. jambon
8. un livre
9. cigarettes

entre*amis*

Je viens d'arriver

You are new in town and need some information. Your partner will play the role of a neighbor.

1. Tell your neighbor that you are going shopping.
2. Tell him/her what you need.
3. Ask where to buy it.
4. Be sure to express your gratitude for your neighbor's help.

C. Le verbe *acheter*

Mon père va **acheter** une autre voiture.
Nous **achetons** nos livres à la librairie.
On **achète** un journal au bureau de tabac.
J'**ai acheté** cinq kilos de pommes de terre.

Review the formation of
préférer, p. 244.

▌ As you have already learned with **préférer,** certain verbs change their spelling of the verb stem of the present tense depending on whether or not the ending is pronounced.

Vous préférez le blanc ou le rouge?   Je préfère le rouge.

▌ The verb **acheter** also contains a spelling change in the verb stem of the present tense. When the ending is not pronounced, the -**e**- before the -**t**- becomes -**è.**

acheter *(to buy)*		
silent endings		*pronounced endings*
j' **achète**	nous	**achetons**
tu **achètes**	vous	**achetez**
il/elle/on **achète**		
ils/elles **achètent**		
passé composé: j'**ai acheté**		

 Nous achetons tout ça.   On fait des achats. Utilisez les expressions suivantes pour créer des phrases, à la forme négative, si vous voulez.

Modèles: **J'achète de la glace pour mes amis.**
            Nous n'achetons jamais de cigarettes pour nos amis.

		glace		
je		cigarettes		amis
nous		cachets d'aspirine		classe *(f.)*
le professeur		magazines		parents
mes amis	acheter	pommes	pour	professeur
ma mère		timbres		famille
mon père		pain		moi
les étudiants		bonbons		nous
		médicaments		

12. **Pourquoi y vont-ils?**   Demandez ce que ces personnes achètent. Votre partenaire va répondre.

> *Modèle:*   Je vais au bureau de tabac.
>> VOUS: **Qu'est-ce que tu achètes au bureau de tabac?**
>> VOTRE PARTENAIRE: **J'achète des timbres.**

1. Je vais à la boucherie.
2. Nous allons à la pharmacie.
3. Mon père va au supermarché.
4. Nous allons dans un grand magasin.
5. Les étudiants vont à la boulangerie.
6. Paul va à l'épicerie.
7. Ces deux femmes vont au bureau de tabac.
8. Marie va à la librairie près de l'université.

VOCABULAIRE

Pour payer les achats

de l'argent *(m.)*	*money*
un billet	*bill (paper money)*
la monnaie	*change*
une pièce (de monnaie)	*coin*
un franc	*franc*
un centime	*centime*
un dollar	*dollar*
une carte de crédit	*credit card*
un chèque	*check*
un chèque de voyage	*traveler's check*
coûter	*to cost*
payer	*to pay*

Notes:

1. A **centime** is worth 1/100 of a franc.
2. **Payer** is often found with a spelling change. Before silent endings, the **-y-** becomes **-i-: je pai~e~, tu pai~es~,** etc. *But:* **nous pa**y**ons, vous pa**y**ez.**

13. **Un petit sketch: Au bureau de tabac de la gare.** Lisez ou jouez le sketch. Ensuite répondez aux questions.

Joseph Smith parle avec un marchand de journaux au bureau de tabac de la gare.

M. SMITH: Vous vendez des journaux américains?
LE MARCHAND: Mais oui, Monsieur.
M. SMITH: Avez-vous le *Herald Tribune?*
LE MARCHAND: Oui, il en reste un *(there's one left)*.
M. SMITH: Bien. Je vous dois combien?
LE MARCHAND: Quatre francs cinquante.
M. SMITH: J'ai seulement *(only)* un billet de cinquante francs.
LE MARCHAND: C'est parfait, Monsieur. Voici votre monnaie: cinquante centimes qui font cinq francs et … euh … dix, vingt, trente, quarante et cinquante francs. Voilà, Monsieur.
M. SMITH: Au revoir, Monsieur. Bonne journée.
LE MARCHAND: Merci. Vous aussi, Monsieur.

Questions

1. Où Joseph achète-t-il son journal?
2. Quel journal achète-t-il?
3. Combien coûte le journal?
4. Comment paie-t-il le journal?
5. Est-ce que le marchand a la monnaie nécessaire?
6. Combien le marchand rend-il à Joseph?

The franc is the most commonly used unit of currency in the francophone world, especially in European and West African French-speaking countries (e.g., France, Belgium, Switzerland, Sénégal, Côte-d'Ivoire, etc.). In Canada, the dollar is the monetary unit. Morocco uses the dirham.

D. Les nombres de 80 à l'infini

80	quatre-vingts	90	quatre-vingt-dix
81	quatre-vingt-un	91	quatre-vingt-onze
82	quatre-vingt-deux	92	quatre-vingt-douze
83	quatre-vingt-trois	93	quatre-vingt-treize
84	quatre-vingt-quatre	94	quatre-vingt-quatorze
85	quatre-vingt-cinq	95	quatre-vingt-quinze
86	quatre-vingt-six	96	quatre-vingt-seize
87	quatre-vingt-sept	97	quatre-vingt-dix-sept
88	quatre-vingt-huit	98	quatre-vingt-dix-huit
89	quatre-vingt-neuf	99	quatre-vingt-dix-neuf

100	cent	1.000	mille
101	cent un	2.000	deux mille
200	deux cents	1.000.000	un million
201	deux cent un	1.000.000.000	un milliard

Review the numbers up to 79 on pp. 67 and 70.

> For numbers ending in 1, from 21 to 71, **et** is used. From 81 to 101 **et** is not used

Numbers above 101 repeat the same pattern: **cent vingt et un, cent quatre-vingt-un, deux cent vingt et un,** etc.

vingt **et** un   *But:*   quatre-vingt-un

> **Vingt** and **cent** do not add an **-s** if they are *followed* by a number.

quatre-vingt**s** personnes   *But:*   quatre-vingt-un
trois cent**s** personnes   *But:*   trois cent cinq

> **Mille** never adds an **-s.**

mille personnes   deux **mille** personnes

Note: There are often two ways to express a particular year.

mille neuf cent quatre-vingt-dix-neuf ⎫
dix-neuf cent quatre-vingt-dix-neuf ⎭   1999

> The words **million** and **milliard** are nouns and take an **s** in the plural. If they are followed by another noun, **de** is inserted between the nouns.

deux millions **de** francs

> Prices in France are expressed in francs and centimes.

10,50 F = dix francs cinquante (centimes)

Note: In France, commas and periods used with numbers are the reverse of the system used in North America.

L'état a besoin de **2.000.000,00** de francs. (deux millions)

> There are five pairs of numbers in a French telephone number: **02.42.83.21.14.** The first pair indicates the general area of France.

 14.   **Les numéros de téléphone.**   Prononcez les numéros de téléphone suivants.

Modèle: 02.81.88.40.01
zéro deux / quatre-vingt-un / quatre-vingt-huit / quarante / zéro un

 1. 02.41.93.21.80
 2. 04.77.63.06.97
 3. 04.42.08.98.89
 4. 02.31.86.15.96
 5. 04.71.83.61.91
 6. 04.67.85.76.90
 7. 05.61.10.99.02
 8. 02.51.81.95.12
 9. 03.88.19.82.43
10. 04.78.87.03.92

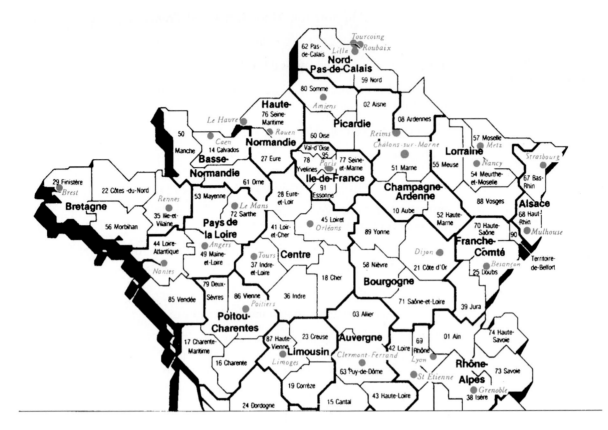

En France il y a un **code départemental** pour indiquer l'endroit où on habite; chaque département français a un code différent. Le code pour Angers, par exemple, est 49, et pour Besançon le code est 25. Ce numéro se trouve sur les plaques d'immatriculation *(license plates)* des voitures et forme aussi les deux premiers chiffres *(numbers)* du **code postal.**

 15. **Codes postaux.**   La carte ci-dessus indique la ville principale et le code départe-mental. Donnez le code postal général (les 2 premiers chiffres pour le département, suivis de trois zéros) pour les villes suivantes.

> *Modèle:*   Nantes
> **Le code postal pour Nantes est quarante-quatre mille (44000).**

1. Dijon
2. Amiens
3. Tours
4. Besançon
5. Angers
6. Le Mans
7. Orléans
8. Nantes
9. Paris
10. Brest
11. Rouen
12. Strasbourg

> ## V O C A B U L A I R E
>
> **Mots utiles pour faire des achats**
>
> une barquette   *small box; mini crate*
> une boîte   *box; can*
> une bouteille   *bottle*
> un kilo   *kilogram (2.2 pounds)*
> un litre   *liter*
> une livre   *pound*
> un paquet   *package*

 Ça coûte combien?   Demandez combien coûte l'objet. Votre partenaire va donner la réponse en francs et en centimes.

> *Modèle:*   bonbons (15 F le paquet)
> VOUS: **Combien coûte un paquet de bonbons?**
> VOTRE PARTENAIRE: **Les bonbons coûtent quinze francs le paquet.**

Notice the use of the *indefinite* article in the question and the *definite* article in the answer.

1. bordeaux (20,30 F le litre)
2. fromage Pont l'Évêque (20 F la livre)
3. fraises d'Espagne (4,90 F la barquette)
4. orangina (9,25 F la bouteille)
5. jambon de Bayonne (59,90 F le kilo)
6. cigarettes (14,15 F le paquet)
7. pommes de terre nouvelles (3,95 F le kilo)
8. champignons (5,80 F la barquette)
9. œufs (11,40 F la douzaine)
10. pâté (34,85 F le kilo)

 Microconversation: Au supermarché.   Vous avez un billet de cent francs. Combien de monnaie le marchand va-t-il vous donner? Suivez le modèle.

> *Modèle:*   ce fromage (10,50 F)
> VOUS: **Combien coûte ce fromage, s'il vous plaît?**
> LE MARCHAND: **Dix francs cinquante, Madame (Monsieur/Mademoiselle).**
> VOUS: **Je n'ai pas de monnaie. J'ai seulement un billet de cent francs.**
> LE MARCHAND: **Très bien. Voici votre monnaie: quatre-vingt-neuf francs cinquante.**

1. cette bouteille d'eau minérale (2,95 F)
2. cette boîte de sardines (9,95 F)
3. un kilo de haricots verts (12,90 F)
4. un paquet de chewing-gum (3 F)
5. un kilo de pommes (16,30 F)
6. trois kilos de pommes de terre (11,70 F)

18. **En ville.**   Vous avez besoin de plusieurs *(several)* choses. Utilisez les deux listes suivantes pour trouver l'adresse et le numéro de téléphone des magasins nécessaires.

> *Modèle:*   pour acheter des médicaments
> **Pour acheter des médicaments, l'adresse est un, place de la Laiterie. Téléphonez au zéro deux/quarante et un/quatre-vingt-sept/cinquante-huit/trente-neuf.**

Place de la Laiterie		Rue de la Gare	
1 PHARMACIE GODARD	02.41.87.58.39	1 PHOTO PLUS	02.41.87.67.31
4 CHEVALIER, Yves		2 MOD COIFFURE	02.41.88.00.03
bureau de tabac	02.41.87.48.37	3 RESTAURANT LIBRE SERVICE	
5 BANQUE NATIONALE DE PARIS			02.41.88.12.56
	02.41.88.00.23	4 ROCHER	
7 ARMORIC POISSONNERIE		charcuterie	02.41.87.53.41
	02.41.88.39.84	5 LE BIARRITZ café	02.41.88.68.67
9 BOUCHERIE DU RONCERAY		6 PHARMACIE DE LA GARE	
	02.41.87.57.28		02.41.87.66.67
11 FAÏENCERIE DU RONCERAY		7 ROCTON, Jean-Claude	
	02.41.87.40.29	pâtisserie	02.41.87.41.72
15 SALOUD, Gérard		8 DESFONTAINES, Claude	
assurances	02.41.87.50.27	bureau de tabac	02.41.87.75.30
18 COLIN, Jean		9 LE RELAIS hôtel	02.41.88.42.51
boulangerie-pâtisserie	02.41.88.01.62	10 CINÉMA LE FRANÇAIS	02.41.87.66.66
19 VERNAUDON, Michel		10 bis LE PEN DUICK	
vêtements	02.41.87.01.96	restaurant	02.41.87.46.59
21 DACTYL BURO ANJOU		11 BAR BRASSERIE LE SIGNAL	
machines bureaux	02.41.88.59.52		02.41.87.49.41

1. pour acheter des saucisses
2. pour acheter des cigarettes
3. pour acheter du pain
4. pour demander à quelle heure le film va commencer
5. pour avoir une chambre pour la nuit
6. pour acheter des croissants
7. pour réserver une table pour dîner
8. pour acheter un pull ou un pantalon
9. pour acheter du saumon
10. pour acheter des francs si on a des dollars

À vous.   Répondez.

1. Quelle est votre adresse?
2. Quel est votre code postal?
3. Quel est votre numéro de téléphone?
4. Quel est le numéro de téléphone de votre meilleur(e) ami(e)?
5. En quelle année êtes-vous né(e)?
6. Combien de jours y a-t-il dans une année?
7. Combien de pages y a-t-il dans ce livre de français?
8. Combien de minutes y a-t-il dans une journée?
9. En quelle année Christophe Colomb est-il arrivé au Nouveau Monde?
10. Combien d'étudiants y a-t-il sur ce campus?

entre *amis*

Vous achetez un magazine

Your partner takes the role of a merchant.

1. Ask if s/he sells magazines. (S/he does.)
2. Find out the name of the magazines s/he has.
3. Select the one you are going to buy.
4. Find out how much it costs.
5. Pay for it.
6. Make sure you count your change.

Intégration

R É V I S I O N

A. **Des renseignements.** Préparez une liste de cinq renseignements pour des touristes qui vont en France.

> *Modèle:* **Si on a besoin de pain, on peut aller à la boulangerie.**

B. **À vous.** Répondez.

1. Êtes-vous souvent malade?
2. Que prenez-vous si vous avez la grippe?
3. Que faites-vous quand vous avez mal à la tête?
4. Aimez-vous les cigarettes? Fumez-vous? Si oui, depuis combien de temps? Si non, avez-vous déjà fumé? Pendant combien de temps?
5. Où faites-vous vos provisions? Qu'est-ce que vous y achetez?
6. Quel est votre numéro de téléphone? Depuis combien de temps avez-vous ce numéro?
7. Quel est votre code postal? Depuis combien de temps avez-vous ce code postal?
8. Quelle est votre adresse? Depuis quand y habitez-vous?
9. Combien coûte un billet *(ticket)* de cinéma dans votre ville?

C. **Je fais des achats.** En groupes de deux ou trois. Un membre du groupe fait une liste de cinq endroits différents où il va faire des achats et, pour chaque endroit, la chose qu'il va acheter. Les autres membres du groupe vont deviner *(guess)* 1. où il va faire ses achats, et 2. ce qu'il achète. Il répond seulement par oui ou par non.

> *Modèle:* **Est-ce que tu achètes quelque chose à la librairie?**
> **Est-ce que tu achètes un livre?**

Use the CD-ROM Module 6 before viewing the video to help you understand what you will see and hear.

PAS DE PROBLÈME!

Cette activité est basée sur la vidéo, *Module 6* (queue to 26:40). Choisissez la bonne réponse pour compléter les phrases suivantes.

1. Bruno rend visite à _____.
   (Alissa, Nogent, Noël)
2. Avec ses amis, il visite le château _____.
   (Sainte-Jeanne, Saint-Jean, Nogent)
3. Le château se trouve en _____.
   (Normandie, Picardie, Alsace)
4. Dans la salle des gardes, ils admirent _____.
   (la fenêtre, la forêt, la cheminée)
5. La maison de Noël se trouve _____ derrière la forêt.
   (à droite, à gauche, tout droit)

L E C T U R E   I

 Étude du vocabulaire. Étudiez les phrases suivantes et choisissez les mots anglais qui correspondent aux mots français en caractères gras: *grief, love, hate, rain, roofs, gentle, ground, heart.*

1. J'aime le son de la **pluie** qui tombe sur les **toits** des maisons.
2. L'**amour** et la **haine** sont deux émotions opposées. Quand on aime, c'est l'**amour** et quand on déteste, c'est la **haine.**
3. Le **cœur** fait circuler le sang dans les veines et les artères.
4. La **terre** noire de l'Iowa est très fertile.
5. La mort du président nous a plongés dans le **deuil.**
6. Une voix **douce** est agréable à entendre.

B. **Anticipez le contenu.** Avant de lire le poème, répondez aux questions suivantes.

1. Aimez-vous la pluie?
2. Pleut-il souvent là où vous habitez?
3. Quand il pleut, êtes-vous content(e), triste ou indifférent(e)? Expliquez.

Il pleure dans mon cœur

> Il pleure dans mon cœur
> Comme il pleut sur la ville,
> Quelle est cette langueur
> Qui pénètre mon cœur?
>
> O bruit doux de la pluie
> Par terre et sur les toits!
> Pour un cœur qui s'ennuie[1]
> O le chant de la pluie!
>
> Il pleure sans raison
> Dans ce cœur qui s'écœure[2].
> Quoi! nulle trahison[3]?
> Ce deuil est sans raison.
>
> C'est bien la pire peine[4]
> De ne savoir[5] pourquoi
> Sans amour et sans haine
> Mon cœur a tant de peine.
>
> Paul Verlaine

---

1. *is saddened*   2. *is depressed*   3. *no treason*   4. *the worst suffering*   5. *not to know*

Discussion.   Répondez.

1. Quelle est la réaction du poète à la pluie? Quelles expressions utilise-t-il pour exprimer cette émotion?
2. Est-ce que le poète sait pourquoi il a cette réaction à la pluie? Expliquez.

 Familles de mots.   Essayez de deviner le sens des mots suivants.

1. pleuvoir, la pluie, pluvieux (pluvieuse)
2. aimer, l'amour, aimable, amoureux (amoureuse)
3. s'ennuyer, l'ennui, ennuyeux (ennuyeuse)
4. peiner, la peine, pénible

L E C T U R E   I I

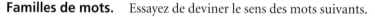

Étude du vocabulaire.   Étudiez les phrases suivantes et choisissez les mots anglais qui correspondent aux mots français en caractères gras: *flight, sponsoring, from (day) on, places, beat, billboard, sidewalks, samples, building.*

1. Nos joueurs de basket-ball espèrent **battre** leurs adversaires.
2. **À partir du** premier août beaucoup de Français sont en vacances.
3. Un **vol** est un voyage en avion.
4. Un **immeuble** est un grand bâtiment où les gens travaillent ou habitent.
5. Les gens restent sur les **trottoirs** parce que les rues sont dangereuses.
6. Le mot **lieux** est souvent un synonyme pour le mot *endroits*.
7. Les représentants commerciaux donnent des **échantillons** pour encourager les gens à essayer leurs produits.
8. Sur le **panneau d'affichage** de la bande dessinée, on peut lire: «Le tabac tue».
9. Le **parrainage** d'une équipe de football coûte quelquefois très cher à une entreprise.

B.

Devinez de quoi il s'agit. Lisez rapidement le titre et la première phrase de chaque article pour identifier le sujet des articles et les deux pays qu'il concerne.

Hystérie Anti-Tabac

Le Canada est en train de battre les États-Unis en matière d'hystérie anti-tabac. Le conseil municipal de Toronto—la capitale économique et financière du pays—vient d'adopter un règlement draconien contre les fumeurs: à partir du 1er janvier prochain, le Torontois n'aura plus que[1] sa maison, sa voiture ou la rue pour prendre sa bouffée[2] de nicotine. La croisade contre[3] la cigarette ne date pas d'hier. La compagnie aérienne nationale Air Canada a été la première à l'interdire[4] sur les vols transatlantiques. Dans les hôtels, le principe des chambres fumeurs et non-fumeurs est en vigueur. Les immeubles du gouvernement fédéral sont des zones strictement non-fumeurs. On voit, sur les trottoirs des grandes villes, les fumeurs irréductibles faire la pause cigarette avant de regagner leur bureau[5].

Les mesures du président

Principales mesures annoncées la semaine dernière par la Maison-Blanche, pour limiter l'accès des adolescents au tabac:
- les distributeurs automatiques sont interdits dans certains lieux fréquentés par les jeunes;
- les échantillons et paquets de moins de 20 cigarettes sont interdits;
- les publicités pour le tabac sont interdites dans un rayon[6] de 500 mètres autour des établissements scolaires et des terrains de jeux;
- sauf[7] dans les lieux interdits aux moins de 18 ans, et à condition qu'elles ne soient[8] pas visibles de l'extérieur, les publicités sur les panneaux d'affichage et les lieux de vente doivent se limiter à des textes en noir et blanc;
- la publicité dans les publications dont les lecteurs sont constitués en grande partie d'adolescents (plus de 15%) doit se limiter à des textes en noir et blanc;
- le parrainage d'événements sportifs est interdit.

d'après *Le Point*, août 1996

---

1. *will only have*   2. *puff*   3. *crusade against*   4. *to forbid it*   5. *go back to their office*   6. *in a radius*   7. *except*   8. *provided that they are*

C. **Dans quel article?** Relisez les deux articles et décidez si les idées suivantes se trouvent dans l'article sur le Canada ou dans l'article sur les États-Unis.

1. On n'accepte pas d'annonces publicitaires pour les cigarettes près des écoles.
2. Certains fumeurs continuent à fumer avant d'entrer dans le bâtiment où ils travaillent.
3. Il n'y a plus de publicité en couleur pour les cigarettes dans les magazines lus par les jeunes.
4. Cette mesure stricte va être appliquée juste après Noël.
5. On ne permet plus que les entreprises qui vendent du tabac sponsorisent les matchs de tennis, de base-ball, etc.
6. Dans les endroits où vont les jeunes, on ne vend plus de cigarettes dans des machines.
7. On n'accepte plus depuis longtemps que les gens fument dans les avions s'ils font un voyage dans un autre pays.
8. Il n'est plus permis de donner des cigarettes gratuites pour encourager les individus à fumer.

D. **Familles de mots.** Essayez de deviner le sens des mots suivants.

1. interdire, interdit(e), une interdiction
2. vendre, la vente, un vendeur, une vendeuse
3. fumer, un fumeur, une fumeuse, la fumée
4. conseiller, le conseil, un conseiller, une conseillère
5. distribuer, un distributeur, la distribution

V O C A B U L A I R E   A C T I F

Argent

l'argent *(m.)* *money*
un billet *bill (paper money)*
une carte de crédit *credit card*
un chèque *check*
un chèque de voyage *traveler's check*
un centime *centime*
un dollar *dollar*
un franc *franc*
la monnaie *change*
une pièce (de monnaie) *coin*

Adjectifs

déçu(e) *disappointed*
déprimé(e) *depressed*
désolé(e) *sorry*
long (longue) *long*

Magasins

une boucherie *butcher shop*
une boutique *(gift, clothing, etc.) shop*
une charcuterie *pork butcher's; delicatessen*
un grand magasin *department store*
un kiosque *newsstand*
un marché *(open-air) market*
un marché aux puces *flea market*
une pâtisserie *pastry shop; pastry*
un supermarché *supermarket*

À la pharmacie

un cachet d'aspirine *aspirin tablet*
un médicament *medicine*
une pastille *lozenge*
une pilule *pill*
un savon *bar of soap*

Parties du corps

la bouche *mouth*
un bras *arm*
une dent *tooth*
le dos *back*
une épaule *shoulder*
l'estomac *(m.)* *stomach*
un genou *knee*
la gorge *throat*
une jambe *leg*
une main *hand*
le nez *nose*
un œil *eye*
une oreille *ear*
un pied *foot*
la tête *head*

D'autres noms

un achat   *purchase*
une barquette   *small box*
un billet   *ticket*
un bruit   *noise*
un cadeau   *gift*
un code postal   *zip code*
un coin   *corner*
une feuille   *leaf; sheet (of paper)*
une fièvre   *fever*
l'impatience (f.)   *impatience*
un litre   *liter*
une livre   *pound*
un(e) marchand(e)   *merchant*
le papier   *paper*
un paquet   *package; pack*
un rhume   *a cold*
une rue   *street*
une sardine   *sardine*
une saucisse   *sausage*
le tabac   *tobacco; tobacconist's shop*
un timbre   *stamp*

Nombres

quatre-vingts   *eighty*
quatre-vingt-un   *eighty-one*
quatre-vingt-dix   *ninety*
quatre-vingt-onze   *ninety-one*
cent   *one hundred*
mille   *one thousand*
un million   *one million*
un milliard   *one billion*

Verbes

acheter   *to buy*
attendre   *to wait (for)*
avoir besoin de   *to need*
avoir l'air   *to seem, appear, look*
avoir mal (à)   *to be sore, to have a pain (in)*
coûter   *to cost*
entendre   *to hear*
payer   *to pay (for)*
perdre   *to lose*
perdre patience   *to lose (one's) patience*
rendre   *to give back*
rendre visite à quelqu'un   *to visit someone*
répondre (à)   *to answer*
réserver   *to reserve*
tousser   *to cough*
vendre   *to sell*

Préposition

depuis   *for; since*

Expressions utiles

C'est bien simple.   *It's quite simple.*
De quoi avez-vous besoin?   *What do you need?*
Depuis combien de temps?   *For how much time?*
Depuis quand?   *Since when?*
Il en reste un(e).   *There's one left.*
je peux   *I can*
le nez qui coule   *runny nose*
Oh là là!   *Oh dear!*
on peut   *one can*
Pouvez-vous me dire … ?   *Can you tell me … ?*
Qu'est-ce que tu as?   *What's the matter (with you)?*
Qu'est-ce que vous dites?   *What are you saying?*
seulement   *only*
Vous n'en avez pas?   *Don't you have any?*

Chapitre 10

Dans la rue et sur la route

Coup d'envoi

Coup d'envoi

 **Prise de contact**   ## Les indications

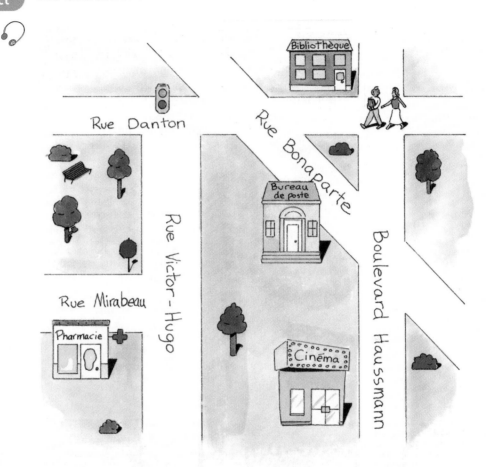

Review the directions in Ch. 5, p. 150.

Pardon, pouvez-vous me dire où se trouve la pharmacie?

> Oui, c'est dans la rue Mirabeau.
> Prenez la rue Danton.
> Continuez jusqu'au feu°.   *until the traffic light*
> Puis, tournez à gauche. C'est la rue Victor-Hugo.
> Ensuite, la rue Mirabeau est la première rue à
>   droite après le stop°.   *stop sign*

➡️ **Et vous?**   Pouvez-vous me dire où se trouve la poste?
                     Où se trouve le cinéma, s'il vous plaît?
                     Pour la bibliothèque, s'il vous plaît?

Conversation

Un père très nerveux

Michel Avoine est très nerveux parce que sa fille apprend à conduire°.   *to drive*

Catherine:	Papa, est-ce que je peux conduire?	
Michel:	Tu veux° conduire, ma chérie°?	*You want / honey*
	Eh bien, attache ta ceinture de sécurité°	*seat belt*
	et prends le volant°. Mais fais attention!	*steering wheel*
Catherine:	Chut!° Pas de commentaires, s'il te plaît.	*Shh!*
	Laisse-moi tranquille.°	*Leave me alone.*
Michel:	D'accord, démarre°. Regarde à gauche,	*start*
	à droite et dans ton rétroviseur°.	*rearview mirror*
	Avance lentement°, ma fille.	*slowly*
	Change de vitesse.° Continue tout droit.	*Shift; change speed.*
	Ne conduis pas si vite°.	*so fast*
	(un peu plus tard)	
	Ne prends pas le sens interdit°.	*one-way street*
	Prends la première rue à gauche.	
	Et ne regarde pas les garçons qui passent.	
Catherine:	Mais, tais-toi!° Tu n'arrêtes° pas de parler!	*keep quiet! / stop*
Michel:	Excuse-moi, ma puce°. Je suis un peu nerveux.	*(lit.) flea*
	C'est promis, plus un mot°.	*not one more word*
Catherine:	Plus un mot, mon œil!° Je te connais° trop bien.	*my eye! / I know you*

➡ **Jouez ces rôles.**   Répétez la conversation avec votre partenaire. Changez ensuite de rôle: c'est un fils qui demande à sa maman s'il peut conduire. Faites les changements nécessaires: par exemple, la mere appelle son fils «mon chéri» et «mon grand».

À PROPOS

Pourquoi est-ce que Michel est nerveux?

a. Sa fille conduit très mal.
b. Tous les pères sont nerveux.
c. On conduit vite en France et il est important d'être prudent.

Michel appelle sa fille «ma puce». Pourquoi?

a. C'est une expression de tendresse *(term of endearment)* et les Français utilisent beaucoup d'expressions de tendresse.
b. Il est sexiste. Les puces sont petites et il pense que sa fille est inférieure.
c. Les Français aiment beaucoup les insectes.

Conduire en France

One of the most unsettling discoveries one makes on a trip to France is the speed at which most people drive. Much has already been written about the French **appétit de la vitesse.** For example, Daninos's Major Thompson (see the **Lecture**, page 313) complains about the "peaceful citizen" who "can change in front of your eyes into a demonic pilot." That this can be the case, in spite of a very demanding driver's license test, a very elaborate and expensive training period in **l'auto-école,** the fact that one must be eighteen to get a license, and the fact that one must be at least sixteen years old to have a learner's permit and be accompanied by someone who is at least twenty-eight years old while learning to drive, may justify Major Thompson's comment that **Les Français conduisent plutôt bien, mais follement** *(The French drive rather well, but wildly).*

Les expressions de tendresse

Ma chérie, ma puce, mon chéri, and **mon grand** are common terms of endearment, but there are many others. Among couples, **mon chou** *(honey,* literally *my cabbage)* is very frequent. It is most likely a shortened form of **chou à la crème** *(cream puff).* In French families such expressions seem to be more frequently used than is the case among members of North American families. Terms of endearment are perhaps the verbal equivalent of the greater amount of physical contact found in France.

289

Il y a un geste

Tais-toi! The thumb and fingers are alternately opened and closed to tell someone to "shut up."

Chut! The index finger is raised to the lips to indicate that silence is in order.

Mon œil! There is a gesture meaning that one does not believe what was said. The index finger is placed under an eyelid and pulls down slightly on the skin.

→ **À vous.** Votre ami(e) apprend à conduire. Répondez à ses questions.

1. Est-ce que je peux conduire?
2. Tu vas attacher ta ceinture de sécurité?
3. Où allons-nous?
4. Où se trouve cet endroit?

entre*amis*

Votre partenaire conduit

1. Tell your partner to take the wheel.
2. Tell him/her to start the car.
3. Tell him/her to look left and right.
4. Tell him/her to move ahead.
5. Tell him/her to take the first street on the right.
6. Ask if s/he is nervous.

Prononciation

La lettre *h*

▶ The letter **h** is never pronounced in French. There are, however, two categories of **h-** words:

1. Some **h-** words act *as if they began with a vowel:* These words are said to begin with **h muet** *(mute h).* Elision (dropping a final vowel and replacing it with an apostrophe) and liaison (pronouncing a normally silent final consonant and linking it to the next word) both occur before **h muet,** just as they would with a word beginning with a vowel.

d'habitude	**l'**heure	**j'**habite
un [n]homme	elle est [t]heureuse	deux [z]heures

2. Some **h-** words act *as if they began with a consonant:* These words are said to begin with **h aspiré** *(aspirate h).* Elision and liaison do not occur before **h aspiré.**

pas **de** haricots	**le** huit décembre	**le** hockey
un/hamburger	les/haricots	des/hors-d'œuvre

▶ In addition, note that the combination **-th-** is pronounced [t].

thé	**Th**omas	a**th**lète	biblio**th**èque	ma**th**s

Buts communicatifs

I. ### Giving Reasons; Making Excuses

Tu vas à la boum°, Brigitte? *to the party*
    Oui, j'ai envie de danser.
    Oui, je veux m'amuser.
    Oui, je veux être avec mes amis.
    Je regrette. Je ne peux pas° sortir ce soir. *I am unable to, I can't*

➜ **Et vous?**   Voulez-vous aller danser?
        Je veux bien! J'adore danser.
        Je regrette. Je ne sais pas danser.
        Non, je suis trop fatigué(e).
        Je voudrais bien, mais j'ai besoin d'étudier.
    Voulez-vous sortir ce soir? Pourquoi ou pourquoi pas?

Il y a un geste

Invitation à danser. When inviting someone to dance, the index finger is pointed toward the floor and makes a small circular motion.

A. Les verbes *vouloir* et *pouvoir*

Mes amis **veulent** sortir tous les soirs.	*My friends want to go out every night.*
Mais **ils ne peuvent pas.**	*But they can't.*
As-tu pu parler avec Paul?	*Were you able to talk to Paul?*
J'ai voulu mais **je n'ai pas pu.**	*I wanted to (I tried to) but I wasn't able to.*

Veux and **peux** are pronounced like **deux.** They are the only two verbs whose **je** and **tu** forms end in **-x.**

vouloir (to want; to wish)		pouvoir (to be able; to be allowed)	
je	**veux**	je	**peux**
tu	**veux**	tu	**peux**
il/elle/on	**veut**	il/elle/on	**peut**
nous	**voulons**	nous	**pouvons**
vous	**voulez**	vous	**pouvez**
ils/elles	**veulent**	ils/elles	**peuvent**
passé composé: j'**ai voulu**		*passé composé:* j'**ai pu**	

> **Vouloir** and **pouvoir** are frequently followed by an infinitive.

Qui **veut sortir** ce soir?	*Who wants to go out tonight?*
Je **ne peux pas sortir** ce soir.	*I can't go out tonight.*

> The passé composé of **vouloir, j'ai voulu,** means *I tried.* The passé composé of **pouvoir, j'ai pu,** means *I succeeded,* and the negative **je n'ai pas pu** means *I failed.*

> **Vouloir** can also be used with a noun or pronoun, often to offer something or to make a request.

Voulez-vous **quelque chose** à boire?	*Do you want something to drink?*

Note: When making requests, it is more polite to use **je voudrais** instead of **je veux.**

Je voudrais un verre d'eau.	*I'd like a glass of water.*

Vocabulaire à retenir

J'ai voulu *I tried*

J'ai pu *I succeeded*

Je n'ai pas pu *I failed*

1. **Pourquoi y vont-ils?**   Expliquez où vont les personnes suivantes et pourquoi. Utilisez le verbe **aller** et le verbe **vouloir** dans chaque phrase.

> *Modèle:*   **Les étudiants vont à la boum parce qu'ils veulent danser.**

	à la résidence		étudier
	à la bibliothèque		acheter quelque chose
	à la boum		danser
	au restaurant		écouter un sermon
on	aux cours		dormir
je	à l'église		parler avec des amis
nous	au bistro		manger
tu	aller à la piscine	vouloir	boire
vous	à la patinoire		prendre un avion
les étudiants	au cinéma		patiner
	au centre		nager
	commercial		voir un film
	en France		visiter des monuments
	à l'aéroport		apprendre quelque chose

 2. **Un petit sketch.**   Lisez ou jouez le sketch suivant. Répondez ensuite aux questions.

Deux étudiants parlent de leurs activités.

JACQUES: Je peux porter ta veste grise?
CHRISTOPHE: Oui, si tu veux. Pourquoi?
JACQUES: Ce soir je sors.
CHRISTOPHE: Je vais être indiscret. Et tu vas où?
JACQUES: Les étudiants organisent une boum.
CHRISTOPHE: Tu y vas avec qui?
JACQUES: J'y vais seul, mais je crois que Sandrine a l'intention d'y aller aussi.
CHRISTOPHE: Et tu vas pouvoir l'inviter *(invite her)* à danser, bien sûr?
JACQUES: Je voudrais bien danser avec elle. Mais elle a beaucoup d'admirateurs.
CHRISTOPHE: Tu as pu danser avec elle la dernière fois?
JACQUES: Non, elle n'a pas voulu. Mais cette fois, ça va être différent.

Questions:

1. Qui va à la boum?
2. Avec qui y va-t-il?
3. Quels vêtements veut-il porter?
4. Avec qui Jacques veut-il danser?
5. Pourquoi est-ce qu'il n'a pas pu danser avec Sandrine la dernière fois?

Pourquoi pas?   Utilisez le verbe **pouvoir** à la forme négative et l'expression **parce que** pour expliquer pourquoi quelque chose n'est pas possible.

> *Modèle:*   **Tu ne peux pas sortir parce que tu es trop fatigué(e).**

tu		aller à un	avoir la grippe
vous		concert	avoir un rhume
mes amis		sortir	être malade(s)
mon ami(e)	ne pas	dîner	être trop fatigué(e)(s)
je	pouvoir	voyager	ne pas avoir d'argent
nous		jouer aux cartes	avoir sommeil
les étudiants		étudier	avoir besoin d'étudier
		venir au cours	être occupé(e)(s)
		danser	ne pas avoir le temps
		regarder la	avoir mal aux yeux
		télévision	avoir mal aux pieds
		skier	ne pas être libre(s)

 Qu'est-ce qu'il a?   Raymond répond toujours «non.» Utilisez les expressions suivantes avec **vouloir** ou **pouvoir** pour expliquer quelle excuse il peut avoir.

> *Modèle:*   Si nous l'invitons à manger quelque chose, …
> **Si nous l'invitons à manger quelque chose, Raymond va répondre qu'il ne veut pas manger parce qu'il n'a pas faim.**

1. Si nous l'invitons à boire quelque chose, …
2. Si nous l'invitons à chanter une chanson *(song)*, …
3. Si nous l'invitons à danser la valse, …
4. Si nous l'invitons à nager à la piscine, …
5. Si nous l'invitons à aller à un match de football, …
6. Si nous l'invitons à skier, …
7. Si nous l'invitons à dîner chez nous, …
8. Si nous l'invitons à étudier avec nous, …

entre*amis*

Pourquoi pas?

1. Ask if your partner can go to a movie with you. (S/he can't.)
2. Find out why not.
3. Suggest other activities. How many excuses can s/he find?

II. Expressing Familiarity and Judgment

Tu connais Éric, Céline?
> Oui, je le connais.

Tu connais ses parents?
> Je les connais mais je ne les connais pas très bien.

Tu connais la ville de Boston?
> Non, je ne la connais pas.

> *Le* **Québec** refers to the province of Quebec. *Quebec City* is referred to simply as **Québec.**

→ **Et vous?**   Vous connaissez la ville de Paris?
   Vous connaissez le Québec?

B. Le verbe *connaître*

Est-ce que **vous connaissez** Paris?	*Do you know Paris?*
Anne ne **connaît** pas cette ville.	*Anne doesn't know that city.*
Je connais cet homme.	*I know that man.*
J'ai connu cet homme à Paris.	*I met that man in Paris.*

connaître
(to know, be acquainted with, be familiar with)

je	**connais**	nous	**connaissons**
tu	**connais**	vous	**connaissez**
il/elle/on	**connaît**	ils/elles	**connaissent**

passé composé: j'**ai connu**

▌ There is a circumflex accent on the **-i-** only in the verb stem of the **il/elle/on** form and in the infinitive.

> Je **connais** bien la mentalité américaine.
But: Il ne **connaît** pas l'histoire de France.

▌ **Connaître** denotes familiarity and means *to know, be acquainted with (a person, a place, a concept, a thing).* It is always accompanied by a direct object and cannot stand alone.

Connaissez-vous **les parents de Thomas?**	*Do you know Thomas's parents?*
Non, mais je connais **leur maison.**	*No, but I'm familiar with their house.*

Note: In the passé composé, **connaître** denotes a first meeting.

J'**ai connu** Robert en janvier.   *I met Robert in January.*

5. **Connaissent-ils ces choses?** Exprimez le degré de familiarité des personnes suivantes avec les choses, les personnes et les endroits indiqués. Utilisez les expressions suivantes pour créer des phrases.

> *Modèle:* **Mes parents ne connaissent pas Paris.**

je		la place de la Concorde

je
tu
nous
mes parents   (ne … pas) connaître
les étudiants
le professeur

la place de la Concorde
le Sénégal
la ville du Mans
le jeu de Scrabble
les pays d'Europe
la Côte-d'Ivoire
le (la) président(e) de l'université
le musée du Louvre
les parents de mes amis

C. Les pronoms objets directs

Connais-tu Christelle?	*Do you know Christelle?*
Non, je ne **la** connais pas personnellement.	*No, I don't know her personally.*
Est-ce qu'elle **te** connaît?	*Does she know you?*
Non, elle ne **me** connaît pas.	*No, she doesn't know me.*
Est-ce que tu aimes les sandwichs au fromage?	*Do you like cheese sandwiches?*
Oui, je **les** aime beaucoup.	*Yes, I like them very much.*
As-tu acheté ton livre?	*Did you buy your book?*
Je **l'**ai acheté mais je ne **l'**ai pas encore lu.	*I bought it but I haven't read it yet.*

See Appendix C for grammatical terms.

▸ A direct object pronoun replaces a noun that is the direct object of a verb (where no preposition precedes the noun). The noun may be a proper name or a noun preceded by a definite article, a demonstrative adjective, or a possessive adjective. The direct object pronouns are listed in the table below:

me (m')	*me*	**nous**	*us*
te (t')	*you*	**vous**	*you*
le (l')	*him; it*	**les**	*them*
la (l')	*her; it*		

▸ Object pronouns are placed directly in front of the verb.

J'aime *Thierry.*	Pourquoi **l'**aimes-tu?
Aimes-tu *les sandwichs?*	Oui, je **les** aime.
Connais-tu *ma mère?*	Non, je ne **la** connais pas.

▌ When used with a verb followed by an infinitive, direct object pronouns are put directly in front of the verb to which they are related (usually the infinitive).

Pascale veut faire *ses devoirs.*	Pascale veut **les** faire.
Je vais demander *l'addition.*	Je vais **la** demander.
Nous ne pouvons pas regarder *la télévision.*	Nous ne pouvons pas **la** regarder.
J'ai envie d'écouter *la radio.*	J'ai envie de **l'**écouter.

▌ Direct object pronouns can be used with **voici** and **voilà**.

Où est Robert?	*Where is Robert?*
Le voilà!	*There he is!*

▌ In the passé composé, object pronouns are placed directly in front of the auxiliary verb.

Marc a acheté *son livre?*	Oui, il **l'**a acheté.
As-tu aimé *le film?*	Non, je ne **l'**ai pas aimé.

For Recognition Only:

▌ The past participle agrees in gender and number with a *preceding* direct object.

Paul a **fait** *ses devoirs.*	*But:* Paul *les* a fait**s**.
Tu n'as pas **écouté** *la radio.*	*But:* Tu ne *l'*as pas écouté**e**.

 6. **Qui les connaît?** Interviewez un(e) partenaire. Utilisez le verbe **connaître**. Employez un pronom objet dans votre réponse.

Modèles: tu / mes amis

VOUS: **Est-ce que tu connais mes amis?**
VOTRE PARTENAIRE: **Oui, je les connais.** ou
Non, je ne les connais pas.

tes amis / me

VOUS: **Est-ce que tes amis me connaissent?**
VOTRE PARTENAIRE: **Oui, ils te connaissent.** ou
Non, ils ne te connaissent pas.

1. tu / mes parents
2. tes parents / me
3. tes amis / le professeur de français
4. le professeur de français / tes amis
5. tu / les autres étudiants de notre cours de français
6. les autres étudiants de notre cours de français / te
7. le (la) président(e) de notre université / nous
8. nous / le (la) président(e) de notre université

7. **Que pensez-vous de … ?** Quelle est votre opinion des choix suivants? Utilisez un pronom dans chaque réponse. Si vous préférez autre chose, dites-le *(say so)*.

Modèles: Que pensez-vous de la pizza au jambon?
Je l'aime beaucoup. C'est ma pizza préférée.

Que pensez-vous des omelettes aux anchois?
Berk! Je les déteste. Je préfère les omelettes au fromage.

1. Que pensez-vous des sandwichs au beurre d'arachide?
2. Que pensez-vous du thé anglais?
3. Que pensez-vous des hamburgers de Burger King?
4. Que pensez-vous des repas au restaurant universitaire?
5. Que pensez-vous des matchs de football à la télévision?
6. Que pensez-vous de la musique classique?
7. Que pensez-vous des chats?
8. Que pensez-vous de la soupe de tomates?
9. Que pensez-vous du golf?
10. Que pensez-vous des voitures Honda?

Les Français aiment écouter de la musique classique et du jazz, mais la chanson reste leur genre de musique préféré.

8. **Qu'est-ce que les étudiants veulent faire?** Posez une question avec le verbe **vouloir.** Votre partenaire va utiliser un pronom dans sa réponse.

> *Modèle:* étudier le français
> V O U S : **Est-ce que les étudiants veulent étudier le français?**
> V O T R E P A R T E N A I R E : **Oui, ils veulent l'étudier.** ou
> **Non, ils ne veulent pas l'étudier.**

1. faire la vaisselle après le dîner
2. regarder la télévision le soir
3. prendre le petit déjeuner
4. connaître la ville de Paris
5. faire leurs devoirs
6. écouter la radio pendant qu'ils étudient

 9. **À vous.** Répondez. Remplacez les mots en italique par un pronom.

> *Modèle:* Aimez-vous *la pizza aux anchois?*
> **Oui, je l'aime beaucoup.** ou
> **Non, je ne l'aime pas.**

1. Aimez-vous *la pizza aux champignons?*
2. Aimez-vous faire *la vaisselle?*
3. Est-ce que le professeur de français connaît bien *ses étudiants?*
4. Connaissez-vous personnellement *le (la) président(e) de l'université?*
5. Est-ce que le (la) président(e) de l'université *vous* connaît?
6. Écoutez-vous souvent *la radio locale?*
7. Vos amis comprennent-ils bien *le français?*
8. Faites-vous *vos devoirs* tous les soirs?
9. Aimez-vous *les examens?*
10. Allez-vous regarder *la télévision* ce soir?

10. **Pourquoi ou pourquoi pas?** Répondez en utilisant un pronom objet direct. Ensuite expliquez votre réponse.

> *Modèle:* Aimez-vous étudier le français?
> **Oui, j'aime l'étudier parce que j'ai envie de le parler.**

1. Préférez-vous faire vos devoirs dans votre chambre ou à la bibliothèque?
2. Les étudiants veulent-ils écouter du rock?
3. Avez-vous souvent envie de faire le ménage?
4. Aimez-vous faire les courses?
5. Pouvez-vous comprendre l'espagnol?
6. Voulez-vous visiter la ville de Paris?

Une devinette *(A riddle).*   À quoi correspond le pronom? Devinez!

Modèle: On le trouve dans la classe de français.
             On trouve le livre de français dans la classe de français.   ou
             On trouve Mike dans la classe de français.

1. On le prend le matin.
2. On la regarde quelquefois.
3. On l'écoute souvent.
4. On peut les faire à la bibliothèque.
5. On le lit pour préparer ce cours.
6. On aime le parler avec le professeur.
7. Les étudiants l'adorent.
8. On la fait après le dîner.
9. On les achète à la librairie.

entre *amis*

Une enquête: vous êtes journaliste

Find out the following information. Your partner should use an object pronoun in each answer.

1. Find out if your partner likes milk.
2. Find out if s/he likes sandwiches.
3. Find out if s/he listens to the radio.
4. If so, find out at what time.
5. Find out if s/he watches TV.
6. If so, ask if s/he is going to watch it this evening.

III.   Giving Orders and Advice

Quelqu'un parle au chauffeur°:   *driver*
    Démarrez!
    Changez de vitesse!
    Continuez tout droit!
    Prenez à droite!
    Arrêtez au stop!
    Reculez!°   *Back up!*
    Faites attention aux voitures!

Taisez-vous is the **vous** form of the imperative **tais-toi,** used on p. 288.

Le chauffeur répond:
    Taisez-vous!°   *Keep quiet!*

➔ **Et vous?**   Parlez au chauffeur!

D. L'impératif

You already learned a number of imperatives in the preliminary chapter, p. 305.

Regarde!	*Look!*
Regardez!	*Look!*
Regardons!	*Let's look!*
Fais attention!	*Pay attention!*
Faites attention!	*Pay attention!*
Faisons attention!	*Let's pay attention!*

▷ The imperative is used to give commands and to make suggestions. The forms are usually the same as the present tense for **tu, vous,** and **nous.**

Note: If the infinitive ends in **-er,** the final **-s** is omitted from the form that corresponds to **tu.**

parler français	tu parle**s** français	*But:*	**Parle** français!
aller aux cours	tu va**s** aux cours	*But:*	**Va** aux cours!

▷ For negative commands, **ne** precedes the verb and **pas** follows it.

Ne regardez **pas** la télévision!
Ne fais **pas** attention à Papa!

▷ **Être** and **avoir** have irregular imperatives:

être	avoir
sois	aie
soyez	ayez
soyons	ayons

Sois gentil!	*Be nice!*
Soyons sérieux!	*Let's be serious!*
Ayez pitié de nous!	*Have pity on us!*
N'**aie** pas peur!	*Don't be afraid!*

12. **Le pauvre professeur.** Les étudiants refusent de faire ce qu'il veut. Utilisez **Mais je ne veux pas …** et répondez.

> *Modèle:* Écoutez!
> **Mais je ne veux pas écouter.**

1. Allez en classe!
2. Prenez ce livre!
3. Écrivez votre dissertation!
4. Lisez ce roman!
5. Parlez à votre professeur!
6. Chantez pour la classe!
7. Soyez raisonnable!
8. Arrêtez de parler!
9. Ayez pitié de vos professeurs!
10. Faites attention!
11. Sortez de cette classe!
12. Changez de cours!

Un père exaspéré.   Michel trouve que sa fille n'est pas raisonnable. Il décide que sa fille peut faire ce qu'elle veut.

> *Modèle:*   Je veux aller au cinéma.
> **Alors, va au cinéma!**

1. Je ne peux rien manger.
2. Je ne veux pas faire la vaisselle.
3. Je veux regarder la télévision.
4. Je ne veux pas étudier.
5. Je ne peux pas écrire de rédaction.
6. Je ne veux pas avoir de bonnes notes en français.
7. Je ne veux pas être raisonnable.

 Un professeur exaspéré.   Le professeur a trop de travail. Il devient fou *(crazy)*. Les élèves peuvent faire ce qu'ils veulent.

> *Modèle:*   Vous ne voulez pas faire attention?
> **Alors, ne faites pas attention!**

1. Vous ne pouvez pas étudier?
2. Vous ne pouvez pas faire vos devoirs?
3. Vous voulez boire du coca au cours de français?
4. Vous ne voulez pas étudier le passé composé?
5. Vous ne pouvez pas écrire de rédaction?
6. Vous ne voulez pas être à l'heure?
7. Vous voulez partir?

 Des touristes.   Vous aidez des touristes francophones près de votre campus. Répondez et expliquez aux touristes où il faut aller.

> *Modèle:*   Où est le centre commercial, s'il vous plaît?
> **Il est près d'ici. Prenez la rue Main. Ensuite tournez à gauche dans la rue Madison.**

1. Pouvez-vous me dire où je peux trouver un supermarché?
2. Je voudrais trouver une pharmacie, s'il vous plaît.
3. Y a-t-il un bureau de poste dans cette ville?
4. Y a-t-il un arrêt d'autobus près d'ici?
5. Où sont les toilettes, s'il vous plaît?
6. Connaissez-vous un restaurant près d'ici?

E. Le subjonctif: un bref aperçu *(an overview)*

▶ You have learned to use the infinitive after a number of verbal expressions. This happens when both verbs have the same subject or when the first verb is an impersonal expression with no specific subject.

Je veux parler français.	*I want to speak French.*
Il faut étudier.	*I (you, we, etc.) need to study.*

▶ Expressions that are used to give advice to someone, however, are frequently followed by **que** plus the subject and its verb.

VOCABULAIRE

Ordres et Conseils

il est essentiel que	*it is essential that*
il est important que	*it is important that*
il est indispensable que	*it is essential that*
il est nécessaire que	*it is necessary that*
il faut que	*it is necessary that; (someone) must*
il ne faut pas que	*(someone) must not*
il vaut mieux que	*it is preferable that; it is better that*
je préfère que	*I prefer that*
je veux que	*I want*
je voudrais que	*I would like*

▶ When advice is being given to another person, the second verb is not an infinitive; it is in a form called the *subjunctive*. The stem of the subjunctive is usually the same as the stem of the **ils/elles** form of the present tense. Except for **avoir** and **être,** the endings of the subjunctive are the same for all verbs.

-e	**-ions**
-es	**-iez**
-e	**-ent**

▶ Here are the subjunctive forms of regular **-er** and **-re** verbs.

-er verbs (parlént)				**-re** verbs (vendént)		
que je	parl	**e**		que je	vend	**e**
que tu	parl	**es**		que tu	vend	**es**
qu'il/elle/on	parl	**e**		qu'il/elle/on	vend	**e**
que nous	parl	**ions**		que nous	vend	**ions**
que vous	parl	**iez**		que vous	vend	**iez**
qu'ils/elles	parl	**ent**		qu'ils/elles	vend	**ent**

▶ Note that the subjunctive forms for **je, tu, il/elle/on,** and **ils/elles** of regular **-er** verbs look and sound the same as the present tense.

Il faut que tu **changes** de vitesse.	*You must change gears.*
Je veux qu'elle **invite** sa cousine.	*I want her to invite her cousin.*

Note the double **-i-** in the **nous** and **vous** forms of **étudier**.

The **nous** and **vous** forms of the subjunctive look and sound different from the present tense because of the **-i-** in their endings.

Le prof veut **que nous parlions** français.	*The teacher wants us to speak French.*
Il faut **que vous étudiiez.**	*It is necessary that you study. (You have to study.)*

The subjunctive forms of **avoir** and **être** are very similar to their imperative forms.

Il ne faut pas que vous **ayez** peur.	*You must not be afraid.*
Il est important qu'ils ne **soient** pas en retard.	*It is important that they not be late.*

Remember: The subjunctive is used with expressions for giving advice only after **que** and a change of subjects. When there is no change of subjects, the infinitive is used. After **il est nécessaire** (**important, essentiel, indispensable**), the preposition **de** must be used before an infinitive.

Le professeur veut **que j'écrive** un poème.	*The teacher wants me to write a poem.*
Le professeur veut **écrire** un poème.	*The teacher wants to write a poem.*
Il est nécessaire **que vous restiez** ici.	*It is necessary that you stay here.*
Il est nécessaire **de rester** ici.	*I (we, you, etc.) need to stay here.*

 16. **Ils veulent que je fasse tout ça?** Tout le monde vous demande de faire quelque chose. Décidez si vous êtes d'accord.

> *Modèle:* Votre père veut que vous étudiiez beaucoup.
> **Très bien, je vais étudier beaucoup.** ou
> **Mais je ne veux plus étudier beaucoup.**

1. Vos parents veulent que vous restiez à la maison.
2. Votre mère veut que vous rendiez visite à vos grands-parents.
3. Vos parents ne veulent pas que vous vendiez vos livres.
4. Vos parents ne veulent pas que vous sortiez tous les soirs.
5. Votre professeur veut que vous ayez «A» à votre examen de français.
6. Vos parents ne veulent pas que vous fumiez.
7. Vos professeurs ne veulent pas que vous perdiez vos devoirs.
8. Vos parents veulent que vous attachiez votre ceinture de sécurité.

17. **Conseils aux étudiants de première année.** Ces recommandations de l'administration et des professeurs sont-elles pertinentes? Quelle est votre opinion? Utilisez l'impératif dans chaque réponse et faites tous les changements nécessaires.

> *Modèle:* Il ne faut pas que les étudiants sortent souvent.
> **C'est un bon conseil. Ne sortez pas souvent!** ou
> **C'est un mauvais conseil. Sortez souvent, si vous voulez.**

1. Il est important que les étudiants étudient le français.
2. Il ne faut pas qu'ils soient absents.
3. Il est essentiel qu'ils dorment huit heures par jour.
4. Il faut qu'ils mangent au restaurant universitaire.
5. L'administration veut que les étudiants habitent dans une résidence universitaire.
6. Il vaut mieux qu'ils prennent le petit déjeuner.
7. Il est important qu'ils soient très sérieux.
8. Il est absolument indispensable qu'ils écoutent leurs professeurs.
9. Il vaut mieux qu'ils écrivent régulièrement à leurs parents.
10. Il ne faut pas qu'ils fument en classe.

F. Les pronoms à l'impératif

▶ In an affirmative sentence, an object pronoun follows the imperative.

Je peux prendre la voiture?	**Prends-la!**	**Prenez-la!**
Je veux acheter ce livre.	**Achète-le!**	**Achetez-le!**
Je vais porter ces chaussures.	**Porte-les!**	**Portez-les!**
Je vais au cinéma.	**Vas-y!***	**Allez-y!**
Je m'amuse bien.	**Amuse-toi!**	**Amusez-vous!**
Je me lève.	**Lève-toi!**	**Levez-vous!**

Allez-y and **Vas-y** are often used to mean *Go ahead.*

Note: Used after a verb, **me** and **te** become **moi** and **toi**.

Regardez-**moi**!   *Look at me!*   Écoute-**moi**!   *Listen to me!*

▶ If the sentence is negative, the object pronoun precedes the verb.

Je ne veux pas acheter ce livre.	**Ne l'achète pas!**	**Ne l'achetez pas!**
Je ne veux pas porter ces chaussures.	**Ne les porte pas!**	**Ne les portez pas!**
Vous me regardez tout le temps.	**Ne me regarde pas!**	**Ne me regardez pas!**
Je ne veux pas aller au cinéma.	**N'y va pas!**	**N'y allez pas!**
Je ne me lève pas.	**Ne te lève pas!**	**Ne vous levez pas!**

While the final -s of the **tu form of verbs that end in -er is dropped in the imperative (see p. 301), it is retained when it is followed by a pronoun beginning with a vowel.*

18. **La voix de ma conscience** *(The voice of my conscience).* Qu'est-ce que votre conscience vous dit de faire ou de ne pas faire? Utilisez un pronom objet avec l'impératif.

> *Modèle:* Je vais manger ces bonbons. **Mange-les!** ou
>
> **Ne les mange pas!**

Votre conscience est une bonne amie. Alors, quand elle vous parle, elle utilise **tu.**

1. Je ne vais pas faire mes devoirs.
2. Je veux prendre la voiture de mon ami(e).
3. Je ne veux pas attacher ma ceinture de sécurité.
4. Je vais boire cette bouteille de vin.
5. Je veux acheter ces vêtements.
6. Je veux faire la sieste.
7. Je peux vendre mon livre de français?
8. Je vais regarder la télévision.
9. Je peux aller au cinéma?
10. Je vais m'amuser ce soir.

G. Les nombres ordinaux

> Prends la **première** rue à gauche.
> C'est la **deuxième** fois que je viens en France.
> Elle habite dans la **quatrième** maison.
> Victor Hugo est né au **dix-neuvième** siècle *(century).*

To form most ordinal numbers, one simply adds **-ième** to the cardinal number. The abbreviated form is a numeral followed by a raised **e.**

deux	$\longrightarrow$	**deuxième**	2^e
trois	$\longrightarrow$	**troisième**	3^e

There are a few exceptions.

For cardinal numbers such as **vingt et un,** the ordinal number is formed according to the normal rule: **vingt et un** $\longrightarrow$ **vingt et unième** (21e).

1. The ordinal number for **un (une)** is **premier (première).** It is the only ordinal number whose ending is altered to show gender agreement with the noun it modifies.

   un (une) $\longrightarrow$ **premier (première)** 1er (1re)

2. **Cinq** and numbers built on **cinq** add a **-u-** before the ending.

   cinq $\longrightarrow$ **cinq***u***ième** 5^e

3. **Neuf** and numbers built on **neuf** change the **-f-** to **-v-** before the ending.

   neuf $\longrightarrow$ **neu***v***ième** 9^e

4. Cardinal numbers ending in **-e** drop the **-e** before the ending.

quatre	$\longrightarrow$	**quatrième**	4^e
onze	$\longrightarrow$	**onzième**	11^e
douze	$\longrightarrow$	**douzième**	12^e

Review dates on p. 209.

In dates, **le premier** is used, as in English, to express the meaning *the first,* but the cardinal numbers are used for the rest of the days in the month.

le **premier** mai *But:* le **deux** mai, le **trois** mai

> This is also true when talking about monarchs. **Premier (Première)** is used for *the First,* but the cardinal numbers are used thereafter. Note that the definite article is not used in French.

> Remember that **Premier** agrees in the feminine: Elizabeth **Première.**

François **Premier** *But:* Henri **Quatre**

19. **Prononcez et écrivez.** Lisez ces expressions et écrivez en toutes lettres.

Modèle: le 21e siècle
le vingt et unième siècle

1. Henri Ier
2. la 2e année consécutive
3. la 3e fois

4. le 1er mois de l'année
5. Louis XV
6. la 6e fois

7. le 20e siècle
8. la 1re rue à droite
9. le 25 décembre

20. **Le calendrier.** Répondez.

1. Quelle est la date d'aujourd'hui?
2. Quelle est la date du Jour de l'An *(New Year's Day)*?
3. Quelles sont les dates de votre fête nationale et de la fête nationale française?
4. Quelle est la date de votre anniversaire?
5. Quelle est la date de l'anniversaire de mariage de vos parents?
6. Quel est le troisième mois de l'année?
7. Quel est le dernier jour de l'année?
8. Quel est le cinquième jour de la semaine en France?
9. Quel est le cinquième jour de la semaine pour vous?

entre*amis*

Pardon, s'il vous plaît

You are visiting a French-speaking city.

1. Stop a native and explain that you don't know the city.
2. Ask for directions to a good restaurant, a good hotel, and a post office.
3. Be sure to thank the native properly.

IV. Describing Ways of Doing Things

À quelle vitesse conduisez-vous?
    Moi, je conduis …
        comme un escargot°.   *like a snail*
        lentement.
        tranquillement°.   *calmly*
        prudemment°.   *prudently*
        vite.
        à toute vitesse°.   *at top speed*
        comme un fou (une folle)°.   *like a crazy person*

Comment vos amis conduisent-ils?

Il y a un geste

À toute vitesse. A closed fist is held at chest level and moved horizontally away from the body and back in a few rapid motions. This suggests a rapid speed. It may also be used to describe someone who has a "hard-driving" personality.

H. Le verbe *conduire*

Est-ce que tu as peur de **conduire?**
Je conduis très souvent.
Hier, **nous avons conduit** une voiture de sport.

conduire *(to drive)*			
je	**conduis**	nous	**conduisons**
tu	**conduis**	vous	**conduisez**
il/elle/on	**conduit**	ils/elles	**conduisent**

passé composé: j'**ai conduit**

The verb **conduire** is not used to tell that you drive to a destination. It is used alone or with adverbs or direct objects. To tell *where* you are driving, use **aller en voiture.**

	Il **conduit** une Renault.	*He drives a Renault.*
But:	Il **va** à Monte-Carlo **en voiture.**	*He is driving to Monte Carlo.*

Comment ces gens conduisent-ils?   Votre partenaire va vous poser des questions. Répondez. Si vous ne savez pas, inventez une réponse.

> *Modèle:*   votre tante
> VOTRE PARTENAIRE: **Comment votre tante conduit-elle?**
> VOUS: **Ma tante conduit à toute vitesse.**

1. les étudiants de cette université
2. le professeur de français
3. les professeurs (en général)
4. les femmes
5. les hommes

6. les Français
7. les Américains
8. votre meilleur(e) ami(e)
9. vous

entre*amis*

Vous donnez des conseils au chauffeur

1. Be a back-seat driver. Tell your partner that s/he is driving too fast.
2. Tell him/her to go slowly.
3. Tell him/her where to go and how to drive.

I. Les adverbes

> While there are exceptions, most French adverbs end in **-ment**.

> Avance **lentement**!   Tu vas trop **rapidement.**

> If the masculine singular form of the adjective ends in a consonant, **-ment** is added to the feminine form.

premier (première)	⟶ **premièrement**	*first*
sérieux (sérieuse)	⟶ **sérieusement**	*seriously*
attentif (attentive)	⟶ **attentivement**	*attentively*
personnel (personnelle)	⟶ **personnellement**	*personally*

> The suffix **-ment** is added to the masculine singular form of an adjective if it ends in a vowel.

vrai	⟶ **vraiment**	*truly*
facile	⟶ **facilement**	*easily*
absolu	⟶ **absolument**	*absolutely*

Exception: fou (folle) ⟶ **follement**   *crazily*

If necessary, consult Appendix C at the end of the book to review the distinction between an adjective and an adverb.

▷ For masculine adjectives ending in **-ant** or **-ent,** the adverbs will end in **-amment** or **-emment** respectively. The first vowel in both spellings is pronounced [a].

constant	⟶	**constamment**	*constantly*
patient	⟶	**patiemment**	*patiently*
prudent	⟶	**prudemment**	*prudently*

▷ Several of the most common adverbs are completely different from their corresponding adjectives.

bon	⟶	**bien**	*well*	Loïc danse **bien.**
mauvais	⟶	**mal**	*poorly*	Il chante **mal.**
petit	⟶	**peu**	*little*	Et il mange très **peu.**

Note: **Rapide** has two corresponding adverbs: **rapidement** and **vite.**

 Identification.   Identifiez des personnes qui correspondent aux questions suivantes.

> *Modèle:* Qui conduit lentement?
> **Mes parents conduisent lentement.**   ou
> **Mon oncle conduit lentement.**

1. Qui conduit nerveusement?
2. Qui parle rapidement le français?
3. Qui fait bien la cuisine?
4. Qui parle constamment?
5. Qui apprend facilement les maths?
6. Qui travaille sérieusement?
7. Qui écoute patiemment?
8. Qui étudie attentivement?
9. Qui chante mal?
10. Qui écrit peu?

 Tout le monde est chauffeur.   Décrivez les chauffeurs suivants. Pour chaque adjectif, faites une phrase avec le verbe **être** et un adjectif, et puis une autre phrase, avec le verbe **conduire** et un adverbe.

> *Modèle:* ma tante/lent   **Ma tante est lente. Elle conduit lentement.**

nous (les étudiants)
mon oncle
ma tante
mon père
ma mère
je
le professeur
les hommes
les femmes

rapide
sérieux
bon
prudent
patient
nerveux
admirable
raisonnable
parfait
tranquille
attentif
fou

entre*amis*

Vous êtes journaliste

1. Find out if your partner speaks French.
2. Explain that you are a reporter for a newspaper called *L'Equipe (The Team)*.
3. Get permission to ask a few questions.
4. Find out if s/he plays tennis, swims, skates, or skis.
5. If so, find out how well.
6. Double-check the answers by reporting back what your partner has told you.

Intégration

R É V I S I O N

A. **Des indications.**   Aidez un(e) touriste francophone qui cherche …

1. un restaurant   2. un bureau de poste   3. une pharmacie

B. **Jacques a dit** *(Simon says).*   Faites l'action ou le geste indiqué par le professeur, s'il commence par «Jacques a dit». Si le professeur n'utilise pas l'expression «Jacques a dit», ne faites pas l'action ou le geste décrit.

Frappez à la porte!	Mon œil!	Reculez!
Taisez-vous!	Comme ci, comme ça.	Prenez le volant!
Dites bonjour!	Comptez sur une main!	Conduisez!
Mangez!	Regardez à gauche!	Changez de vitesse!
Buvez!	Regardez à droite!	Asseyez-vous!
Invitez-moi à danser!	Avancez!	

C. **Les étudiants sérieux.**   Décidez si les étudiants sérieux font ou ne font pas les choses suivantes. Utilisez un pronom objet direct dans chaque réponse.

> *Modèle:*   regarder la télé pendant des heures
> **Ils ne la regardent pas pendant des heures.**

1. oublier leurs livres dans leur chambre
2. conduire follement la voiture de leurs parents
3. pouvoir facilement apprendre le subjonctif
4. vouloir étudier le français
5. faire toujours leurs devoirs

D. **À vous.** Répondez.

1. Vous êtes étudiant(e)s en quelle année?
2. Quel est le premier mois de votre année scolaire? le cinquième? le dernier?
3. Quel est votre dernier cours le vendredi?
4. Pourquoi un bon étudiant ne peut-il pas sortir tous les soirs?
5. Que peuvent faire les étudiants de votre campus quand ils veulent s'amuser?
6. Où peut-on aller près de chez vous si on veut danser?
7. Avez-vous votre permis de conduire? Si oui, depuis combien de temps l'avez-vous?
8. Comment conduisez-vous?
9. Où avez-vous connu votre meilleur(e) ami(e)?

 Use the CD-ROM Module 7 before viewing the video to help you understand what you will see and hear.

PAS DE PROBLÈME!

Cette activité est basée sur la vidéo, *Module 7* (queue to 31:52). Choisissez la bonne réponse pour compléter les phrases suivantes.

1. Bruno veut envoyer *(send)* _____ à sa mère.
   (un cadeau, une carte postale, une lettre)
2. Une femme explique à Bruno que la poste se trouve à _____ mètres.
   (100, 500, 50)
3. On vend de la porcelaine _____ .
   (dans les boutiques, dans les petits magasins, à la pharmacie)
4. Bruno a acheté _____ carte(s) postale(s).
   (une, deux, douze)
5. Pour poster ses cartes postales et son colis, Bruno doit payer _____ francs.
   (59, 69, 79)

LECTURE I

A. **Étude du vocabulaire.** Étudiez les phrases suivantes et choisissez les mots anglais qui correspondent aux mots français en caractères gras: *more, convinced, rather, hates, approximately, those, latecomer, less, thus, bother.*

1. Un avion est **plus** rapide qu'un train.
2. L'état de Rhode Island est **moins** grand que le Texas.
3. Notre professeur **exècre** le tabac. Les cigarettes le rendent malade.
4. Pourquoi est-ce que vous me parlez **ainsi**? Qu'est-ce que je vous ai fait?
5. Mon frère est toujours **retardataire.** Il n'arrive jamais à l'heure.
6. Est-ce que cela vous **dérange** si je fume?
7. **Ceux** qui étudient sont **ceux** qui ont les meilleures notes.
8. Christian chante **plutôt** mal, mais il aime chanter quand même.
9. Il y a **à peu près** trente personnes au restaurant.
10. Je suis **convaincu** que le professeur veut que j'étudie beaucoup.

Qu'en pensez-vous? Quelle est la réputation des Français au volant? Quelle est la réputation des chauffeurs californiens? des chauffeurs new-yorkais? Et vous, comment conduisez-vous?

La France au volant

Il faut se méfier des[1] Français en général, mais sur la route en particulier. Pour un Anglais qui arrive en France, il est indispensable de savoir d'abord qu'il existe deux sortes de Français: les à-pied et les en-voiture. Les à-pied exècrent les en-voiture, et les en-voiture terrorisent les à-pied, les premiers passant instantanément dans le camp des seconds si on leur met un volant entre les mains. (Il en est ainsi au théâtre avec les retardataires qui, après avoir dérangé douze personnes pour s'asseoir, sont les premiers à protester contre ceux qui ont le toupet[2] d'arriver plus tard.)

Les Anglais conduisent plutôt mal, mais prudemment. Les Français conduisent plutôt bien, mais follement. La proportion des accidents est à peu près la même dans les deux pays. Mais je me sens[3] plus tranquille avec des gens qui font mal des choses bien[4] qu'avec ceux qui font bien de mauvaises choses.

Les Anglais (et les Américains) sont depuis longtemps convaincus que la voiture va moins vite que l'avion. Les Français (et la plupart des Latins) semblent encore vouloir prouver le contraire.

Pierre Daninos, *Les Carnets du Major Thompson*

1. watch out for   2. nerve   3. feel   4. do good things poorly

 Vrai ou faux? Décidez si les phrases suivantes sont vraies ou fausses d'après la lecture. Si une phrase est fausse, corrigez-la.

1. Les Français sont dangereux quand ils conduisent.
2. Les Anglais sont de bons conducteurs *(drivers)* mais ils conduisent plutôt vite.
3. En France, ceux qui marchent n'apprécient pas beaucoup ceux qui sont au volant.
4. Ceux qui conduisent adorent les à-pied.
5. Les Anglais ont moins d'accidents que les Français.
6. L'avion va plus vite que la voiture mais les Américains ne le comprennent pas encore.

 Questions. Répondez.

1. Pourquoi dit-on qu'il y a deux sortes de Français?
2. Quelle transformation y a-t-il quand un Français prend le volant?
3. Les retardataires sont-ils hypocrites? Expliquez votre réponse.
4. Quelles différences y a-t-il entre les Anglais et les Français?
5. Qui sont les Latins?
6. Qui sont ceux qui font mal des choses qui sont bonnes?

E. **Familles de mots.** Essayez de deviner le sens des mots suivants.

1. conduire, un conducteur, une conductrice, la conduite
2. exister, l'existence, l'existentialisme
3. retarder, un(e) retardataire, un retard
4. terroriser, un(e) terroriste, le terrorisme, la terreur

L E C T U R E   I I

 A. **Les voitures françaises.** Lisez la lecture suivante et identifiez trois marques *(makes)* de voitures françaises.

AUTOMOBILES	
Vends Renault Espace RN 21 Turbo D, mod 96, 8000 kms, bleue, climatisée, airbag, radio. Tél 02.43.81.75.79 ap. 18h.	VDS R5 pour pièces détachées, roulante mais accidentée, petit prix. Tél 02.41.32.51.61.
Vends Renault 9 GTL, 68 000 kms, 5 vitesses, vitres teintées électriques, gris métallique, direction assistée, toit ouvrant. Tél. 02.41.34.63.23 après 20h.	Vds Renault Twingo, 6 mois, noire, toit ouvrant, bag, 3200 kms, 50 000F. Tél 02.43.75.64.98.
Vds Mercedes C 250 D Élégance 95, 1ᵉ main, 44000 kms, état neuf, clim, radio (Sony), alarme, radiocommandée, vert métal, garantie 1 an, 167 000F. Tél 02.41.64.35.70.	A VENDRE 505 GR BREAK 88, 92 000 kms, direction assistée, fermeture portes et vitres électrique, pré-équipée auto-radio, essuie-glace arrière, excellent état. Tél. 02.43.81.33.53.
VDS Citrëen BX 16 TRS, juillet 89, modèle 90, 90 000 kms, rouge verni, direct. assist., vit. teintées. Tél. 02.41.76.87.64 le week-end.	

 B. **Pouvez-vous décider?**

1. Quelle est probablement la plus vieille voiture?
2. Quelle voiture est probablement la plus chère?
3. Quelle voiture est probablement la moins chère?
4. Quelle voiture n'est pas française?
5. Quelles voitures ne sont certainement pas rouges?
6. Quelles voitures sont confortables quand il fait chaud?
7. Quels propriétaires ne sont pas chez eux pendant la journée?

C. **Une voiture à vendre.** Écrivez une petite annonce pour une voiture que vous voulez vendre.

V O C A B U L A I R E   A C T I F

Sur la route

un arrêt (d'autobus)   *(bus) stop*
arrêter   *to stop*
à toute vitesse   *at top speed*
attacher   *to attach; to put on*
avancer   *to advance*
une ceinture de sécurité   *safety belt,*
  seat belt
changer (de)   *to change*
un chauffeur   *driver*
comme un fou   *like a crazy person*
conduire   *to drive*
démarrer   *to start a car*
un feu   *traffic light*
jusqu'au feu   *until the traffic light*
un permis de conduire   *driver's*
  license
reculer   *to back up*
un rétroviseur   *rearview mirror*
le sens interdit   *one-way street*
un stop   *stop sign*
la vitesse   *speed*
un volant   *steering wheel*

D'autres noms

l'année scolaire (f.)   *school year*
un anniversaire de mariage   *wedding*
  anniversary
une boum   *party*
une chanson   *song*
un commentaire   *commentary*
un conseil   *(piece of) advice*
un escargot   *snail*
un fou (une folle)   *fool; crazy person*
le Jour de l'An   *New Year's Day*
un match   *game*
une patinoire   *skating rink*
un(e) propriétaire   *owner*
un siècle   *century*

Adjectifs

attentif (attentive)   *attentive*
constant(e)   *constant*
fou (folle)   *crazy; mad*
lent(e)   *slow*
neuf (neuve)   *brand-new*
prudent(e)   *cautious*
raisonnable   *reasonable*
rapide   *rapid; fast*
sérieux (sérieuse)   *serious*
tranquille   *calm*

Verbes

avoir pitié (de qqn.)   *to have pity (on*
  s.o.); to feel sorry (for s.o.)
connaître   *to know; be acquainted*
  with; be familiar with
inviter   *to invite*
laisser   *to leave; to let*
pouvoir   *to be able; to be allowed*
vouloir   *to want; to wish*

Adverbes

absolument   *absolutely*
constamment   *constantly*
follement   *in a crazy manner*
lentement   *slowly*
patiemment   *patiently*
personnellement   *personally*
prudemment   *prudently*
rapidement   *rapidly*
sérieusement   *seriously*
si   *so*
vite   *quickly; fast*

Pronoms objets directs

me   *me*
te   *you*
le   *him; it*
la   *her; it*
nous   *us*
vous   *you*
les   *them*

Des ordres et des conseils

il est essentiel que   *it is essential that*
il est important que   *it is important*
  that
il est indispensable que   *it is essential*
  that
il est nécessaire que   *it is necessary*
  that
il faut que   *it is necessary that;*
  (someone) must
il ne faut pas que   *(someone) must*
  not
il vaut mieux que   *it is preferable*
  that; it is better that
je préfère que   *I prefer that*
je veux que   *I want*
je voudrais que   *I would like*

Expressions utiles

C'est promis.   *It's a promise.*
Chut!   *Shh!*
je veux m'amuser   *I want to have fun*
Laisse-moi (Laissez-moi) tranquille!
  Leave me alone!
(mon/ma) chéri(e)   *(my) dear,*
  honey
Mon œil!   *My eye!*
ma puce   *honey (lit. my flea)*
Plus un mot.   *Not one more word.*
Tais-toi! (Taisez-vous!)   *Keep quiet!*

Chapitre 11

Comme si
c'était hier

Coup d'envoi

Coup d'envoi

 **Prise de contact**   **Quand vous étiez jeune**

Qu'est-ce que tu faisais° quand tu avais seize ans°,
  Caroline?
      J'allais au lycée°.
      J'étudiais l'anglais et les mathématiques.
      J'habitais une petite maison.
      Je sortais quelquefois avec mes amis.
      Nous allions au cinéma ensemble.
      Mais je n'avais pas encore mon permis de conduire.

used to do / were
sixteen
high school

→ **Et vous?**   Qu'est-ce que vous faisiez quand vous aviez seize ans?

Conversation

L'album de photos

Lori et son amie Denise sont en train de° regarder un album de photos.   *in the process of*

Lori:	C'est une photo de toi?
Denise:	Oui, c'était° au mariage de ma sœur.
Lori:	Elle est plus âgée que° toi?
Denise:	Oui, de deux ans.
Lori:	Ah! la voilà en robe de mariée°, n'est-ce pas? Comme elle était belle!°
Denise:	Tu vois° la photo de ce jeune homme en smoking°? C'est mon beau-frère.
Lori:	Il avait l'air jeune.
Denise:	Il n'avait que vingt ans.° Et il en avait assez de° porter son smoking.
Lori:	Il faisait chaud?
Denise:	Très! Et il avait déjà porté° son smoking pour le mariage à la mairie°.
Lori:	Quand est-ce que ce mariage a eu lieu°?
Denise:	Il y a deux ans.
Lori:	Alors, c'est ton tour°. Quand est-ce que tu vas épouser° ton petit ami? *(Elles rient.°)*
Denise:	Lori, occupe-toi de tes oignons!°

it was

older than

wedding dress
How beautiful she was! / You see
in a tuxedo

He was only twenty.
he was fed up with

had already worn
town hall
took place

turn
marry
They laugh.
mind your own business!

➡ **Jouez ces rôles.** Répétez la conversation avec votre partenaire. Remplacez «mariage de ma sœur» par «mariage de mon frère». Faites tous les changements nécessaires.

This and all Conversations are recorded for your convenience on the Student Cassettes that accompany your text. Use the cassettes to help you learn this material.

PRONUPTIA
Paris

"J'ai trouvé l'homme qui va avec la robe de ma vie"

Venez découvrir nos Collections 1997
Liste des points de vente page 131
3615 PRONUPTIA*
http://www.vivimedia.fr/pronuptia

À PROPOS

Pourquoi le beau-frère avait-il déjà porté son smoking à la mairie?

a. Il aimait beaucoup porter un smoking.
b. C'est normal. On porte toujours des vêtements élégants à la mairie.
c. Il y a eu deux mariages: à la mairie et à l'église.

La famille

Quite attached to home, family, and friends, the French are usually very fond of weddings, family reunions, picnics, social gatherings, etc., which provide an opportunity to nurture the close relationships found within the circle of their social and emotional ties. In general, these family and friendship bonds seem stronger and longer-lasting than those typically found in English-speaking North America. The French are often equally attached to the region in which they live. It is therefore rather common, for example, to find homes that have been lived in by successive generations of the same family.

Les jeunes

High unemployment (over 12% in 1997) and the increasing length of their studies have meant that few young adults are able to become financially independent of their families. At age twenty-two, 60% of the men and 45% of the women are still living with their parents. Very few students, for example, are able to have a part-time job or purchase a car. Fortunately public transportation is widely available and universities are inexpensive.

Le mariage en France

In order to be legally married in France, all couples are wed in a civil ceremony at the town hall. The mayor (**le maire**), or the mayor's representative, performs the ceremony and the couples express their consent by saying **oui.** Many couples choose to have a religious ceremony as well. This takes place at the church,

temple, or mosque, after the civil ceremony.

Currently the average age for marriage is over 28 for men and over 26 for women. Since after marriage two women out of three continue to work and the birth rate has fallen to 1.8 children per family, attempts have been made by the government to help couples who have children. There are paid maternity (or paternity) leaves, public day care centers, and subsidies to families with more than two children. Nursery schools accept children as young as two years of age and, if parents wish, will supervise the children, at school, from 7:30 AM until 7 PM.

Il y a un geste

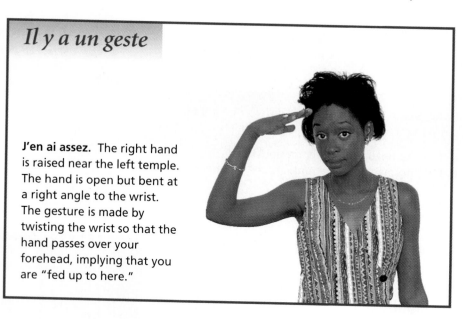

J'en ai assez. The right hand is raised near the left temple. The hand is open but bent at a right angle to the wrist. The gesture is made by twisting the wrist so that the hand passes over your forehead, implying that you are "fed up to here."

➡ **À vous.**   Répondez.

1. Où habitiez-vous quand vous aviez seize ans?
2. Comment s'appelaient vos amis?
3. À quelle école alliez-vous?
4. Qu'est-ce que vous étudiiez?

entre*amis*

Une vieille photo

1. Show your partner an old photo of a group of people.
2. Tell who the people are.
3. Tell how old each one was in the photo.
4. Describe what they were wearing.
5. Tell where they lived.

Les sons [i] et [j]

Two related sounds in French are the pure vowel sound [i] (as in the English word *teeth*), and the semi-consonant/semi-vowel [j] (as in the English word *yes*). Practice saying the following words after your instructor, paying particular attention to the highlighted sound. As you pronounce the words for one sound, look at how that sound is spelled and in what kinds of letter combinations it appears. What patterns do you notice?

[i]
- **i**l, **i**c**i**, r**i**z, p**i**zza, polit**i**que, asp**i**r**i**ne
- su**i**s, fru**i**t, depu**i**s, tru**i**te, condu**i**re, ju**i**llet
- br**ie**, am**ie**, Soph**ie**
- S**y**lvie, bic**y**clette, **y**

[j]
- mar**i**é, jan**vi**er, h**i**er, m**i**am, k**i**osque, nat**i**onal, mons**i**eur, b**i**en
- déta**il**, somme**il**, œ**il**, trava**ille**, Marse**ille**, feu**ille**
- gent**ille**, f**ille**, past**ille**, van**ille**, ju**ille**t
- **y**eux, essa**y**er, pa**y**er

The [i] sound is represented by written **-i-** or **-y-** in the following situations:

1. **i** not in combination with another vowel: merc**i**, avr**i**l, f**i**lle
2. **i** following a **u**: pu**i**s, bru**i**t, tru**i**te
3. final **-ie**: br**ie**, étud**ie**
4. **-y-** between two consonants: il **y** va, S**y**lvie

The [j] sound is required in the following circumstances:

1. **i-** before a pronounced vowel in the same syllable: p**i**ed, v**i**ande, mar**i**age
2. **-il, -ill** after a pronounced vowel in the same syllable: trava**il**, conse**ill**er, œ**il**
3. **-ll** after [i]: f**ille**, ju**ille**t

Exceptions: m**ill**ion, m**ill**iard, m**ille**, v**ille**, v**ill**age, tranqu**ille**

4. initial **y-** before a vowel, **-y-** between two vowels: **y**eux, essa**y**er.

Note: Between the sound [i] at the end of one syllable and another vowel at the beginning of the next syllable, [j] is pronounced even though there is no letter representing the sound.

quatrième [ka tRi jɛm]

Pronounce the following words correctly.

1. Sylvie, yeux, bicyclette, y, payer
2. télévision, brioche, nuit, addition, cuisine, principal, délicieux, insister, feuille
3. pitié, amie, papier, pièce, prier, pâtisserie, client, habitiez, impatient, oublier
4. milliard, juillet, ville, fille, bouteille, travail, travaille, conseil, allions, vanille, mille, œil, oreille, tranquille, gentil, gentille, million

Buts communicatifs

I. **Describing Conditions and Feelings in the Past**

Quand vous étiez jeune, …

	oui	*non*
aviez-vous un chien ou un chat?	___	___
étiez-vous souvent malade?	___	___
habitiez-vous une grande ville?	___	___
aviez-vous beaucoup d'amis?	___	___
regardiez-vous beaucoup la télé?	___	___

Que faisiez-vous après l'école?
Comment s'appelaient vos voisins°? *neighbors*

A. L'imparfait

▷ You have already been using one past tense, the passé composé, to relate what happened in the past. The imperfect (**l'imparfait**) is a past tense used to describe conditions and feelings and to express habitual actions.

1. Describing conditions

Ma sœur **était** belle.	*My sister was beautiful.*
Mon beau-frère **avait** l'air jeune.	*My brother-in-law seemed young.*
Léa **portait** une jolie robe.	*Léa was wearing a pretty dress.*
Anne **était** malade.	*Anne was sick.*
Il **pleuvait.**	*It was raining.*
Il y **avait** trois chambres dans notre maison.	*There were three bedrooms in our house.*

2. Describing feelings

Ma sœur **était** nerveuse.	*My sister was nervous.*
Mon beau-frère en **avait** assez.	*My brother-in-law was fed up.*
Je **détestais** les épinards.	*I used to hate spinach.*
Tout le monde **était** heureux.	*Everybody was happy.*

3. Expressing habitual past actions

Nous **regardions** des dessins animés le samedi.	*We used to watch cartoons on Saturday.*
À cette époque, Marie **sortait** avec Paul.	*Back then, Marie used to go out with Paul.*

Review uses of the passé composé, pp. 168–170.

But:	Nous **avons regardé** des dessins animés samedi.	*We watched cartoons (last) Saturday.* (once, not a repeated event)
	Marie **est sortie** avec Paul vendredi dernier.	*Marie went out with Paul last Friday.* (one day, not habitually)

To form the imperfect tense, take the **nous** form of the present tense, drop the -**ons** ending, and add the endings -**ais**, -**ais**, -**ait**, -**ions**, -**iez**, -**aient**.

jouer (jouóńś)		
je	**jou**	**ais**
tu	**jou**	**ais**
il/elle/on	**jou**	**ait**
nous	**jou**	**ions**
vous	**jou**	**iez**
ils/elles	**jou**	**aient**

avoir (avóńś)		
j'	**av**	**ais**
tu	**av**	**ais**
il/elle/on	**av**	**ait**
nous	**av**	**ions**
vous	**av**	**iez**
ils/elles	**av**	**aient**

aller (allóńś)		
j'	**all**	**ais**
tu	**all**	**ais**
il/elle/on	**all**	**ait**
nous	**all**	**ions**
vous	**all**	**iez**
ils/elles	**all**	**aient**

Impersonal expressions also have imperfect tense forms.

infinitive	present	imperfect
neiger	il neige	**il neigeait**
pleuvoir	il pleut	**il pleuvait**
falloir	il faut	**il fallait**
valoir mieux	il vaut mieux	**il valait mieux**

Être is the only verb that has an irregular stem: **ét-**. The endings are regular.

J'**étais** malade.
Nous **étions** désolés.

The **je, tu, il/elle/on,** and **ils/elles** forms of the imperfect all sound alike because the endings are all pronounced the same.

je **jouais**   tu **jouais**   il **jouait**   elles **jouaient**

Note that the **nous** and **vous** forms of the imperfect of most verbs are identical to the subjunctive forms. See Ch. 10, p. 303.

The -**ions** and -**iez** endings are pronounced as one syllable, with the letter -**i**- being pronounced [j].

vous habit**iez**   [a bi tje]
nous all**ions**   [a ljɔ̃]

You have already learned that if the present tense stem of a verb ends in -**g**, an -**e**- is added before endings beginning with -**o**-. This is also true in other tenses before endings beginning with -**a**- or -**u**-.

present: nous mang**e**ons
imperfect: je mang**e**ais   tu mang**e**ais   il mang**e**ait   ils mang**e**aient
(*But:* nous mangions, vous mangiez)

Similarly, if the stem of a verb ends in -**c**, a -**ç**- is used instead before endings beginning with -**a**-, -**o**-, or -**u**-.

present: nous commen**ç**ons
imperfect: je commen**ç**ais   tu commen**ç**ais   il commen**ç**ait
(*But:* nous commencions, vous commenciez)

Les petits Français commencent l'école plus tôt que les petits Américains. Ils peuvent entrer à l'école maternelle à l'âge de deux ans.

 Ils faisaient toutes sortes de choses. Qu'est-ce que les gens suivants faisaient (ou ne faisaient pas) quand ils étaient jeunes? Utilisez les expressions suivantes pour créer des phrases.

> *Modèles:* **Quand mes amis étaient jeunes, ils ne conduisaient pas.**
> **Quand ma voisine était jeune, elle était souvent malade.**

quand	mes amis le professeur je nous ma voisine mon voisin	être jeune(s)	regarder des dessins animés aller à l'école prendre toujours le petit déjeuner être souvent malade faire la vaisselle conduire lire des bandes dessinées manger beaucoup de bonbons se coucher tôt boire du lait nager beaucoup

 Ma grand-mère. Transformez le paragraphe suivant à l'imparfait.

Ma grand-mère habite dans une petite maison qui est très jolie et qui a deux chambres. Dans cette région, il pleut souvent et en hiver, quand il neige, on reste à la maison. Ma grand-mère est fragile et elle travaille très peu. Elle est petite et assez vieille. Elle a soixante-quinze ans et elle est seule à la maison depuis la mort *(death)* de mon grand-père. Mais quand je vais chez elle, nous parlons quelquefois et nous chantons. Elle veut toujours nous préparer quelque chose à manger, mais je fais la cuisine moi-même. Ensuite nous mangeons ensemble. Je l'aime beaucoup et elle m'aime beaucoup aussi.

À vous. Répondez.

1. Qui était président des États-Unis quand vous aviez quatorze ans?
2. Qu'est-ce que vous regardiez à la télé quand vous aviez quatorze ans?
3. Quels acteurs et quelles actrices étaient populaires quand vous aviez quatorze ans?
4. Quel âge avaient les autres membres de votre famille quand vous aviez quatorze ans?
5. Qu'est-ce que vous faisiez le vendredi soir quand vous aviez quatorze ans?
6. Qu'est-ce que vous aimiez manger? Qu'est-ce que vous détestiez?
7. Qui faisait la cuisine pour vous?
8. À quelle école alliez-vous?
9. Comment s'appelaient vos voisins?
10. Où faisiez-vous vos devoirs?

B. *Ne ... que*

Sylvie **n'a que** dix-huit ans.	*Sylvie is only eighteen.*
Ses parents **n'ont qu'**une fille.	*Her parents have only one daughter.*
Il **n'**y a **que** trois personnes dans la famille.	*There are only three people in the family.*

▸ **Ne ... que,** a synonym of **seulement,** is used to express a limitation. **Ne** comes before the verb and **que** is placed directly before the expression that it limits.

Il **ne** sort **qu'**avec Renée.	*He goes out only with Renée.*
Il **ne** sort avec Renée **que** le vendredi soir.	*He goes out with Renée on Friday nights only.*

 Quel âge avaient-ils il y a cinq ans? Décidez quel âge tout le monde avait il y a cinq ans. Si vous ne savez pas *(If you don't know),* devinez. Utilisez **ne ... que.**

Review **il y a +** expressions of time, p. 171.

> *Modèle:* votre frère   **Il y a cinq ans, mon frère n'avait que seize ans.**

1. vous
2. votre meilleur(e) ami(e)
3. votre mère ou votre père
4. les étudiants de cette classe
5. votre acteur préféré
6. votre actrice préférée
7. le professeur de français (Imaginez.)

entre*amis*

Quand tu étais enfant

1. Find out where your partner lived ten years ago.
2. Ask how old s/he was.
3. Ask what s/he did on Saturdays.
4. Find out what her/his school's name was.
5. Ask if s/he had a dog or a cat. If so, find out its name.
6. Find out who his/her neighbors were.

II. Setting the Scene in the Past

Quand vous êtes arrivé(e) sur ce campus pour la première fois ...

c'était en quelle saison?
c'était en quel mois?
quel âge aviez-vous?
étiez-vous seul(e) ou avec des amis?
quel temps faisait-il dehors°?   *outside*
quels vêtements portiez-vous?

C. L'imparfait et le passé composé

> The **imparfait** is often used to give background information that "sets the scene" for some other verb in the past. This scene-setting information describes what was going on. It describes the conditions surrounding some other action. If the other verb specifies what *happened*, it is in the **passé composé**.

Review the *passé composé*, pp. 169 and 199–200.

J'étais en train de faire mes devoirs quand **Alain a téléphoné.**

Il était huit heures quand **Renée est arrivée.**

Jeanne avait quinze ans quand **elle a commencé** à fréquenter les garçons.

I was (busy) doing my homework when Alain telephoned.

It was eight o'clock when Renée arrived.

Jeanne was fifteen when she started dating boys.

▷ For weather expressions:

• Use the **imperfect** when the weather sets the scene for another past action.

Il faisait beau dehors quand **nous sommes sortis.**	*It was nice outside when we went out.*
Il pleuvait quand **nous sommes rentrés.**	*It was raining when we got home.*
Il neigeait. Alors **Karine a décidé** de porter ses bottes.	*It was snowing. So Karine decided to wear her boots.*

• Use the passé composé when you simply state what the weather was like at a specific time.

Hier, **il a plu** à Paris, mais **il a neigé** dans la montagne. **Il a fait beau** à Nice.

 Qu'est-ce qu'elle faisait?   Utilisez les expressions suivantes pour créer des phrases logiques.

Modèle: **Léa faisait du ski quand elle est tombée.**

	être en train d'étudier			
	regarder la télévision			entrer
	être en train de lire		son fiancé	partir
	conduire		ses parents	arriver
	manger		je	tomber
Léa	boire	quand	elle	avoir un accident
	faire la sieste		nous	perdre patience
	écrire une lettre		ses amis	téléphoner
	prendre le petit déjeuner			
	descendre d'une voiture			

 À vous.   Répondez.

1. Quel âge aviez-vous quand vous avez commencé à étudier le français?
2. Quel âge aviez-vous quand vous êtes arrivé(e) sur ce campus pour la première fois?
3. Quel âge aviez-vous quand vous avez conduit une voiture pour la première fois?
4. Quel âge aviez-vous quand vous avez eu votre permis de conduire?
5. Quel âge aviez-vous quand vous avez commencé à fréquenter les garçons (les filles)?

Les Lauprête ont fait un voyage. Quel temps faisait-il? Complétez les phrases suivantes.

> *Modèle:* faire du vent / sortir de chez eux
> **Il faisait du vent quand les Lauprête sont sortis de chez eux.**

1. pleuvoir / prendre le taxi
2. faire beau / arriver à l'aéroport
3. faire chaud / monter dans l'avion
4. faire froid / descendre de l'avion
5. neiger / commencer à faire du ski

 Dernière sortie au restaurant. Décrivez la dernière fois que vous êtes allé(e) au restaurant.

1. Quel jour est-ce que c'était?
2. Quel temps faisait-il dehors?
3. Quels vêtements portiez-vous?
4. Quelle heure était-il quand vous y êtes arrivé(e)?
5. Étiez-vous seul(e)? Si non, qui était avec vous?
6. Environ combien de personnes y avait-il au restaurant?
7. Quelle était la spécialité du restaurant?
8. Comment était le serveur (la serveuse)?
9. Aviez-vous très faim?
10. Qu'est-ce que vous avez commandé?
11. Comment était le repas?

9. **Renseignements.**   Écrivez un petit paragraphe pour chaque numéro. Expliquez les conditions et ce qui est arrivé.

> *Modèle:*   Quand je suis tombé(e), …
>
> > (Qu'est-ce que vous faisiez? Avec qui étiez-vous? Qu'est-ce que vous avez dit?)
> >
> > **Quand je suis tombé(e), je faisais du ski. J'étais seul(e) et j'ai dit «Aïe!».**

1. Quand j'ai trouvé mon ami, …

   (Qu'est-ce qu'il portait? Où allait-il? Avec qui était-il? Qu'est-ce que vous avez fait?)

2. Quand ma mère a téléphoné, …

   (Quelle heure était-il? Que faisiez-vous? Qu'est-ce qu'elle voulait? Qu'est-ce que vous avez répondu?)

3. Quand mon cousin (mon ami(e), mon frère, etc.) a eu son accident, …

   (Où était-il? Qu'est-ce qu'il faisait? Quel âge avait-il? Quel temps faisait-il? Combien de témoins *(witnesses)* y avait-il? Qu'est-ce qu'il a fait après?)

4. Quand je suis entré(e) dans la classe, …

   (Quelles personnes étaient là? Qu'est-ce qu'elles portaient? Quelle heure était-il? Avec qui avez-vous parlé?)

entre*amis*

Une sortie

1. Find out when the last time was that your partner went out.
2. Ask where s/he went.
3. Find out what s/he was wearing.
4. Find out what the weather was like.
5. Ask at what time s/he got home.
6. Find out if s/he was tired when s/he got home.

Que faisiez-vous à cet âge-là?

III. Making Comparisons

Est-ce que ta vie était différente quand tu avais seize ans, Christine?

> Pas vraiment. À cette époque°, je travaillais
> autant° que maintenant.
> Et j'étudiais aussi° souvent que maintenant.
> Mais j'étais moins° active.
> Et j'avais plus° de soucis°.

Back then
as much
as
less
more / worries

➡ Et vous?

> Quand vous n'aviez que seize ans, …
> étudiiez-vous plus, moins ou autant que maintenant?
> jouiez-vous plus, moins ou autant?
> aviez-vous plus, moins ou autant de temps libre que
> maintenant?
> aviez-vous plus, moins ou autant de soucis?
> étiez-vous plus, moins ou aussi heureux (heureuse)
> que maintenant?
> étiez-vous aussi grand(e)?
> sortiez-vous plus, moins ou aussi souvent que
> maintenant?
> parliez-vous plus, moins ou aussi couramment°
> le français?

fluently

D. Le comparatif

⟩ To make comparisons, the French use the words **plus** *(more)* and **moins** *(fewer; less)*. They also use **autant** *(as much; as many)* for comparing verbs and nouns and **aussi** *(as)* for comparing adjectives and adverbs. All comparatives may be followed by **que** *(than, as)*.

Donald a plus d'argent (**que** d'amis).	*Donald has more money (than friends).*
Je travaille autant (**que** lui).	*I work as much (as he).*
Guy parle moins souvent avec moi (**qu'**avec Anne).	*Guy talks less often with me (than with Anne).*
Éric est aussi pauvre (**qu'**avant).	*Éric is as poor (as before).*

Review the forms of stressed pronouns, Ch. 6, p. 182.

Note: When a personal pronoun is required after **que,** a stress pronoun is used.

Tu bois plus de café **que moi.**	*You drink more coffee than I.*
Nous avons moins d'enfants **qu'eux.**	*We have fewer children than they.*

⟩ To compare how much of a particular action people do, the words **plus, moins,** and **autant** are used *after a verb*.

René **parle plus** que son père.	*René talks more than his father.*
Il **parle moins** que sa mère.	*He talks less than his mother.*
Il **parle autant** que moi.	*He talks as much as I.*

Review the use of expressions of quantity, Ch. 8, p. 235.

⟩ To compare how much of something one has, eats, drinks, etc., the expressions of quantity **plus de, moins de,** and **autant de** are used *before a noun*.

Je mangeais **plus de pommes** que d'oranges.	*I used to eat more apples than oranges.*
André a **moins de soucis** qu'en 1990.	*André has fewer worries than in 1990.*
J'ai **autant de responsabilités** que vous.	*I have as many responsibilities as you.*

⟩ To compare descriptions of people, things, or actions, the words **plus, moins,** and **aussi** are used *before an adjective or an adverb*.

Je suis **plus âgé** que mon frère.	*I am older than my brother.*
Ma mère est **moins grande** que mon père.	*My mother is not as tall as my father.*
Lisa parle **aussi couramment** que Pierre.	*Lisa speaks as fluently as Pierre.*

Monique a quinze jours de vacances. Décidez si Monique a plus, moins ou autant de vacances que les autres.

> *Modèle:* Ses parents ont un mois de vacances.
> **Monique a moins de vacances qu'eux.**

> **Note culturelle:** Les Français utilisent souvent l'expression **huit jours** comme synonyme d'**une semaine.** De la même manière, on utilise l'expression **quinze jours** à la place de **deux semaines.**

1. Alice a huit jours de vacances.
2. Nous avons deux mois de vacances.
3. Tu as un jour de vacances.
4. Son frère a deux semaines de vacances.
5. Vous avez trente jours de vacances.
6. Je n'ai pas de vacances.
7. Michel et Jean ont trois mois de vacances.
8. Philippe a une semaine de vacances.
9. Ses amies ont quinze jours de vacances.

 À mon avis *(In my opinion).* Utilisez un élément de chaque colonne pour faire des phrases logiques.

> *Modèles:* **À mon avis, les étudiants ont autant de soucis que les professeurs.**
> **À mon avis, ma mère conduit aussi rapidement que mon père.**

les étudiants / les professeurs			responsabilités
ma mère / mon père		plus (de)	soucis
le président des États-Unis / moi	avoir	moins (de)	argent
mes amis / moi		autant (de)	travail
les femmes / les hommes			temps libre
un patron / un employé			
un pilote / une hôtesse de l'air	conduire	plus	rapidement
les parents / les enfants		moins	prudemment
nous / notre professeur		aussi	attentivement
			nerveusement
			follement

12. **À mon avis et de l'avis du professeur.** Donnez votre opinion et devinez l'opinion du professeur. Attention aux adjectifs!

> *Modèle:* la musique classique / la musique pop / beau
> **À mon avis, la musique pop est aussi belle que la musique classique.**
> **De l'avis du professeur, la musique classique est plus belle que la musique pop.**

1. la statue de la Liberté / la tour Eiffel / beau
2. les jeunes filles / les garçons / travailleur
3. cette université / l'université de Paris / important
4. une moto / un vélo / dangereux
5. un chien / un chat / intelligent
6. un examen / un médicament / affreux
7. un restaurant français / un restaurant mexicain / chic
8. un professeur / un étudiant / intéressant
9. la télévision / un livre / ennuyeux

Tu trouves? Interviewez votre partenaire d'après le modèle.

Modèle: VOUS: **Est-ce que ta mère est plus âgée que ton père?**

VOTRE PARTENAIRE: **Non, elle est moins âgée que lui.**

	âgé
	pauvre
	patient
ta mère et ton père	bavard
tes amis et toi	paresseux
nous et nos grands-parents	extroverti
les étudiants et leurs parents	heureux
un chien et un chat	généreux
	grand
	ennuyeux
	calme
	intelligent

entre*amis*

Il y a dix ans

1. Find out if your partner had more free time ten years ago.
2. Find out if s/he had more or fewer worries.
3. Find out if s/he had more friends.
4. Find out if s/he had as much homework.
5. Find out if s/he spoke French as fluently.

E. Le comparatif de *bon* et de *bien*

Danielle est une **meilleure** étudiante que sa sœur.

Danielle is a better student than her sister.

Elle conduit **mieux** que sa sœur.

She drives better than her sister.

▸ The comparative forms of the *adjective* **bon(ne)** are **moins bon(ne)**, **aussi bon(ne)**, and **meilleur(e)**. Like all adjectives, these agree with the noun they modify.

C'est un **moins bon** étudiant.

He is not as good a student.

Elles sont **aussi bonnes** que les autres.

They are as good as the others.

C'est un **meilleur** avion.

It is a better airplane.

Voilà une **meilleure** idée!

There's a better idea!

Ces fromages sont **meilleurs**.

These cheeses are better.

Review the distinction between adjectives and adverbs in Appendix C at the end of the book.

▷ The comparative forms of the adverb **bien** are **moins bien, aussi bien,** and **mieux.** Like all adverbs, these are invariable.

Marc travaille **moins bien** que Paul.	*Marc doesn't work as well as Paul.*
Monique travaille **aussi bien** que Paul.	*Monique works as well as Paul.*
Marc travaille bien. Paul travaille **mieux.**	*Marc works well. Paul works better.*
Chantal chante **mieux** que son frère.	*Chantal sings better than her brother.*

Attention:

1. Both French and English have two separate words to distinguish between an adjective and an adverb when indicating quality.

Pascal est un **bon** étudiant.	Pascal parle **bien** le français.
*Pascal is a **good** student.*	*Pascal speaks French **well.***

2. In English, however, the comparative form of both *good* and *well* is the same word: *better.* In French, there is still a separate word for each.

Tom est un **meilleur** étudiant.	Tom parle **mieux** le français.
*Tom is a **better** student.*	*Tom speaks French **better.***

 Deux frères. Pauvre François! Son frère David fait toujours mieux que lui. Comparez-les.

Modèle: François est bon en anglais.
Oui, mais son frère David est meilleur en anglais que lui.

1. François parle bien l'anglais.
2. François a une bonne voiture.
3. François a une bonne note en anglais.
4. François joue bien au tennis.
5. François conduit attentivement.
6. François est un bon étudiant.
7. François chante bien.
8. François est intelligent.

 Mon (ma) meilleur(e) ami(e). Utilisez les expressions suivantes pour interviewer votre partenaire. Comparez-vous à votre meilleur(e) ami(e).

Modèle: chanter bien

VOUS: **Est-ce que tu chantes mieux que ton meilleur ami (ta meilleure amie)?**
VOTRE PARTENAIRE: **Non, mais je chante aussi bien que lui (qu'elle).**

1. être bon(ne) en maths
2. parler bien le français
3. être patient(e)
4. conduire bien
5. être un(e) bon(ne) étudiant(e)
6. être grand(e)
7. danser bien
8. avoir une bonne note en français
9. être bavard(e)

F. Le superlatif

Mathusalem est **la personne la plus âgée** de la Bible.
Job est **la personne la moins impatiente** de la Bible.
Le Rhode Island est **le plus petit état** des États-Unis.
Les Canadiens sont **les meilleurs joueurs** de hockey du
    monde.

▷ Superlatives are preceded by a definite article and may be followed by **de** *(in, of)*
plus a noun to make the extent of the superlative clear.

C'est **la meilleure** chanson (**de** l'année).	*It's the best song (of the year).*
Il étudie **le plus attentivement** (**de** tous les étudiants).	*He studies the most attentively (of all the students).*
Elle voyage **le moins** (**de** sa famille).	*She travels the least (in her family).*
Joël a demandé **le plus** de cadeaux (**de** tous les enfants).	*Joel asked for the most gifts (of all the children).*

▷ With the superlative of an adverb, a verb, or an expression of quantity, **le** is always
used.

Mon frère fait ***le* plus de voyages** de la famille.	*My brother takes the most trips in the family.*
Ma sœur voyage ***le* moins.**	*My sister travels the least.*
Elle voyage ***le* moins fréquemment.**	*She travels the least frequently.*

▷ With a superlative *adjective*, the definite article agrees with the adjective.

le plus petit	la plus petite
le moins grand	la moins grande
les plus petits	les plus petites
les moins grands	les moins grandes

Review the adjectives that normally precede a noun, Ch. 4, pp. 109–110.

Note: Superlative adjectives are placed either before or after the noun according
to where they would be placed normally.

1. If the adjective follows the noun, the definite article must be repeated.

   La Tour d'Argent est *le* **restaurant** *le* **plus chic** de Paris.
   Les romans policiers sont *les* **romans** *les* **plus intéressants.**
   Sandrine est *l'***étudiante** *la* **moins paresseuse.**

2. If the adjective precedes the noun, only one definite article is used.

   Paris et Lyon sont *les* **plus grandes villes** de France.
   Le français est *la* **plus belle langue** du monde.
   C'est *le* **moins bon restaurant** de la ville.

Quelle exagération! Aimez-vous votre cours de français? Exagérez un peu. Utilisez le superlatif dans les phrases suivantes.

> *Modèle:* C'est un cours important.
> **C'est le cours le plus important du monde!**

Try to use other endings besides **du monde**. For instance, **de l'université, des États-Unis,** etc.

1. C'est un cours intéressant.
2. C'est un bon cours.
3. C'est un professeur intelligent.
4. Ce sont des étudiants travailleurs.
5. Ce sont de bons étudiants.
6. Ce sont de belles étudiantes.
7. Ce sont de beaux étudiants.
8. C'est un livre bizarre.

 Quel est le plus … ? Répondez à ces questions. Imaginez la réponse si nécessaire.

> *Modèle:* Quel est le plus grand état des États-Unis?
> **L'Alaska est le plus grand état des États-Unis.**

1. Quelle est la plus grande ville des États-Unis? du Canada?
2. Quelle est la plus grande ville francophone du monde après Paris?
3. Qui est la meilleure actrice de votre pays?
4. Quel est le film le plus ennuyeux de cette année?
5. Qui est la femme politique la plus célèbre du monde?
6. Qui est la personne la moins âgée de cette classe?
7. Quelle est l'émission *(program)* de télévision la plus intéressante le jeudi soir?
8. Qui est le plus bel acteur du monde?

 Rien que des superlatifs! Donnez votre opinion personnelle. Faites des phrases au superlatif.

Review the adjectives, pp. 109–110.

> *Modèles:* *Joe's Diner* **est le meilleur restaurant de la ville.**
> **Le golf est le sport le plus intéressant du monde.**

sport	ennuyeux	
film	beau	
restaurant	bon	de la ville
chanson	mauvais	de l'état (de la province)
ville	intéressant	du pays
acteur	grand	du monde
actrice	bizarre	de cette année
président(e)	populaire	du siècle
équipe	amusant	
les montagnes		

19. **Microconversation: Tu n'es jamais d'accord** *(in agreement)* **avec moi.**
Utilisez les expressions suivantes pour compléter la conversation.

> *Modèle:*   le meilleur restaurant
>
> VOTRE PARTENAIRE: **Quel est le meilleur restaurant de la ville?**
> VOUS: **C'est le restaurant qui s'appelle** *Chez Tony.*
> VOTRE PARTENAIRE: **Mais non! C'est le plus mauvais restaurant.**
> VOUS: **Tu n'es jamais d'accord avec moi!**

Review the gesture for **non**, Ch. 2, p. 33.

1. le meilleur bistro de la ville
2. le cours le plus intéressant de cette université
3. le bâtiment le plus laid de cette université
4. la plus belle ville du pays
5. le meilleur supermarché de la ville
6. le professeur le plus charmant de cette université

20. **À vous.**   Répondez.

A useful structure is ...
que j'aime le mieux (le plus, le moins).
Le printemps est la saison **que j'aime le mieux.**
L'hiver est la saison **que j'aime le moins.**

1. Quel est le mois que vous aimez le mieux? Pourquoi?
2. Quel est le mois que vous aimez le moins? Pourquoi?
3. Quelle est l'émission de radio que vous écoutez le plus? Pourquoi l'écoutez-vous?
4. Quelle est l'émission de télévision que vous regardez le plus?
5. Quelle est la meilleure équipe de football de votre pays?
6. Qui chante le mieux de votre famille?
7. Qui fait le mieux la cuisine de votre famille?
8. Qui est la personne la plus gentille de votre famille?
9. Quelle personne conduit le plus rapidement de votre famille?

entre*amis*

Description d'une famille

1. Find out how many people there are in your partner's family.
2. Find out who is the oldest, tallest, shortest, youngest.
3. Find out who sings the best, who dances the best.
4. Find out who is the most generous and who is the most stingy.
5. Find out who gives the most presents and who gives the least.

Intégration

 Quelles différences!

1. Nommez trois choses que vous faisiez quand vous étiez à l'école secondaire et que vous ne faites plus maintenant.
2. Nommez trois différences entre vous et un autre membre de votre famille.
3. Quelles différences y a-t-il entre un chien et un chat?
4. Quelles différences y a-t-il entre un avion et un train?

 Un sondage.   Complétez le formulaire suivant.

1. Le plus bel homme du monde: _____
2. La plus belle femme du monde: _____
3. Le meilleur groupe rock: _____
4. Le meilleur chanteur: _____
5. La meilleure chanteuse: _____
6. La meilleure émission de télévision: _____
7. L'émission la moins intéressante: _____
8. Le meilleur film: _____
9. Le livre le plus intéressant: _____
10. Le sport que vous aimez le mieux: _____
11. La personne que vous admirez le plus: _____
12. Le moment le plus ennuyeux de votre journée: _____

C. **À vous.**   Répondez.

1. Quel âge aviez-vous quand vous avez commencé vos études au lycée?
2. Où habitiez-vous à cette époque?
3. Avez-vous changé d'adresse depuis?
4. Combien de personnes y avait-il dans votre famille?
5. Quelle était votre émission de télévision préférée?
6. Comment s'appelait votre meilleur(e) ami(e)?
7. Quelle était la chanson la plus populaire quand vous étiez au lycée?
8. Quels cours aimiez-vous le mieux quand vous étiez au lycée? Pourquoi?
9. Écoutiez-vous aussi souvent la radio que maintenant?

Use the CD-ROM Module 8 before viewing the video to help you understand what you will see and hear.

PAS DE PROBLÈME!

Cette activité est basée sur la vidéo, *Module 8* (queue to 36:53). Choisissez la bonne réponse pour compléter les phrases suivantes.

1. Noël doit payer ＿＿ francs pour faire le plein d'essence *(gas)*. (105, 115, 150)
2. Noël vient d'acheter ＿＿. (une nouvelle voiture, une nouvelle batterie, un nouveau système électrique)
3. Émile va regarder. Il faut qu'il ouvre ＿＿. (le capot *(hood)*, le système électrique, la batterie)
4. La voiture ne démarre pas parce que ＿＿ ne marche *(work)* pas. (le capot, le système électrique, la batterie)
5. Émile peut la réparer ＿＿. (tout de suite, ce soir, demain)
6. Sur l'autoroute, la vitesse est limitée à ＿＿ kilomètres à l'heure. (300, 130, 103)
7. Sur les routes nationales, la vitesse est limitée à ＿＿ kilomètres à l'heure. (70, 80, 90)

L E C T U R E   I

A. **Étude du vocabulaire.** Étudiez les phrases suivantes et choisissez les mots anglais qui correspondent aux mots français en caractères gras: *especially, earth, to send, when, rather, beyond, around, full, happiness.*

1. Quel **bonheur lorsque** les étudiants sont en vacances!
2. Elle était fatiguée **au-delà** des limites de ses forces.
3. Les tasses étaient **remplies** de café.
4. Il faisait froid? Non, il faisait **plutôt** chaud.
5. La **terre** de l'Iowa est fertile, **surtout** quand elle est noire.
6. Marie va **envoyer** une lettre à sa mère.
7. Marc a regardé **autour** de lui pour voir s'il connaissait des gens.

B. **Parcourez cette sélection.** Lisez rapidement la lecture suivante pour trouver un ou deux exemples de l'amour et du courage d'Aïda.

La Grand-mère Aïda

Marie-Célie Agnant est née à Port-au-Prince, en Haïti, mais habite actuellement à Montréal. Dans **La Dot de Sara** *(Sara's Dowry) elle raconte l'histoire de quatre générations de femmes haïtiennes.*

Grand-mère Aïda c'était comme la bonne terre. Amoureuse de la vie, généreuse et intelligente. Elle donnait, donnait, la femme Aïda, pour le plaisir de donner, pour l'amour de l'amour, l'amour de la tendresse, pour l'amour sans raison d'aimer, au-delà de la raison et de l'amour, cet amour de la vie pour ce qu'elle est véritable-ment: trésor, mystère, beauté, bonheur simple dans le tourbillon[1] de l'existence, au milieu des siens[2]: enfants, petits-enfants, nièces et neveux. Aïda, les jupes toujours remplies d'enfants. Et lorsque j'y pense, au fait, qu'avait-elle d'autre, qu'avions-nous d'autre? …

Grand-mère Aïda m'avait élevée au doigt et à la baguette[3], comme cela se faisait dans ce temps-là. Ma mère à moi, Man Clarisse, n'avait pas survécu à ma naissance[4]. Elle avait été emportée par une septicémie[5], dit-on, quelque temps après que je sois née et n'avait jamais voulu révéler le nom de celui qui l'avait mise en mal d'enfant[6]. Elle avait alors vingt ans. Comme tant d'autres, elle avait dû se dire que les enfants, c'est plutôt l'affaire des femmes. Il y avait autour de nous et avec nous cette communauté de commères, matantes et marraines[7], qui étaient pour moi comme autant de mamans. Elle avait tenu[8], grand-mère, à m'envoyer à l'école. À l'époque, c'était un grand pas[9], comme on dit, car les petites filles—et croyez-moi, cela n'a pas beaucoup changé—on les gardait surtout pour aider à la maison, ou à faire marcher le commerce. L'école, lorsqu'on le pouvait, on y envoyait plutôt les futurs messieurs. S'il y avait quelque argent à investir, mieux valait l'employer à garnir la caboche[10] des petits hommes, ceux qui, pensait-on, devaient par la suite sauver la famille de la faim en devenant agronomes[11], avocats, ingénieurs, et peut-être même médecins.

Envoyer les enfants à l'école, c'était, disait-on, comme mettre de l'argent en banque. J'y suis allée, moi, jusqu'à la deuxième année du secondaire, puis à l'école d'économie domestique du bourg, chez madame Souffrant. C'était énorme.

La Dot de Sara, Marie-Célie Agnant

---

1. *whirlwind*   2. *surrounded by her family*   3. *had raised me strictly*   4. *hadn't survived my birth*   5. *blood poisoning*   6. *the one who had made her pregnant*   7. *neighbors, aunts and god-mothers*   8. *had insisted on*   9. *step*   10. *head*   11. *by becoming agricultural specialists*

Vrai ou faux? Décidez si les phrases suivantes sont vraies ou fausses. Si une phrase est fausse, corrigez-la.

1. La narratrice est la fille d'Aïda.
2. On sait le nom du père de la narratrice.
3. Elle a sans doute appris à faire la cuisine dans une école spécialisée.
4. Les garçons devaient, plus tard, gagner de l'argent pour la famille.
5. Il était normal que les filles fassent des études.
6. La fille d'Aïda est morte.
7. Aïda s'occupait de beaucoup d'enfants.

 Discussions. Relisez la lecture et cherchez des exemples …

1. pour comparer Aïda et les grands-mères que vous avez connues.
2. de généralisations/stéréotypes en ce qui concerne les hommes et les femmes.
3. de ressemblances ou de différences entre la culture haïtienne et la culture de votre pays.

 Familles de mots. Essayez de deviner le sens des mots suivants.

1. aimer, l'amour, aimable, amoureux (amoureuse)
2. naître, la naissance, né(e)
3. raisonner, la raison, raisonnable
4. la vérité, véritable, véritablement, vrai(e)

L E C T U R E   I I

 Parcourez les annonces personnelles. Lisez rapidement la lecture pour identifier 1. la personne la plus âgée et 2. la personne la plus égoïste.

ANNONCES PERSONNELLES	
Jeune homme, 20 ans, bien physiquement et moralement, bonne situation,[1] cherche en vue mariage jeune fille 18–22 ans, réponse assurée, joindre photo qui sera retournée. Ecr. Réf. 5093	Jeune fille, 27 ans, désire rencontrer jeune homme, âge en rapport[2], joindre photo si possible. Ecr. Réf. 5095
Dame agréable, élégante, sans enfants, jeune de cœur[3], désire rencontrer, pour sorties amicales, Monsieur, cinquante–soixante ans, bien[4] sous tous rapports[5], libre, optimiste, aimant[6] la nature, joindre photo qui sera retournée, discrétion absolue, mariage exclu. Ecr. Réf. 5094	Homme, 37 ans, propriétaire appartement, voiture, passé irréprochable, intelligent, éducation, très gentil cœur, très sympathique[7], se marierait[8] av. J.F., même[9] secrétaire, ouvrière, mais affectueuse, douce[10], très sincère, réponse assurée dans l'immédiat, discrétion. Ecr. Réf. 5096.

1. job   2. similar   3. heart   4. nice   5. in every respect   6. who likes   7. likeable
8. would marry   9. even   10. sweet

Vrai ou faux?   Relisez les annonces personnelles et ensuite décidez si les phrases suivantes sont vraies ou fausses. Si une phrase est fausse, corrigez-la.

1. Tous les auteurs des annonces parlent de mariage.
2. Ils demandent tous qu'une photo accompagne la réponse.
3. La plus jeune personne travaille.
4. Les deux femmes sont moins discrètes que les deux hommes.
5. La personne la plus riche est une femme.
6. La personne la plus matérialiste est un homme.

 Inventez une annonce personnelle.   Inventez une annonce pour vous ou pour un(e) ami(e). Utilisez la lecture comme modèle.

VOCABULAIRE ACTIF

Noms

un chanteur / une chanteuse   *singer*
un dessin animé   *cartoon*
une émission (de télé)   *(TV) program*
une équipe   *team*
une hôtesse de l'air   *(female) flight attendant*
un lycée   *senior high school*
le maire   *mayor*
la mairie   *town hall*
le mariage   *marriage; wedding*
un pilote   *pilot*
une responsabilité   *responsibility*
une robe de mariée   *wedding dress*
un smoking   *tuxedo*
un souci   *worry; care*
une statue   *statue*
un tour   *turn, tour*
une tour   *tower*
un voisin / une voisine   *neighbor*

Pour faire une comparaison

aussi …   *as …*
autant   *as much*
mieux   *better*
moins   *less*
plus   *more*

Adjectifs

âgé(e)   *old*
amusant(e)   *amusing, funny; fun*
dangereux (dangereuse)   *dangerous*
meilleur(e)   *better*
pauvre   *poor*
populaire   *popular*
préféré(e)   *favorite*
sincère   *sincere*

Verbes

avoir lieu   *to take place*
en avoir assez   *to be fed up*
épouser (quelqu'un)   *to marry (someone)*
être d'accord avec   *to agree with*
être en train de   *to be in the process of*
fréquenter (quelqu'un)   *to date (someone)*
neiger   *to snow*
pleuvoir   *to rain*

Expressions utiles

à cette époque   *at that time; back then*
à mon (ton, etc.) avis   *in my (your, etc.) opinion*
Comme il (elle) était … !   *How … he (she) was!*
dehors   *outside*
huit jours   *one week*
il neigeait   *it was snowing*
il pleuvait   *it was raining*
j'aime le mieux (le plus)   *I like best*
j'aime le moins   *I like least*
ne … que   *only*
Occupe-toi de tes oignons!   *Mind your own business!*
parler couramment   *to speak fluently*
quinze jours   *two weeks*
toute la famille   *the whole family*
tu vois   *you see*

Buts communicatifs

Making a request
Making a restaurant or
  hotel reservation
Making a
  transportation
  reservation

Structures utiles

Le verbe **savoir**
Les verbes réguliers en
  -ir (-iss-)
L'adjectif **tout**
Le futur
Le futur avec **si** et
  quand

Culture

Pour répondre au
  téléphone
L'heure officielle
À l'hôtel
Mince!

Les réservations

Coup d'envoi

Prise de contact   **Au restaurant ou à l'hôtel**

Puis-je° réserver une table?   *May I*
    Pour combien de personnes?
    Pour quel jour?
    Et pour quelle heure?
    À quel nom°, s'il vous plaît?   *In what name*
Puis-je réserver une chambre?
    Pour combien de personnes?
    Pour quelle(s) nuit(s)?
    À quel nom, s'il vous plaît?

Conversation

Une réservation par téléphone

*Joseph Smith téléphone pour réserver une table pour demain
soir dans un restaurant à Angers. Mais le restaurant sera°
fermé demain.*

will be

Mme Dupont:	Allô! Ici le restaurant La Pyramide. J'écoute.
Joseph Smith:	Bonjour, Madame. Je voudrais réserver une table pour demain soir.
Mme Dupont:	Je regrette, Monsieur. Nous serons fermés demain.
Joseph Smith:	Mince!° Je ne savais pas° que vous fermiez le mardi. Qu'est-ce que je vais faire? Vous serez ouvert après-demain?°
Mme Dupont:	Mais oui, Monsieur.
Joseph Smith:	Bien, alors puis-je réserver une table pour après-demain?
Mme Dupont:	Oui, c'est pour combien de personnes?
Joseph Smith:	Cinq. Une table pour cinq personnes.
Mme Dupont:	À quel nom, s'il vous plaît?
Joseph Smith:	Au nom de Smith.
Mme Dupont:	Pouvez-vous épeler° le nom, s'il vous plaît?
Joseph Smith:	S-M-I-T-H.
Mme Dupont:	Et pour quelle heure?
Joseph Smith:	Pour huit heures, si c'est possible.
Mme Dupont:	Très bien, Monsieur. C'est entendu°. Une table pour cinq pour vingt heures.
Joseph Smith:	Je vous remercie° beaucoup. Au revoir, Madame.
Mme Dupont:	Au revoir, Monsieur. À mercredi soir.

*Darn it! / I didn't
   know*
*You will be open the
   day after
   tomorrow?*

spell

agreed

thank

Review the French
alphabet on p. 5.

→ **Jouez ces rôles.**   Répétez la conversation avec votre partenaire. Utilisez vos
propres *(own)* noms et demandez une réservation pour neuf heures. Faites
tous les changements nécessaires.

À PROPOS

Que veut dire «vingt et une heures»?

a. neuf heures du matin
b. onze heures du soir
c. neuf heures du soir

Comment dit-on «second floor» en français?

a. le premier étage
b. le deuxième étage
c. le troisième étage

Pour répondre au téléphone

Allô is only used, in French, when responding to the phone. Likewise, **J'écoute** (lit. *I'm listening*) and **Qui est à l'appareil?** *(Who is on the phone?)* are appropriate in this context. See p. 190 for an example of the latter.

L'heure officielle (rappel)

More than one way is used to tell time in France. An official 24-hour division is found on schedules for trains and planes, in the media, and often on written invitations: 14 h 30 **(quatorze heures trente) = deux heures et demie de l'après-midi.**

> Review the two types of time in Ch. 5. pp. 142–143.

À l'hôtel

Most French hotels have private bathrooms, but there are exceptions. It is still possible to find hotels in which the toilet and the showers are located down the hall from the room. However, every room will have a sink of its own.

The first floor of any French building is called **le rez-de-chaussée** and the second floor is **le premier étage.** If your room is **au deuxième étage,** you will need to climb two flights of stairs, not one. In an elevator, you must remember to press **RC** and not **1** if you wish to get to the ground floor.

In order to conserve electricity, many French hotels have installed **minuteries.** These are hall lights that stay lit for only one minute. Unsuspecting tourists are occasionally surprised to have the hall light go off before they can get their door key in the lock.

Mince!

This is one of a number of euphemisms used to avoid another "five-letter word." Other inoffensive expressions used to express disappointment are **zut!** and **flûte!** *(darn, shucks).*

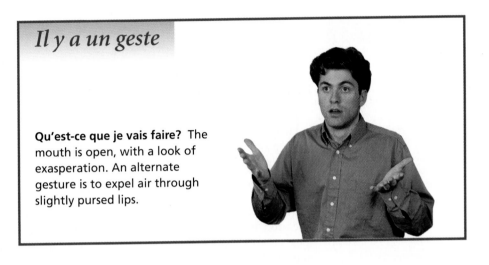

Il y a un geste

Qu'est-ce que je vais faire? The mouth is open, with a look of exasperation. An alternate gesture is to expel air through slightly pursed lips.

→ **À vous.**   Vous avez téléphoné à l'hôtel de Champagne pour réserver une chambre. Parlez avec la réceptionniste.

RÉCEPTIONNISTE: Allô! Ici l'hôtel de Champagne.
            VOUS: _____
RÉCEPTIONNISTE: Ce soir?
            VOUS: _____
RÉCEPTIONNISTE: Pour combien de personnes?
            VOUS: _____
RÉCEPTIONNISTE: Et à quel nom?
            VOUS: _____
RÉCEPTIONNISTE: Épelez le nom, s'il vous plaît.
            VOUS: _____
RÉCEPTIONNISTE: Très bien. C'est entendu.
            VOUS: _____

entre*amis*

Vous êtes hôte/hôtesse au restaurant

You are speaking on the telephone to a customer. Your partner will take the role of the customer.

1. Ask if s/he wants to reserve a table.
2. Find out how many there are in the party.
3. Find out at what time s/he wishes to dine.
4. Find out his/her name.
5. Find out how to spell the name.
6. Repeat back the information you received.

Prononciation

Les sons [l] et [j]

> You learned in Chapter 11 that the letter **l** in certain situations is pronounced [j], as in the English word *yes*. However, in many cases it is pronounced [l], as in the French word **la.**

> While the [l] sound is somewhat close to the sound of **l** in the English word *like*, it is far from that in the English word *bull*. Special attention is therefore necessary when pronouncing [l], especially at the end of a word. To produce the [l] sound, the tongue must be in a curved, convex position. Practice saying the following words:

  la   pilote   bleu   quel   elle

> Now practice saying the following words after your instructor, paying particular attention to the highlighted sound. As you pronounce the words for one sound, look at how that sound is spelled and in what kinds of letter combinations it appears. What patterns do you notice?

[j]
- détail, sommeil, œil, soleil, travaille, oreille, feuille, meilleur
- gentille, fille, pastille, vanille, famille, cédille, juillet, billet

[l]
- le, la, les, l'air, là, lycée, laisser, lent, lentement, longue
- pilote, désolé, facile, populaire, fidèle, folie, volant, épaule, pilule
- il, bal, postal, quel
- pleut, plus, bleu, client
- dollar, intelligent, allemand, appelle, elle, folle, mademoiselle

> Remember that the [j] sound is required for the letter **l** in the following circumstances:

1. **-il** or **-ill** after a pronounced vowel in the same syllable: trava**il**, conse**ill**er
2. **-ll** after [i]: fille, juillet

Exceptions: million, milliard, mille, ville, tranquille, village

> In a few words, the letter **l** is silent: gentil, fils

> In all other cases, the letter **l** or the combination **ll** is pronounced as [l]—that is, at the beginning or end of a word, between two vowels, or following a consonant.

  le il pilule inutile pleut dollar

> Pronounce the following sentences correctly.

1. Les lilas sont merveilleux.
2. Il habite dans un village près de Marseille.
3. Le soleil m'a fait mal aux yeux.
4. Aïe! J'ai mal à l'oreille!
5. Ma fille Hélène travaille au lycée.

Buts communicatifs

I. Making a Request

—C'est ici le bureau des renseignements°?   *information*
—Oui.
—Puis-je vous demander quelques renseignements?
—Mais certainement. Allez-y.
—Pourriez-vous me dire° où sont les toilettes?   *Could you tell me*
—Elles sont dans le couloir.
—Pouvez-vous m'indiquer où se trouve la gare?
—Oui, elle est tout près°. Tournez à gauche.   *very near*
—Savez-vous° si le bureau de poste est ouvert toute la   *Do you know*
   journée°?   *all day long*
—Oui. Il ne ferme pas à midi.
—Je voudrais savoir à quelle heure les banques ferment.
—Elles ferment à 17 heures.
—La pharmacie est ouverte jusqu'à quelle heure?
—Jusqu'à 19 heures.
—Merci, vous êtes très aimable°.   *kind, nice*
—De rien.° Je suis là pour ça.   *You're welcome.*

The final **-e** in **Puis-je …** is silent: [pɥiʒ]. When inverted, **je** does not change before a vowel.

Remarque: When asking permission to do something, you may use **Est-ce que je peux … ?** or **Puis-je … ?**

Est-ce que je peux conduire?   *May I drive?*
Puis-je avoir un verre d'eau?   *May I have a glass of water?*

V O C A B U L A I R E

Pour demander un service

faire une demande	*to make a request*
poser une question	*to ask a question*
demander un renseignement	*to ask for information*
réserver une place	*to reserve a seat*
louer une voiture	*to rent a car*
recommander un bon restaurant	*to recommend a good restaurant*
commander un repas	*to order a meal*
confirmer un départ	*to confirm a departure*

1. **Allez-y!** Utilisez la liste suivante pour faire une demande. Votre partenaire va vous donner la permission.

> *Modèle:* ask you for information
>
> VOUS: **Est-ce que je peux vous demander un renseignement, s'il vous plaît?**
>
> VOTRE PARTENAIRE: **Mais certainement.** ou **Allez-y!**

1. speak with you
2. ask a question
3. ask something
4. take this seat
5. read your newspaper
6. have a glass of water
7. order something
8. watch television
9. leave now

 2. **Il n'y en a plus** *(There are no more).* Utilisez les listes suivantes pour faire des demandes. Ensuite votre partenaire va expliquer qu'il n'y en a plus.

> *Modèle:* VOUS: **Puis-je réserver une table?**
>
> VOTRE PARTENAIRE: **Je regrette. Il n'y a plus de tables.**

	réserver	un journal
	louer	un verre d'eau
	commander	une chambre
puis-je	avoir	un vélo
	acheter	une tasse de café
	demander	une voiture
	boire	une place

3. **Microconversation: Pour aller au château de Rigny.** Utilisez la carte *(map)* suivante pour expliquer quelles routes il faut prendre pour aller des villes indiquées au château de Rigny.

> *Modèle:* la route de Paris au château de Rigny
>
> TOURISTE: **Puis-je vous demander un renseignement?**
>
> GUIDE: **Certainement. Allez-y.**
>
> TOURISTE: **Pouvez-vous m'indiquer la route de Paris au château de Rigny?**
>
> GUIDE: **Oui, regardez la carte. Prenez l'autoroute 6 et l'autoroute 38 jusqu'à Dijon et ensuite prenez la départementale 70 jusqu'au château de Rigny.**
>
> TOURISTE: **Je vous remercie. Vous êtes bien aimable.**

> The word **carte** has various meanings depending on the context: **carte postale** *(postcard),* **jouer aux cartes** *(cards),* **carte** *(map)* **de France.** In Ch. 13, it will be used in a restaurant setting: **à la carte.**

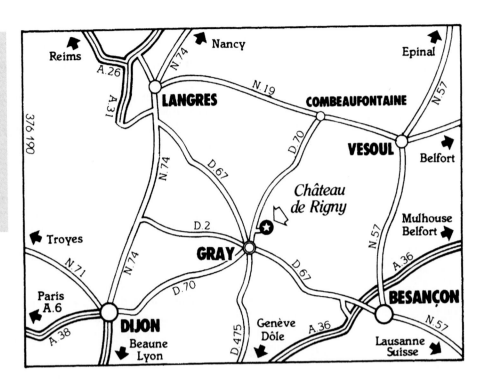

1. la route de Besançon au château de Rigny
2. la route de Langres au château de Rigny
3. la route de Vesoul au château de Rigny
4. la route de Troyes au château de Rigny
5. la route de Belfort au château de Rigny
6. la route de Nancy au château de Rigny

entre*amis*

Quelques renseignements

You are a French-speaking tourist in your partner's hometown.

1. Find out if s/he speaks French.
2. Get permission to ask a question.
3. Find out if there is a hotel nearby.
4. Get directions to the hotel.
5. Ask if s/he can recommend a good restaurant.
6. Ask directions on how to get there.
7. Express your gratitude for her/his help.

A. Le verbe *savoir*

Cette femme **sait** bien **danser.**

That woman really knows how to dance.

Savez-vous **comment** elle s'appelle?
Je **sais que** son prénom est Sophie.
Je ne **sais** pas **si** elle est célibataire.

Do you know her name?
I know her first name is Sophie.
I don't know if she is single.

savoir *(to know)*			
je	**sais**	nous	**savons**
tu	**sais**	vous	**savez**
il/elle/on	**sait**	ils/elles	**savent**

passé composé: j'**ai su** *(I found out, I learned)*

▶ The verb **savoir** *(to know)* is used to express a skill or knowledge of a fact. It is used alone (**Je sais / Je ne sais pas**), or is followed by an infinitive, by the words **que** *(that)* or **si** *(if, whether)*, or by question words such as **où, comment, combien, pourquoi, quand, quel.**

Je ne **savais** pas **que** tu venais.
Je ne **savais** pas **si** tu venais.
Je ne **savais** pas **quand** tu venais.

I didn't know that you were coming.
I didn't know whether you were coming.
I didn't know when you were coming.

Note: Followed by an infinitive, **savoir** means *to know how (to do something).*

Savez-vous **parler** espagnol?

Do you know how to speak Spanish?

Review the use of **connaître**, Ch. 10, p. 295.

▶ The verbs **connaître** and **savoir** are used in different circumstances. Both are used with direct objects, but **connaître** (which means *to know* in the sense of *to be acquainted with, to be familiar with*) is used in general with people and places, while **savoir** is used with facts.

Vous **connaissez** ma sœur?
Je ne **sais** pas son nom.

Do you know my sister?
I don't know her name.

▶ The passé composé of **savoir** means *found out, learned.* The passé composé of **connaître** means *met, became acquainted with.*

Il **a connu** sa fiancée à une soirée.
Je l'**ai su** hier.

He met his fiancée at a party.
I found it out yesterday.

C'est inutile *(It's useless).* On suggère que vous demandiez quelques renseignements. Répondez que c'est inutile. Ensuite utilisez le verbe **savoir** pour expliquer pourquoi c'est inutile.

> *Modèle:* Demandons à Jacques comment s'appelle cette jeune fille.
> **C'est inutile! Jacques ne sait pas comment elle s'appelle.**

1. Demandons à Jacques si Jeanne va à la boum.
2. Demandons à nos amis où habite le professeur.
3. Demandons au professeur le nom de cette voiture.
4. Demandons à ces personnes quand le film va commencer.
5. Demandons à Jean-Michel où sont les toilettes.
6. Demandons à Françoise la date du concert.
7. Demandons à nos amis pourquoi ils sont déprimés.

 Une interview. Interviewez votre partenaire. Attention aux verbes **savoir** et **connaître**.

> *Modèles:* où j'habite
>
> > VOUS: **Sais-tu où j'habite?**
> > VOTRE PARTENAIRE: **Non, je ne sais pas où tu habites.** ou
> > **Oui, je sais où tu habites.**
>
> mes parents
>
> > VOUS: **Connais-tu mes parents?**
> > VOTRE PARTENAIRE: **Non, je ne les connais pas.** ou
> > **Oui, je les connais.**

1. danser le tango
2. quelle heure il est
3. la famille du professeur
4. parler espagnol
5. la ville de Québec
6. mon adresse
7. pourquoi tu étudies le français
8. la différence entre **savoir** et **connaître**

Un petit sketch: À la boum. Lisez ou jouez le sketch suivant et ensuite répondez aux questions.

Georges parle avec son ami Thomas à la boum. Ils regardent une jeune fille.

Vocabulaire
à retenir

Bonne chance *Good luck*

GEORGES: Est-ce que tu connais cette jeune fille?
THOMAS: Oui, je la connais, mais je ne sais pas comment elle s'appelle.
GEORGES: Elle est jolie, n'est-ce pas?
THOMAS: Oui. Sais-tu si elle danse bien?
GEORGES: Je ne sais pas mais je vais l'inviter.
THOMAS: Bonne chance!

Questions (Répondez à l'imparfait):

1. Qui connaissait la jeune fille?
2. Savait-il comment elle s'appelait?
3. Qu'est-ce que Thomas voulait savoir?
4. Qu'est-ce que Georges allait faire?

 Vous connaissez ce restaurant? Complétez les phrases suivantes avec la forme convenable de **savoir** ou de **connaître**.

1. ____-vous s'il y a un bon restaurant près d'ici?
2. Oui, je ____ un restaurant qui est excellent, mais je ne ____ pas s'il est ouvert le mardi.
3. Je vais téléphoner à mon frère. Il ____ bien la ville et il va certainement ____ quel jour le restaurant est fermé. Est-ce que vous ____ mon frère?
4. Je le ____ un peu, mais je ne ____ pas comment il s'appelle.
5. Il s'appelle Paul. Vous ____ où nous habitons, n'est-ce pas?
6. Non, mais je ____ que ce n'est pas loin d'ici.

 À vous. Répondez.

1. Connaissez-vous le président (la présidente) de votre université?
2. Savez-vous comment il (elle) s'appelle?
3. Vos parents savent-ils que vous étudiez le français?
4. Savent-ils à quelle heure vous allez au cours de français?
5. Connaissent-ils vos amis?
6. Vos amis savent-ils faire du ski?
7. Savez-vous s'ils étudient le français?
8. Connaissiez-vous ces amis quand vous étiez au lycée?
9. Est-ce qu'ils savent la date de votre anniversaire?
10. Saviez-vous parler français quand vous étiez au lycée?
11. Où avez-vous connu votre meilleur(e) ami(e)?

entre*amis*

Connais-tu X? Sais-tu si ... ?

1. Find out if your partner knows some person (name someone). Keep asking until you find someone s/he knows.
2. Ask if your partner knows if that person speaks French.
3. Ask if your partner knows that person's family.
4. Find out if your partner knows the person's age, address, whether s/he likes pizza, etc.

II. Making a Restaurant or Hotel Reservation

Il vous reste° des chambres, s'il vous plaît?   *Do you still have*
    Oui, pour combien de personnes?
    Non, je regrette. Nous sommes complets°.   *full*
Quel est le prix° d'une chambre avec salle de bain?   *price*
    ... francs par nuit.
Est-ce que le petit déjeuner est compris dans le prix de la chambre?
    Oui, tout est compris.
    Non, il y a un supplément° de 12 francs.   *extra charge*
Puis-je demander d'autres serviettes°?   *towels*
    Mais certainement.
    Je regrette. Il n'y en a plus.°   *There are no more.*

VOCABULAIRE

À l'hôtel

une clé	*key*
un couloir	*hallway*
une douche	*shower*
le premier étage	*second floor*
le rez-de-chaussée	*first floor*
une salle de bain	*bathroom*
une serviette	*towel*
un supplément	*extra charge*
les toilettes	*restroom, toilet*
complet (complète)	*full*
compris(e)	*included*

Microconversation: Il vous reste des chambres?   Complétez la conversation avec les détails suivants. Décidez ensuite combien de chambres il vous faut.

> *Modèle:* trois personnes / une nuit / 250 F (300 F) / p.déj. 18 F
>
> TOURISTE: **Il vous reste des chambres?**
> HÔTELIER: **Oui, pour combien de personnes?**
> TOURISTE: **Pour trois personnes.**
> HÔTELIER: **Très bien. Pour combien de nuits?**
> TOURISTE: **Pour une seule nuit. Quel est le prix des chambres, s'il vous plaît?**
> HÔTELIER: **Deux cent cinquante francs pour une personne ou trois cents francs pour une chambre pour deux personnes.**
> TOURISTE: **Est-ce que le petit déjeuner est compris?**
> HÔTELIER: **Non, il y a un supplément de dix-huit francs.**
> TOURISTE: **Très bien. Je vais prendre une chambre pour une personne et une chambre pour deux personnes.**

1. une personne / deux nuits / 175 F / p.déj. 30 F
2. quatre personnes / une semaine / 200 F (300 F) / tout compris
3. deux personnes / une nuit / 200 F (250 F) / p.déj. 25 F
4. vingt-cinq étudiants / un mois / 100 F (150 F) / tout compris

 Si vous alliez à l'hôtel.   Posez des questions. Votre partenaire va donner une réponse appropriée.

> *Modèle:* You want to know if there are any rooms left.
>
> VOUS: **Est-ce qu'il vous reste des chambres?**   ou
> **Avez-vous encore des chambres?**
> VOTRE PARTENAIRE: **Oui, certainement.**

You want to know ...

1. where the toilet is.
2. if there is a bathroom in the room.
3. if there is a shower in the bathroom.
4. if you can have extra towels.
5. how much the room costs.
6. if breakfast is included in the price.
7. at what time you can have breakfast.
8. if there is a television set in the room.

entre *amis*

À l'hôtel Ibis

Your partner will take the role of a hotel clerk.

1. Find out if there are still rooms available.
2. Find out the price.
3. Find out if breakfast is included.
4. Ask if the toilet and shower are in the room.
5. Ask if you can have extra towels.

B. Les verbes réguliers en *-ir (-iss-)*

Qu'est-ce que vous **choisissez?**	*What do you choose?*
J'ai déjà **choisi** une pâtisserie.	*I have already chosen a pastry.*
Nous **finissons** à cinq heures.	*We finish at five o'clock.*
Obéis à ta mère!	*Obey your mother!*
Ralentissez, s'il vous plaît.	*Please slow down.*
Avez-vous réussi à votre examen?	*Did you pass your test?*

▷ You have already learned several French verbs whose infinitives end in **-ir.**

sortir	je sors	nous sortons	ils sortent
partir	je pars	nous partons	ils partent
dormir	je dors	nous dormons	ils dorment

▷ There is a larger group of French verbs that also have infinitives ending in **-ir** but that are conjugated differently.

choisir *(to choose)*					
je	**chois**	**is**	nous	**chois**	**issons**
tu	**chois**	**is**	vous	**chois**	**issez**
il/elle/on	**chois**	**it**	ils/elles	**chois**	**issent**
passé composé: j'**ai choisi**					

▷ Because there are a number of verbs formed in this way, these **-ir** verbs are said to be *regular.* The following verbs are conjugated like **choisir.**

V O C A B U L A I R E

Quelques verbes réguliers en *-ir (-iss-)*

finir	*to finish*
grossir	*to put on weight*
maigrir	*to take off weight*
obéir (à quelqu'un)	*to obey (someone)*
ralentir	*to slow down*
réussir (à un examen)	*to succeed; to pass (an exam)*

▸ When used with an infinitive, **finir** and **choisir** are followed by **de,** and **réussir** is followed by **à.**

Nous **avons fini de** manger.
Karine **a choisi d'**aller au centre
  commercial.
Elle **a réussi à** trouver des desserts
  délicieux.

We finished eating.
Karine decided to go to the
  mall.
She succeeded in finding
  delicious desserts.

▸ The past participle of regular **-ir** (-iss-) verbs is formed by adding **-i** to the present tense verb stem.

choisi   fini   obéi

Le Vietnam est une ancienne colonie française. Il en résulte que de nombreux Vietnamiens ont émigré en France.

11. **Qu'est-ce qu'ils choisissent d'habitude?** Posez la question et votre partenaire va répondre.

> *Modèle:* tu / pâté ou soupe à l'oignon?
> VOUS: **Est-ce que d'habitude tu choisis du pâté ou de la soupe à l'oignon?**
> VOTRE PARTENAIRE: **D'habitude je choisis du pâté.**

Review the partitive article, pp. 228–229.

1. tu / crudités, soupe ou pâté?
2. les végétariens / viande ou poisson?
3. les enfants / épinards ou frites?
4. le professeur de français / camembert ou fromage américain?
5. tes amis / glace, fruits, tarte ou gâteau?
6. tu / café ou thé?

 12. **Le cours de français.** Décrivez votre cours de français. Faites des phrases au présent ou au passé composé et utilisez la forme négative si vous voulez.

> *Modèles:* **Nous avons choisi d'étudier le français.**
> **Le professeur réussit à répondre à toutes les questions.**

To use an infinitive after **choisir** and **réussir,** remember to add the prepositions **de** and **à** respectively following these verbs.

		étudier le français
		parler comme des Français
		écrire de bonnes rédactions
nous	réussir	avoir «A» aux examens
le professeur	choisir	parler seulement le français en classe
		répondre à toutes les questions
		comprendre les Français quand ils parlent

 13. **À vous.** Répondez.

1. Est-ce que vous choisissez un dessert d'habitude?
2. Qu'est-ce que vous avez choisi comme dessert la dernière fois que vous avez dîné au restaurant?
3. Qu'est-ce que vos amis choisissent comme dessert?
4. Est-ce que vous avez tendance à grossir?
5. Réussissez-vous à maigrir quand vous voulez?
6. Que peut-on choisir au restaurant si on veut grossir?
7. Que peut-on choisir au restaurant si on veut maigrir?
8. Finissez-vous toujours votre repas?
9. Finissiez-vous toujours votre repas quand vous étiez jeune?

entre*amis*

Au restaurant

1. Tell your partner s/he has lost weight.
2. Find out whether s/he is going to finish his/her cheese.
3. Encourage him/her to choose a dessert.
4. Say that s/he won't get fat.

C. L'adjectif *tout*

Il y a des toilettes dans **toutes** les chambres.	*There are toilets in all the rooms.*
Je parle avec mes amis **tous** les jours.	*I speak with my friends every day.*
Nous regardons la télévision **tous** les soirs.	*We watch television every evening.*
J'ai passé **toute** la journée à la bibliothèque.	*I spent the whole day at the library.*
Tout le monde aime dîner au restaurant.	*Everybody likes to dine out.*

▷ **Tout** *(all, every, each, the whole)* is often used as an adjective. In those cases it is usually followed by one of the determiners: **le, un, ce,** or **mon, ton, son, notre, votre, leur.** Both **tout** and the determiner agree with the noun they modify.

	masculin	féminin
singulier	**tout**	**toute**
pluriel	**tous**	**toutes**

▷ In the singular, the meaning of **tout** is usually *the whole* or *all … (long).*

toute la journée	*all day (long)*
toute l'année	*all year*
toute la classe	*the whole class*
tout le temps	*all the time*
tout le monde	*everybody* (literally, *the whole world*)

▶ In the plural, the meaning of **tout** is usually *all* or *every*.

tous mes amis	*all my friends*
tous les hommes et **toutes** les femmes	*all (the) men and all (the) women*
tous les deux	*both (masc.)*
toutes les deux	*both (fem.)*
toutes ces personnes	*all these people*
toutes sortes de choses	*all sorts of things*
tous les jours	*every day*
toutes les semaines	*every week*
tous les ans	*every year*

▶ When **tous** is used as a pronoun, the final **-s** is pronounced.

Mes amis sont **tous** ici.   [tus]   *My friends are all here.*

 14. **Toute la famille Jeantet.**   Complétez les phrases avec la forme convenable de l'adjectif **tout**.

1. Monsieur et Madame Jeantet parlent anglais, ____ les deux.
2. ____ le monde dit qu'ils sont très gentils.
3. ____ leurs filles ont les yeux bleus.
4. Elles passent ____ leur temps à regarder la télévision.
5. ____ la famille va en Angleterre ____ les ans.
6. Ils achètent ____ sortes de choses.
7. Les filles Jeantet écrivent une carte postale à ____ leurs amis.
8. Elles sont contentes de voyager, ____ les trois.

15. **Tous mes amis et toute ma classe.**   Ajoutez la forme appropriée du mot **tout**.

Modèle: La famille Martin voyage beaucoup.
Toute la famille Martin voyage beaucoup.

1. Mes amis aiment manger.
2. C'est vrai pour ma classe de français aussi.
3. Nous avons mangé une tarte.
4. Nous avons passé la soirée à la manger.
5. Les hommes et les femmes étaient malades après ça.

16. **À votre avis.**   Ajoutez **tout** et posez une question. Votre partenaire va décider ensuite si la généralisation est vraie ou fausse.

Modèle: Les hommes sont beaux.
VOUS: **Est-ce que tous les hommes sont beaux?**
VOTRE PARTENAIRE: **Oui, à mon avis tous les hommes sont beaux.**   ou
Non, à mon avis tous les hommes ne sont pas beaux.

1. Les femmes sont belles.
2. Les repas au restaurant universitaire sont délicieux.
3. Les professeurs sont gentils.
4. Le campus est très beau.
5. Tes amis adorent parler français.
6. Ta famille chante bien.
7. Tes cours sont intéressants.

entre*amis*

La Pyramide

Call the restaurant La Pyramide and ask if the restaurant is open every day. Then make a reservation.

> ### Restaurant LA PYRAMIDE
>
> **Cuisine française traditionnelle
> Recommandé par les meilleurs guides**
>
> Réservation: 41-83-15-15
>
> Restaurant non fumeur
> Ouvert tous les jours

III.   Making a Transportation Reservation

Bonjour, Madame.
>   Bonjour, Monsieur. Puis-je avoir un billet°   *ticket*
>   pour Strasbourg, s'il vous plaît?

Un aller simple°?   *one way*
>   Oui, un aller simple.
>   Non, un aller-retour°.   *round trip*

En quelle classe?
>   En première.
>   En seconde.

Quand partirez-vous?°   *When will you*
>   Tout de suite.°   *leave? / Right away.*
>   Bientôt.
>   Dans quelques jours.

Très bien. N'oubliez pas de composter° votre billet.   *punch, stamp*

Remarque: **Second(e)** is normally used in place of **deuxième** when there are only two in a series. Note that the **c** is pronounced [g].

Un billet en **seconde** classe, s'il vous plaît.

Note culturelle: Les billets de train peuvent être utilisés pendant quelques mois. Il est donc nécessaire de composter le billet le jour où on prend le train. Si on oublie de le composter, on peut être obligé de payer une amende *(fine)*.

 17. **Microconversation: Nous prenons le train.** Réservez des places dans le train. Complétez la conversation avec les catégories suivantes.

Modèle: 1 / Paris 17 h / ven. / 1re / vous ne fumez pas

> VOUS: Puis-je réserver une place?
> EMPLOYÉ(E): Dans quel train, s'il vous plaît?
> VOUS: Le train pour Paris qui part à 17 heures.
> EMPLOYÉ(E): Quel jour, s'il vous plaît?
> VOUS: Vendredi.
> EMPLOYÉ(E): Et en quelle classe?
> VOUS: En première.
> EMPLOYÉ(E): Fumeur ou non fumeur?
> VOUS: Non fumeur.
> EMPLOYÉ(E): Très bien, une place en première classe non fumeur dans le train pour Paris qui part à 17 heures vendredi.

1. 1 / Marseille 11 h / lun. / 2e / vous ne fumez pas
2. 4 / Dijon 18 h / dim. / 2e / vous fumez
3. 15 / Biarritz 8 h / sam. / 2e / vous ne fumez pas
4. 2 / Madrid 23 h / merc. / 1re / vous ne fumez pas

Un petit sketch: On confirme un départ.   Lisez ou jouez le sketch et ensuite répondez aux questions.

Un touriste téléphone à la compagnie Air France.

> L'EMPLOYÉ: Allô, Air France. J'écoute.
> LE TOURISTE: Bonjour, Monsieur. Je voudrais confirmer un départ, s'il vous plaît.
> L'EMPLOYÉ: Très bien, Monsieur. Votre nom, s'il vous plaît?
> LE TOURISTE: Paul Schmitdz.
> L'EMPLOYÉ: Comment? Pouvez-vous épeler votre nom, s'il vous plaît?
> LE TOURISTE: S-C-H-M-I-T-D-Z.
> L'EMPLOYÉ: Très bien. Votre jour de départ et le numéro de votre vol?
> LE TOURISTE: Mardi prochain, et c'est le vol 307.
> L'EMPLOYÉ: Très bien, Monsieur Schmitdz. Votre départ est confirmé.
> LE TOURISTE: Merci beaucoup.
> L'EMPLOYÉ: À votre service, Monsieur.

Vocabulaire à retenir

un vol   *flight*

Questions   (Répondez au passé):

1. Pour quelle compagnie l'employé travaillait-il?
2. Quelle était la première question de l'employé?
3. Quand le vol partait-il?
4. Quel était le numéro du vol?

entre*amis*

Confirmez votre départ

1. Call Air Canada.
2. State that you wish to confirm your departure.
3. Identify yourself and your flight number.
4. Verify the time of departure.
5. Inquire if there is another flight that leaves tomorrow morning.
6. End the conversation appropriately.

D. Le futur

Review the formation of
the near future, Ch. 5,
p. 139.

Nous **aurons** notre diplôme en juin.	*We will get our diplomas in June.*
Nous **irons** en France l'été prochain.	*We will go to France next summer.*
Nous **prendrons** l'avion pour Paris.	*We will take the plane to Paris.*
Il **pleuvra** sans doute un peu.	*It will probably rain a bit.*
Nous **passerons** une nuit à l'hôtel Ibis.	*We will spend a night at the Ibis Hotel.*

▷ You have already learned to express future time by using **aller** plus an infinitive.

Ils **vont sortir** ensemble. *They are going to go out together.*

▷ Another way to express what will take place is by using the future tense.

Ils **sortiront** ensemble. *They will go out together.*

The future has only
three different *pro-
nounced* endings: [e] **-ai,
-ez**; [a] **-as, -a**; and [ɔ̃] **-
ons, -ont**.

▷ To form the future tense for most verbs, take the infinitive and add the endings **-ai, -as, -a, -ons, -ez, -ont.** For infinitives ending in **-e**, drop the **-e** before adding the endings. Note that the future endings are similar to the present tense of the verb **avoir.**

finir					
je	**finir**	**ai**	nous	**finir**	**ons**
tu	**finir**	**as**	vous	**finir**	**ez**
il/elle/on	**finir**	**a**	ils/elles	**finir**	**ont**

vendre					
je	**vendr**	**ai**	nous	**vendr**	**ons**
tu	**vendr**	**as**	vous	**vendr**	**ez**
il/elle/on	**vendr**	**a**	ils/elles	**vendr**	**ont**

Review the formation of
acheter, Ch. 9, p. 272.

▷ Verbs like **acheter** keep their spelling change in the future, even for the **nous** and **vous** forms.

J'achèterai une voiture l'année prochaine.
Nous achèterons une Renault.
Les étudiants **se lèveront** tard pendant les vacances.

▷ All future stems end in **-r** and the future endings are always the same. There are, however, a number of verbs with irregular stems.

infinitive	*stem*	*future*
être	**ser-**	je **serai**
avoir	**aur-**	j'**aurai**
faire	**fer-**	je **ferai**
aller	**ir-**	j'**irai**
venir (devenir)	**viendr- (deviendr-)**	je **viendrai** (je **deviendrai**)
pouvoir	**pourr-**	je **pourrai**
savoir	**saur-**	je **saurai**
vouloir	**voudr-**	je **voudrai**

Here are the future forms of some impersonal expressions.

infinitive	present	future
pleuvoir	il pleut	**il pleuvra**
falloir	il faut	**il faudra**
valoir mieux	il vaut mieux	**il vaudra mieux**

 19. **Pendant les vacances.** Qu'est-ce que tout le monde fera? Utilisez le futur au lieu *(in place)* du verbe **aller** plus l'infinitif.

> *Modèle:* Nous n'allons pas étudier.   **Nous n'étudierons pas.**

1. Joe va voyager avec ses parents.
2. Ils vont faire un voyage en France.
3. Ils vont visiter Paris.
4. Je vais les accompagner.
5. Nous allons prendre un avion.
6. Nous allons partir bientôt.
7. Une semaine à l'hôtel à Paris va coûter cher.
8. Je vais acheter des souvenirs.
9. Il ne va pas pleuvoir.
10. Il va faire beau.

 20. **À vous.** Répondez.

1. Resterez-vous sur le campus l'été prochain?
2. Travaillerez-vous? Si oui, où? Si non, pourquoi pas?
3. Ferez-vous un voyage? Si oui, où?
4. Qu'est-ce que vous lirez?
5. Qu'est-ce que vous regarderez à la télévision?
6. À qui rendrez-vous visite?
7. Sortirez-vous avec des amis? Si oui, où irez-vous probablement?
8. Serez-vous fatigué(e) à la fin des vacances?
9. Quel temps fera-t-il pendant les vacances?

E. Le futur avec *si* et *quand*

The **si**-clause may either precede or follow the main clause.

When a main clause containing a *future* tense verb is combined with a clause introduced by **si** *(if)*, the verb in the **si**-clause is in the *present* tense. English works the same way.

Nous ferons un pique-nique demain **s'il fait beau.**	*We will have a picnic tomorrow if it is nice out.*
Si tu veux, nous sortirons vendredi soir.	*If you want, we will go out on Friday night.*
Si tu travailles cet été, gagneras-tu beaucoup d'argent?	*If you work this summer, will you earn a lot of money?*

Des étudiants participent aux vendanges *(grape harvest)* dans le pays de Bordeaux.

▷ However, when a main clause with a future tense verb is combined with a clause introduced by **quand,** the verb in the **quand** clause is in the future. Be careful not to allow English to influence your choice of verb tense. English uses the present in this case.

<table>
<tr><td>

Quand il fera beau, nous aurons un pique-nique.
Aurez-vous beaucoup d'enfants **quand vous serez marié(e)?**
Quand j'aurai le temps, j'écrirai.
Quand je gagnerai à la loterie, je ferai un long voyage.

</td><td>

When it is nice out, we will have a picnic.
Will you have a lot of children when you are married?
When I have time, I will write.
When I win the lottery, I will take a long trip.

</td></tr>
</table>

Vocabulaire à retenir
gagner de l'argent
to earn
gagner à la loterie
to win

21. **Si nous gagnons beaucoup d'argent.** Combien de phrases logiques pouvez-vous faire? Chaque phrase commence par **si.**

Modèle: **Si je gagne beaucoup d'argent, j'achèterai des vêtements.**

| si | mes ami(e)s
je
nous
mes parents
le professeur de français | gagner beaucoup d'argent | partir en avion
acheter des vêtements
aller en France
habiter dans un château
manger dans un bon restaurant
rester à l'hôtel
être très content(e)(s)
faire un long voyage
téléphoner à tout le monde
(ne … pas) travailler |

22. **Quand ferons-nous tout cela?**   Combien de phrases logiques pouvez-vous faire? Chaque phrase commence par **quand.**

>   *Modèle:*   **Quand j'aurai faim, j'irai au restaurant.**

		réussir aux examens	avoir … ans
	mes amis	avoir faim	boire …
	je	avoir un diplôme	acheter …
quand	mon ami(e)	être riche(s)	(ne … pas) travailler
	nous	parler bien le français	aller …
	les étudiants	avoir soif	chanter
		finir d'étudier	être fatigué(e)(s)
		gagner de l'argent	manger …
			faire un voyage …

 23. **Qu'est-ce que tu feras?**   Utilisez les expressions suivantes pour interviewer votre partenaire.

>   *Modèle:*   quand / avoir le temps / écrire à tes parents
>
>   VOUS: **Quand tu auras le temps, écriras-tu à tes parents?**
>
>   VOTRE PARTENAIRE: **Oui, quand j'aurai le temps, j'écrirai à mes parents.**

1. si / être libre / écrire à tes parents
2. quand / finir tes études / avoir quel âge
3. quand / travailler / gagner beaucoup d'argent
4. si / être marié(e) / faire la cuisine
5. quand / faire la cuisine / préparer des spécialités françaises
6. si / avoir des enfants / être très content(e)
7. si / avoir des enfants / changer les couches *(diapers)*
8. quand / parler français / penser à cette classe

entre*amis*

Quand auras-tu ton diplôme?

1. Find out when your partner will graduate.
2. Find out what s/he will do afterwards.
3. Ask if s/he will travel. If so, ask where s/he will go.
4. Ask what s/he will buy, if s/he has enough money.

Intégration

R É V I S I O N

A. **Au téléphone.** «Téléphonez» à votre partenaire et complétez les situations suivantes.

1. Réservez une table au restaurant.
2. Réservez une place dans un train.
3. Confirmez un départ en avion.
4. Prenez une chambre d'hôtel.

B. **Diseur (diseuse) de bonne aventure** *(fortuneteller).* Écrivez cinq phrases pour prédire *(predict)* le futur d'un(e) de vos camarades de classe.

Modèle: **Tu parleras français comme un Français.**

C. **À vous.** Répondez.

1. En quelle année avez-vous fini vos études au lycée?
2. Réussissiez-vous toujours à vos examens quand vous étiez au lycée?
3. Quand finirez-vous vos études universitaires?
4. Qu'est-ce que vous ferez quand vous aurez votre diplôme?
5. Qu'est-ce que vous ferez pendant les prochaines vacances?
6. Où irez-vous si vous faites un voyage?
7. Quelles villes visiterez-vous si vous avez le temps?
8. Que choisirez-vous quand vous irez au restaurant?
9. Qui fera le ménage quand vous serez marié(e)?

> Use the CD-ROM Module 9 before viewing the video to help you understand what you will see and hear.

PAS DE PROBLÈME!

Cette activité est basée sur la vidéo, *Module 9* (queue to 41:23).
Choisissez la bonne réponse pour compléter les phrases suivantes.

1. D'abord, Yves et Moustafa faisaient des recherches _____.
   (au musée, à la librairie, à la bibliothèque)
2. Moustafa faisait une étude sur _____.
   (la lecture, l'agriculture, l'architecture)
3. Le Louvre est aujourd'hui _____.
   (un musée, un château, une pyramide)
4. La Pyramide du Louvre est fermée _____.
   (le lundi, le mardi, le mercredi)
5. Moustafa a décidé de faire une description de _____ de la Pyramide.
   (l'intérieur, l'extérieur)
6. Le passant a expliqué à Yves et à Moustafa que l'entrée du musée était _____.
   (à côté d'eux, devant eux, derrière eux)

L E C T U R E   I

 Étude du vocabulaire.   Étudiez les phrases suivantes et choisissez les mots anglais qui correspondent aux mots français en caractères gras: *holiday, until, schedule, except, beginning on, run.*

1. J'ai téléphoné à l'aéroport pour savoir **l'horaire** des vols.
2. Nous serons en France **à partir du** 10 juin.
3. Certains trains ne **circulent** pas le week-end.
4. Tout le monde est venu **sauf** Christian. Pourquoi est-ce qu'il n'est pas venu?
5. Le magasin est ouvert **jusqu'à** dix-huit heures.
6. Le quatorze juillet est la **fête** nationale en France.

B. **Parcourez l'horaire.**   Lisez rapidement pour trouver le nom de la gare d'Angers et le nombre de trains qui vont de Montparnasse à Angers.

L'horaire des trains (Paris-Nantes)

Numéro de train		3741	3741	8849	8955	8957	13557	86743	6816/7	8859	86745	86745	86745	3789	8863	8967	8869	8975	8879	566/7
Notes à consulter		1	2	3	4	5	6	7	8	9	10	11	12	13	4	14	9	15	16	9
				TGV	TGV	TGV			TGV						TGV	TGV	TGV	TGV	TGV	TGV
Paris-Montparnasse 1-2	D	16.43	16.43	16.50	17.25	17.30			17.50					18.10	18.25	18.40	**18.45**	19.25	19.50	
Massy	D	|	|	|	|	|			|					|	|	|	|		21.02
Versailles-Chantiers	D	|	|	|	|	|			|					|	|	|	|		|
Chartres	D	17.30	17.30	|	|	|			|					|	|	|	|		|
Le Mans	A	18.27	18.27	17.44	|	|			18.44					19.55	|	**19.39**	|		|
Le Mans	D		17.46	|		17.53	18.27	18.46	18.54	18.54	19.21	19.57	|	**19.41**		|		
Sablé	A		|	|		18.16	19.00	|	19.29	19.29	19.56	20.21	|	**20.00**	|		|
Angers-St-Laud	A		18.24	|	|			19.02	**19.23**		20.02		20.46	|		**20.21**	|		22.28
Ancenis	A		|	|	|			|	|				21.20	|		**20.45**	|		|
Nantes	A		19.01	19.27	19.29			19.43	**20.01**				21.39	20.27	20.39	**21.03**	21.27	21.49	23.04

Notes :

1. Circule : jusqu'au 3 juil   : les ven;les 4, 11, 18 et 25 sept   - Départ de Paris Montp 3 Vaug.- ℣ ⚷ assuré certains jours.
2. Circule : du 10 juil au 28 août   : les ven- ℣.
3. Circule : tous les jours sauf les sam, dim et fêtes et sauf le 13 juil   - ℣- ⚷.
4. Circule : les ven- ℣- ⚷.
5. Circulation périodique- ℣- ⚷.
6. Circule : les lun, mar, mer, jeu sauf les 8 juin, 13 et 14 juil   - ⚹.
7. Circule : tous les jours sauf les sam, dim et fêtes- ⚹.
8. Circule : jusqu'au 3 juil   : les ven, dim et fêtes sauf le 7 juin   ;Circule du 4 juil au 6 sept   : tous les jours;à partir du 11 sept   : les ven et dim- ℣- ⚷.
9. ℣- ⚷.
10. Circule : tous les jours sauf les ven, dim et fêtes- ⚹.
11. Circule : les dim et fêtes- ⚹.
12. Circule : les ven- ⚹.
13. Circule : les ven- ℣.
14. Circule : tous les jours sauf les ven, dim et fêtes;Circule les 7 juin, 12 juil et 15 août   - ▢1reCL assuré certains jours-℣- ⚷.
15. Circule : les ven- ▢1reCL-℣- ⚷.
16. Circulation périodique- ▢1reCL assuré certains jours-℣- ⚷.

C. **Questions.**   Répondez.

1. Quel train est le plus rapide entre Paris-Montparnasse et Angers?
2. Quel train est le moins rapide entre Paris-Montparnasse et Angers? Pourquoi?
3. Combien d'arrêts y a-t-il pour ce train?
4. Combien de temps le TGV prend-il entre Massy et Angers?
5. Quels sont les trains qui offrent des facilités aux handicapés?
6. Quels trains ne circulent pas le samedi?
7. Si on est au Mans, quels trains peut-on prendre pour Angers?
8. Si on part de Paris-Montparnasse, quels trains peut-on prendre si on veut dîner à Angers à vingt heures?

L E C T U R E   I I

A. **Étude du vocabulaire.**   Étudiez les phrases suivantes et choisissez les mots anglais qui correspondent aux mots français en caractères gras: *full board, huts, dugout canoe, housing, mattress, bush country, river, water skiing, wind surfing, beach.*

1. Les Sénégalais circulent beaucoup en **pirogue** le long de leurs rivières.
2. Un **fleuve** est une grande rivière qui rejoint la mer.
3. La **brousse** est une région qui se trouve loin des villes.
4. Les habitants des villages africains vivent dans des **cases.**
5. Sur le lac, les plus sportifs peuvent faire du **ski nautique** ou, quand il y a du vent, de la **planche à voile.**
6. L'**hébergement** pendant le séjour peut se faire dans un hôtel ou dans des bungalows près de l'hôtel.
7. À l'hôtel, on peut choisir la **pension complète** ou prendre ses repas dans les restaurants de la ville.
8. En vacances, de nombreux touristes aiment passer leur temps au bord de la mer à la **plage.**
9. Si on ne veut pas avoir mal au dos, il vaut mieux avoir un **matelas** sur son lit.

B. **Parcourez la lecture.**   Lisez rapidement la lecture pour trouver …

1. quatre types de transport.
2. cinq endroits à visiter qui se trouvent sur la carte.

Séjours organisés au Sénégal

Brousse et plage

Une semaine: 3 nuits en brousse en pension complète à l'hôtel Le Pélican/4 nuits à l'hôtel Village Club Les Filaos.

L'hôtel Le Pélican à 2 h 30 de Dakar au bord du fleuve Saloum joint le confort aux charmes de la vie africaine. Un site géographique exceptionnel, la province du Siné Saloum est réputée pour la richesse de sa faune et de sa flore.

L'hôtel Village Club Les Filaos se trouve à 73 kilomètres au sud de Dakar, en bordure de plage. Ses bungalows sont entièrement équipés, notamment avec salle de bain et toilettes privées. Restaurants, piscines. Sports et loisirs gratuits: tennis, planches à voile, volley-ball, pétanque. Sports et loisirs payants: ski nautique, excursions.

Le Circuit Cap Vert

Deux semaines. Ce circuit traverse une très belle région du Sénégal, sauvage et peu fréquentée par les touristes: le pays Bassari. Le déplacement se fait en minibus. Ce type de voyage vous fera côtoyer en permanence les habitants du pays et favorisera les contacts avec une population toujours accueillante. Il procure un confort limité. Les voyageurs sont hébergés dans des cases, des écoles ou en bivouac. Un sac de couchage et un petit matelas de mousse sont indispensables. Une réunion de préparation avec votre accompagnateur aura lieu deux à trois semaines avant le départ.

Itinéraire type: Visite de Dakar et de l'île de Gorée, descente en taxi-brousse sur Thiès (visite du marché), Saint-Louis (marché), Mlomp (cases à étages), Elinkine (promenade en pirogue), île de Karabane (baignade), parc de Basse Casamance, Gambie, région du Siné Saloum (promenade en pirogue), Toubakouta, Koalack, M'Bour-Dakar.

Le prix comprend:

- l'assistance à l'aéroport
- les transports au Sénégal, la nourriture et l'hébergement (petits hôtels, chez l'habitant)
- un accompagnateur
- l'assurance

Le prix ne comprend pas:

- le transport aérien
- les boissons

Vrai ou faux? Décidez si les phrases suivantes sont vraies ou fausses. Si une phrase n'est pas vraie, corrigez-la.

1. L'hôtel Le Pélican se trouve à Dakar.
2. Il y a beaucoup d'animaux et de plantes dans la région de Siné Saloum.
3. Il ne sera pas nécessaire de payer pour faire usage de la planche à voile.
4. Les participants seront hébergés dans des hôtels de luxe pour toute la durée du circuit Cap Vert.
5. Beaucoup de touristes ont déjà fait ce voyage et connaissent le pays Bassari.
6. Il est peu probable qu'on doive passer la nuit dans des cases pendant le circuit.
7. Le voyage en avion est compris dans le prix du circuit.
8. Les repas sont compris dans le prix du circuit, mais pour les boissons il faudra payer un supplément.

D. **Discussion.** Lequel des deux séjours préférez-vous? Expliquez votre réponse.

VOCABULAIRE ACTIF

Les voyages

un aller-retour   *round-trip ticket*
un aller simple   *one-way ticket*
l'autoroute (f.)   *turnpike, throughway, highway*
un billet   *ticket*
une carte   *map*
composter (un billet)   *to punch (a ticket)*
confirmer (un départ)   *to confirm (a departure)*
le départ   *departure*
en première   *in first class*
en seconde   *in second class*
fumeur   *smoking (car)*
non fumeur   *non-smoking (car)*
ralentir   *to slow down*
un renseignement   *item of information*
la route   *route, way, road*
le vol   *flight*

Adjectifs

aimable   *kind; nice*
complet (complète)   *full; complete*
inutile   *useless*
ouvert(e)   *open*
riche   *rich*
tout (toute / tous / toutes)   *all; every; the whole*

D'autres noms

une demande   *request*
un diplôme   *diploma*
un pique-nique   *picnic*

Expressions utiles

Allez-y.   *Go ahead.*
Allô!   *Hello! (on the phone)*
après-demain   *day after tomorrow*
À quel nom … ?   *In whose name … ?*
avoir tendance à   *to tend to*
Bonne chance!   *Good luck!*
Comment je vais faire?   *What am I going to do?*
De rien   *You're welcome*
entendu   *agreed; understood; O.K.*
Il n'y en a plus.   *There is (are) no more.*
Il vous reste … ?   *Do you still have … ?*
Mince!   *Darn it!*
Pourriez-vous me dire … ?   *Could you tell me … ?*
Puis-je … ?   *May I … ?*
tous (toutes) les deux   *both*
tout de suite   *right away*
tout près   *very near*

À l'hôtel

une clé   *key*
une douche   *shower*
un étage   *floor*
le prix   *price*
le rez-de-chaussée   *ground floor*
une serviette   *towel*
un supplément   *extra charge; supplement*

Verbes

choisir   *to choose*
épeler   *to spell*
faire une demande   *to make a request*
finir   *to finish*
gagner (à la loterie)   *to win (the lottery)*
gagner (de l'argent)   *to earn (money)*
grossir   *to put on weight*
indiquer   *to tell; to indicate; to point out*
louer   *to rent*
maigrir   *to lose weight*
obéir   *to obey*
poser une question   *to ask a question*
recommander   *to recommend*
remercier   *to thank*
réussir   *to succeed; to pass*
savoir   *to know*

Le Maghreb

Que savez-vous?

Guess the answers to the following, then read to check your answers.

1. Quels sont les trois pays du Maghreb?
2. Quelles civilisations se sont établies au Maghreb dans l'antiquité?
3. Quels événements historiques ont le plus marqué les pays du Maghreb?

- Premiers habitants de la région: les Berbères
- 814 avant J. C. Empire carthaginois; site ancien de Carthage près de Tunis.
- 264–146 avant J. C. Guerres puniques entre Carthage et Rome; destruction de Carthage
- Colonie romaine jusqu'à l'invasion des Vandales en 439.
- Conquête arabe à la fin du VIIe siècle; islamisation
- Formation d'empires berbères s'étendant à l'Andalousie (Espagne).
- Au XVIe siècle, domination turque. Le Maghreb fait partie de l'empire ottoman.
- Retour au nomadisme. Rivalités des pays européens pour contrôler la région.
- Période coloniale: En 1830, l'Algérie est, en fait, un département français.
- Protectorat français en Tunisie en 1881 et au Maroc en 1912.
- 1954–1962: Guerre d'indépendance en Algérie; 1956: Indépendance de la Tunisie et du Maroc.

Avenue Bourguiba à Tunis

VRAI OU FAUX?

1. Le Maroc est le plus grand pays du Maghreb.
2. Le Maroc est très proche de l'Espagne.
3. Il y a de nombreux Berbères en Tunisie.
4. L'Algérie et le Maroc ont approximativement la même population.

	Maroc	Algérie	Tunisie
Superficie	710.850 km², comparable à celle du Texas	environ 2.381.740 km², plus de trois fois le Texas	163.610 km²; un peu plus grand que la Géorgie
Population	environ 30 millions	environ 29 millions	près de 9 millions
Ethnicité	99% Arabes et Berbères; quelques Harratins (noirs) dans le sud	83% Arabes, 16% Berbères surtout dans les montagnes de l'Atlas, 1% Européens	98% Arabes, 2% Européens
Capitale	Rabat	Alger	Tunis
Langues	arabe, français, berbère, un peu d'espagnol	arabe, français, berbère	arabe, français

On mange le couscous assis par terre autour du grand plat et on se sert avec la main droite seulement.

ÉTUDE DU VOCABULAIRE

Identifiez dans les phrases suivantes les mots en caractères gras qui correspondent aux mots suivants: *mix, baste, hollow, cooked, wash, layer, spicy, dough.*

1. Pour éviter les microbes, on recommande de manger la viande bien **cuite.**
2. Quand un plat a beaucoup de sauce liquide, on le sert dans un plat **creux.**
3. En Inde on aime la cuisine **épicée.**
4. Il faut **laver** les légumes avant de les préparer.
5. Pour faire un gâteau, on **mélange** la farine, le beurre, le lait avec les œufs pour faire une **pâte.**
6. Un gâteau d'anniversaire a souvent une **couche** de sucre glacé et des décorations.
7. Quand la viande est rôtie au feu ouvert, il faut bien **l'arroser** pour qu'elle ne sèche pas.

LA CUISINE MAGHRÉBINE

«Bismillah!»[1]

Voici la description de quelques plats traditionnels de la cuisine maghrébine.

- **Le couscous:** Semoule cuite à la vapeur et servie dans un grand plat creux avec carottes, navets (*turnips*), aubergines (*eggplants*), courgettes (*zucchinis*) et une viande bien cuite, généralement du mouton ou du bœuf; le tout arrosé d'un bouillon épicé pour donner un plat exotique. Après le couscous, on sert un thé à la menthe (*mint*) bien chaud et très sucré. On mange ce plat le vendredi midi (jour de la grande prière de la semaine) ainsi que les jours de fête.

- **Le tagine:** plat savoureux fait avec du foie de veau (*calf's liver*) avec petits pois et raisins secs ou du foie de poulet aux amandes et aux prunes (*plums*). Son goût sucré en fait un plat délicieux.

- **La harira:** soupe, probablement d'origine berbère, qui est le repas favori des musulmans durant le mois du Ramadan[2].

- **Le méchoui[3]:** mouton couvert d'un mélange de paprika, cumin, beurre et sel et rôti tout entier à feu vif pendant deux heures pour obtenir une viande tendre. On le sert aux fêtes religieuses et aux grandes occasions.

- **La bastela:** Entre de fines couches d'une pâte presque transparente appelée «warka», on place des amandes et du poulet ou parfois du pigeon. On le sert aussi aux réunions importantes dans une large assiette avec une couche de sucre glacé et de la cannelle (*cinnamon*) en poudre.

- **Desserts:** Pâtisseries au miel (*honey*), noix (*nuts*) et amandes, qui se servent avec du thé à la menthe.

---

1. Bismillah! *Praise be to God!*   2. Ramadan: Holy month during which Muslims do not eat or drink from sunrise to sunset.   3. Méchoui: Review the reading in Ch. 6, p. 188.

fantasia (1985), elle décrit «la fillette arabe allant pour la première fois à l'école [française], mais dans la main du père.» C'est donc le père qui l'a introduite à cette langue et à cette culture[1]. Elle explique qu'en étudiant le français, «son corps s'occidentalisait à sa manière.» Pour elle, s'exprimer en français, langue de l'ancien conquérant, représente un dévoilement, une mise à nu, mais aussi un exil de l'enfance. Ce n'est pas du nom de son père qu'elle signe ses œuvres mais d'un pseudonyme. Parler d'elle-même, hors de la tradition, n'est possible qu'en français, cette langue qui est pour elle à la fois libération et dissimulation.

---

1. Jean Déjeux, *La littérature féminine de langue française au Maghreb*, p. 199.

ALGÉRIE

Assia Djebar: romancière et cinéaste algérienne

Née en 1936 et éduquée en Algérie, d'abord à l'école coranique puis au lycée français, Assia obtient une bourse d'étude et part en France à 19 ans. Elle interrompt ses études pour participer à la grève *(strike)* des étudiants en Algérie en 1956. En 1958, elle fait des études supérieures d'histoire en Tunisie et poursuit des enquêtes *(surveys)* dans les camps de réfugiés à la frontière algéro-tunisienne pendant la guerre d'indépendance. L'expérience des réfugiés se retrouve dans plusieurs de ses romans.

Dans *Femmes d'Alger dans leur appartement*, Assia Djebar rassemble plusieurs nouvelles, où elle se met «à l'écoute» de ses sœurs algériennes, femmes de tout âge, de toutes conditions, «dont les corps sont prisonniers, mais les âmes *(souls)* plus que jamais mouvantes.» Ces femmes sont cloîtrées dans le silence. Pour sortir des siècles d'ombre *(shadows)*, il faut:

> Parler, parler sans cesse d'hier et d'aujourd'hui, parler entre nous [...] et regarder [...] hors des murs et des prisons.

Ces récits de femmes, elle les traduit d'un "arabe féminin: autant dire d'un «arabe souterrain».

Comme pour beaucoup d'autres auteurs maghrébins, écrire en français, la langue des colonisateurs, a pour Assia une signification très particulière. Au début de son roman, *l'Amour, la*

Fatima Bellahcène

Cette libération du silence est évoquée dans le poème d'une autre jeune algérienne, qui se voit traitée en étrangère par sa famille parce qu'elle est écrivain.

L'Étrangère

Vous dites j'ai changé

Comme tous les autres

Je me suis trahie[1].

Non, je n'ai pas changé

J'ai seulement appris à parler.

Vous avez cru que j'étais un livre ouvert,

Un livre aux feuilles blanches[2],

Parce que je me taisais,

Parce que derrière mon silence, je me terrais[3].

[...]

Actualités de l'émigration, no. 80

---

1. *betrayed*   2. *blank pages*   3. *I kept hidden*

À VOUS!

Qu'est-ce que Assia Djebar et l'auteur de *L'Étrangère* ont en commun?

TUNISIE

La femme tunisienne

Au Maghreb, la femme tunisienne est la seule à bénéficier de ses pleins droits (*rights*) dans la société. Les textes législatifs tunisiens affirment explicitement l'égalité entre femme et homme devant la loi.

Dès l'indépendance en 1956, la Tunisie a établi le droit égal de l'homme et de la femme au divorce, l'abolition de la polygamie et fixé l'âge minimum de mariage à dix-sept ans pour une jeune fille. La femme tunisienne est aussi instruite dans le domaine de la santé: elle prend en charge sa santé reproductive ainsi que la santé de son enfant, grâce aux programmes médicaux qui lui sont offerts.

À partir de l'âge de six ans, toutes les filles sont inscrites à l'école. Beaucoup continuent leurs études après le lycée. Par conséquent, un pourcentage considérable de femmes fréquente l'université. Bon nombre d'entre elles accèdent à des secteurs très divers et même à des postes de chefs d'entreprises. Les femmes occupent aujourd'hui des postes de haute responsabilité dans les conseils municipaux, la chambre des députés, et quelquefois dans les cabinets ministériels.

Il ne faut pas oublier non plus l'importance de leur rôle dans toutes les formes d'expression artistique: musique, danse, théâtre, et peinture. La situation de la femme tunisienne est donc quasi unique dans le monde arabe musulman par la place qu'elle occupe dans la société.

située entre l'Atlas et l'Atlantique. La moitié de la population réside dans les grandes villes, mais la population rurale continue d'immigrer vers les centres urbains.

Comme les autres pays du Maghreb, le passé du Maroc a été fortement marqué par deux influences: celle de l'Islam, religion officielle à laquelle adhère la presque totalité de la population, et celle de la France dont la langue, la culture, les écoles et l'administration ont survécu à l'indépendance.

Une des principales ressources du pays est le tourisme. Le Maroc est, en effet, un très beau pays. Il est recommandé au touriste de faire d'abord le tour des villes impériales en commençant par Rabat, puis Meknès, Fes et Marrakech. Il faut apprécier le contraste entre Fes, ville authentiquement maghrébine, et Marrakech, ville au caractère déjà africain. Près de Meknès, il faut s'arrêter aux sanctuaires de Moulay Idriss, endroits de pèlerinage islamique. Entre Meknès et Fes on peut faire un détour pour voir les vestiges antiques de l'ancienne ville romaine, Volubilis, où les empereurs aimaient se détendre (*relax*). Ensuite on peut traverser la campagne marocaine pour arriver aux «ksours», ces villages fortifiés de la montagne berbère. On peut aussi passer une semaine de repos agréable à Agadir, là où le désert rejoint l'océan atlantique et devient une immense plage de sable.

À vous!

Est-ce que la situation des femmes tunisiennes ressemble à celle des femmes de votre pays? à celle des femmes maghrébines traditionnelles?

Quelles parties du Maroc aimeriez-vous visiter?

MAROC

Le Maroc: pays de contrastes

Le Maroc, «l'extrême Maghreb» ou «l'extrême du soleil couchant», est un pays de contrastes par la diversité de son climat et de sa géographie mais aussi par la confrontation permanente de deux tendances: le désir de préserver son caractère local et traditionnel et, en même temps, le besoin d'affirmer une personnalité «occidentale.» La chaîne de l'Atlas, qui s'étend du nord au sud, partage le pays entre une région à l'ouest des montagnes où le climat est relativement humide et l'est qui est beaucoup plus aride et désertique. Au nord, les montagnes rejoignent la mer et au sud elles descendent vers la plaine et le désert du Sahara. La région la plus fertile est donc

Mosquée dans un village de montagne au Maroc

377

Buts communicatifs

Describing a table
  setting
Describing one's day
Describing past
  activities
Expressing one's will

Structures utiles

Le verbe **mettre**
Les verbes pronominaux
  (suite)
Les verbes **se promener,
  s'inquiéter, s'appeler
  et s'asseoir**
Le passé des verbes
  pronominaux
Le subjonctif (suite)

Culture

L'étiquette à table
Au menu ou à la carte?

Ma journée

Coup d'envoi

Coup d'envoi

Prise de contact **Bon appétit!**

Avant de manger

Mettez° une nappe° sur la table.   *Put / tablecloth*
Mettez des assiettes sur la nappe.
Mettez un verre et une cuiller° devant chaque   *spoon*
    assiette.
Mettez une fourchette° à gauche de l'assiette.   *fork*
Mettez un couteau° à droite de l'assiette.   *knife*

À table

Asseyez-vous.
Mettez une serviette° sur vos genoux°.   *napkin / lap*
Coupez° le pain.   *Cut*
Mettez un morceau de pain sur la nappe
    à côté de l'assiette.
Versez° du vin dans le verre.   *Pour*
Levez° votre verre et admirez la couleur du vin.   *Lift*
Humez° le vin.   *Smell*
Goûtez-le.°   *Taste it.*
Bon appétit!

> You learned in Ch. 9 that **genou** means *knee.* In the plural, it can refer to either *lap* or *knees.*

Conversation

Nous nous mettons à table

*Monsieur et Madame Smith et Monsieur et Madame Martin
sont arrivés au restaurant, mais Lori n'est pas encore là.*

Maître d'hôtel:	Bonsoir, Messieurs, Bonsoir, Mesdames. Vous avez réservé?	
M. Smith:	Oui, Monsieur, au nom de Smith.	
Maître d'hôtel:	Très bien, un instant, s'il vous plaît. *(Il vérifie sa liste.)* C'est pour cinq personnes, n'est-ce pas?	
Mme Smith:	C'est exact.°	*That's right.*
Maître d'hôtel:	Vous voulez vous asseoir°?	*to sit down*
M. Smith:	Volontiers, notre amie ne va pas tarder°.	*to be long*
Maître d'hôtel:	Par ici°, s'il vous plaît. *(ensuite)* Voici votre table. *(Ils s'asseyent.°)*	*This way* *They sit down.*
M. Smith:	Merci beaucoup, Monsieur. *(Le maître d'hôtel sourit° mais ne répond pas. Il s'en va°.)*	*smiles* *leaves*
Mme Martin:	C'est très gentil à vous de nous inviter.	
Mme Smith:	Mais c'est un plaisir pour nous.	
M. Martin:	Voilà Lori qui arrive. Bonsoir, Lori. *(Lori serre la main à Monsieur et Madame Martin et fait la bise à Monsieur et Madame Smith.)*	
Lori Becker:	Excusez-moi d'être en retard.	
Mme Martin:	Ne vous inquiétez pas°, Lori. Nous venons d'arriver.	*Don't worry*

Jouez ces rôles.   Répétez la conversation avec vos partenaires. Ensuite imaginez une excuse pour Lori. Pourquoi est-elle arrivée en retard?

À PROPOS

Pourquoi Monsieur Smith n'avance-t-il pas la chaise pour sa femme quand elle va s'asseoir?

a. Ce n'est pas l'habitude en France.
b. Il a oublié de le faire.
c. Il est marié depuis longtemps.

Quelle est la différence entre un menu et une carte dans un restaurant?

a. C'est la même chose, mais un menu est plus élégant qu'une carte.
b. C'est la même chose, mais une carte est plus élégante qu'un menu.
c. Un menu propose deux ou trois repas à prix fixe. Une carte donne la liste de tous les plats.

Pourquoi le maître d'hôtel ne répond-il pas quand Monsieur Smith dit merci?

a. Il est impoli.
b. Il ne dit rien mais il répond par un sourire *(smile)*.
c. Parce que Monsieur Smith n'est pas français.

In France	In North America
Ice cubes are not readily available at restaurants.	Ice water is often served automatically with meals. Cold drinks are very common.
Dinner is often at 8:00 P.M. or later.	Dinner is often at 6:00 P.M. or earlier.
Meals may last two hours or more.	Meals may last only 20 or 25 minutes.
Bread is placed on the tablecloth instead of on a plate.	Bread is not always served with a meal. When it is served, it is always kept on the plate.
People keep both hands above the table while eating.	People put one hand in their lap while eating.
The service charge, or tip, is already included in the bill (**le service est compris**).	The tip is often not included in the bill.

L'étiquette à table

When Mrs. Smith is about to be seated, it is very likely that the gentlemen will not pull out her chair as a courtesy as might be the case in a North American setting. This is simply not done in France.

While the table is set, as in North America, with the forks to the left and the knives to the right, there are differences: forks are often turned tines down; glasses are above the plate rather than to one side; teaspoons are placed between the glass and the plate. If soup is served, the soup spoon is not held sideways but rather placed, tip first, in the mouth.

The French do not pick up a slice of bread and bite off a piece. Rather, they break off a small bite-sized piece and may even use this as a utensil to guide food onto the fork. From time to time, this piece is eaten and another piece broken off.

Au menu ou à la carte?

La carte lists all of the dishes that the restaurant prepares. Customers can choose any combination of items they wish (**à la carte**). **Le menu** has one or more set (complete) lunches or dinners at a set price. There might, for example, be **le menu à 80 francs** and **le menu à 110 francs**. Each **menu** will include three or more courses, with or without beverage. Menus are usually by far the less expensive way to order food in France.

Il y a un geste

Il n'y a pas de quoi. Although the French have numerous spoken formulae that convey the idea of *You're welcome* (**Il n'y a pas de quoi, De rien, Je vous en prie,** etc.), they frequently respond with only a discreet smile. This smile is often unnoticed by North Americans, who may interpret the lack of a verbal response to their "thank you" as less than polite.

➡ À vous.   Répondez au maître d'hôtel.

1. Bonsoir, Monsieur (Madame / Mademoiselle). Vous avez réservé?
2. Pour deux personnes?
3. Vous voulez vous asseoir?
4. Par ici, s'il vous plaît. Voici votre table.

entre *amis*

Au restaurant

You are the maître d'hôtel at a restaurant. Your partner is a customer.

1. Ask if s/he has made a reservation. (S/he has.)
2. Find out for how many people.
3. Ask if the others have already arrived.
4. Ask him/her if s/he wants to sit down.
5. Tell him/her "right this way."

Prononciation
Les voyelles arrondies [ø] et [œ]

Lip rounding plays a much greater role in the accurate pronunciation of French than it does in English. French has rounded vowels that are produced in the front part of the mouth, a combination that does not exist in English. Use the word **euh** to practice. This word is prevalent and is very characteristic of the normal position for French pronunciation: the lips are rounded and the tongue is behind the lower teeth.

For the [ø] sound in **euh,** round your lips and then try to say **et.** For the [œ] sound in **neuf,** the lips are more open than for **euh.** There is, moreover, always a pronounced consonant after the vowel sound in words like **neuf, sœur,** etc.

[ø]   • **eu**h, d**eu**x, v**eu**t, p**eu**t, bl**eu**, ennuy**eu**x, pl**eu**t

[œ]   • n**eu**f, s**œu**r, b**eu**rre, profess**eu**r, h**eu**re, v**eu**lent, p**eu**vent, pl**eu**re

Listen and repeat.

1. Est-ce que je peux vous aider?
2. La sœur du professeur arrive à neuf heures.
3. Ils veulent du beurre sur leur pain.
4. Les deux portent un pull bleu.
5. «Il pleure dans mon cœur comme il pleut sur la ville.» *(Verlaine)*

Buts communicatifs

I. Describing a Table Setting

Où est-ce qu'on met la nappe?   On la met sur la table.
Où est-ce qu'on met l'assiette?   On la met sur la nappe.
Où est-ce qu'on met le couteau?   On le met à droite de l'assiette.
Où est-ce qu'on met la cuiller?   On la met entre l'assiette et le verre.
Où est-ce qu'on met la serviette?   On la met sur ses genoux.
Où est-ce qu'on met les mains?   On les met sur la table.
Où est-ce qu'on met le pain?   On le met sur la nappe, à côté
                                                            de l'assiette.

Et vous?   Qu'est-ce qu'on met à gauche de l'assiette?
                          Où est-ce qu'on met les verres?

A. Le verbe *mettre*

Je vais **mettre** mon pyjama.	*I'm going to put on my pajamas.*
Nous **mettons** un maillot de bain pour aller à la piscine.	*We put on a bathing suit to go to the pool.*
J'**ai mis** le sel, le poivre et le sucre sur la table.	*I put the salt, pepper, and sugar on the table.*

Notice that, like the **-re** verbs, p. 262, the endings for **mettre** are **-s, -s, –, -ons, -ez, -ent**. The plural stem, however, has **-tt-**.

mettre *(to put, place, lay; to put on)*			
je	**mets**	nous	**mettons**
tu	**mets**	vous	**mettez**
il/elle/on	**met**	ils/elles	**mettent**

passé composé: j'**ai mis**

▸ **Mettre** can also mean *to turn on* (*the radio, the heat,* etc.) and is used in the expression **mettre la table** to mean *to set the table.*

Qui va **mettre** la table ce soir?	*Who is going to set the table this evening?*
Mets le chauffage; j'ai froid.	*Turn on the heat; I'm cold.*

 Qu'est-ce qu'ils mettent? Utilisez les catégories suivantes pour faire des phrases. Vous pouvez ajouter **ne … jamais**.

> *Modèles:* **Je mets un pyjama pour dormir.**
> **Je ne mets jamais de tennis s'il neige.**

Vocabulaire à retenir

une soirée *evening party*

je		des skis	s'il fait chaud
mes amis		un complet	pour aller à une soirée
le professeur	mettre	une robe longue	pour faire du jogging
vous		un pyjama	pour aller aux cours
		un maillot de bain	pour faire du ski
		un manteau	pour nager
		des tennis	s'il neige
		un chapeau	pour faire les courses
		un short	pour conduire une voiture
		un jean	pour dormir
		un smoking	

2. **À vous.**   Répondez.

1. Mettez-vous du sucre ou de la crème dans votre café?
2. Que mettez-vous dans une tasse de thé?
3. Où met-on le pain quand on mange à la française?
4. Que faut-il faire pour mettre la table?
5. À quel moment de l'année met-on le chauffage dans la région où vous habitez? À quel moment de l'année met-on la climatisation *(air conditioning)*?
6. En quelle saison met-on un gros manteau?
7. Quels vêtements les étudiants mettent-ils d'habitude pour aller en cours sur votre campus?
8. Quels vêtements avez-vous mis hier? Pourquoi avez-vous décidé de porter ces vêtements-là?

3. **Un petit test de votre savoir-vivre.**   Choisissez une réponse pour chaque question et ensuite lisez l'analyse de vos réponses.

1. Que mettez-vous quand vous allez dîner au restaurant?
   a. des vêtements chic
   b. un jean et des baskets
   c. un bikini
   d. rien

2. Que buvez-vous pendant le repas?
   a. du vin ou de l'eau
   b. du lait ou du café
   c. du whisky
   d. de l'eau dans un bol

3. Où mettez-vous le pain pendant le repas?
   a. sur la nappe à côté de l'assiette
   b. dans mon assiette
   c. dans l'assiette de mon (ma) voisin(e)
   d. sur le plancher *(floor)*

4. Où est votre main gauche pendant que vous mangez?
   a. sur la table
   b. sur mes genoux
   c. sur le genou de mon (ma) voisin(e)
   d. sur le plancher

5. Combien de temps passez-vous à table?
   a. entre une et deux heures
   b. entre 25 et 45 minutes
   c. Ça dépend du charme de mon (ma) voisin(e).
   d. cinq minutes

6. Que dites-vous à la fin du repas?
   a. C'était très bon.
   b. Je suis plein(e).
   c. Veux-tu faire une promenade, chéri(e)?
   d. Oua! oua! *(bow-wow!)*

> Remember that you learned in Ch. 8 *not* to say **Je suis plein(e),** literally *I am full,* because in French it can mean either *I am drunk* or *I am pregnant.*

Résultats:

a. Si vous avez répondu **a** à toutes les questions, vous êtes peut-être français(e) ou vous méritez de l'être.
b. Si vous avez répondu **b,** vous êtes probablement américain(e), comme la personne qui a écrit ce questionnaire.
c. Si votre réponse est **c,** vous êtes trop entreprenant(e) *(forward, bold)* et vous dérangez *(bother)* beaucoup votre voisin(e).
d. Si votre réponse est **d,** vous vous identifiez beaucoup aux chiens.

entre *amis*

L'éducation d'un(e) enfant

*You are a French parent instructing your child (your partner) on table manners. Remember to use **tu.***

1. Tell your child to put the napkin on his/her lap.
2. Tell him/her to put a piece of bread on the table.
3. Tell him/her not to play with the bread.
4. Tell him/her to put water in his/her glass.
5. Find out what s/he did at school today.

II. Describing One's Day

Le matin

7 h	Je me réveille tôt et je me lève.
7 h 10	Je me lave ou je prends une douche.
7 h 25	Je m'habille.
7 h 35	Je me brosse les cheveux.
7 h 50	Après avoir mangé°, je me brosse les dents.

After eating

L'après-midi

3 h   Je me repose.
5 h   Je m'amuse avec des amis.

Le soir

11 h   Je me couche assez tard et je m'endors.

 Et vous?   À quelle heure vous réveillez-vous?
                    Que faites-vous le matin? l'après-midi? le soir?

Remarque: **Tôt** and **tard** mean *early* and *late* in the day. They should not be confused with **en avance** and **en retard,** which mean *early* and *late* for a specific meeting, class, etc.

> Il se lève **tard!** (à midi)
> Il est **en retard.** (pour son cours de français)

VOCABULAIRE

Quelques verbes pronominaux

se réveiller	*to wake up*
se laver	*to get washed*
se brosser (les dents, les cheveux)	*to brush (one's teeth, one's hair)*
s'habiller	*to get dressed*
s'amuser	*to have fun*
se souvenir (de)	*to remember*
s'inquiéter	*to worry*
s'asseoir	*to sit down*
se promener	*to take a walk, ride*
se dépêcher	*to hurry*
s'appeler	*to be named*
s'endormir	*to fall asleep*
se reposer	*to rest*

Review **Les verbes pronominaux,** Ch. 6, p. 178.

B. Les verbes pronominaux (suite)

▶ Remember that the reflexive pronouns are **me, te, se, nous, vous,** and **se.**

se laver *(to get washed, to wash oneself)*

je	**me** lave	nous	**nous** lavons
tu	**te** laves	vous	**vous** lavez
il/elle/on	**se** lave	ils/elles	**se** lavent

s'endormir *(to fall asleep)*

je	**m'**endors	nous	**nous** endormons
tu	**t'**endors	vous	**vous** endormez
il/elle/on	**s'**endort	ils/elles	**s'**endorment

Note: The reflexive pronoun always changes form as necessary to agree with the subject of the verb, even when it is part of an infinitive construction.

> **Je** vais **m'**amuser.   **Tu** vas **t'**amuser aussi.   **Nous** allons **nous** amuser!

Many verbs can be used reflexively or nonreflexively, depending on whether the object of the verb is the same as the subject or not.

> Jean **se lave** avant de manger. (*Jean* is the subject *and* the object.)

Mais: Jean **lave sa voiture.** (*Jean* is the subject but *sa voiture* is the object.)

> Noëlle adore **se promener.** (*Noëlle* is the subject *and* the object.)

Mais: Noëlle refuse de **promener le chien.** (*Noëlle* is the subject but *le chien* is the object.)

Like all other object pronouns, the reflexive pronoun is always placed immediately before the verb (except in an affirmative command). This rule is true, no matter whether the verb is in an affirmative, interrogative, negative, or infinitive form.

Comment **vous** appelez-vous?	*What is your name?*
Tu veux **t'**asseoir?	*Do you want to sit down?*
Ne **s'**amusent-ils pas en classe?	*Don't they have fun in class?*
Je ne **m'**appelle pas Aude.	*My name is not Aude.*
Roman ne **se** réveille jamais très tôt.	*Roman never wakes up very early.*
Nous allons **nous** promener.	*We are going to take a walk.*
J'ai décidé de ne pas **me** lever.	*I decided not to get up.*

As you have already seen (see Ch. 10), when the imperative is affirmative, the object pronoun is placed after the verb. This is true even when the object pronoun is a reflexive pronoun.

> Review the imperative with pronouns, Ch. 10, p. 305. Remember that when **me** and **te** follow the verb they become **moi** and **toi**.

Dépêche-**toi**!	*Hurry (up)!*
Dépêchez-**vous**!	*Hurry (up)!*
Dépêchons-**nous**!	*Let's hurry!*

You also know that if the imperative is negative, normal word order is followed and the object pronoun precedes the verb.

Ne **te** dépêche pas.	*Don't hurry.*
Ne **vous** dépêchez pas.	*Don't hurry.*
Ne **nous** dépêchons pas.	*Let's not hurry.*

4. **Vrai ou faux?**   Décidez si les phrases suivantes sont vraies. Si elles ne sont pas vraies, corrigez-les.

> *Modèle:*   Vous vous réveillez toujours tôt le matin.
>
> **C'est faux. Je ne me réveille pas toujours tôt le matin.**

1. Vous vous brossez les dents avant le petit déjeuner.
2. On se lave normalement avec de l'eau froide.
3. Les étudiants de votre université se douchent une fois par semaine.
4. Ils s'habillent avant la douche.
5. Vous vous endormez quelquefois en classe.
6. Vous vous reposez toujours après les repas.
7. D'habitude, on se brosse les cheveux avec une brosse à dents.
8. Les professeurs se souviennent toujours des noms de leurs étudiants.

Nos activités de chaque jour. Faites des phrases logiques. Vous pouvez utiliser la forme négative.

> *Modèle:* **Ma sœur se brosse les cheveux trois fois par jour.**

nous les étudiants mon père ma mère je ma sœur mon frère	se laver s'amuser se dépêcher se coucher prendre une douche s'habiller s'endormir se réveiller se brosser les cheveux se brosser les dents se mettre à table se reposer	tôt tard le matin le soir dans un fauteuil dans la salle de bain avec de l'eau chaude avec de l'eau froide une (deux, etc.) fois par jour avec une brosse à cheveux avec une brosse à dents

6. **Pour avoir du succès à l'université.** Vous êtes très docile et vous répondez systématiquement que vous êtes d'accord.

> *Modèle:* Ne vous couchez pas trop tard.
> **D'accord, je ne vais pas me coucher trop tard.**

1. Ne vous endormez pas pendant le cours de français.
2. Ne vous lavez pas avec de l'eau froide.
3. Amusez-vous pendant le week-end.
4. Dépêchez-vous pour ne pas être en retard.
5. Levez-vous avant 8 heures.
6. Ne vous inquiétez pas si vous avez un examen.
7. Ne vous promenez pas après 22 heures.

 Fais ce que tu veux. Si les autres veulent faire quelque chose, pourquoi pas? Utilisez l'impératif et l'expression **Eh bien, ...** pour encourager les autres à faire ce qu'ils veulent.

> *Modèles:* Je voudrais m'asseoir.   Je ne voudrais pas me lever.
> **Eh bien, assieds-toi.**   **Eh bien, ne te lève pas.**

1. Je voudrais me coucher.
2. Je ne voudrais pas me dépêcher.
3. Je ne voudrais pas me brosser les dents.
4. Je voudrais m'amuser.
5. Je ne voudrais pas me lever à 7 heures.
6. Je ne voudrais pas étudier.
7. Je voudrais sortir avec mes amis.
8. Je voudrais m'endormir en classe.

C. Les verbes *se promener, s'inquiéter, s'appeler* et *s'asseoir*

▷ Some reflexive verbs contain spelling changes in the verb stem of the present tense.

Review **se lever**, p. 178, **préférer**, p. 243, and **acheter**, p. 272.

▷ Like **se lever** and **acheter, se promener** changes -e- to -è- before silent endings.

se promener *(to take a walk, ride)*

je	me promène	nous	nous promenons
tu	te promènes	vous	vous promenez
il/elle/on	se promène		
ils/elles	se promènent		

▷ Like **préférer, s'inquiéter** changes -é- to -è- before silent endings.

s'inquiéter *(to worry)*

je	m'inquiète	nous	nous inquiétons
tu	t'inquiètes	vous	vous inquiétez
il/elle/on	s'inquiète		
ils/elles	s'inquiètent		

▷ **S'appeler** changes -l- to -ll- before silent endings.

s'appeler *(to be named)*

je	m'appelle	nous	nous appelons
tu	t'appelles	vous	vous appelez
il/elle/on	s'appelle		
ils/elles	s'appellent		

Note: **S'asseoir** is irregular and is conjugated as follows:

s'asseoir *(to sit down)*

je	m'assieds	nous	nous asseyons
tu	t'assieds	vous	vous asseyez
il/elle/on	s'assied	ils/elles	s'asseyent

8. **La journée des étudiants.** Utilisez des verbes pronominaux pour compléter les phrases suivantes.

> *Modèle:* Nous ____ à nos places.
> **Nous nous asseyons à nos places.**

1. Le soir, les étudiants ne ____ pas avant minuit parce qu'ils ont beaucoup de travail.
2. S'ils sont en retard pour un cours, ils ____.
3. Ils ____ s'il y a un examen.
4. Le week-end, les étudiants ____.
5. Le samedi matin, ils font la grasse matinée; ils ne ____ pas avant 10 heures.
6. Ils ____ très tard et ils ____ tout de suite.
7. Ils ____ en jean normalement parce que les jeans sont confortables.

9. **Un petit sondage** *(A small poll).* Vous êtes journaliste. Interviewez une autre personne (votre partenaire). Demandez …

> *Modèle:* s'il (si elle) se lève tôt
> VOUS: **Vous levez-vous tôt le samedi matin?**
> VOTRE PARTENAIRE: **Non, je me lève assez tard.**

1. s'il (si elle) parle français
2. comment il (elle) s'appelle
3. comment il (elle) va
4. s'il (si elle) est fatigué(e)
5. à quelle heure il (elle) se lève en semaine
6. à quelle heure il (elle) se couche
7. s'il (si elle) se lève tôt ou tard le samedi matin
8. s'il (si elle) s'endort à la bibliothèque
9. avec quel dentifrice *(toothpaste)* il (elle) se brosse les dents
10. s'il (si elle) s'inquiète quand il y a un examen
11. depuis quand il (elle) étudie le français

entre*amis*

Et ta journée?

Interview your partner about his/her day.

1. Find out at what time your partner wakes up.
2. Find out what s/he does during the day.
3. Find out at what time your partner goes to bed.

III. Describing Past Activities

La dernière fois que j'ai dîné au restaurant avec des amis …

	oui	*non*
ils y sont arrivés avant moi.	___	___
je me suis dépêché(e) pour arriver à l'heure.	___	___
mes amis s'inquiétaient parce que j'étais en retard.	___	___
nous nous sommes mis à table à huit heures.	___	___
je me suis bien amusé(e).	___	___
nous nous sommes promenés après le repas.	___	___
je me suis couché(e) assez tôt.	___	___

D. Le passé des verbes pronominaux

The imperfect tense of reflexive verbs is formed in the same way as that of simple verbs. The reflexive pronoun precedes the verb.

> There are no spelling changes in the imperfect for stem changing verbs; **s'appeler: Il s'appelait Pierre; se lever: Je me levais tôt.**

s'inquiéter *(inquiétons)*			
je	**m'inquiétais**	nous	**nous inquiétions**
tu	**t'inquiétais**	vous	**vous inquiétiez**
il/elle/on	**s'inquiétait**	ils/elles	**s'inquiétaient**

> Review the passé composé of **se coucher** in Ch. 7, p. 200.

All reflexive verbs use the auxiliary **être** to form the passé composé. The past participle agrees in gender and number with the preceding direct object (usually the reflexive pronoun).

> The past participles of stem changing verbs is not affected by spelling changes; they are based on the infinitive: **promené, inquiété, appelé.**

se reposer			
je	**me**	**suis**	reposé(e)
tu	**t'**	**es**	reposé(e)
il/on	**s'**	**est**	reposé
elle	**s'**	**est**	reposée
nous	**nous**	**sommes**	reposé(e)s
vous	**vous**	**êtes**	reposé(e)(s)
ils	**se**	**sont**	reposés
elles	**se**	**sont**	reposées

Delphine **s'est couchée** tôt parce qu'elle était fatiguée.

Nous **nous sommes** bien **amusé(e)s** le week-end dernier.

Note: Except for **s'asseoir,** the past participles of reflexive verbs are formed by the normal rules. The past participle of **s'asseoir** is **assis.**

Les deux femmes se sont **assises** à côté de moi.

▷ In the negative, **ne … pas** (**jamais,** etc.) are placed around the reflexive pronoun and the auxiliary verb.

Les enfants **ne** se sont **pas** couchés.
Je **ne** me suis **jamais** endormi(e) en classe.

▷ In questions with inversion, as in all cases of inversion, the *subject* pronoun is placed after the auxiliary verb. The *reflexive* pronoun always directly precedes the auxiliary verb.

À quelle heure **t'es-tu** couchée, Christelle?
Vos amies **se** sont-**elles** reposées?

For Recognition Only

▷ The past participle of a reflexive verb agrees with a preceding direct object. In most cases, the direct object is the reflexive pronoun, which precedes the past participle.

Claire **s'**est lavée.	*Claire washed **herself.***
Nous **nous** sommes amusés.	*We had a good time. (We amused **ourselves.**)*

▷ However, with some reflexive verbs (such as **se laver** and **se brosser**), the direct object often follows the verb and the reflexive pronoun is not the direct object. The past participle *does not agree* with a reflexive pronoun that is not a direct object.

Claire s'est lavé **les cheveux.**	*Claire washed **her hair.***
Elle s'est brossé **les dents.**	*She brushed **her teeth.***

10. **Mais oui, Maman.** Madame Cousineau pose beaucoup de questions à sa fille. Utilisez l'expression entre parenthèses pour répondre à ces questions.

Modèle: Tu t'es réveillée à 7 heures? (mais oui)
Mais oui, je me suis réveillée à 7 heures.

1. Est-ce que tu t'es lavée ce matin? (mais oui)
2. Tu ne t'es pas dépêchée? (mais si!)
3. As-tu pris le petit déjeuner? (mais oui)
4. À quelle heure es-tu partie pour l'école? (à 7 heures 45)
5. Est-ce que tu t'es amusée à l'école? (non)
6. Tu ne t'es pas endormie en classe? (mais non)
7. À quelle heure es-tu rentrée de l'école? (à 5 heures)
8. Est-ce que tu as fait tes devoirs? (euh … non)

> Reflexive pronouns are object pronouns, just like **le, la, les.** They follow the same general placement rules. See Ch. 10, pp. 296–297.

La classe s'est assise au soleil pour écouter le professeur. Mais est-ce que quelqu'un s'est endormi?

 Vous aussi. Décidez si les phrases suivantes sont vraies pour vous. Utilisez **Moi aussi, Moi non plus** ou **Pas moi** pour répondre. Si vous choisissez **Pas moi,** ajoutez une explication.

> *Modèle:* Les professeurs se sont bien amusés le week-end dernier.
> **Pas moi, je ne me suis pas amusé(e). J'ai étudié pendant tout le week-end.**

1. Les professeurs se sont couchés avant minuit hier.
2. Ils se sont réveillés à 8 heures ce matin.
3. Ils ont pris le petit déjeuner.
4. Ils ont pris une douche ensuite.
5. Ils sont allés à leur premier cours à 9 heures.
6. Ils ne se sont pas assis pendant leurs cours.
7. Ils se sont bien amusés en classe.
8. Ils ont bu du café après le cours.

 Votre vie sur le campus. Vous êtes journaliste. Interviewez un(e) étudiant(e). Demandez …

> *Modèles:* s'il (si elle) s'est levé(e) tôt ce matin.
> **Vous êtes-vous levé(e) tôt ce matin?**
>
> ce qu'il (elle) a mangé.
> **Qu'est-ce que vous avez mangé?**

1. s'il (si elle) arrive quelquefois en retard en classe.
2. s'il (si elle) s'est dépêché(e) ce matin.
3. où il (elle) va pour s'amuser.
4. ce qu'il (elle) a fait hier soir.
5. s'il (si elle) s'est amusé(e) hier soir.
6. à quelle heure il (elle) s'est couché(e).
7. s'il (si elle) s'est endormi(e) tout de suite.
8. combien d'heures il (elle) a dormi.
9. s'il (si elle) se repose d'habitude l'après-midi.
10. s'il (si elle) s'inquiète avant un examen.

entre*amis*

La dernière fois que vous êtes sorti(e)

1. Find out when your partner went out last.
2. Find out what s/he did and whom s/he was with.
3. Ask if s/he had fun.
4. Find out at what time s/he got home.
5. Find out at what time s/he got up the next day.

IV. Expressing One's Will

Que veux-tu que je fasse°, Emmanuelle?

Je voudrais …
    que tu ailles° au marché.
    que tu achètes des fruits et des légumes.
    que tu fasses la cuisine.
    que tu mettes la table.

What do you want me to do

go

→ Et vous? Que voulez-vous que vos amis fassent?

E. Le subjonctif (suite)

Review Ch. 10,
pp. 302–304.

Je voudrais **que mes amis fassent** la cuisine pour moi.
Je voudrais **que mon ami** me **téléphone.**
Je voudrais **que vous veniez** au centre commercial avec moi.

▶ You have already learned that the subjunctive is used after the word **que** in the second clause of a sentence in situations in which you are advising others. It is also used in other situations, such as when you are telling others what you want them to do.

V O C A B U L A I R E

La volonté *(will)*

exiger que	*to demand that*	souhaiter que	*to wish, hope that*
vouloir que	*to want*	préférer que	*to prefer that*
désirer que	*to want*		

Review: With the exception of **être** and **avoir,** the subjunctive endings are always -e, -es, -e, -ions, -iez, -ent. The stem is usually formed by taking the present tense **ils/elles** form and dropping the -ent ending.

chanter *(ils chantent)*			vendre *(ils vendent)*			choisir *(ils choisissent)*		
que je	chant	**e**	que je	vend	**e**	que je	choisiss	**e**
que tu	chant	**es**	que tu	vend	**es**	que tu	choisiss	**es**
qu'il/elle/on	chant	**e**	qu'il/elle/on	vend	**e**	qu'il/elle/on	choisiss	**e**
que nous	chant	**ions**	que nous	vend	**ions**	que nous	choisiss	**ions**
que vous	chant	**iez**	que vous	vend	**iez**	que vous	choisiss	**iez**
qu'ils/elles	chant	**ent**	qu'ils/elles	vend	**ent**	qu'ils/elles	choisiss	**ent**

Note: Even many irregular verbs follow this basic rule.

écrire	(ils écrivent)	que j'**écrive,** que nous **écrivions**
lire	(ils lisent)	que je **lise,** que nous **lisions**
partir	(ils partent)	que je **parte,** que nous **partions**
connaître	(ils connaissent)	que je **connaisse,** que nous **connaissions**
conduire	(ils conduisent)	que je **conduise,** que nous **conduisions**
mettre	(ils mettent)	que je **mette,** que nous **mettions**

▶ Some verbs have one stem for **je, tu, il/elle/on,** and **ils/elles** forms and another stem for **nous** and **vous.** Many of these are the same verbs that have two stems in the present tense. Some verbs of this type that you have already learned are **venir, prendre, boire, préférer, acheter,** and **se lever.**

venir					
(ils viennent)			*(nous venons)*		
que je	**vienn**	**e**	que nous	**ven**	**ions**
que tu	**vienn**	**es**	que vous	**ven**	**iez**
qu'il/elle/on	**vienn**	**e**			
qu'ils/elles	**vienn**	**ent**			

Aille, ailles, aille, and **aillent** are pronounced like **aïe!** *(ouch!)* and **ail** *(garlic):* [aj].

Note: **Aller** also has two stems (**aill-,** which is irregular, and **all-**).

aller					
(aill-)			*(nous allons)*		
que j'	**aill**	**e**	que nous	**all**	**ions**
que tu	**aill**	**es**	que vous	**all**	**iez**
qu'il/elle/on	**aill**	**e**			
qu'ils/elles	**aill**	**ent**			

▌ Some verbs have totally irregular stems. Their endings, however, are regular.

faire *(fass-)*			**savoir** *(sach-)*		
que je	**fass**	e	que je	**sach**	e
que tu	**fass**	es	que tu	**sach**	es
qu'il/elle/on	**fass**	e	qu'il/elle/on	**sach**	e
que nous	**fass**	ions	que nous	**sach**	ions
que vous	**fass**	iez	que vous	**sach**	iez
qu'ils/elles	**fass**	ent	qu'ils/elles	**sach**	ent

▌ Only **être** and **avoir** have irregular stems *and* endings.

être		**avoir**	
que je	**sois**	que j'	**aie**
que tu	**sois**	que tu	**aies**
qu'il/elle/on	**soit**	qu'il/elle/on	**ait**
que nous	**soyons**	que nous	**ayons**
que vous	**soyez**	que vous	**ayez**
qu'ils/elles	**soient**	qu'ils/elles	**aient**

Review the use of the infinitive and the use of the subjunctive on pp. 302–303.

Attention: If there is not a change of subjects, the infinitive must be used.

Je voudrais **téléphoner** à mon ami.   *I would like to call my friend.*
Je voudrais **parler** avec lui.   *I would like to speak with him.*
Mais: Je voudrais que mon ami fasse la cuisine.   *I would like my friend to cook.*

 Nos professeurs sont si exigeants! *(Our teachers are so demanding!)* Utilisez les expressions suivantes pour faire des phrases.

> *Modèle:*   les professeurs/vouloir/les étudiants/venir aux cours
>   **Les professeurs veulent que les étudiants viennent aux cours.**

1. les professeurs / désirer / les étudiants / faire leurs devoirs
2. les professeurs / vouloir / les étudiants / avoir de bonnes notes
3. les professeurs / exiger / les étudiants / être à l'heure
4. notre professeur / vouloir absolument / nous / parler français en classe
5. notre professeur / désirer / nous / réussir
6. notre professeur / souhaiter / nous / aller en France
7. notre professeur / préférer / nous / habiter chez une famille française
8. notre professeur / souhaiter / nous / savoir parler comme les Français

14. **Que veulent-ils que je fasse?**   Tout le monde veut que vous fassiez quelque chose. Faites des phrases pour expliquer ce qu'ils veulent. Vous pouvez utiliser la forme négative si vous voulez.

> *Modèles:* **Mes amis désirent que je sorte tous les soirs.**
> **Ma mère ne veut pas que je conduise vite.**
> **Mon père préfère que je n'aie pas de voiture.**

			étudier beaucoup
			rester à la maison
			sortir tous les soirs
	exiger		aller au bistro
mes amis	vouloir		tomber malade
mon père	désirer	que je	être heureux/heureuse
ma mère	souhaiter		avoir une voiture
	préférer		conduire vite
			faire la cuisine
			partir en vacances
			travailler
			acheter moins de vêtements

 15. **Un petit sketch: Une fille au pair.**   Lisez ou jouez le sketch suivant et répondez ensuite aux questions.

MME MARTIN: Je serai absente pour la journée.

LORI: Très bien, Madame. Que voulez-vous que je fasse aujourd'hui?

MME MARTIN: Je préparerai le dîner, mais je voudrais que vous alliez au marché.

LORI: D'accord.

MME MARTIN: Vous pouvez aussi y envoyer *(send)* les enfants. J'ai laissé ma liste sur la table de la cuisine.
(Elle regarde sa montre.)
Aïe! Il faut que je parte. Au revoir, Lori. Au revoir, les enfants.
(après le départ de Mme Martin)

LORI: David! Sylvie! Dépêchez-vous! Prenez ce filet *(net bag)*! Votre mère veut que vous achetiez six tomates, un kilo de pommes de terre et un litre d'huile *(oil)* d'olive. Et n'oubliez pas de dire «s'il vous plaît» et «merci» à la dame au marché.

DAVID ET SYLVIE: Mais Lori!

LORI: Dépêchez-vous! Et mettez vos manteaux! Il pleut.

DAVID ET SYLVIE: Où est l'argent?

LORI: Attendez, le voilà. *(Elle donne l'argent aux enfants.)* Allez-y! Il ne faut pas que vous oubliiez la monnaie.

Questions:

1. Que faut-il que Lori fasse?
2. Est-il nécessaire qu'elle aille au marché elle-même?
3. Pourquoi veut-elle que les enfants mettent leurs manteaux?
4. Pourquoi les enfants ne partent-ils pas tout de suite?

16. **Fais comme il faut.**   Votre mère vous donne ses conseils. Utilisez un verbe de volonté avec **que** et le subjonctif. Qu'est-ce qu'elle dit?

> *Modèles:*   ne pas t'endormir en classe
> **Je souhaite que tu ne t'endormes pas en classe.**
>
> conduire lentement
> **J'exige que tu conduises lentement.**

1. prendre le petit déjeuner
2. ne pas boire de bière
3. mettre un chapeau s'il fait froid
4. aller aux cours tous les jours
5. savoir l'importance d'une bonne éducation
6. ne sortir avec tes ami(e)s que le week-end
7. être prudent(e)
8. rentrer tôt
9. ne pas te lever tard

17. **À vous.**   Répondez.

1. Que voulez-vous que vos parents fassent pour vous?
2. Qu'est-ce qu'ils veulent que vous fassiez pour eux?
3. Où voulez-vous que vos amis aillent avec vous?
4. Que voulez-vous que vos amis vous donnent pour votre anniversaire?
5. Quels vêtements préférez-vous mettre pour aller aux cours?
6. Quels vêtements préférez-vous que le professeur mette?
7. Qu'est-ce que le professeur veut que vous fassiez?

entre*amis*

Des projets pour visiter la ville de Québec

1. Tell your partner that your teacher wants you to go to Québec.
2. Tell your partner that you want him/her to come with you.
3. Explain that you have to speak French there.
4. Tell your partner that your teacher wants you to leave next week.

Intégration

R É V I S I O N

 Pour mettre la table. Que faut-il qu'on fasse pour mettre la table à la française? Donnez une description complète.

> *Modèle:* **Il faut qu'on mette une nappe sur la table.**

 Ma journée. D'abord décrivez votre journée habituelle. Ensuite décrivez votre journée d'hier.

 Catégories. Interviewez les étudiants de votre cours de français. Pouvez-vous trouver une personne pour chaque catégorie? *Attention:* Certains verbes ne sont pas des verbes pronominaux.

> *Modèle:* quelqu'un qui se lève avant 7 heures du matin
> VOUS: **Te lèves-tu avant 7 heures du matin?**
> UN(E) AUTRE ÉTUDIANT(E): **Oui, je me lève avant 7 heures du matin.** ou
> **Non, je ne me lève pas avant 7 heures du matin.**

1. quelqu'un qui se lève avant 7 heures du matin
2. quelqu'un qui se couche après minuit
3. quelqu'un qui s'endort quelquefois en classe
4. quelqu'un qui lave sa voiture une fois par mois
5. quelqu'un qui se brosse les dents avant le petit déjeuner
6. quelqu'un qui se réveille quelquefois pendant la nuit
7. quelqu'un qui se promène après le dîner
8. quelqu'un qui promène souvent son chien
9. quelqu'un qui s'amuse au cours de français
10. quelqu'un qui s'inquiète s'il (si elle) est en retard
11. quelqu'un qui s'assied toujours à la même place au cours de français

 À vous. Répondez.

1. Que font les étudiants de votre université pour s'amuser?
2. Qu'est-ce que les professeurs veulent que leurs étudiants fassent?
3. Qu'est-ce que vos parents veulent que vous fassiez?
4. Dans quelles circonstances vous dépêchez-vous?
5. À quel(s) moment(s) de la journée vous brossez-vous les dents?
6. Avez-vous quelquefois envie de vous endormir en classe? Pourquoi ou pourquoi pas?

Use the CD-ROM
Module 10
before viewing
the video to help you
understand what you
will see and hear.

PAS DE PROBLÈME!

Cette activité est basée sur la vidéo, *Module 10* (queue to 47:29).
Écoutez attentivement pour savoir si les choses suivantes sont mentionnées. Cochez *(check)* les expressions que vous entendez.

__ les anchois	__ les artichauts	__ les bananes	__ le bifteck
__ les champignons	__ la charcuterie	__ les cornichons	__ la tarte
__ les desserts	__ les épinards	__ les fraises	__ les frites
__ le fromage	__ les fruits	__ le gâteau	__ la glace
__ les légumes	__ les melons	__ les œufs	__ le pain
__ le pâté	__ la pâtisserie	__ les petits pois	__ le poisson
__ les pommes de terre	__ le porc	__ le poulet	__ le riz
	__ les sardines	__ le saumon	__ la soupe
__ la salade	__ le thon	__ la truite	__ la viande
__ les croissants			

L E C T U R E   I

 A. **Étude du vocabulaire.** Étudiez les phrases suivantes et choisissez les mots qui
correspondent aux mots français en caractères gras: *sand, those, burning, gently,
shovel, lived, erased, pick up, sea.*

1. Le professeur a écrit une phrase au tableau et ensuite il a **effacé** la phrase.
2. Marie, regarde ta chambre! Tu as laissé tes vêtements sur ton lit. **Ramasse**-les
   tout de suite!
3. **Ceux** qui habitent près de la **mer** peuvent souvent s'amuser dans l'eau.
4. Quand nous étions jeunes, nous **vivions** heureux près de l'océan Atlantique.
5. En été, les enfants aimaient bien nager dans la **mer** ou jouer avec une **pelle** dans
   le **sable.**
6. Quand il faisait très chaud, le **sable** était **brûlant.** On ne pouvait pas marcher
   sans chaussures.
7. Parlez **doucement!** Les enfants dorment.

Pensez à la saison. À quelle saison pensez-vous quand vous entendez les expressions suivantes?

1. la mer sur le sable
2. le soleil brûlant
3. les feuilles mortes
4. le vent du nord

5. la belle vie
6. la nuit froide
7. les jours heureux

Les Feuilles Mortes

Oh! Je voudrais tant que tu te souviennes
Des jours heureux où nous étions amis.
En ce temps-là la vie était plus belle
Et le soleil plus brûlant qu'aujourd'hui.
Les feuilles mortes se ramassent à la pelle,
Tu vois, je n'ai pas oublié.
Les feuilles mortes se ramassent à la pelle,
Les souvenirs et les regrets aussi
Et le vent du nord les emporte[1]
Dans la nuit froide de l'oubli.
Tu vois, je n'ai pas oublié
La chanson que tu me chantais.

C'est une chanson qui nous ressemble,
Toi, tu m'aimais, et je t'aimais.
Nous vivions tous les deux ensemble,
Toi, qui m'aimais; moi, qui t'aimais.
Mais la vie sépare ceux qui s'aiment
Tout doucement, sans faire de bruit
Et la mer efface sur le sable
Les pas des amants désunis.[2]

Jacques Prévert

1. *carries away*   2. *the footprints of separated lovers*

 À votre avis. Relisez le poème et faites deux listes: (1) des expressions qui vous semblent tristes ou nostalgiques et (2) des expressions qui vous semblent plus heureuses.

LECTURE II

A. **Étude du vocabulaire.** Étudiez les phrases suivantes et choisissez les mots qui correspondent aux mots français en caractères gras: *corn, dry, dust, maid, rooms, harvest.*

1. C'était une maison avec quatre **pièces:** deux chambres, une cuisine et une salle de séjour.
2. Il y a longtemps que j'ai nettoyé cette chambre. Les meubles sont couverts de **poussière.**
3. Sans pluie, toute la région était **sèche.**
4. L'automne est la saison de la **récolte** du **maïs** dans l'Iowa.
5. Quelquefois les familles ont une **bonne** pour les aider au ménage.

B. **Situez ces expressions.** Étudiez les expressions suivantes qui sont utilisées dans la lettre que Madame Nabi a envoyée du Burkina Faso. Ensuite cherchez-les dans sa lettre.

barrage *dam,* bouillie de mil *millet porridge,* dolo *a type of punch,* ignames *yams,* marmite *large pot,* occasions de rencontre *chances to meet others,* oseille *sorrel,* pagne *(grass) skirt,* Pâques *Easter,* prière *prayer,* tamarin *tamarind fruit,* tarissent *dry up,* tuteurs, *legal guardians,* volaille *poultry*

Une lettre du Burkina Faso

Madame Nabi adresse une lettre à son amie américaine pour lui parler de sa vie au Burkina Faso, où Madame Nabi et son mari s'occupent d'un CSPS, Centre de santé et promotion sociale, pour procurer à leurs compatriotes aide et conseils au point de vue santé.

Zitenga, le 3 avril 1997

Les notables du village habillés pour la fête

À Madame Baer

Je suis ravie de vous écrire cette lettre. Vous avez le bonjour de mon mari, M. Nabi, et de mon bébé, Wen Danga Benaja (puissance de Dieu, en mooré), qui a quatre mois. Mon bonjour également à toute votre famille et à tous ceux et celles qui vous sont chers. Nous vous ferons découvrir le Burkina par notre correspondance.

Nous habitons à Zitenga, qui est à 53 km au nord de la ville d'Ouagadougou, capitale du Burkina Faso. Ce village se trouve dans la province d'Oubritenga, une des 45 provinces du pays. Nous avons un climat sahélien[1]: il pleut de juin à octobre, il fait froid de novembre à janvier et chaud de février à mai. Pendant la saison froide, le vent, qu'on appelle le Harmattan et qui vient du désert, couvre tout de poussière. Les villageois sont des cultivateurs, surtout de mil, d'arachides et de riz, et des éleveurs de moutons, de bœufs et de volailles. En saison sèche, on fait du jardinage et du commerce.

Le village respecte la hiérarchie traditionnelle. Le chef est généralement le plus vieux de la tribu et c'est lui qui est gardien de la tradition. Parmi les principales religions, l'animisme, la plus ancienne, est en voie de disparaître. Les gens qui la pratiquent adorent des idoles et placent leur confiance dans les ancêtres. Il y a aussi des catholiques, des protestants et des musulmans; ces derniers les plus nombreux. Les ethnies existantes sont les Mossis, qui sont en majorité, et les Peuhls qui sont nomades. On parle le mooré, le foulfouldé (peuhl) et le français.

Les occasions de rencontre sont surtout les fêtes traditionnelles mossis, dont le Basga, fête des récoltes où les vieux animistes préparent des boissons comme le dolo fait à base de sorgho rouge. Il y a aussi la fête musulmane du Ramadan et la Tabaski, fête des moutons. Les Chrétiens fêtent Noël et Pâques. Après un décès dans le village, on se réunit pour fêter le mort et demander à Dieu de l'accepter dans sa maison. On prépare un repas avec poulet et mouton, on boit le dolo, et on assiste à la danse des masques, exécutée au rythme des tams-tams. Ces masques sont des objets sacrés qui ne sortent que pour les funérailles et certaines fêtes mossis. Les jours de grands marchés, tous les 21 jours, le vendredi, les jeunes organisent des fêtes, les Damandassés, qui sont l'occasion pour eux de montrer leurs beaux habits, leurs belles robes et pagnes. C'est l'occasion aussi pour garçons et filles de se lier d'une amitié qui peut souvent aller jusqu'au mariage. Les Damandassés commencent après les récoltes à quatre heures de l'après-midi et durent jusqu'au petit matin.

Mme Nabi et sa petite sœur dans les champs

Les maisons sont construites en "banco" ou terre séchée au soleil. Notre maison a deux pièces et un salon. J'y habite avec mon mari, mon bébé, ainsi que la femme d'un grand frère de mon mari, trois élèves (ma petite sœur qui fait la sixième, et une fille et un garçon qui font la cinquième, dont nous sommes les tuteurs), deux garçons qui nous aident pour les travaux domestiques et la construction, une bonne et un homme de 45 ans qui est chez nous depuis trois mois. En tout nous sommes onze dans la famille.

Nous commençons chaque journée par une prière protestante de 6h à 6h30. Puis, mon mari et moi, nous allons au Centre de santé et de promotion sociale[2], où nous sommes agents de santé. À 12h30 c'est le déjeuner, et de 15h à 17h nous repartons au CSPS. Vers 19h c'est le dîner. Nous nous couchons chaque soir vers 22h, si nous n'avons pas de malade à *surveiller au dispensaire. Quand on a un peu de temps, on lit un bon roman.*

Le repas du matin, c'est la bouillie de mil préparée avec le jus de tamarin, cuite avec du sucre. Très rarement, on prend du café, du lait ou du pain. À midi, on prépare du riz avec sauce ou haricots; ou bien des ignames avec sauce tomate ou simplement salées, avec de l'huile d'arachide. Le soir, on mange du tô. Le tô est fait avec de la farine de maïs ou de mil, de l'eau et du jus de tamarin. On y ajoute une sauce faite avec des légumes tels que de l'oseille, des oignons, des tomates, ou de la viande ou du poisson fumé. On utilise aussi l'huile ou la pâte d'arachide. On mange assis par terre autour de la marmite et on prend la nourriture avec la main droite. Les femmes et les hommes mangent séparément.

Nous cherchons l'eau de boisson à un forage (une pompe) assez loin de chez nous, parce que le forage du dispensaire est en panne et nous n'avons pas les moyens suffisants pour le réparer. En plus des forages, les habitants puisent l'eau des puits, des mares ou des marigots³. Malheureusement ces sources d'eau tarissent très vite. Les femmes portent l'eau sur leur tête. Ceux qui ont les moyens vont à l'eau avec des charrettes. Les légumes frais, qu'on achète au marché, viennent des villages environnants où il y a des barrages et donc des terres irriguées. Le problème de l'eau est crucial à Zitenga.

Je remercie Madame Baer des cadeaux qu'elle a offerts à mon bébé. Si vous voulez d'autres détails, vous pouvez nous écrire. Nous vous souhaitons courage dans votre travail et surtout bonne réception de cette lettre.

Madame Nabi, née Ouedraogo Abzèta, Zitenga

---

1. climate of transition between the desert and damper regions   2. M. Nabi is head of the Center, but not a doctor. His wife has nursing skills. Two midwives do pre-natal and post-natal counseling, including family planning. A second man does vaccination tours, and a third is a fix-it person and also gives shots and does circumcisions.   3. dead branch of a river bed

 Vrai ou faux?   Décidez si les phrases suivantes sont vraies ou fausses d'après la lecture. Si une phrase est fausse, corrigez-la.

1. Madame Nabi habite une grande maison.
2. Il y a plus de protestants que de membres d'autres religions.
3. On ne parle que le français au Burkina Faso.
4. La famille se met à table pour manger.
5. On utilise une fourchette, un couteau et une cuiller et on mange «à la française».
6. Les légumes frais viennent du jardin des Nabi.
7. Madame Nabi et son mari travaillent dans une sorte de clinique.
8. Ils se lèvent avant six heures du matin.
9. Pour avoir de l'eau, on doit simplement ouvrir le robinet dans la cuisine.

D. **Questions.**   Répondez.

1. Combien d'hommes et combien de femmes habitent la maison de Madame Nabi?
2. D'après cette lettre, combien de langues est-ce qu'on parle au Burkina Faso?
3. Quelles sont les quatre religions dont parle Madame Nabi?
4. Quelles sont les différentes sortes de viande mentionnées dans cette lettre?
5. Quels sont les besoins essentiels pour les gens du village?

 E. **Cherchez des exemples.**   Relisez la lettre et cherchez des exemples . . .

1. qui indiquent que le Burkina Faso se trouve en Afrique.
2. qui prouvent que le Burkina Faso est un pays pauvre.
3. qui montrent l'influence de l'Islam au Burkina Faso.
4. qui révèlent la foi *(faith)* et la charité des Nabi.

V O C A B U L A I R E   A C T I F

À table

un bol   *bowl*
un couteau   *knife*
une cuiller   *spoon*
une fourchette   *fork*
une nappe   *tablecloth*
le poivre   *pepper*
le sel   *salt*
une serviette   *napkin*
le sucre   *sugar*

Au restaurant

une carte   *(à la carte) menu*
un menu   *(fixed price) menu*

D'autres noms

une brosse à cheveux (à dents)   *hairbrush (toothbrush)*
le chauffage   *heat*
une dame   *lady*
les genoux *(m. pl.)*   *lap; knees*
un maillot de bain   *bathing suit*
un pyjama   *(pair of) pajamas*
des skis *(m.)*   *skis*
une soirée   *evening party*
un sourire   *smile*

La routine quotidienne

se brosser (les dents)   *to brush (one's teeth)*
se coucher   *to go to bed*
s'endormir   *to fall asleep*
s'habiller   *to get dressed*
se laver   *to get washed; to wash up*
se lever   *to get up; to stand up*
se mettre à table   *to sit down to eat*
se promener   *to take a walk, ride*
se reposer   *to rest*
se réveiller   *to wake up*

Expressions utiles

à la française   *in the French style*
Bon appétit!   *Have a good meal.*
ça dépend (de …)   *it (that) depends (on …)*
C'est exact.   *That's right.*
de rien   *you're welcome; don't mention it; not at all*
Excusez-moi (nous, etc.) d'être en retard.   *Excuse me (us, etc.) for being late.*
Il n'y a pas de quoi.   *Don't mention it.; Not at all.*
il sourit   *he smiles*

Par ici.   *(Come) this way.; Follow me.*

Verbes

s'appeler   *to be named; to be called*
s'asseoir   *to sit down*
couper   *to cut*
se dépêcher   *to hurry*
exiger (que)   *to demand (that)*
goûter   *to taste*
s'inquiéter   *to worry*
laver   *to wash*
lever   *to lift; to raise*
mettre   *to put; to place; to lay*
mettre la table   *to set the table*
mettre le chauffage   *to turn on the heat*
souhaiter (que)   *to wish; to hope (that)*
se souvenir (de)   *to remember*
tarder   *to be a long time coming*
verser   *to pour*

Chapitre 14

Les hommes et les femmes

Coup d'envoi

Prise de contact   **Une histoire d'amour**

David et Marie sortent ensemble.
  Ils s'entendent° très bien.   *get along*
  Ils s'embrassent°.   *kiss*
  Ils s'aiment.
  Il lui° a demandé si elle voulait l'épouser.   *her*
  Elle lui° a répondu que oui.   *him*
  Il lui a acheté une très belle bague de   *engagement*
    fiançailles°.   *ring*
  Ils vont se marier.

→ Et vous?   Connaissez-vous des couples célèbres°   *famous*
      qui sont fiancés?
    Connaissez-vous des couples célèbres
      qui sont mariés?
    Connaissez-vous des couples célèbres
      qui sont divorcés?

M. et Mme Jean-Pierre Delataille   M. et Mme Émile Baron

ont l'honneur de vous annoncer le mariage de leurs enfants

Marie et David

et vous prient d'assister ou de vous unir d'intention à la Messe de Mariage
qui sera célébrée le samedi 12 juillet 1997 à 17 heures, en l'Église St-Gervais.

27, rue Mahler—75004 Paris   27, rue des Tournelles—75004 Paris

Conversation

Quelle histoire!

Lori et son amie Denise sont assises à la terrasse d'un café. Denise lui demande si elle a regardé le feuilleton° d'hier soir.

soap opera, series

Denise: Encore à boire, Lori?
Lori: Non, vraiment, sans façon.
Denise: Au fait, tu as regardé le feuilleton hier à la télé?
Lori: Lequel?°   *Which one?*
Denise: *Nos chers enfants.*
Lori: Non. Qu'est-ce qui est arrivé?°   *What happened?*
Denise: David et Marie ne s'aiment plus. Marie a un petit
ami maintenant.
Lori: Eh! ça devient sérieux.
Denise: Tu ne sais pas tout. Ils vont divorcer. David lui a
dit qu'il allait partir.
Lori: Il est sans doute très malheureux°, n'est-ce pas?   *unhappy*
Denise: Bien sûr. Il dit que le mariage est une loterie.
Pour se consoler le plus vite possible, il a mis une
annonce° dans le journal local.   *advertisement*
Lori: Ça, c'est original°. Et il y a des candidates?   *a novel idea*
Denise: Oui, trois femmes lui ont répondu et veulent le
rencontrer°.   *meet*
Lori: Sans blague?°   *No kidding?*
Denise: Je te le jure.° C'est passionnant!   *I swear.*
Lori: Quelle histoire!

➔ **Jouez ces rôles.** Répétez la conversation avec votre partenaire. Remplacez ensuite *David* par *Marie* et *Marie* par *David*, par exemple: **Elle lui a dit qu'elle allait partir.** Faites tous les changements nécessaires.

La télévision française

While similar in many respects to its American counterpart, French television programming offers more live plays, and far fewer children's shows.

Until very recently, commercials **(la publicité),** if allowed at all, were grouped into relatively lengthy segments and shown between programs. Today, however, commercials often interrupt programs, especially on the private channels. As in North America, many viewers cope by channel "surfing" **(zapper).**

Of the five major channels available to all, only two **(TF1** and **M6)** are private. The others **(France 2, France 3,** and **Arte/La 5)** are public. In addition to commercials and government subsidies, public television is financed in France (and in most European countries) by a user tax. Everyone who has a color TV set, currently 92% of French households, must pay 700 francs per year. Since only 7% of the households have cable, and a majority of the non-cable channels are public, the impact of public television is greater in France than it is in the United States.

France 2 programming, especially the evening news **(le Journal de vingt heures),** is made available throughout the francophone world and in most other countries. It may be found on the French-language channels in Canada and on SCOLA and the International channel in the United States.

Les faux amis (False cognates)

It is estimated that as much as 50% of our English-language vocabulary comes from French. Most of these words are true cognates and facilitate comprehension. There are, however, a number of false cognates whose meaning *in a given context* is quite different from what we might expect. Some examples are given on page 411.

VOCABULAIRE

Quelques faux amis

actuellement	*now*
une annonce	*advertisement*
arriver	*to happen*
assister (à)	*to attend*
attendre	*to wait for*
un avertissement	*warning*
confus(e)	*ashamed, embarrassed*
formidable	*wonderful*
une histoire	*story*
un journal	*newspaper*
original(e)	*novel, odd; different*
passionnant(e)	*exciting, fascinating*
rester	*to stay*
sans doute	*probably*

Il y a un geste

Quelle histoire! To indicate that something is amazing, exaggerated, or far-fetched, the French hold the hand open with fingers pointing down and shake the wrist several times. Other expressions used with this gesture are **Oh là là!** *(Wow!, Oh dear!)* and **Mon Dieu!** *(My goodness!).*

Je te le jure. An outstretched hand, palm down, means *I swear,* perhaps originally meaning "I would put my hand in the fire (if it were not true)."

➔ À vous.   Répondez.

1. Avez-vous un feuilleton préféré? Si oui, lequel?
2. Que pensez-vous des feuilletons en général?
3. Quel feuilleton aimez-vous le moins?

entre *amis*

Mon émission préférée

1. Ask your partner what his/her favorite TV show is.
2. Find out why s/he likes it.
3. Find out if s/he watched it this week.
4. If so, find out what happened. If not, ask what happened the last time s/he watched it.

Prononciation

La tension

There is much more tension in the facial muscles when speaking French than when speaking English. Two important phenomena result from this greater tension.

1. *There are no diphthongs (glides from one vowel sound to another) in French.* French vowels are said to be "pure." The positions of mouth and tongue remain stable during the pronunciation of a vowel, and therefore one vowel sound does not "glide" into another as often happens in English.

➔ **Contrast:**

English	French
d**ay**	d**es**
aut**o**	aut**o**

Notice that in the English word *day,* the **a** glides into an **ee** sound at the end, and that in the English word *auto,* the **o** glides to **oo.**

➔ Now practice "holding steady" the sound of each of the vowels in the following French words.

étudiant, améric**ain**, sant**é**, soir**ée**, dans**er**, parl**ez**, l**es**, j'**ai** ch**o**se, styl**o**, tr**o**p, zér**o**, **au**ssi, ch**au**d, b**eau**, mant**eau**

2. *Final consonants are completely released.* The pronunciation of final French consonants is much more "complete" than is the case for those of American English.

Note that in American English, the final consonants are often neither dropped nor firmly enunciated. In similar French words, the final consonants are all clearly pronounced.

Contrast:

English	*French*		*English*	*French*
ro**b**	ro**be**		home	ho**mme**
gran**d**	gran**de**		American	américai**ne**
ba**g**	ba**gue**		gri**p**	gri**ppe**
be**ll**	be**lle**		intelligent	intelligen**te**

 Now practice "releasing" the highlighted final consonant sounds below so that you can hear them clearly.

1. u**ne** gran**de** fi**lle**
2. E**lle** s'appe**lle** Michè**le**.
3. un pi**que**-ni**que**
4. une ba**gue** de fiançailles
5. un ho**mme** et une fe**mme**
6. sa ju**pe** ver**te**

Buts communicatifs

 I. ## Describing Interpersonal Relationships

L'histoire d'un divorce

David et Marie ne s'entendent plus très bien.
Ils se fâchent°.   *get angry*
Ils se disputent°.   *argue; fight*
Elle ne lui parle plus.
Il lui a dit° qu'il ne l'aime plus.   *He told her*
Ils vont se séparer.
Ils ont même° l'intention de divorcer.   *even*

 Et vous?   Vous intéressez-vous aux feuilletons?
Les regardez-vous quelquefois?
Pourquoi ou pourquoi pas?
Que pensez-vous des gens qui les adorent?

A. Le verbe *dire*

David **dit** qu'il va partir.   *David says (that) he's going to leave.*
Dites à Marie de faire attention.   *Tell Marie to watch out.*

dire *(to say; to tell)*			
je	**dis**	nous	**disons**
tu	**dis**	vous	**dites**
il/elle/on	**dit**	ils/elles	**disent**
passé composé: j'**ai dit**			

▶ The verb **dire** should not be confused with the verb **parler.** Both can mean *to tell,* but they are used differently.

 • **Dire** can be followed by a quote or by a piece of information (sometimes contained in another clause introduced by **que**).

Bruno **dit bonjour** à Alissa.	*Bruno **says hello** to Alissa.*
Il **lui dit un secret.**	*He **tells her a secret.***
Il **dit qu'il l'aime.**	*He **says that he loves her.***
Il **dit** toujours **la vérité.**	*He always **tells the truth.***

• **Parler** can stand alone or can be followed by an adverb, by **à** (or **avec**) and the person spoken to, or by **de** and the topic of conversation.

Bruno **parle** (lentement).	*Bruno **is speaking** (slowly).*
Il **parle à** Alissa.	*He **is talking to** Alissa.*
Il **parle de** lui-même.	*He **is telling about** himself.*

Note: When the meaning is *to tell (a story),* the verb **raconter** is used.

Raconte-nous une histoire.   *Tell us a story.*

1.   **Qu'est-ce qu'ils disent?**   Quelles sont les opinions de chaque personne?

   Modèle: **Ma grand-mère dit que la musique rock est ennuyeuse.**

nous		la musique rock	formidable
ma mère		la musique classique	très agréable
mon père		le mariage	intéressant
je	dire que	les cours	ennuyeux
les professeurs		le football à la télé	bizarre
mes grands- parents		la publicité à la télé les feuilletons	stupide affreux

2.   **À vous.**   Répondez.

1. Que dites-vous quand vous avez une bonne note à un examen?
2. Que dit votre professeur de français quand vous entrez en classe?
3. Que dites-vous quand vous êtes en retard à un cours?
4. Que dites-vous à un(e) ami(e) qui vous téléphone à 6 heures du matin?
5. De quoi parlez-vous avec vos amis?
6. Vos professeurs racontent-ils quelquefois des histoires en classe? Si oui, quelle sorte d'histoires?
7. Comment dit-on «Oh dear!» en français?
8. Dites-vous toujours la vérité?

Quelle histoire! Utilisez les verbes **dire, parler** et **raconter** pour compléter le paragraphe suivant.

Mon frère ____ qu'il adore les histoires drôles. Hier soir, par exemple, il m'a ____ l'histoire d'une femme anglaise qui achète un perroquet *(parrot)* qui ne ____ que le français. Mais la pauvre dame ne peut rien ____ en français et ne peut pas ____ avec son oiseau *(bird)*. Un jour, la dame va boire un verre de lait mais dans le verre il y a une fourmi *(ant)*. Le perroquet veut ____ à la dame de ne pas boire le lait; il ____ FOURMI!! parce qu'il ne ____ pas anglais. La dame pense que le perroquet a ____ «For me!» et elle part chercher un verre de lait pour son perroquet. J'ai ____ à mon frère que je n'apprécie pas beaucoup les histoires qu'il ____.

B. Les pronoms objets indirects

David parle *à Marie.*   *David is speaking to Marie.*
Il **lui** dit qu'il l'aime.   *He tells **her** that he loves her.*
Il **lui** demande de se marier avec lui.   *He asks **her** to marry him.*
Il **lui** achète une bague de fiançailles.   *He buys **her** an engagement ring.*
Ils écrivent *à leurs parents.*   *They write to their parents.*
Ils **leur** disent qu'ils vont se marier.   *They tell **them** that they are going to get married.*

▷ Indirect object nouns in French are preceded by the preposition **à.** Many verbs take indirect objects, either in addition to a direct object or with no direct object.

V O C A B U L A I R E

Quelques verbes qui prennent un objet indirect

acheter		*to buy*
demander		*to ask*
dire		*to say; to tell*
donner		*to give*
écrire		*to write*
emprunter	quelque chose **à quelqu'un**	*to borrow*
montrer		*to show*
prêter		*to lend*
raconter		*to tell*
rendre		*to give back*
vendre		*to sell*
obéir		*to obey*
parler	**à quelqu'un**	*to speak, talk*
répondre		*to respond, answer*
téléphoner		*to telephone*

Note: Do not be confused by verbs that take an indirect object in French but a direct object in English.

Paul obéit **à ses parents.**	*Paul obeys his parents.*
Je téléphone **à Brigitte.**	*I call Brigitte.*
Marc rend visite **à ses amis.**	*Marc visits his friends.*

▷ Indirect object nouns can be replaced in sentences by indirect object pronouns.

me (m')	*(to) me*	**nous**	*(to) us*
te (t')	*(to) you*	**vous**	*(to) you*
lui	*(to) him; (to) her*	**leur**	*(to) them*

Note: The indirect object pronouns **me, te, nous,** and **vous** are identical to the direct object pronouns. But unlike direct objects, **lui** is used for both *(to) him* and *(to) her,* and **leur** is used for *(to) them.*

Alain a-t-il téléphoné **à Pierre?**	Oui, il **lui** a téléphoné.
A-t-il téléphoné aussi **à Anne?**	Oui, il **lui** a téléphoné aussi.
A-t-il téléphoné **à Guy et à Ariel?**	Oui, il **leur** a téléphoné après.
Vous a-t-il parlé de tout ça?	Non, il ne **m'**a pas parlé de ça.
	Ariel **m'**a dit ça.

Note: Often in English, the preposition *to* is omitted. Also, in some contexts indirect object pronouns may mean ***for*** *someone,* ***from*** *someone,* etc.

Est-ce que je **t'**ai donné de l'argent? *Did I give **you** some money?*
(= to you)
Mais non, tu **m'**as emprunté 5 dollars. *No, you borrowed 5 dollars **from me!***
Alors, je **t'**achèterai quelque chose. *Then I'll buy **you** something.*
(= for you)

▌ Like a direct object pronoun, an indirect object pronoun is almost always placed directly *before* the verb.

Nous **lui** répondons tout de suite. *We answer him (her) right away.*
Ils ne **nous** ont pas téléphoné. *They didn't telephone us.*
Vous dit-elle la vérité? *Is she telling you the truth?*
Elle va **leur** rendre visite. *She is going to visit them.*
Ne **m'**écris pas. *Don't write to me.*

Note: Also like direct object pronouns, indirect object pronouns follow the verb *only* in affirmative commands, and in that case **me** and **te** become **moi** and **toi.**

Écris-**lui** immédiatement! *Write to him immediately!*
Donne-**moi** de l'eau, s'il te plaît. *Give me some water, please.*

Synthèse:	Object pronouns					
direct:	me	te	le/la	nous	vous	les
indirect:	me	te	lui	nous	vous	leur
reflexive:	me	te	se	nous	vous	se

 Le professeur et les étudiants. Utilisez les expressions suivantes pour faire des phrases. Utilisez un pronom objet indirect dans chaque phrase et faites des phrases négatives si vous voulez.

Modèles: **Le professeur leur parle toujours en français.**
Les étudiants ne lui rendent jamais visite.

		dire bonjour		
		parler en français		
	me	écrire des lettres	toujours	
	te	téléphoner	d'habitude	
le professeur	lui	rendre visite	souvent	
les étudiants	nous	poser des questions	quelquefois	
	vous	demander un conseil	rarement	
	leur	raconter des histoires	jamais	
		obéir		
		donner des tests faciles		

Sidebar (left margin):

Review the use of pronouns with the imperative, Ch. 10, p. 305.

In this activity **lui** refers to **le professeur,** and **leur** refers to **les étudiants.**

Vrai ou faux? Décidez si les phrases suivantes sont vraies ou fausses. Ensuite répondez chaque fois avec un pronom objet indirect. Si une phrase est fausse, corrigez-la.

> *Modèles:* Le professeur dit toujours bonjour aux étudiants.
> **C'est vrai. Il leur dit toujours bonjour.**
>
> Le président vous a téléphoné.
> **C'est faux. Il ne m'a pas téléphoné.**

1. Le professeur de français ne donne pas beaucoup de devoirs aux étudiants.
2. Le professeur vous pose beaucoup de questions.
3. Les étudiants répondent toujours correctement au professeur.
4. Vous écrivez quelquefois des lettres à vos amis.
5. Vos amis vous répondent chaque fois.
6. Vous téléphonez souvent à votre meilleur(e) ami(e).
7. Vous ne rendez jamais visite à vos cousins.
8. Vous montrez toujours vos notes à vos parents.
9. Vos parents vous prêtent souvent leur voiture.

 Faites-le donc! *(Then do it!)* Encouragez la personne d'après les modèles. Utilisez des pronoms objets indirects.

> *Modèles:* Je vais rendre visite à Jean.
> **Eh bien, rendez-lui donc visite!**
>
> Je voudrais poser une question au professeur.
> **Eh bien, posez-lui donc une question!**

1. Je vais parler à Claire.
2. Je voudrais répondre au professeur.
3. Je vais rendre visite à mes grands-parents.
4. Je vais prêter ma voiture à mon amie.
5. J'ai envie de vous poser une question.
6. Je voudrais dire bonjour à Thierry.
7. J'ai envie de téléphoner à mes parents.

7. **Non, ne le faites pas!** Employez encore les phrases de l'activité 6 pour dire à la personne de *ne pas* faire ce qu'elle veut faire. Utilisez des pronoms objets indirects.

> *Modèles:* Je vais rendre visite à Jean.
> **Mais non, ne lui rendez pas visite!**
>
> Je voudrais poser une question au professeur.
> **Mais non, ne lui posez pas de question!**

8. **La voiture de Paul.** Remplacez chaque expression en italique par un des pronoms suivants: **le, la, les, lui** ou **leur**.

> *Modèles:* Les parents de Paul ont acheté une voiture *à leur fils.*
> **Les parents de Paul lui ont acheté une voiture.**
>
> Ils aiment beaucoup *leur fils.*
> **Ils l'aiment beaucoup.**

1. Il a dit merci *à ses parents.*
2. Georges a demandé *à Paul* s'il pouvait conduire *la voiture.*
3. Paul a prêté sa voiture *à Georges.*
4. Georges rend visite *à sa petite amie.*
5. Elle aime beaucoup *la voiture.*
6. Elle demande *à Georges* si elle peut conduire *la voiture.*
7. Il prête la voiture *à sa petite amie.* Elle dit merci *à Georges.*
8. Il dit *à son amie* de prendre *le volant.*
9. Elle va rendre la voiture *à Georges* la semaine prochaine.

9. **Je vais le faire.** Répondez affirmativement à chaque ordre par l'expression **Je vais** + un infinitif. Remplacez les expressions en italique par un pronom objet direct ou indirect.

> *Modèles:* Il faut que vous téléphoniez *à Léa!*   Il faut que vous écriviez
> **D'accord, je vais lui téléphoner.**   *votre nom.*
>   **D'accord, je vais l'écrire.**

1. Il faut que vous obéissiez *à vos parents!*
2. Il faut que vous prêtiez votre livre *à votre voisine!*
3. Il faut que vous regardiez *cette émission!*
4. Il faut que vous écriviez une lettre *à vos grands-parents!*
5. Il faut que vous disiez *la vérité.*
6. Il ne faut pas que vous demandiez *à Agnès* quel âge elle a!
7. Il ne faut pas que vous buviez *ce verre de vin!*
8. Il faut que vous posiez une question *au professeur!*
9. Il faut que vous *me* répondiez!

10. **À vous.** Répondez.

1. Téléphonez-vous souvent à vos amis?
2. À qui avez-vous parlé récemment?
3. Qu'est-ce que vous lui avez dit?
4. Qu'est-ce que vous lui avez demandé?
5. Qu'est-ce qu'il vous a répondu?
6. Allez-vous rendre visite à des amis bientôt?
7. Si oui, quand est-ce que vous leur rendrez visite? Si non, comment les contacterez-vous?
8. Que prêtez-vous à vos amis?
9. Qu'est-ce que vous empruntez à vos parents?

entre amis

Votre meilleur(e) ami(e)

Talk to your partner about his/her best friend. Use indirect object pronouns where appropriate.

1. Find out the name of your partner's best friend.
2. Ask if your partner wrote to him/her this week.
3. Ask if your partner visited him/her this week.
4. Ask if your partner called him/her this week.
5. If so, try to find out what your partner said to his/her friend.

II. Describing Television Programs

Quelles émissions y a-t-il à la télévision?

    Il y a ...

        les informations, par exemple, *le Journal du soir.*
        la météorologie, par exemple, *le Bulletin météo.*
        les sports, par exemple, *le Tour de France.*
        les films, par exemple, *Tous les matins du monde.*
        les pièces, par exemple, *L'Avare* de Molière.
        les feuilletons, par exemple, *Le Fond du problème.*
        les dessins animés, par exemple, *Popeye.*
        les jeux, par exemple, *la Roue de la fortune.*
        la publicité, par exemple, les spots publicitaires pour
         Perrier, Coca-Cola.

➡ **Et vous?** Qu'est-ce que vous regardez à la télévision?

11. **À vous.** Répondez.

1. Combien de temps par jour passez-vous à regarder la télévision?
2. Que regardez-vous à la télévision?
3. Quelles sont les émissions que vous ne regardez presque *(almost)* jamais?
4. Quelle émission trouvez-vous la plus drôle?
5. Quelle émission trouvez-vous la plus ennuyeuse?
6. Regardez-vous quelquefois des feuilletons? Si oui, quel feuilleton préférez-vous?
7. Que pensez-vous de la publicité à la télévision?
8. Voudriez-vous qu'il y ait plus, autant ou moins de sports à la télévision? Pourquoi?

C. Les verbes *voir* et *croire*

Il va neiger. Vous **croyez?**	*It's going to snow. Do you think so?*
On **verra.**	*We'll see.*
Je **crois** que je **vois** nos amis.	*I think (that) I see our friends.*
Avez-vous déjà **vu** ce film?	*Did you already see this film?*
Je **crois** que oui.	*I believe so.*
Non, je ne **crois** pas.	*No, I don't believe so.*

> Note the use of **que** in the expression **Je crois que oui.**

▶ The verbs **voir** and **croire** have similar present tense conjugations.

voir *(to see)*	croire *(to believe, think)*
je **vois**	je **crois**
tu **vois**	tu **crois**
il/elle/on **voit**	il/elle/on **croit**
nous **voyons**	nous **croyons**
vous **voyez**	vous **croyez**
ils/elles **voient**	ils/elles **croient**
passé composé: j'**ai vu**	*passé composé:* j'**ai cru**

▶ The future tense verb stem for **voir** is irregular: **verr-.** The future of **croire** is regular.

Je vous **verrai** demain.	*I will see you tomorrow.*
Mes amis ne me **croiront** pas.	*My friends won't believe me.*

▶ The subjunctive forms of **voir** and **croire** have two stems just like other verbs that have two present tense stems.

Il faut que je le **voie.**	Il faut que vous le **voyiez** aussi.
Je veux qu'il me **croie.**	Je veux que vous me **croyiez.**

 12. **Que croient-ils?** Tout le monde a son opinion. Utilisez les expressions suivantes pour faire des phrases.

Modèle: **Mon père croit que les *NY Giants* sont la meilleure équipe du pays.**

je		l'émission la plus intéressante	
nous		l'émission la moins intéressante	
vous		la meilleure équipe	
le professeur		le plus beau pays	
mon père	croire que …	le cours le moins ennuyeux	de …
ma mère		la plus belle langue	
mes parents		le plus mauvais film	
les étudiants		le feuilleton le plus passionnant	
un(e) de mes ami(e)s		le feuilleton le plus bizarre	

13. **Que croyez-vous?**   Est-ce que la phrase est vraie pour la plupart des étudiants de votre cours de français? Si oui, répondez **Je crois que oui.** Si non, répondez **Je ne crois pas** et corrigez la phrase.

> *Modèle:*   La plupart des étudiants croient que le professeur de français est méchant.
> **Je ne crois pas. Ils croient que le professeur est très gentil.**

1. La plupart des étudiants voient leurs parents tous les jours.
2. La plupart des étudiants verront un film le week-end prochain.
3. La plupart des étudiants ont déjà vu un film français.
4. La plupart des étudiants veulent voir un pays où on parle français.
5. La plupart des étudiants verront la tour Eiffel un jour.
6. La plupart des étudiants croient que les femmes conduisent mieux que les hommes.
7. La plupart des étudiants croyaient au père Noël quand ils étaient petits.
8. La plupart des étudiants croient actuellement au père Noël.

 14. **À vous.**   Répondez.

1. Quel film avez-vous vu la dernière fois que vous êtes allé(e) au cinéma?
2. Qui voyez-vous tous les jours?
3. Qui avez-vous vu hier?
4. Quelle note croyez-vous que vous aurez en français?
5. Quand croyez-vous que vous irez en Europe?
6. Qu'est-ce que vous verrez si vous y allez?
7. Qui croit aux revenants *(ghosts)*?

D. Les interrogatifs *quel* et *lequel*

Review **quel**, p. 117.

▷ You have already learned to use the adjective **quel** *(which? what?)*. **Quel** always occurs with a noun and agrees with that noun.

> **Quel** feuilleton avez-vous vu?
> De **quelle** actrice parlez-vous?
> **Quels** acteurs préférez-vous?
> **Quelles** sont vos émissions préférées?

▷ **Lequel** *(which one)* replaces **quel** and the noun it modifies. Both parts of **lequel** show agreement.

Vous avez vu le feuilleton?	**Lequel?** (Quel feuilleton?)
Que pensez-vous de cette actrice?	**Laquelle?** (Quelle actrice?)
Ces acteurs sont formidables.	**Lesquels?** (Quels acteurs?)
Ce sont vos émissions préférées?	**Lesquelles?** (Quelles émissions?)

	singulier	*pluriel*
masculin	**lequel**	**lesquels**
féminin	**laquelle**	**lesquelles**

▌ Do not use the indefinite article (**un, une, des**) when **quel** is used in an exclamation.

Quelle histoire!	*What a story!*
Quel cours!	*What a course!*
Quels étudiants!	*What students!*

▌ **Lequel** is often followed by the preposition **de** to name the group from which the choice is to be made.

Laquelle *de vos amies* s'appelle Mimi?	*Which of your friends is named Mimi?*
Lesquels *de vos professeurs* parlent français?	*Which of your teachers speak French?*

For Recognition Only

▌ When **lequel, lesquels,** and **lesquelles** are preceded by the prepositions **à** or **de,** the normal contractions are made. No contraction is made with **laquelle.**

à + lequel	$\rightarrow$ **auquel**	de + lequel	$\rightarrow$ **duquel**
à + lesquels	$\rightarrow$ **auxquels**	de + lesquels	$\rightarrow$ **desquels**
à + lesquelles	$\rightarrow$ **auxquelles**	de + lesquelles	$\rightarrow$ **desquelles**

Alexis parle d'un film, mais **duquel** parle-t-il?
Il parle aussi des émissions de télé, mais **desquelles?**
Auxquelles de ces émissions vous intéressez-vous?

 15. **Dans une salle bruyante** *(In a noisy room).* On fait du bruit et vous n'entendez pas bien les réponses de votre partenaire. Demandez-lui de répéter. Utilisez une forme de **quel** dans la première question et une forme de **lequel** dans la deuxième.

> *Modèle:* ville
>
> | | |
> |---:|:---|
> | VOUS: | **Quelle ville préfères-tu?** |
> | VOTRE PARTENAIRE: | **Je préfère Québec.** |
> | VOUS: | **Laquelle?** |
> | VOTRE PARTENAIRE: | **Québec.** |

1. émission	5. voiture	9. feuilleton
2. ville	6. acteurs	10. cours
3. dessin animé	7. actrices	11. dessert
4. film	8. chanson	12. sports

Microconversation: Non, je n'ai pas pu.   Interviewez votre partenaire d'après le modèle. Faites tous les changements nécessaires.

> *Modèle:*   regarder le feuilleton
>
> > VOUS: **As-tu regardé le feuilleton hier?**
> >
> > VOTRE PARTENAIRE: **Lequel?**
> >
> > VOUS: **«Mes chers enfants».**
> >
> > VOTRE PARTENAIRE: **Non, je n'ai pas pu le regarder.**

1. voir le match (de basket-ball, de base-ball, etc.)
2. regarder les informations
3. voir la pièce
4. regarder l'émission
5. regarder les dessins animés
6. voir le film

La ville de Cannes, située sur la Côte d'Azur, a célébré le cinquantième anniversaire de son festival international du cinéma en 1997.

 À vous.   Répondez.

1. Lequel des mois de l'année est le plus agréable, à votre avis?
2. Lequel des membres de votre famille est le plus jeune?
3. Laquelle des actrices célèbres trouvez-vous la plus belle?
4. Lequel des acteurs célèbres trouvez-vous le plus beau?
5. Lesquels de vos amis voyez-vous tous les jours?
6. Auxquels de vos amis écrivez-vous des lettres?

E. Le pronom relatif

▷ Relative pronouns like *who, whom,* and *which* relate or tie two clauses together. They refer to a word in the first clause.

(J'ai des amis. Ils habitent en France.)
J'ai des amis **qui** habitent en France.   *I have friends who live in France.*
(J'ai des amis. Vous les connaissez bien.)
J'ai des amis **que** vous connaissez bien.   *I have friends whom you know well.*

▷ The choice of the relative pronoun **qui** or **que** depends on its function as subject or object.

Qui *(who, that, which)* replaces a person or a thing that is the *subject* of a relative clause.

«La Roue de la fortune» est une émission **qui** est très populaire.

Que *(whom, that, which)* replaces a person or a thing that is the *object* of a relative clause.

Le film **que** j'ai vu était très intéressant.

▷ Although the relative pronoun may be omitted in English, it is never omitted in French.

C'est l'émission **que** je préfère.   *It's the program (that) I prefer.*

> You have just learned to use **lequel, laquelle,** etc., (above) in questions.

▷ Preceded by a preposition, **qui** is normally used with persons and **lequel, laquelle,** etc., is used with things.

la personne **avec qui** j'ai dansé   *the person with whom I danced*
la question **à laquelle** j'ai déjà répondu   *the question I already answered*

▷ **Dont** *(whose, of which, about which)* is normally used to replace a relative pronoun and the preposition **de** that precedes it.

(l'émission de laquelle nous avons parlé)
l'émission **dont** nous avons parlé   *the program we spoke about*
(l'annonceur de qui je me souviens bien)
l'annonceur **dont** je me souviens bien   *the announcer I remember well*

18. Identifiez-les. Quelles sont les personnes ou les choses suivantes?

> *Modèle:* une personne que vous avez vue à la télé
> **Jay Leno est une personne que j'ai vue à la télé.**

1. une émission qui est très populaire à la télé
2. une émission que vous refusez de regarder à la télé
3. le dernier film que vous avez vu
4. une personne que vous connaissez qui n'aime pas regarder la télé
5. la publicité qui est la plus ennuyeuse de la télé
6. le dessin animé que vous croyez le plus drôle
7. l'actrice ou l'acteur que vous préférez
8. une émission de télévision dont vous avez parlé avec vos amis
9. une personne avec qui vous êtes allé(e) au cinéma

entre *amis*

Votre émission préférée

1. Find out what your partner watches on TV.
2. Ask which program is your partner's favorite.
3. Ask why.
4. Try to find out all you can about this program.

III. Expressing Emotion

Êtes-vous d'accord avec les opinions suivantes?
Qu'en pensez-vous?[1]

	oui	non
Je ne suis pas du tout content(e) que les professeurs donnent tant de devoirs!	___	___
Je regrette que mes notes ne soient pas meilleures.	___	___
C'est dommage qu'il y ait tant d'émissions sportives à la télévision.	___	___
C'est ridicule qu'il y ait tant de publicité à la télévision.	___	___
Je suis désolé(e) que tant de gens n'aient pas assez à manger.	___	___
Le professeur est ravi que je fasse des progrès.	___	___

1. *What's your opinion (about them)?*

F. Le subjonctif (suite)

Review the forms and uses of the subjunctive in Chs. 10 & 13.

▌ The subjunctive forms for **vouloir** and **pouvoir** are as follows:

vouloir					
	(veuill-)			*(nous*	*voulons)*
que je	**veuill**	e	que nous	**voul**	ions
que tu	**veuill**	es	que vous	**voul**	iez
qu'il/elle/on	**veuill**	e			
qu'ils/elles	**veuill**	ent			

pouvoir *(puiss-)*					
que je	**puiss**	e	que nous	**puiss**	ions
que tu	**puiss**	es	que vous	**puiss**	iez
qu'il/elle/on	**puiss**	e	qu'ils/elles	**puiss**	ent

▌ In addition to its use with expressions of necessity and will, the subjunctive is also used with expressions of emotion.

Je suis content(e) que vous **soyez** ici.	*I am happy (that) you are here.*
Je regrette que Luc ne **puisse** pas venir.	*I am sorry Luc can't come.*

▌ If there is no change of subjects, the preposition **de** plus the infinitive is used instead of the subjunctive.

Je suis content(e) **d'être** ici.	*I am happy to be here.*
Luc regrette **de ne pas pouvoir** venir.	*Luc is sorry he can't come.*

VOCABULAIRE

Pour exprimer un sentiment

Je suis ravi(e) que	*I am delighted that*
C'est formidable que	*It's great that*
C'est chouette que	*It's great that*
Je suis content(e) que	*I am happy that*
Ce n'est pas possible que	*It's not possible that*
C'est incroyable que	*It's unbelievable that*
C'est dommage que	*It's too bad that*
C'est ridicule que	*It's ridiculous that*
Je suis triste que	*I am sad that*
Je regrette que	*I am sorry that*
Je suis désolé(e) que	*I am very sorry that*
Je suis fâché(e) que	*I am angry that*

Nos réactions différentes.   Décidez si votre professeur est content et si vous êtes content(e) aussi.

> *Modèle:* J'ai beaucoup de devoirs.
> **Mon professeur est content que j'aie beaucoup de devoirs.**
> **Mais moi, je ne suis pas content(e) d'avoir beaucoup de devoirs.**

1. Je vais souvent à la bibliothèque.
2. Je sais parler français.
3. Je lis *Entre amis* tous les soirs.
4. Je suis un(e) bon(ne) étudiant(e).
5. J'ai «A» à mon examen.
6. Je sors tous les soirs.
7. Je fais regulièrement des rédactions.
8. Je peux aller en France cet été.
9. Je veux étudier le français en France.

 Votre réaction, s'il vous plaît.   Choisissez une expression pour réagir *(react)* aux phrases suivantes.

> *Modèle:* Véronique ira en Floride.
> **C'est formidable qu'elle aille en Floride.**

1. Les vacances commencent bientôt.
2. Les examens vont avoir lieu avant les vacances.
3. Tous les professeurs sont généreux et charmants.
4. Mais ils donnent beaucoup de devoirs.
5. Les étudiants de cette classe font toujours leurs devoirs.
6. Ils vont se reposer pendant les vacances.
7. Anne et Paul dînent au restaurant tous les soirs.
8. Leur père est le propriétaire du restaurant.

 Test psychologique.   Expliquez les causes de vos réactions. Faites deux ou trois phrases chaque fois.

> *Modèle:* Je suis triste …
> **Je suis triste que mon petit ami (ma petite amie) ne m'aime plus.**
> **Je suis triste que tout le monde me déteste.**
> **Je suis triste de ne pas avoir de bons amis.**

1. C'est ridicule …   4. C'est dommage …
2. Nous regrettons …   5. C'est chouette …
3. Je suis ravi(e) …

En groupes *(3 ou 4 étudiants).* Une personne dira une phrase au présent ou au futur (par exemple: **J'ai chaud** ou **Je sortirai ce soir**). Une autre personne réagira (par exemple: **C'est dommage que tu aies chaud** ou **Je suis content(e) que tu sortes ce soir**). Combien de phrases pouvez-vous former?

G. Le pronom *en*

On vend des journaux ici?	*Do you sell newspapers here?*
Non, on n'**en** vend pas. Vous **en** trouverez à la gare.	*No, we don't sell any. You will find some at the station.*
Vous avez du brocoli?	*Do you have any broccoli?*
Oui, j'**en** ai.	*Yes, I have some.*
Il y a beaucoup de fruits cette année?	*Is there a lot of fruit this year?*
Oui, il y **en** a beaucoup.	*Yes, there is a lot (of it).*
Vous avez des oranges?	*Do you have any oranges?*
Oui. Combien **en** voulez-vous?	*Yes. How many (of them) do you want?*
J'**en** voudrais six.	*I would like six (of them).*

▌ The pronoun **en** takes the place of a noun that is preceded by some form of **de** (e.g., **de, du, de la, de l', des**) or by a number (e.g., **un, une, deux, trois**), or by an expression of quantity (e.g., **beaucoup de, trop de**).

Vous avez **du** camembert?	Oui, j'**en** ai.
Noël a **une** voiture?	Oui, il **en** a une.
Nous avons **assez de** livres?	Oui, nous **en** avons assez.

▌ When a noun is preceded by a number or a quantity word, the number or quantity word must be included in a sentence with **en.**

Vous avez **une** maison?	*Do you have a house?*
Oui, j'**en** ai **une.**	*Yes, I have one.*
Vous avez **deux** valises?	*Do you have two suitcases?*
Non, je n'**en** ai pas **deux.**	*No, I don't have two (of them).*
Je n'**en** ai qu'**une.**	*I have only one.*
Mon père **en** a **beaucoup.**	*My father has a lot (of them).*

Note: To say *I don't have any,* use **Je n'en ai pas.**

▌ **En** is also used to replace **de** plus an infinitive or **de** plus a noun with expressions of emotion.

Hervé est triste **de partir?**	Oui, il **en** est triste.
Es-tu contente **de tes notes?**	Oui, j'**en** suis ravie.

Sondage *(Poll).*   Demandez à votre partenaire combien de voitures, de cours, etc., il (elle) a. Il (elle) va utiliser **en** dans chaque réponse.

> *Modèle:* voitures
>
> VOUS: **Combien de voitures as-tu?**
> VOTRE PARTENAIRE: **J'en ai une.** ou **Je n'en ai pas.**

1. frères
2. sœurs
3. enfants
4. camarades de chambre

5. professeurs
6. voitures
7. cours
8. cartes de crédit

Quelles réactions!   Composez deux phrases. La première peut être au présent, à l'imparfait ou au passé composé. Utilisez **en** dans la deuxième. Faites des phrases à la forme négative si vous voulez.

> *Modèle:* **Mes amis n'ont pas gagné à la loterie.**
> **Ils en sont désolés.**

	être fiancé(e)(s)	
	se marier	ravi
je	attendre un bébé	content
mes amis	passer un examen	triste
un(e) de mes ami(e)s	avoir une mauvaise note	désolé
	divorcer	fâché
	gagner à la loterie	confus
	arriver en retard	

 À vous.   Répondez. Utilisez **en** dans chaque réponse.

1. Combien de tasses de café buvez-vous par jour?
2. Buvez-vous du thé?
3. Voulez-vous du chewing-gum?
4. Êtes-vous content(e) de vos notes?
5. Combien de personnes y a-t-il dans votre famille?
6. Combien de maillots de bain avez-vous?
7. Quelle est votre réaction quand vous avez «A» à l'examen?

entre*amis*

Vous en avez combien?

*Ask your partner about his/her life. S/he should use **en** when answering.*

1. Find out if your partner has any children. If so, how many?
2. Find out if s/he has any brothers or sisters. If so, how many?
3. Ask if s/he has a roommate. If so, find out how many s/he has.
4. Find out how many courses s/he has.
5. Ask if s/he is pleased (happy) with his/her courses.

Si vous voulez du couscous, on en vend ici.

Intégration

RÉVISION

Décrivez-les. Décrivez les couples suivants.

1. un couple qui va se marier.
2. un couple qui divorce.
3. un couple avec neuf enfants.
4. un couple qui habite chez les parents du mari.

B. **Un feuilleton.** Choisissez un feuilleton que vous connaissez. Décrivez-le à votre partenaire.

C. **Les réactions.** Quelles sont les réactions des personnes indiquées aux circonstances suivantes? Faites deux phrases, l'une avec **en** et l'autre avec le subjonctif ou avec **de** plus un infinitif.

> *Modèle:* Il n'y aura pas de cours demain. (vous)
> **J'en suis ravi(e)! C'est chouette qu'il n'y ait pas de cours demain.**

1. Il y aura un examen demain. (vous)
2. Vous avez une bonne note à un examen. (vos amis)
3. Une équipe de votre université gagne beaucoup de matchs. (vous)
4. Une équipe de votre université perd tous ses matchs. (les étudiants)
5. Vous travaillez tout le week-end. (vous)

D. **À vous.** Répondez.

1. À qui avez-vous écrit récemment?
2. Qu'est-ce que vous lui (leur) avez dit?
3. Quelles sont les émissions que vous regardez régulièrement à la télé?
4. Quelles sont les émissions que vous refusez de regarder?
5. Si vous téléphonez à un(e) ami(e) ce soir, qu'est-ce que vous lui direz?
6. Que disent vos amis si vous leur téléphonez à une heure du matin?
7. Quelle sera la réaction de vos parents si vous avez «A» à tous vos cours?

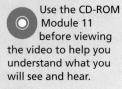 Use the CD-ROM Module 11 before viewing the video to help you understand what you will see and hear.

PAS DE PROBLÈME!

Cette activité est basée sur la vidéo, *Modules 11* et *12* (queue to 51:23 and 55:09). Choisissez la bonne réponse pour compléter les phrases suivantes.

1. Dans ce contexte, le mot «papillon» veut dire ____.
   (une cravate, un insecte, une contravention (*ticket*))
2. Le conducteur doit ____ francs.
   (450, 65, 75)
3. Il dit qu'on lui a donné un papillon pour ____ minutes de stationnement.
   (5, 10, 15)
4. Jean-François invite ____ à la Fête de la Musique.
   (Alissa, Betty, Marie-Christine)
5. La Fête de la Musique est au mois de ____.
   (mai, juin, juillet)
6. Les jeunes guitaristes vont faire ____.
   (une émission, un disque, une excursion)

L E C T U R E   I

 A. **Que regardez-vous?** Faites une liste des cinq émissions de télé qui sont, à votre avis, les plus intéressantes.

La télévision

Les deux colonnes suivantes sont tirées du magazine *Télé Loisirs*.

TF1
8.00	**Bonjour, la France!**
8.57	**Bulletin météo**
9.00	**La bande à Picsou** Dessin animé.
9.10	**Zappe, Zappeur!**
10.05	**Heckle et Jeckle** Dessin animé.
10.15	**Tarzan** Série américaine (n°1)
11.15	**SOS refuges** Spécial été de «Trente millions d'amis»
11.30	**Auto-moto** Magazine sportif.
12.00	**Télé-foot** Magazine sportif. Spécial Michel Platini.
13.00	**Journal** En direct d'Aix-en-Provence.
13.25	**Colombo** *Rediffusion*
14.20	**SPORT DIMANCHE** Foot en direct: Championnat d'Europe des nations.
16.45	**Tiercé à Saint-Cloud** *En direct.*
17.30	**Les bleus et les gris** *Rediffusion* Série américaine (n°2).
18.30	**La roue de la fortune** Jeu.

F2
8.50	**Flash d'informations**
9.00	**Émissions religieuses**
12.00	**L'heure de vérité**
13.00	**France 2 Midi**
13.20	**Le monde est à vous** Invité d'honneur: Julio Iglésias.
14.10	**La chasse aux trésors** *Rediffusion*
15.15	**Sports été**
17.30	**L'équipe Cousteau** à la redécouverte du monde.
18.35	**Stade 2**
19.30	**Quoi de neuf, docteur?**
20.00	**Journal**
20.30	**LE CHEVALIER À LA ROSE** Opéra en trois actes de Richard Strauss. Livret de Hugo von Hofmannsthall.
23.45	**Journal et Météo**
0.20	**Fin des émissions**

Questions. Répondez aux questions suivantes sur les émissions ci-dessus.

1. Ces émissions sont pour quel jour de la semaine? En quelle saison?
2. Quelles émissions américaines reconnaissez-vous?
3. À quelle heure peut-on regarder les informations?
4. Quelles sont les émissions pour enfants?
5. Quelles émissions avez-vous envie de regarder? Pourquoi?
6. Quelle émission regarde-t-on pour savoir le temps qu'il fera demain?
7. Quelle chaîne (channel) a moins d'émissions américaines?
8. Laquelle a plus d'émissions sportives?
9. Dans quelle émission peut-on gagner de l'argent?

 Écrivez un téléguide. Indiquez le(s) jour(s) et l'heure, le nom et une description pour les cinq émissions de télévision que vous avez choisies dans l'activité A.

L E C T U R E   I I

 Étude du vocabulaire. Étudiez les phrases suivantes et choisissez les mots qui correspondent aux mots français en caractères gras: *native, earn, be bored, liar, run over, masterpiece.*

1. On **s'ennuie** si on travaille tout le temps sans jamais prendre de vacances.
2. «Hamlet» est un **chef d'œuvre** de Shakespeare.
3. Attention quand vous traversez la rue. Une voiture peut vous **écraser.**
4. J'ai quitté ma ville **natale** il y a quinze ans.
5. Marc veut **gagner** assez d'argent pour pouvoir acheter une voiture.
6. Un **menteur** dit quelque chose qui n'est pas vrai.

 Avant de lire. Répondez aux questions suivantes.

1. À votre avis, quel est le meilleur film de cette année?
2. Quel film trouvez-vous le plus bizarre?
3. Quel film trouvez-vous le plus comique?
4. Quel est le film le plus violent?
5. Combien de fois êtes-vous allé(e) au cinéma le mois dernier?
6. Quel est le dernier film que vous avez vu?

Parcourez les films. Lisez rapidement pour identifier les films et les acteurs que vous connaissez.

AU CINÉMA

«LE HUITIÈME JOUR»: Harry est un cadre stressé. Sa vie de routine est troublée par un accident: il écrase un chien et rencontre Georges, un mongolien qui lui redonne goût à la vie. Un regard tendre et plein de fantaisie sur la rencontre de deux univers. Avec Daniel Auteuil, Pascal Duquenne. Gaumont à 12h30, 18h, 21h.

«TRAINSPOTTING»: Les aventures de Mark et ses amis, menteurs, psychopathes et drogués. Un film hilarant mais féroce sur le chemin vers l'auto-destruction par le réalisateur de *Petits meurtres entre amis*. De Danny Boyle avec Ewan McGregor, Ewen Bremmer. Ariel à 14h, 20h, 22h.

«JANE EYRE»: L'héroïne du chef-d'œuvre de Charlotte Brontë prend les traits de Charlotte Gainsbourg dans ce film néo-romantique où une jeune fille sortie d'un triste orphelinat trouve un emploi de préceptrice chez un homme étrange. De Franco Zeffirelli avec Charlotte Gainsbourg, William Hurt. Montparnasse à 18h30, 21h.

«LA JURÉE»: Un mafiosi fait pression sur une jeune femme lors d'un procès, en menaçant de tuer son fils. Un thriller sur la manipulation des jurés et les hasards de la justice. De Brian Gibson avec Demi Moore, Alec Baldwin. La Nation à 19h45, 22h.

«INDEPENDENCE DAY»: 2 heures 20 idiotes, drôles, fatigantes, qui compilent films d'aventures et films catastrophes. Ou une attaque commerciale en règle de Hollywood, qui bat les records d'affluence et d'ultranationalisme. Rex à 18h45, 21h30.

«BATMAN FOREVER»: Et voici la suite des aventures du célèbre justicier masqué. Cette fois-ci, Batman se bat seul contre Double-Face, l'ancien procureur de Gotham City, et son acolyte, l'Homme Mystère. Mais un trapéziste vient prêter main forte à Batman… Avec Val Kilmer, Tommy Lee Jones, Nicole Kidman. Danton à 14h30, 19h, 22h.

«MAUVAISE FILLE»: Film de Régis Franc avec Daniel Gélin et Florence Pernel. Rose, dix-huit ans, s'ennuie dans sa Camargue natale entre un père dépressif, un frère macho et un amoureux ennuyeux. Variétés à 20h15.

«CHIEN ET CHAT»: Film de Phillipe Galland. Avec Roland Giraud et André Dussolier. Un officier de la gendarmerie et un commissaire de police unissent leurs forces pour sauver leurs deux enfants compromis dans un trafic de drogue. Les Halles à 19h45, 22h.

«LE BRASIER»: Comme beaucoup de Polonais, Pavlak est venu en France avec son fils Viktor pour travailler à la mine. Pour gagner un peu plus d'argent, il participe à des combats de boxe. Un film d'Eric Barbier avec Jean-Marc Barr, Marushka Detmers et Thierry Fortineau. Vox à 14h30, 21h30.

D. **Questions.** Choisissez parmi *(among)* les films mentionnés dans la lecture.

1. Quels films sont des films américains?
2. Quel film a l'air le plus intéressant?
3. Quel film a l'air le plus ennuyeux?
4. Quel film a l'air le plus comique?
5. Quel film a l'air le plus bizarre?
6. Quel film a l'air le plus violent?
7. Quels films est-ce qu'on ne peut voir que le soir?

E. **Familles de mots.** Essayez de deviner le sens des mots suivants.

1. mentir, un menteur, une menteuse, un mensonge
2. droguer, un drogué, une droguée, la drogue
3. s'ennuyer, ennuyé(e), ennuyeux, ennuyeuse, l'ennui
4. employer, un employé, une employée, un emploi

À propos de la télévision

une annonce   *advertisement*
une chaîne (de télé)   *(TV) channel*
un feuilleton   *soap opera; series*
les informations (*f. pl.*)   *news*
la météo(rologie)   *weather forecast*
la publicité   *publicity; commercial*

D'autres noms

un avertissement   *warning*
un revenant   *ghost*
la vérité   *truth*

Adjectifs

célèbre   *famous*
chouette   *great (fam.)*
confus(e)   *ashamed; embarrassed*
drôle   *funny*
fâché(e)   *angry*
formidable   *terrific*
incroyable   *unbelievable, incredible*
malheureux (malheureuse)
  unhappy
original(e)   *different, novel; original*
passionnant(e)   *exciting*
ravi(e)   *delighted*
ridicule   *ridiculous*

Relations personnelles

s'aimer   *to love each other*
une bague (de fiançailles)
  (engagement) ring
se disputer   *to argue*
un divorce   *divorce*
divorcer   *to get a divorce*
s'embrasser   *to kiss*
s'entendre (avec)   *to get along (with)*
se fâcher   *to get angry*
se faire des amis   *to make friends*
se marier (avec)   *to marry*
rencontrer   *to meet*
se séparer   *to separate (from each
  other)*

D'autres verbes

assister (à)   *to attend*
se consoler   *to console oneself*
croire   *to believe, think*
dire   *to say; to tell*
emprunter   *to borrow*
s'intéresser à   *to be interested in*
montrer   *to show*
prêter   *to lend*
raconter (une histoire)   *to tell (a
  story)*
regretter   *to be sorry*
voir   *to see*

Adverbes

actuellement   *now*
même   *even*
presque   *almost*

Pronoms objets indirects

me   *(to) me*
te   *(to) you*
lui   *(to) him; (to) her*
nous   *(to) us*
vous   *(to) you*
leur   *(to) them*

D'autres pronoms

en   *some; of it (them); about it
  (them)*
dont   *whose, of which*
lequel/laquelle/lesquels/lesquelles
  which

Expressions utiles

C'est dommage.   *That's (It's) too
  bad.*
Je crois que oui.   *I think so.*
Je ne crois pas.   *I don't think so.*
Je te le jure.   *I swear (to you).*
Quelle histoire!   *What a story!*
Qu'est-ce qui est arrivé?   *What
  happened?*
Sans blague!   *No kidding!*

Chapitre 15

Buts communicatifs

Seeking and providing
  information
Making basic
  hypotheses

Structures utiles

L'imparfait et le passé
  composé (suite)
Le verbe **devoir** (suite)
Les pronoms
  interrogatifs
Ne ... personne et
  ne ... rien
Le conditionnel
Si hypothétique

Culture

La priorité à droite
Les agents et les
  gendarmes
Les contraventions

Qu'est-ce que je devrais faire?

Coup d'envoi

Coup d'envoi

Prise de contact

Qu'est-ce qui est arrivé?

Qu'est-ce qui est arrivé, Emmanuelle?
> J'ai eu un accident.
> L'autre chauffeur n'a pas vu ma voiture.
> Il a freiné° trop tard.   *braked*
> Sa voiture a dérapé°.   *skidded*
> Il a heurté° ma voiture.   *struck; hit*

Pourquoi l'accident a-t-il eu lieu?
> Le chauffeur ne faisait pas attention.
> Il croyait que personne° ne venait.   *nobody*
> Il ne regardait pas à droite.
> Il roulait° trop vite.   *was going*
> Il était ivre°.   *drunk*

→ **Et vous?**   Avez-vous déjà eu un accident?
Avez-vous déjà vu un accident?
Si oui, qu'est-ce qui est arrivé?

VOTRE SECURITE

Sur route, sur mer, en montagne, la majorité des accidents sont dus à des imprudences caractérisées.

Alors soyez attentifs aux conseils que vous rappelleront la Sécurité Routière et la Gendarmerie Nationale.

Sur route

Méfiez-vous de la conduite en plein soleil après un repas, des routes de nuit après une journée d'activité. Bouclez votre ceinture, respectez les limitations de vitesse :
– pas plus de 60 km/h en agglomération,
– pas plus de 90 km/h sur route,
– pas plus de 130 km/h sur autoroute.
Minitel : 36 15 ROUTE.

Conversation

Un accident a eu lieu

James Davidson vient d'avoir un accident de voiture. Il en parle avec son voisin Maurice.

James:	Zut!° zut! zut!	*Darn it!*
Maurice:	Mon Dieu, James. Je vois que ça ne va pas du tout.	
James:	C'est que j'ai eu très peur ce matin.	
Maurice:	Qu'est-ce qui est arrivé?	
James:	J'ai eu un accident de voiture.	
Maurice:	Mon Dieu!	
James:	J'allais au travail quand l'accident a eu lieu. L'autre ne faisait pas attention. Il allait trop vite et il ne regardait pas à droite!	
Maurice:	Quel imbécile!	
James:	Oui, et nous sommes entrés en collision.	
Maurice:	Quel idiot! Et personne n'a vu l'accident?	
James:	Si! Heureusement il y avait un gendarme juste derrière.	
Maurice:	Quelle chance! Qu'est-ce qu'il a fait?	
James:	Il m'a assuré° que c'était la faute° de l'autre.	*assured / fault*
Maurice:	J'espère que le gendarme lui a donné une contravention°.	*ticket*

➡️ **Jouez ces rôles.** Répétez la conversation avec votre partenaire. Ensuite Maurice parle avec deux personnes (James et Karine étaient dans la voiture). Faites tous les changements nécessaires, par exemple **nous** à la place de **je**.

Pourquoi James insiste-t-il sur le fait que l'autre automobiliste ne regardait pas à droite?

a. James est conservateur et n'aime pas du tout la gauche.

b. En France la règle numéro un est «priorité à droite».

c. En France on conduit à gauche.

La priorité à droite

The French drive on the right, as do drivers in North America. The one rule of the road which seems to be obeyed above all others in France is that vehicles coming from the right have the right of way. While both Canada and the United States have a similar rule, there is much more flexibility and one often hesitates at an intersection in those countries, even when one has the right of way. In France, however, many drivers do not even look to the left when they know that they have the right of way. Obeying the law to the letter, the French have only to turn their heads to the right and, when no traffic is coming from that direction, proceed without hesitating. The construction of rotaries (**ronds points**) has helped to avoid this problem and reduce the number of accidents.

Les agents et les gendarmes

The **agent de police** is often found directing traffic at major intersections in French cities. Since the **agents** are normally on foot, they are often stopped by tourists in need of information. The **gendarme,** often found in the countryside and in small towns, is actually part of the French military and is stationed in separate quarters in the **gendarmerie. Gendarmes** are similar to state police in that they are usually on motorcycles or in patrol cars. They would therefore normally be the ones to investigate an accident.

Les contraventions

There are approximately 15 million traffic tickets given in France per year. Of these, 9 million are for illegal parking and 1 million for exceeding the speed limit. The record in 1994 for a speeding ticket was 243 KPH (over 150 MPH) for which the speeder received a year in prison and a 100 000 franc fine. In addition, approximately 660 000 tickets for not wearing a seatbelt and 100 000 for drunken driving are given in an average year.

Il y a un geste

Quel imbécile! To indicate that someone has done something stupid, touch your index finger to your temple. The finger is either tapped on the temple or twisted back and forth.

Ivre. To indicate that someone has had too much to drink, one hand is cupped in a fist, and placed loosely on the nose and rotated.

J'ai eu très peur. To indicate fear, the open hand is held fingers facing up; the hand is lowered with the fingers "trembling."

➡ **À vous.** Répondez.

1. Quand avez-vous eu peur?
2. Pour quelle raison avez-vous eu peur?
3. Qu'est-ce que vous avez fait?

entre*amis*

C'était la faute du professeur

1. Tell your partner that you had an accident.
2. Explain that you hit the teacher's car.
3. Say that it was the teacher's fault.
4. Explain that s/he was going too slowly.

Prononciation

La voyelle [ə]

As you have already learned, the letter **-e-** can stand for any one of the sounds [e], [ɛ], [ɑ̃], and [ɛ̃], depending on the spelling combinations of which it is a part. You have also seen, however, that the letter **-e-** sometimes represents the sound [ə]. The symbol [ə] stands for a vowel called "unstable **e**" or "mute **e**." It is called unstable because it is sometimes pronounced and sometimes not.

→ Look at the following pairs of examples and then read them aloud. A highlighted **-e-** represents a pronounced [ə]. An **-e-** with a slash through it represents a silent [ə]. Compare especially changes you find in the same word from one sentence of the pair to the other.

Le voilà!	Mais lé voilà!
Ce film est très bon.	Moi, jé n'aimé pas cé film.
Demain, vous lé trouvérez.	Vous lé trouvérez démain.
Denisé est américainé?	Ellé est françaisé.
Regardez cetté femmé.	Vous régardez cetté femmé?
Nous prenons lé train vendrédi.	Nous arrivérons samédi.
Votre pèré est charmant.	Votré amié est charmanté.
Voilà uné tassé de café.	Nous né voulons pas dé café.
C'est uné bagué de fiançaillés.	Mais il n'y aura pas dé mariagé.
Qu'est-cé qué tu veux?	Ellé a dit qué tu voulais mé voir.
de rien	Il finit dé riré.
vous sériez	vous sérez

In general, [ə] is *silent* in the following circumstances.

1. at the end of a sentence
2. before or after a pronounced vowel
3. when it is preceded by only one pronounced consonant sound

In general, [ə] is *pronounced* in the following circumstances.

1. when it is in the first syllable of a sentence
2. when it is preceded by two pronounced consonant sounds (even if there is an intervening silent [ə]) and followed by at least one pronounced consonant
3. when it precedes the combination [Rj]

Note: When the letter **-e-** is followed *in the same word* by two consonants or by **-x**, it is normally pronounced [ɛ].

elle	avertissement	cette	prennent	verser	merci
exiger	excusez-moi	exact	examen		

→ Écoutez et puis répétez.

1. L'autre conducteur ne regardait pas à droite.
2. Qu'est-ce que votre frère a fait?
3. Est-ce que tu regardes des feuilletons le vendredi ou le samedi?
4. De quelle ville venez-vous?
5. Vous venez de Paris, n'est-ce pas?

Buts communicatifs

Buts communicatifs

I. Seeking and Providing Information

Avez-vous entendu parler d'un accident?
Avez-vous vu un accident?

Est-ce que quelqu'un a été blessé°?	*wounded*
Est-ce qu'il y a eu des morts°?	*deaths*
Où est-ce que l'accident a eu lieu?	
Quelle heure était-il?	
De quelle couleur étaient les voitures?	
De quelle marque° étaient les voitures?	*make; brand*
De quelle année étaient les voitures?	
La chaussée° devait être glissante°, n'est-ce pas?	*pavement / slippery*

A. L'imparfait et le passé composé (suite)

> *Review the comparison of the passé composé and imperfect, Ch. 11, p. 326.*

▸ It is perhaps helpful, when trying to remember whether to use the imperfect or the passé composé, to think of the analogy with a stage play.

• In a play, there is often scenery (trees, birds singing, the sun shining, etc.) and background action (minor characters strolling by, people playing, working, etc.). This scenery and background action are represented by the imperfect.

Il **était** tôt.	*It was early.*
Il **faisait** froid.	*It was cold out.*
James **allait** au travail.	*James was going to work.*
Un autre conducteur ne **faisait** pas attention.	*Another driver wasn't paying attention.*
Il ne **regardait** pas à droite.	*He wasn't looking to the right.*

Que faisaient les acteurs dans la pièce (play)?

• Likewise, in a play, there are main actors upon whom the audience focuses, if even for a moment. They speak, move, become aware, act, and react. The narration of these past events requires the passé composé.

Qu'est-ce qui lui **est arrivé?**	*What happened to him?*
Il **a eu** un accident.	*He had an accident.*
Ils **sont entrés** en collision.	*They collided.*
Un gendarme lui **a donné** une contravention.	*A policeman gave him a ticket.*

 1. **Voilà pourquoi.** Répondez aux questions suivantes. Essayez de trouver des raisons logiques.

> *Modèle:* Pourquoi Laurent a-t-il téléphoné à Mireille?
> **Il lui a téléphoné parce qu'il voulait sortir avec elle.** ou
> **Il lui a téléphoné parce qu'il la trouvait gentille.**

1. Pourquoi Laurent et Mireille sont-ils sortis samedi soir?
2. Pourquoi ont-ils mis leurs manteaux?
3. Pourquoi sont-ils allés au restaurant?
4. Pourquoi n'ont-ils pas pris de dessert?
5. Pourquoi ont-ils fait une promenade après?

 2. **Pourquoi pas, Amélie?** Utilisez la forme négative. Expliquez pourquoi Amélie n'a pas fait les choses suivantes.

> *Modèle:* prendre le petit déjeuner
> **Amélie n'a pas pris le petit déjeuner parce qu'elle n'avait pas faim.** ou
> **Amélie n'a pas pris le petit déjeuner parce qu'elle a oublié.**

1. aller au cinéma
2. étudier dans sa chambre
3. regarder son émission préférée
4. danser avec Gérard
5. nager
6. avoir un accident
7. boire du vin

B. Le verbe *devoir* (suite)

Review **devoir**, Ch. 5, pp. 147–148.

Où est Céline?	*Where is Céline?*
Je ne sais pas. Elle **doit** être malade.	*I don't know. She **must** be sick.*
Mais elle **devait** apporter des fleurs pour le prof!	*But she **was supposed to** bring flowers for the teacher!*
Oui, je sais. Puisqu'elle n'est pas venue, j'**ai dû** aller les acheter.	*Yes, I know. Since she didn't come, I **had to** go buy them.*
Maintenant tout le monde me **doit** 5 francs pour le bouquet.	*Now everybody **owes** me 5 francs for the bouquet.*

▸ The past participle of **devoir** is **dû.** When it has a feminine agreement, however, it loses the circumflex: **due.** This often occurs when the past participle is used as an adjective.

> l'argent **dû** à mon frère   la pollution **due** à l'industrie

▸ The future tense verb stem for **devoir** is irregular: **devr-.**

> Elle **devra** travailler dur.   *She'll **have** to work hard.*

▸ Like other verbs with two stems in the present tense, **devoir** has two stems in the subjunctive.

> que je **doive**   que nous **devions**

▸ The passé composé and the imperfect can both mean *had to* or *probably (must have).* The choice of tense depends, as usual, on whether the verb is a specific action or a description or habitual condition.

Hier j'**ai dû** aller voir ma tante.	*Yesterday, I **had to** go see my aunt.*
En général, je **devais** faire mes devoirs avant de sortir.	*In general, I **had to** do my homework before going out.*
Il **a dû** oublier notre rendez-vous!	*He **probably** forgot our date! (He **must have** forgotten our date!)*
Il **devait** être très occupé.	*He was **probably** very busy. (He **must have** been very busy.)*

Note: When **devoir** means *was supposed to,* the imperfect is always used.

Nous **devions** dîner chez les Gilbert.	*We **were supposed to** have dinner at the Gilberts'.*

 3.

C'est probable.   Utilisez **devoir** au passé composé d'après le modèle pour modifier les phrases suivantes.

> *Modèle:* Delphine n'a probablement pas fait ses devoirs.
> **Elle n'a pas dû faire ses devoirs.**

1. Elle est sans doute sortie avec ses amis.
2. Elle n'a probablement pas étudié.
3. Elle a probablement eu une mauvaise note.
4. Elle a probablement pleuré.
5. Elle a sans doute parlé avec son professeur.
6. Elle a sans doute réussi la semaine d'après.

Remember that **sans doute** and **probablement** are synonyms.

Projets et obligations. Utilisez **devoir** à l'imparfait pour suggérer quelques conclusions basées sur les faits suivants *(the following facts)*.

> *Modèle:*   Marc n'a pas mangé depuis vingt-quatre heures.
> **Il devait avoir faim.**

1. Marc a bu quatre tasses de café.
2. Il a beaucoup travaillé.
3. Ses amis lui ont dit de partir en vacances.
4. Il a acheté un billet d'avion.
5. Il est allé en France.
6. Il a rencontré une Française.
7. Ils se sont mariés.

5. **Toutes ces obligations!**   Traduisez *(translate)* la forme verbale anglaise entre parenthèses pour compléter la phrase.

> *Modèle:*   Chantal ____ étudier pendant le week-end. *(was supposed to)*
> **Chantal devait étudier pendant le week-end.**

1. Mes parents ____ venir nous chercher il y a 30 minutes. *(were supposed to)*
2. Ils ____ oublier. *(must have)*
3. Non, ils ____ être déjà en route. *(must)*
4. Nous ____ leur téléphoner, s'ils ne viennent pas bientôt. *(will have to)*
5. Il commence à faire froid. Tu ____ mettre ton manteau. *(must)*
6. Il est onze heures. Je ____ être chez moi avant cette heure-ci. *(was supposed to)*

C. Les pronoms interrogatifs

Review **qui, que,** and **quel,** Ch. 4, p. 117.

Interrogative pronouns are used to ask questions. You have already learned to use several interrogative pronouns.

Qui est-ce?	*Who is that?*
Qu'est-ce que c'est?	*What is that?*

As in English, interrogative pronouns in French change form depending on whether they refer to people or to things.

Qui voyez-vous?	*Whom do you see?*
Que voyez-vous?	*What do you see?*

In addition, French interrogative pronouns change form depending on their function in the sentence. For example, the word *what* in English can take three different forms in French depending on whether it is the subject, the direct object, or the object of a preposition.

Qu'est-ce qui est à droite?	*What is on the right?*
Qu'est-ce que tu vois?	*What do you see?*
À **quoi** penses-tu?	*What are you thinking about?*

People		
Subject		
Qui	Qui parle?	*Who is speaking?*
Qui est-ce qui	Qui est-ce qui parle?	
Object		
Qui (+ inversion)	Qui avez-vous vu?	*Whom did you see?*
Qui est-ce que	Qui est-ce que vous avez vu?	
After a preposition		
... qui (+ inversion)	À qui écrivez-vous?	*To whom are you writing?*
... qui est-ce que	À qui est-ce que vous écrivez?	

Things		
Subject		
Qu'est-ce qui	Qu'est-ce qui fait ce bruit?	*What's making that noise?*
Object		
Que (+ inversion)	Qu'avez-vous fait?	*What did you do?*
Qu'est-ce que	Qu'est-ce que vous avez fait?	
After a preposition		
... quoi (+ inversion)	De quoi avez-vous besoin?	*What do you need?*
... quoi est-ce que	De quoi est-ce que vous avez besoin?	

▷ If the question involves a person, the pronoun will always begin with **qui.** If it is a question about a thing, the pronoun will begin with **que** or **quoi.** There is no elision with **qui** or **quoi,** but **que** becomes **qu'** before a vowel.

Qui a parlé?	*Who spoke?*
De **quoi** a-t-il parlé?	*What did he talk about?*
Qu'est-ce **qu'**il a dit?	*What did he say?*

▷ As shown in the charts above, there are two forms of each of these interrogative pronouns, except the subject pronoun **qu'est-ce qui.**

▷ When interrogative pronouns are used as subjects, the verb is normally singular.

Mes parents ont téléphoné.   Qui **a** téléphoné?

QUOI DE NEUF, DOC?
SAVEZ-VOUS QUE BUGS BUNNY PARLE FRANÇAIS?

 Quelqu'un ou quelque chose?   Utilisez un pronom interrogatif pour poser une question.

> *Modèles:*   Quelqu'un m'a téléphoné.   Quelque chose m'intéresse.
> **Qui vous a téléphoné?**   **Qu'est-ce qui vous intéresse?**
>
> J'ai téléphoné à quelqu'un.   J'ai acheté quelque chose.
> **À qui avez-vous téléphoné?**   **Qu'est-ce que vous avez acheté?**

1. J'ai fait quelque chose le week-end dernier.
2. Quelque chose m'est arrivé.
3. J'ai vu quelqu'un.
4. Quelqu'un m'a parlé.
5. J'ai dansé avec quelqu'un.
6. Nous avons bu quelque chose.
7. J'avais besoin de payer pour quelqu'un.
8. J'ai dit au revoir à quelqu'un.

 Comment? Je n'ai pas compris.   Votre partenaire vous a parlé mais vous n'avez pas bien entendu. Demandez qu'il (elle) répète. Remplacez l'expression en italique par un pronom interrogatif.

> *Modèles:*   *Mon frère* a acheté une voiture.
> VOUS: **Comment? Qui a acheté une voiture?**
> VOTRE PARTENAIRE: **Mon frère.**
>
> J'ai lu *deux livres.*
> VOUS: **Comment? Qu'est-ce que tu as lu?**
> VOTRE PARTENAIRE: **Deux livres.**

1. *Sophie* a écrit une lettre à ses parents.
2. Elle avait besoin *d'argent.*
3. *Ses parents* ont lu la lettre.
4. Ils ont répondu *à Sophie.*
5. Ils lui ont envoyé *l'argent.*
6. Sa mère *lui* a téléphoné hier soir.
7. Elle lui a dit *que son frère était malade.*
8. Sophie aime beaucoup *son frère.*
9. *Sa maladie* lui fait peur.

entre*amis*

Hier soir

1. Find out from your partner what happened yesterday.
2. Ask what s/he had for dinner.
3. Find out with whom s/he ate.
4. Ask what s/he did after dinner.

D. *Ne ... personne* et *ne ... rien*

Qui avez-vous rencontré?	Je **n'**ai rencontré **personne.**
Qu'est-ce que vous avez fait?	Je **n'**ai **rien** fait.
Avec qui avez-vous dansé?	Je **n'**ai dansé avec **personne.**
De quoi avez-vous besoin?	Je **n'**ai besoin de **rien.**
Qui est venu?	**Personne n'**est venu.
Qu'est-ce qui est arrivé?	**Rien n'**est arrivé.

Review **ne ... rien,** Ch. 6, p. 175.

▶ You have already learned that the opposite of **quelque chose** is **ne ... rien** *(nothing, not anything)*. The opposite of **quelqu'un** is **ne ... personne** *(no one, nobody, not anyone)*.

▶ When used as a *direct object,* **ne ... personne,** like **ne ... rien,** is placed around the conjugated verb.

Entendez-vous quelque chose?	Non, je **n'**entends **rien.**
Voyez-vous quelqu'un?	Non, je **ne** vois **personne.**

Note: Unlike **ne ... rien,** however, **ne ... personne** surrounds both the auxiliary verb *and* the past participle in the passé composé.

	Avez-vous entendu quelque chose?	Non, je **n'**ai **rien** entendu.
But:	Avez-vous vu quelqu'un?	Non, je **n'**ai vu **personne.**

▶ Both **rien** and **personne** can be used as the *object of a preposition.*

Avez-vous besoin de quelque chose?	Non, je **n'**ai besoin *de* **rien.**
Parlez-vous avec quelqu'un?	Non, je **ne** parle *avec* **personne.**

▶ **Personne** and **rien** can also serve as the *subject* of a verb. In this case, **personne** and **rien** come before **ne**. **Ne** still comes before the conjugated verb.

Personne n'a téléphoné.	*Nobody telephoned.*
Personne ne va à cet endroit.	*No one goes to that place.*
Rien ne m'intéresse.	*Nothing interests me.*

▶ Like **jamais** and **rien, personne** can be used alone to answer a question.

Qui est venu?	**Personne.**
Qui avez-vous rencontré?	**Personne.**

 8. **Je n'ai rien fait à personne!** Utilisez **rien** ou **personne** pour répondre aux questions suivantes.

> *Modèles:* Qui avez-vous vu?   Qu'avez-vous entendu?
> **Je n'ai vu personne.**   **Je n'ai rien entendu.**

1. Avec qui êtes-vous sorti(e)?
2. Qu'est-ce que vous avez fait?
3. Qu'est-ce que vous avez bu?
4. Qui est-ce que vous avez vu?
5. De quoi aviez-vous besoin?
6. À qui pensiez-vous?
7. À quoi pensiez-vous?
8. À qui est-ce que vous avez téléphoné?
9. Qu'avez-vous dit?

 9. **Personne n'a rien fait.** Utilisez **rien** ou **personne** pour répondre aux questions suivantes.

> *Modèles:* Qui a vu l'accident?   Qu'est-ce qui vous intéresse?
> **Personne n'a vu l'accident.**   **Rien ne m'intéresse.**

1. Qui a pris ma voiture?
2. Qu'est-ce qui est arrivé hier soir?
3. Qui a écrit à Sylvie?
4. Qui lui a téléphoné?
5. Qu'est-ce qui lui est arrivé?
6. Qui est-ce qui est sorti avec elle?
7. Qui va faire les devoirs ce soir?
8. Qu'est-ce qui va mal?
9. Qui va mal?

 10. **Ni rien ni personne.** Utilisez **rien** ou **personne** pour répondre aux questions suivantes.

1. Vous avez fait quelque chose le week-end dernier?
2. Quelque chose vous est arrivé?
3. Vous avez vu quelqu'un?
4. Quelqu'un vous a invité(e) à danser?
5. Vous avez dansé avec quelqu'un?
6. Après le bal quelqu'un vous a accompagné(e) au café?
7. Vous avez bu quelque chose?
8. Quelqu'un a payé pour vous?
9. Vous avez dit au revoir à quelqu'un?

entre*amis*

Je préfère ne pas en parler

*Your partner is very secretive and will answer **nothing** or **nobody** to all your questions.*

1. Ask your partner who wrote to him/her.
2. Ask who called him/her on the telephone.
3. Find out with whom s/he went out.
4. Ask what happened.
5. Ask what s/he did.
6. Ask whom s/he saw.

PAR TELEPHONE

PAR COURRIER

II. ## Making Basic Hypotheses

Que feriez-vous[1] …

	oui	non
… si vous n'aviez pas de devoirs?		
Je resterais dans ma chambre.	——	——
Je sortirais avec mes amis.	——	——
J'irais au cinéma.	——	——
Je m'amuserais.	——	——
… si, par hasard[2], vous gagniez à la loterie?		
J'achèterais une voiture.	——	——
Je paierais mes dettes[3].	——	——
Je donnerais de l'argent aux pauvres.	——	——
Je mettrais de l'argent à la banque.	——	——
… si vous n'étiez pas étudiant(e)?		
Je chercherais du travail.	——	——
Je gagnerais de l'argent.	——	——
Je voyagerais.	——	——
J'irais en France.	——	——

1. What would you do   2. by chance   3. debts

E. Le conditionnel

Je pourrais apporter quelque chose?	*Could I bring something?*
J'aimerais inviter les Martin.	*I would like to invite the Martins.*
Ils viendraient si tu leur téléphonais maintenant.	*They would come if you called them now.*

▻ The conditional is used to express hypotheses and also politely stated requests or wishes.

▻ The conditional is formed by adding the imperfect endings (**-ais, -ais, -ait, -ions, -iez, -aient**) to the future stem (see Ch. 12).

aimer		
j'	aimer	ais
tu	aimer	ais
il/elle/on	aimer	ait
nous	aimer	ions
vous	aimer	iez
ils/elles	aimer	aient

vendre		
je	vendr	ais
tu	vendr	ais
il/elle/on	vendr	ait
nous	vendr	ions
vous	vendr	iez
ils/elles	vendr	aient

▷ Remember that a number of verbs have irregular future stems (see Ch. 12). These verbs use the same irregular stem in the conditional. The endings, however, are always regular.

être	**ser-**	je **serais**	*I would be*
avoir	**aur-**	j'**aurais**	*I would have*
faire	**fer-**	je **ferais**	*I would do*
aller	**ir-**	j'**irais**	*I would go*
venir	**viendr-**	je **viendrais**	*I would come*
devenir	**deviendr-**	je **deviendrais**	*I would become*
vouloir	**voudr-**	je **voudrais**	*I would like*
pouvoir	**pourr-**	je **pourrais**	*I could;*
			I would be able
devoir	**devr-**	je **devrais**	*I should; I ought to*
savoir	**saur-**	je **saurais**	*I would know*

▷ Impersonal expressions also have conditional forms.

infinitive	present	conditional
pleuvoir	il pleut	**il pleuvrait**
falloir	il faut	**il faudrait**
valoir mieux	il vaut mieux	**il vaudrait mieux**

▷ Since **-e-** is *pronounced* as [ ] before the sound combination [Rj], it is never dropped in the **nous** and **vous** forms of the conditional of **-er** verbs and of irregular verbs such as **vous feriez** and **nous serions.**

future	conditional
nous dans*é*rons	nous danserions
vous chant*é*rez	vous chanteriez
nous s*é*rons	nous serions
vous f*é*rez	vous feriez

▷ The conditional is used to make a polite request or suggestion because the present is often considered rather harsh or brusk. **Devoir** is often the verb used to make a polite suggestion.

Je **veux** une tasse de café.	*I **want** a cup of coffee.*
Je **voudrais** une tasse de café.	*I **would like** a cup of coffee.*
Vous **devez** faire attention.	*You **must** pay attention.*
Vous **devriez** faire attention.	*You **should (ought to)** pay attention.*

Quelle audace! *(What nerve!)* Mettez le verbe au conditionnel pour être plus poli(e).

> *Modèle:* Vous devez parler plus fort *(loudly)*.
> **Vous devriez parler plus fort.**

1. Je peux vous poser une question?
2. Avez-vous l'heure?
3. Pouvez-vous me dire votre nom?
4. Faites-vous la cuisine ce soir, par hasard?
5. C'est très gentil de m'inviter.
6. Je veux un steak-frites.
7. J'aime mon steak saignant *(rare)*.

 Quel conseil donneriez-vous? Utilisez le verbe **devoir** au conditionnel pour suggérer ce qu'il faudrait faire. Pourriez-vous donner deux suggestions pour chaque phrase?

> *Modèle:* Nous n'avons pas de bonnes notes.
> **Vous devriez étudier.**
> **Vous ne devriez pas sortir tous les soirs.**

1. Marc a très faim.
2. Nos amis ont soif.
3. Nous sommes en retard.
4. Robert et Anne sont malades.
5. Gertrude est fatiguée.
6. Je n'ai pas envie de sortir ce soir.
7. Notre professeur donne beaucoup de devoirs.

Review **si** + present, Ch. 12, p. 366.

F. *Si* hypothétique

Si je gagne à la loterie, **je vais aller** en Europe et en Asie.
Si je ne gagne pas à la loterie, **je resterai** ici.

Review: Hypothetical statements about the future can be made by using **si** plus the present tense in conjunction with a clause in the future. Such a hypothesis will become a virtual certainty *if* the event described in the **si** clause actually occurs.

Si ma mère me **téléphone** ce soir, je lui **raconterai** cette histoire.
Je n'**irai** pas avec toi **si** tu **continues** à me parler comme ça.

To *suggest* what someone *might* do, **si** can be used with the imperfect as a question.

Si vous veniez à 8 heures?	*How about coming at 8 o'clock?*
Si j'allais au supermarché?	*What if I went to the supermarket?*
Si nous jouions aux cartes?	*How about a game of cards?*

Hypothetical statements referring to what would happen if something else were also to take place can be made by using **si** + imperfect with a clause in the conditional. Such hypotheses are not as certain actually to occur as those expressed by **si** + present with a clause in the future.

Si j'étais libre, **je sortirais** avec mes amis.	*If I were free, I would go out with my friends.*
Que **feriez-vous si vous étiez** riche?	*What **would you do, if you were** rich?*

> **Synthèse: Si-**clauses used with the future or the conditional
>
> *Si + le présent,* → *le futur*   **S'il pleut, nous ne sortirons pas.**
> *Si + l'imparfait,* → *le conditionnel*   **S'il pleuvait, nous ne sortirions pas.**

 Deux solutions.   Pour chaque «problème» vous devez suggérer deux solutions.

> *Modèle:* Nous avons faim.
> **Si vous mangiez quelque chose?**
> **Si nous allions au restaurant?**

1. Nous avons un examen demain.
2. Je suis malade.
3. Paul a besoin d'argent.
4. Je dois contacter mes amis.
5. J'ai soif.
6. Nous devons faire de l'exercice physique.
7. Nos amis sont tristes.

14. **Que ferais-tu?**   Lisez ce questionnaire et répondez à chaque question. Interviewez ensuite votre partenaire en mettant les phrases à la forme interrogative avec **tu.** Comparez vos réponses.

> *Modèle:*   VOUS: **Si tu avais besoin d'argent, est-ce que tu écrirais à tes parents?**
> VOTRE PARTENAIRE: **Non, je n'écrirais pas à mes parents. Et toi?**

1. Si j'avais besoin d'argent, …   *oui*   *non*

   j'écrirais à mes parents.   ____   ____
   je chercherais du travail.   ____   ____
   je vendrais mon livre de français.   ____   ____
   j'irais voir mes amis.   ____   ____
   je pleurerais.   ____   ____

2. Si j'avais «F» à l'examen, …

   je pleurerais.   ____   ____
   je serais fâché(e).   ____   ____
   je serais très triste.   ____   ____
   je téléphonerais à mes parents.   ____   ____
   je resterais dans ma chambre.   ____   ____
   j'arrêterais mes études.   ____   ____

3. Si on m'offrait une Mercédès, …

   je l'accepterais.   ____   ____
   je la garderais.   ____   ____
   je la vendrais.   ____   ____
   je la donnerais à mes parents.   ____   ____
   je l'échangerais contre *(would trade
   it for)* une Renault.   ____   ____

15. **À vous.** Répondez.

1. Si vous étiez professeur, qu'est-ce que vous enseigneriez?
2. Donneriez-vous beaucoup de devoirs à vos étudiants? Pourquoi ou pourquoi pas?
3. Que feriez-vous pendant les vacances?
4. Quelle marque de voiture auriez-vous?
5. Où iriez-vous dans cette voiture?

entre*amis*

Des châteaux en Espagne
(Daydreams)

1. Find out what your partner would do if s/he had a lot of money.
2. Ask where s/he would live.
3. Find out what s/he would buy.
4. Suggest two things your partner could do with the money.

Intégration

RÉVISION

Le témoin *(The witness).* Un ami francophone a vu un accident. Faites une liste de questions que vous pourriez lui poser.

Un remue-méninges *(Brainstorming).* Faites une liste de choses que vous pourriez faire avec cinquante dollars.

Quelques suggestions.

1. Citez trois choses qu'on pourrait donner à un(e) ami(e) pour son anniversaire.
2. De quoi les étudiants ont-ils besoin pour être heureux sur votre campus? (trois choses)
3. Faites trois suggestions pour les prochaines vacances.
4. Quelles sont trois choses que vous feriez si vous étiez en France?

D. **À vous.** Répondez.

1. Quelle sorte de maison aimeriez-vous avoir un jour?
2. Qu'est-ce qu'un étudiant devrait faire pour réussir au cours de français?
3. Que feriez-vous à la place du professeur? Pourquoi?
4. Qu'est-ce que vous apporteriez si vous étiez invité(e) chez une famille française?
5. Si vous alliez faire un long voyage et si vous deviez inviter quelqu'un, qui vous accompagnerait et pourquoi?

 Use the CD-ROM Module 12 before viewing the video to help you understand what you will see and hear.

PAS DE PROBLÈME!

Cette activité est basée sur la vidéo, *Modules 11* et *12* (queue to 51:23 and 55:09). Répondez.

1. Quelle est la nationalité de l'homme qui a eu la contravention?
2. Pour quelle raison a-t-il eu cette contravention?
3. Combien d'argent devait-il?
4. Où achète-t-on des timbres à coller *(stick)* sur le papillon?
5. Pourquoi le conducteur a-t-il dit qu'il était embarrassé d'entrer dans cet endroit?
6. Pourquoi y avait-il beaucoup de concerts ce jour-là?
7. Moustafa a dit à Alissa: «Il faut qu'on y aille». Où allait-il?
8. Comment Moustafa savait-il à quelle heure chaque concert avait lieu?
9. Si vous étiez là, à quel concert iriez-vous?

L E C T U R E   I

A. **Que savez-vous déjà?** Répondez avant de lire la lettre.

1. Est-ce qu'on devrait apporter quelque chose quand on est invité à dîner chez des amis? Si oui, qu'est-ce qu'on pourrait offrir d'apporter?
2. Est-ce qu'on apporte quelque chose sans demander à l'hôte (l'hôtesse)? Si oui, qu'est-ce qu'on pourrait apporter?
3. Est-ce qu'il y a des cadeaux qui offenseraient *(would offend)* votre hôte (hôtesse)?
4. Combien de fleurs donne-t-on normalement comme cadeau?

Une lettre à Mademoiselle Étiquette

Mademoiselle Étiquette,

Je suis invitée à dîner chez des amis français et je voudrais leur apporter quelque chose. J'ai pensé à une bouteille de vin ou à une boîte de bonbons. Pourriez-vous m'aider à décider? Je ne voudrais pas offenser mes amis. Qu'est-ce que je devrais faire?

Jeune étrangère[1]

Chère jeune étrangère,

Il vaudrait mieux ne pas apporter de vin quand on est invité à dîner. Vos amis auront sans doute déjà choisi la ou les bouteilles qu'ils vont servir et vous ne pourriez pas savoir quel vin choisir. Pour ce qui est des[2] bonbons, ils font grossir et il serait préférable de ne pas leur en donner. Les bonbons seraient une tentation[3] pour eux. Le geste classique, en France au moins, reste les fleurs. Mais attention de ne pas leur donner de chrysanthèmes, car ce sont les fleurs qu'on achète le jour de la Toussaint[4]. Choisissez un beau bouquet de roses, par exemple, et donnez, de préférence[5], un nombre impair[6] de fleurs.

Bon appétit,

Mademoiselle Étiquette

Chrysanthemums are traditionally placed on graves on All Saints' Day. They are therefore associated with death.

---

1. foreigner   2. With respect to   3. temptation   4. All Saints' Day   5. preferably   6. odd

B. **Vrai ou faux?**   Décidez si les phrases suivantes sont vraies ou fausses d'après la lecture. Si une phrase est fausse, corrigez-la.

1. L'étrangère ne sait pas s'il est possible de donner du vin ou des bonbons.
2. Elle demande à Mademoiselle Étiquette de l'aider.
3. En France on offre quelque chose à boire.
4. Il ne faut pas offrir de roses.
5. Quand on offre des fleurs en France, on en donne d'habitude trois, cinq, sept, etc.

Il y a un geste

De bons amis. The index fingers of both hands are aligned side by side (in Avignon and Besançon) or linked (in Rouen) to indicate the closeness of the friendship: **Nous sommes comme ça.**

In Angers and Tours, the index and middle finger of the same hand are sometimes crossed to show this relationship: **Comme les deux doigts de la main.**

L E C T U R E   I I

 A. **Étude du vocabulaire.** Étudiez les phrases suivantes. Essayez de deviner le sens des mots en caractères gras.

1. Est-ce qu'on peut camper ici? Je ne sais pas; demandez au **responsable** du camp.
2. **Je ne suis pas en mesure de** répondre à cette question. Posez-la à un spécialiste.
3. Marc étudie beaucoup et **pourtant** il ne réussit pas.
4. Paul a changé d'emploi. Il espère gagner **davantage** d'argent.
5. J'ai envie de lire; achetez-moi **n'importe quel** journal. Ça m'est égal.
6. Jacques est **nettement** plus grand que sa sœur. Mais il est aussi beaucoup plus âgé qu'elle.
7. Pour construire une autoroute, on utilise du **béton.**
8. Tchernobyl était une **centrale** nucléaire russe.

 B. **Opinions.** Décidez si vous êtes d'accord avec les phrases suivantes.

1. L'énergie nucléaire est nécessaire pour l'indépendance économique de mon pays.
2. Toutes les centrales nucléaires sont dangereuses.
3. C'est aux États-Unis que les centrales nucléaires produisent le plus grand pourcentage d'électricité.
4. Il y a déjà eu un accident nucléaire aux États-Unis.
5. Il y a déjà eu un accident nucléaire en Russie.

Il existe de nombreuses centrales nucléaires en France. Il semble qu'elles soient mieux acceptées par le public français qu'elles ne le seraient aux États-Unis.

La France nucléaire

«Oui, je crois à la possibilité d'un accident. Ce qui serait dangereux, c'est que je n'y croie pas.» De la part du responsable de la sûreté nucléaire à EDF (Electricité de France), Pierre Tanguy, de tels propos[1] peuvent surprendre. Mais ils illustrent en fait une nouvelle attitude d'EDF après l'accident de Tchernobyl, où l'improbable est arrivé. «C'est en étant[2] sûr que l'accident peut arriver qu'on est le mieux en mesure de l'éviter[3], poursuit[4] Pierre Tanguy. De toute façon[5], je n'arrive pas à imaginer qu'on puisse avoir en France des rejets extérieurs tels[6] qu'une de nos centrales risque de faire des victimes dans la population.»

Pourtant, la France accumule davantage de risques statistiques que n'importe quel autre pays. Au nom de l'indépendance énergétique, elle a la première place pour la part du nucléaire dans l'électricité produite: 70%. Un record, comparé aux Américains, qui en sont à 16%, et aux Soviétiques, à 11%. De plus, la France possède 44 réacteurs électronucléaires qui se trouvent dans un espace[7] nettement plus restreint[8] et plus peuplé. En cas d'incident, pouvons-nous réussir une évacuation de 135.000 personnes, comme à Tchernobyl? Les experts français prévoient[9] l'évacuation des habitants dans un rayon[10] de seulement 5 kilomètres autour de la centrale et le confinement des habitants chez eux jusqu'à 10 kilomètres, mais il n'y a pas de plan de secours à grande échelle[11] plus loin. «Ce n'est pas du laxisme», explique Jean Petit, directeur adjoint de l'Institut de protection et de sûreté nucléaire. La raison de cette assurance? «Des fuites[12] radioactives dans l'atmosphère ne peuvent pas s'échapper[13] des centrales françaises, affirme-t-on à EDF. Car, à la différence de ceux des Soviétiques, nos réacteurs sont enfermés sous un dôme de béton de 90 centimètres d'épaisseur[14].»

C'est ainsi que l'accident de Three Mile Island, aux États-Unis, n'a pas fait de victimes, car dans la centrale américaine les poisons radioactifs sont restés enfermés dans le dôme de béton.

Adapté de «Risques: le système France», *Le Point* (n° 761)

---

1. *such words* 2. *by being* 3. *avoid* 4. *continues* 5. *In any case* 6. *discharge to the degree* 7. *space* 8. *smaller* 9. *foresee* 10. *radius* 11. *large scale* 12. *leaks* 13. *escape* 14. *90 centimeters thick*

C. **Vrai ou faux?**   Décidez si les phrases suivantes sont vraies ou fausses d'après la lecture. Si une phrase est fausse, corrigez-la.

1. Les centrales nucléaires françaises sont meilleures que celles des Russes.
2. La centrale nucléaire de Three Mile Island était exactement comme celle de Tchernobyl.
3. Pierre Tanguy est sûr qu'il n'y aura jamais de problème.
4. D'après Tanguy, personne ne sera tué *(killed)* s'il y a un accident nucléaire.
5. L'EDF est sûre qu'il n'y aura jamais de fuite.
6. S'il y a un problème, les Français ont l'intention d'évacuer tous les gens qui habitent très près de la centrale.

D. **À votre avis**

1. Êtes-vous pour ou contre l'utilisation de l'énergie nucléaire? Expliquez votre réponse.
2. Que pensez-vous de la sûreté du système nucléaire français?

V O C A B U L A I R E   A C T I F

Noms

une dette   *debt*
les études *(f. pl.)*   *studies*
une faute   *fault; mistake*
un(e) idiot(e)   *idiot*
un(e) imbécile   *imbecile*
une marque   *make, brand*

Adjectifs

physique   *physical*
saignant(e)   *rare, undercooked*

Verbes

accepter   *to accept*
assurer   *to assure; to insure*
échanger … contre   *to trade … for*
entendre parler de   *to hear about*

Pronom

personne (ne … personne)   *no one; nobody; not anyone*

Préposition

contre   *against; (in exchange) for*

Expressions utiles

juste derrière   *right behind*
par hasard   *by chance*
parler plus fort   *to speak more loudly*
puisque   *since*

À propos d'un accident

un accident   *accident*
un agent de police   *police officer*
un(e) automobiliste   *driver*
la chaussée   *pavement*
une contravention   *traffic ticket*
un gendarme   *policeman*
la mort   *death*
un témoin   *witness*
blessé(e)   *wounded*
glissant(e)   *slippery*
ivre   *drunk*
déraper   *to skid*
entrer en collision   *to hit; to collide*
freiner   *to brake*
heurter   *to hit; to run into (something)*
rouler   *to go; to roll*

Les Antilles

HAÏTI

Statut politique	république
Superficie	27.750 km² (équivalente à celle du Maryland)
Population	7.320.000 (95% noirs et 5% mulâtres); 72% rurale, 28% urbaine
Langue officielle	français et créole (depuis 1987); 30% de la population comprend le français
Religion	catholique, protestant, vaudou
Capitale	Port-au-Prince
Ressources	tourisme, agriculture (bananes, canne à sucre, café, mangues)

CHRONOLOGIE

1492 Christophe Colomb découvre l'île où les Arawaks habitent depuis le VIIᵉ siècle. Il l'appelle Hispaniola.

1508 Une cargaison (cargo) d'Afrique dépose les premiers esclaves, introduits pour suppléer à la main-d'œuvre indigène, décimée par les maladies et de pénibles conditions de travail.

1697 La France occupe la partie ouest de l'île et en fait une riche colonie agricole.

1750– 1801 Rébellions de plus en plus sanglantes contre les colonisateurs. Rivalités entre noirs et mulâtres.

1801 Toussaint Louverture, ancien esclave, devient gouverneur général à vie.

1802 Une armée envoyée par Napoléon reprend l'île. Toussaint est fait prisonnier et envoyé en France.

1803 L'armée haïtienne est victorieuse contre l'armée française, décimée par la maladie.

1804 Déclaration d'indépendance de l'île, qui devient la première république noire autonome moderne.

Haïti et ses habitants

La dualité de l'héritage historique des Haïtiens, l'esclavage et la colonisation française, continue à marquer la structure sociale. Une élite riche et peu nombreuse se distingue par la couleur de sa peau, son éducation et l'adoption de la langue et de la culture françaises. La grande majorité du peuple est noire, pauvre, rurale, mais devient de plus en plus urbaine, et parle uniquement créole. Entre ces deux classes s'est créée une classe moyenne, aujourd'hui grandissante, de noirs qui se sont promus par l'éducation ou par une carrière dans l'armée, le gouvernement ou l'industrie. Certains sont très fiers de leurs origines africaines et font un effort pour établir l'usage officiel du créole, alors que les autres souhaitent faire partie de l'élite culturelle française.

Ce pays, qui était la plus riche des colonies françaises au XVIIIᵉ siècle, est devenu l'un des plus pauvres. L'instabilité politique, les rivalités entre mulâtres et noirs, les rébellions, massacres et dictatures successives ont déchiré le pays. L'érosion, due à la déforestation, a appauvri la terre. Le niveau d'éducation de la population et les conditions sanitaires sont parmi les plus défavorables au monde.

De même que le français reste la langue officielle et le créole la langue de tous les jours, la religion catholique, adoptée par 90% des habitants, coexiste avec les pratiques vaudoues d'origine africaine, qui influencent les attitudes et la culture de ce peuple. Haïti garde un caractère africain plus marqué que d'autres pays de l'Amérique latine par la majorité de sa population noire, descendant directement des esclaves africains, et par ses croyances vaudoues.

La religion vaudou

Bien que l'église catholique condamne les pratiques vaudou, la plupart des habitants d'Haïti ne perçoivent aucun conflit entre les deux religions. Ils iront souvent à une cérémonie vaudou le samedi soir et à la messe le lendemain matin. Mais qu'est-ce que le culte vaudou? Pour certains, il s'agit avant tout d'un culte des ancêtres; d'autres honorent aussi les esprits qui président aux différents aspects de la vie de tous les jours. Durant leurs cérémonies, les croyants cherchent à entretenir des rapports étroits avec les esprits par des offrandes, sacrifices, et autres rituels. À l'origine, le mot vaudou designait la danse donnée en l'honneur des esprits. Cette danse peut produire un état de trance où le danseur se sent possédé par un esprit. Des prêtres ou prêtresses jouent un rôle d'intermédiaire entre les croyants et les esprits. Ils dirigent les rituels et interprètent les messages reçus pendant des trances ou des songes *(dreams)*. Ils soignent aussi les malades à l'aide d'herbes médicinales.

Les croyances vaudou apportent au peuple haïtien un certain réconfort dans leurs épreuves. Elles encouragent la joie de vivre et aident à surmonter la violence et les souffrances que ce pays a connu au cours de son histoire. Ce culte sert aussi d'inspiration aux peintres du pays.

Peinture haïtienne

Venant des milieux les plus simples, souvent sans aucune éducation et sans formation artistique, les peintres haïtiens ne sont pas attachés aux conventions formelles. En 1943, grâce à l'établissement d'un centre d'art à Port-au-Prince, cette peinture devient connue et appréciée d'un public international. Plus elle se fait connaître, plus la richesse artistique du pays se révèle et se développe.

On distingue deux écoles dans cette tradition primitive. Dans le sud, Hector Hyppolite, le peintre haïtien le plus connu, était prêtre vaudou. Il peignait avec des plumes d'oiseaux et des restes de peinture de bâtiment. Ses tableaux, pleins de mouvement, de lignes audacieuses et de couleurs très vives expriment une spiritualité et un charme particuliers. Ils intègrent souvent des thèmes ou des symboles vaudou. Au nord, Philomé Obin, employé de bureau, représente des thèmes historiques ou des scènes de la vie de tous les jours de manière plus statique et moins vive mais avec exactitude et minutie. Outre cette peinture dite primitive, qui connaît un grand succès à l'étranger, on trouve une peinture haïtienne moderne et très

Peintures haïtiennes primitives en vente à Port-au-Prince

expressive, émanant de peintres qui ont eu une formation académique. Ainsi, Haïti, un des pays les plus pauvres du monde, est aussi un des plus riches dans le domaine de la peinture contemporaine.

VRAI OU FAUX?

1. La majorité des Haïtiens parlent français.
2. Les mulâtres sont les premiers habitants d'Haïti.
3. Napoléon voulait qu'Haïti reste française.
4. Les premiers peintres haïtiens n'avaient souvent pas d'éducation formelle.

PETITES ANTILLES

CHRONOLOGIE

1493 Christophe Colomb découvre la Guadeloupe et en 1502, la Martinique.

1508 Première cargaison d'esclaves africains arrive.

1635 Occupation française de la Martinique et de la Guadeloupe.

1678 Le nombre d'esclaves aux Antilles françaises atteint 27.000.

1848 La France abolit l'esclavage.

1902 Éruption de la Montagne Pelée à la Martinique, qui détruit l'ancienne capitale, Saint-Pierre, et tue 29.000 personnes.

1946 La Martinique et la Guadeloupe deviennent départements français d'outre-mer, gouvernés par la France. Les habitants sont de nationalité française et ont le droit de vote.

	Martinique	Guadeloupe
Statut politique	départements français d'outre-mer	
Superficie	1.106 km²	1.780 km²
Population	375.000	426.000
Groupes ethniques	mulâtres, noirs, créoles, Indiens d'Asie	
Langue officielle	français	français
Religion	catholique	catholique
Chef-lieu	Fort-de-France	Pointe-à-Pitre
Ressources	subvention de l'État français, tourisme, industrie (rhum, sucre), agriculture (canne à sucre, bananes, ananas)	

VRAI OU FAUX?

1. Il fait assez froid en hiver à la Martinique.
2. La Guadeloupe fait partie de la France.
3. Aimé Césaire a été maire de Fort-de-France.
4. Saint-Pierre avait une population de près de 100.000 habitants.
5. Il y a un volcan sur l'île de la Martinique.

Les Petites Antilles françaises: une évasion tropicale

Situées en zone tropicale, les Petites Antilles françaises sont un archipel en forme d'arc où se trouvent la Martinique (mot qui veut dire «île aux fleurs») et la Guadeloupe («île aux belles eaux»). Cette dernière est composée de deux îles principales, qui forment un papillon, Basse-Terre et Grande-Terre.

L'hospitalité des Antillais est célèbre et le touriste appréciera les baignades sous un doux soleil, les promenades dans les forêts tropicales ou les plongées sous-marines parmi des poissons de toutes les couleurs. On peut aussi, à bord d'un voilier, apprécier le calme et la beauté des plages sauvages bordées de palmiers, explorer des villages de pêcheurs ou visiter, à la Martinique, le village des Trois-Îlets où est née en 1763 Marie-Josèphe Rose Tascher de la Pagerie, la future impératrice, femme de Napoléon.

Mais ces îles de rêve ont leur côté sombre. Chaque année, des ouragans violents frappent la région. Ces îles volcaniques sont à la merci d'éruptions, comme celle qui en 1902 a détruit Saint-Pierre à la Martinique. Elles sont aussi menacées de tremblements de terre qui peuvent faire disparaître des portions d'île entières.

Au cours de leur histoire, ces îles ont connu l'exploitation, la violence et la misère. Aujourd'hui encore, le chômage *(unemployment)* est très élevé: 23,5% à la Martinique, plus élevé encore en Guadeloupe. Certains Antillais voudraient se séparer de la France. Aimé Césaire, célèbre poète de la négritude, qui est devenu maire de Fort-de-France, a déclaré que la Martinique «perdait son âme» en restant française et dépendante de la France. Par contre, une séparation de la France serait un désastre économique.

De nombreux Antillais choisissent d'émigrer, surtout en France. Certains vont y faire des études et retrouvent dans les universités françaises des francophones africains dont ils partagent souvent la pensée. Ceux qui restent aux Antilles font face courageusement à une vie très dure, qui s'illumine cependant d'une joie de vivre et d'un amour des fêtes, de la musique et de la danse.

Le zouk, musique populaire de la Martinique

Le mot «zouk» vient de la Martinique. Il signifie «danse» en créole. Pendant les années 80, ce mot désignait la danse exécutée au son de la musique du groupe «Kassav». Ce groupe, qui est en grande partie responsable du succès de ce genre de musique, se compose de musiciens et chanteurs de la Martinique et de la Guadeloupe, vivant actuellement en France. Aux Antilles, la popularité du zouk a fait naître de nouveaux groupes de musiciens. Musique composite à l'image du mélange des races antillaises, le zouk combine de nombreux styles, rythmes et mélodies sur synthétiseurs, batteries électroniques et instruments d'origines multiples: tambours, congas, maracas d'influence africaine, banjo et clarinette de La Nouvelle-Orléans, instruments à cordes venant d'Europe. Le zouk se danse sur place avec un mouvement rythmique des hanches *(hips)*. Il se rattache au phénomène musical du «world beat» ou «world music». Il résulte de l'union de la musique folklorique et la chanson créole avec la technologie électronique moderne.

Le carnaval

Dans les Antilles françaises, le carnaval est l'occasion d'une fête de plusieurs jours. À la Martinique, tout commence la dernière semaine avant le carême *(lent)*. Le vendredi soir, on danse jusqu'à très tard dans la nuit. Le lendemain, les Antillais descendent dans les rues «courir le vidé». Les «vidés», immenses personnages habillés de rouge ou de noir, mènent les foules le long des rues en chantant et en dansant, pour qu'elles oublient leurs soucis quotidiens et les conventions sociales. Le dimanche aussi a lieu le défilé de Vaval, roi du carnaval, et l'élection de la reine du carnaval. Le lundi, troisième jour du carnaval, est plus calme. Des femmes déguisées en hommes et vice-versa se promènent dans les rues, figurant, en une parade burlesque, des couples mariés. La journée se termine par des mariages légitimes. Le jour suivant, mardi gras, on célèbre la fête du diable rouge. Vestige de l'influence africaine, ce personnage, habillé de satin rouge et la tête couverte d'un masque rouge et noir surmonté de cornes, danse au son de clochettes en brandissant un trident décoré. Enfin, le mercredi des cendres est jour de deuil. Les participants à la fête s'habillent en noir et blanc pour aller brûler le roi Vaval au milieu des pleurs et des cris, mais avec la certitude de le voir renaître l'année suivante.

Le créole

Le créole est le produit d'une fusion de plusieurs langues. Aux Antilles françaises, il s'est développé au XVIIᵉ siècle avec l'arrivée des esclaves africains. Ces derniers, originaires de communautés linguistiques différentes, devaient communiquer non seulement entre eux mais aussi avec leurs nouveaux maîtres. L'apprentissage en masse du français par les Africains ne ressemblait en rien à l'enseignement dans une salle de classe sous la tutelle d'un professeur. Les Africains apprenaient le français dans les champs de canne à sucre en écoutant le langage familier des colons français. Cette langue ressemblait peu au français littéraire. Le résultat de toutes ces influences est la formation d'une langue nouvelle, le créole.

VRAI OU FAUX?

1. Le carnaval a lieu après la fête de Pâques *(Easter)*.
2. Le dernier jour avant le début du carême est un mardi.
3. Le zouk est la langue parlée par les Martiniquais.
4. À leur arrivée aux Antilles, les esclaves parlaient tous la même langue africaine.

Verbes

VERBES RÉGULIERS

Infinitif	Présent		Passé Composé		Imparfait	
1. parler	je	parle	j'	ai parlé	je	parlais
	tu	parles	tu	as parlé	tu	parlais
	il/elle/on	parle	il/elle/on	a parlé	il/elle/on	parlait
	nous	parlons	nous	avons parlé	nous	parlions
	vous	parlez	vous	avez parlé	vous	parliez
	ils/elles	parlent	ils/elles	ont parlé	ils/elles	parlaient
2. finir	je	finis	j'	ai fini	je	finissais
	tu	finis	tu	as fini	tu	finissais
	il/elle/on	finit	il/elle/on	a fini	il/elle/on	finissait
	nous	finissons	nous	avons fini	nous	finissions
	vous	finissez	vous	avez fini	vous	finissiez
	ils/elles	finissent	ils/elles	ont fini	ils/elles	finissaient
3. attendre	j'	attends	j'	ai attendu	j'	attendais
	tu	attends	tu	as attendu	tu	attendais
	il/elle/on	attend	il/elle/on	a attendu	il/elle/on	attendait
	nous	attendons	nous	avons attendu	nous	attendions
	vous	attendez	vous	avez attendu	vous	attendiez
	ils/elles	attendent	ils/elles	ont attendu	ils/elles	attendaient
4. se laver	je	me lave	je	me suis lavé(e)	je	me lavais
	tu	te laves	tu	t'es lavé(e)	tu	te lavais
	il/on	se lave	il/on	s'est lavé	il/on	se lavait
	elle	se lave	elle	s'est lavée	elle	se lavait
	nous	nous lavons	nous	nous sommes lavé(e)s	nous	nous lavions
	vous	vous lavez	vous	vous êtes lavé(e)(s)	vous	vous laviez
	ils	se lavent	ils	se sont lavés	ils	se lavaient
	elles	se lavent	elles	se sont lavées	elles	se lavaient

Impératif		Futur		Conditionnel		Subjonctif
parle	je	parlerai	je	parlerais	que je	parle
parlons	tu	parleras	tu	parlerais	que tu	parles
parlez	il/elle/on	parlera	il/elle/on	parlerait	qu'il/elle/on	parle
	nous	parlerons	nous	parlerions	que nous	parlions
	vous	parlerez	vous	parleriez	que vous	parliez
	ils/elles	parleront	ils/elles	parleraient	qu'ils/elles	parlent
finis	je	finirai	je	finirais	que je	finisse
finissons	tu	finiras	tu	finirais	que tu	finisses
finissez	il/elle/on	finira	il/elle/on	finirait	qu'il/elle/on	finisse
	nous	finirons	nous	finirions	que nous	finissions
	vous	finirez	vous	finiriez	que vous	finissiez
	ils/elles	finiront	ils/elles	finiraient	qu'ils/elles	finissent
attends	j'	attendrai	j'	attendrais	que j'	attende
attendons	tu	attendras	tu	attendrais	que tu	attendes
attendez	il/elle/on	attendra	il/elle/on	attendrait	qu'il/elle/on	attende
	nous	attendrons	nous	attendrions	que nous	attendions
	vous	attendrez	vous	attendriez	que vous	attendiez
	ils/elles	attendront	ils/elles	attendraient	qu'ils/elles	attendent
lave-toi	je	me laverai	je	me laverais	que je	me lave
lavons-nous	tu	te laveras	tu	te laverais	que tu	te laves
lavez-vous	il/on	se lavera	il/on	se laverait	qu'il/on	se lave
	elle	se lavera	elle	se laverait	qu'elle	se lave
	nous	nous laverons	nous	nous laverions	que nous	nous lavions
	vous	vous laverez	vous	vous laveriez	que vous	vous laviez
	ils	se laveront	ils	se laveraient	qu'ils	se lavent
	elles	se laveront	elles	se laveraient	qu'elles	se lavent

VERBES RÉGULIERS AVEC CHANGEMENTS ORTHOGRAPHIQUES

Infinitif	Présent		Passé Composé	Imparfait
1. manger	je mange tu manges il/elle/on mange	nous mangeons vous mangez ils/elles mangent	j'ai mangé	je mangeais
2. avancer	j' avance tu avances il/elle/on avance	nous avançons vous avancez ils/elles avancent	j'ai avancé	j'avançais
3. payer	je paie tu paies il/elle/on paie	nous payons vous payez ils/elles paient	j'ai payé	je payais
4. préférer	je préfère tu préfères il/elle/on préfère	nous préférons vous préférez ils/elles préfèrent	j'ai préféré	je préférais
5. acheter	j' achète tu achètes il/elle/on achète	nous achetons vous achetez ils/elles achètent	j'ai acheté	j'achetais
6. appeler	j' appelle tu appelles il/elle/on appelle	nous appelons vous appelez ils/elles appellent	j'ai appelé	j'appelais

Impératif	Futur	Conditionnel	Subjonctif	*Autres verbes*
mange mangeons mangez	je mangerai	je mangerais	que je mange que nous mangions	exiger nager neiger voyager
avance avançons avancez	j'avancerai	j'avancerais	que j'avance que nous avancions	commencer divorcer
paie payons payez	je paierai	je paierais	que je paie que nous payions	essayer
préfère préférons préférez	je préférerai	je préférerais	que je préfère que nous préférions	espérer exagérer répéter s'inquiéter
achète achetons achetez	j'achèterai	j'achèterais	que j'achète que nous achetions	lever se lever se promener
appelle appelons appelez	j'appellerai	j'appellerais	que j'appelle que nous appelions	épeler jeter s'appeler

V E R B E S   I R R É G U L I E R S

To conjugate the irregular verbs on the top of the opposite page, consult the verbs conjugated in the same manner, using the number next to the verbs. The verbs preceded by a bullet are conjugated with the auxiliary verb **être.** Of course, when the verbs in this chart are used with a reflexive pronoun (as reflexive verbs), the auxiliary verb **être** must be used in compound tenses.

Infinitif	Présent				Passé Composé	Imparfait
1. aller	je	vais	nous	allons	je suis allé(e)	j'allais
	tu	vas	vous	allez		
	il/elle/on	va	ils/elles	vont		
2. s'asseoir	je	m'assieds	nous	nous asseyons	je me suis assis(e)	je m'asseyais
	tu	t'assieds	vous	vous asseyez		
	il/elle/on	s'assied	ils/elles	s'asseyent		
3. avoir	j'	ai	nous	avons	j'ai eu	j'avais
	tu	as	vous	avez		
	il/elle/on	a	ils/elles	ont		
4. battre	je	bats	nous	battons	j'ai battu	je battais
	tu	bats	vous	battez		
	il/elle/on	bat	ils/elles	battent		
5. boire	je	bois	nous	buvons	j'ai bu	je buvais
	tu	bois	vous	buvez		
	il/elle/on	boit	ils/elles	boivent		
6. conduire	je	conduis	nous	conduisons	j'ai conduit	je conduisais
	tu	conduis	vous	conduisez		
	il/elle/on	conduit	ils/elles	conduisent		
7. connaître	je	connais	nous	connaissons	j'ai connu	je connaissais
	tu	connais	vous	connaissez		
	il/elle/on	connaît	ils/elles	connaissent		
8. croire	je	crois	nous	croyons	j'ai cru	je croyais
	tu	crois	vous	croyez		
	il/elle/on	croit	ils/elles	croient		
9. devoir	je	dois	nous	devons	j'ai dû	je devais
	tu	dois	vous	devez		
	il/elle/on	doit	ils/elles	doivent		

apprendre 23
comprendre 23
couvrir 19
découvrir 19
décrire 11

détruire 6
• devenir 26
dormir 20
élire 15
• s'endormir 20

offrir 19
permettre 16
promettre 16
réduire 6

• repartir 20
• revenir 26
revoir 27
sentir 20

• sortir 20
sourire 24
traduire 6
valoir mieux 14

Impératif	Futur	Conditionnel	Subjonctif
va allons allez	j'irai	j'irais	que j'aille que nous allions
assieds-toi asseyons-nous asseyez-vous	je m'assiérai	je m'assiérais	que je m'asseye que nous nous asseyions
aie ayons ayez	j'aurai	j'aurais	que j'aie que nous ayons
bats battons battez	je battrai	je battrais	que je batte que nous battions
bois buvons buvez	je boirai	je boirais	que je boive que nous buvions
conduis conduisons conduisez	je conduirai	je conduirais	que je conduise que nous conduisions
connais connaissons connaissez	je connaîtrai	je connaîtrais	que je connaisse que nous connaissions
crois croyons croyez	je croirai	je croirais	que je croie que nous croyions
dois devons devez	je devrai	je devrais	que je doive que nous devions

Infinitif	Présent		Passé Composé	Imparfait
10. dire	je dis tu dis il/elle/on dit	nous disons vous dites ils/elles disent	j'ai dit	je disais
11. écrire	j' écris tu écris il/elle/on écrit	nous écrivons vous écrivez ils/elles écrivent	j'ai écrit	j'écrivais
12. être	je suis tu es il/elle/on est	nous sommes vous êtes ils/elles sont	j'ai été	j'étais
13. faire	je fais tu fais il/elle/on fait	nous faisons vous faites ils/elles font	j'ai fait	je faisais
14. falloir	il faut		il a fallu	il fallait
15. lire	je lis tu lis il/elle/on lit	nous lisons vous lisez ils/elles lisent	j'ai lu	je lisais
16. mettre	je mets tu mets il/elle/on met	nous mettons vous mettez ils/elles mettent	j'ai mis	je mettais
17. mourir	je meurs tu meurs il/elle/on meurt	nous mourons vous mourez ils/elles meurent	je suis mort(e)	je mourais
18. naître	je nais tu nais il/elle/on naît	nous naissons vous naissez ils/elles naissent	je suis né(e)	je naissais
19. ouvrir	j' ouvre tu ouvres il/elle/on ouvre	nous ouvrons vous ouvrez ils/elles ouvrent	j'ai ouvert	j'ouvrais

Impératif	Futur	Conditionnel	Subjonctif
dis disons dites	je dirai	je dirais	que je dise que nous disions
écris écrivons écrivez	j'écrirai	j'écrirais	que j'écrive que nous écrivions
sois soyons soyez	je serai	je serais	que je sois que nous soyons
fais faisons faites	je ferai	je ferais	que je fasse que nous fassions
—	il faudra	il faudrait	qu'il faille
lis lisons lisez	je lirai	je lirais	que je lise que nous lisions
mets mettons mettez	je mettrai	je mettrais	que je mette que nous mettions
meurs mourons mourez	je mourrai	je mourrais	que je meure que nous mourions
nais naissons naissez	je naîtrai	je naîtrais	que je naisse que nous naissions
ouvre ouvrons ouvrez	j'ouvrirai	j'ouvrirais	que j'ouvre que nous ouvrions

Infinitif	Présent		Passé Composé	Imparfait
20. partir*	je pars tu pars il/elle/on part	nous partons vous partez ils/elles partent	je suis parti(e)*	je partais
21. pleuvoir	il pleut		il a plu	il pleuvait
22. pouvoir	je peux** tu peux il/elle/on peut	nous pouvons vous pouvez ils/elles peuvent	j'ai pu	je pouvais
23. prendre	je prends tu prends il/elle/on prend	nous prenons vous prenez ils/elles prennent	j'ai pris	je prenais
24. rire	je ris tu ris il/elle/on rit	nous rions vous riez ils/elles rient	j'ai ri	je riais
25. savoir	je sais tu sais il/elle/on sait	nous savons vous savez ils/elles savent	j'ai su	je savais
26. venir	je viens tu viens il/elle/on vient	nous venons vous venez ils/elles viennent	je suis venu(e)	je venais
27. voir	je vois tu vois il/elle/on voit	nous voyons vous voyez ils/elles voient	j'ai vu	je voyais
28. vouloir	je veux tu veux il/elle/on veut	nous voulons vous voulez ils/elles veulent	j'ai voulu	je voulais

*Servir, **dormir**, and **sentir** are conjugated with **avoir** in the passé composé. **Partir, sortir,** and **s'endormir** are conjugated with être.
The inverted form of **je peux is **puis-je … ?**

Impératif	Futur	Conditionnel	Subjonctif
pars partons partez	je partirai	je partirais	que je parte que nous partions
—	il pleuvra	il pleuvrait	qu'il pleuve
— — —	je pourrai	je pourrais	que je puisse que nous puissions
prends prenons prenez	je prendrai	je prendrais	que je prenne que nous prenions
ris rions riez	je rirai	je rirais	que je rie que nous riions
sache sachons sachez	je saurai	je saurais	que je sache que nous sachions
viens venons venez	je viendrai	je viendrais	que je vienne que nous venions
vois voyons voyez	je verrai	je verrais	que je voie que nous voyions
veuille veuillons veuillez	je voudrai	je voudrais	que je veuille que nous voulions

Appendices

A P P E N D I X   A

A list of International Phonetic Alphabet symbols

Voyelles

Son	Exemples	Pages: *Entre amis*
[i]	il, **y**	321
[e]	**et,** parlé, **ai**mer, ch**ez**	62, 412
[ɛ]	mère, **nei**ge, **ai**me, tête, chère, belle	62, 442
[a]	la, femme	62
[wa]	**toi**, tr**ois**, qu**oi**, v**oy**age	62
[ɔ]	folle, bonne	197
[o]	**eau**, ch**au**d, n**os**, ch**ose**	197, 412
[u]	v**ous**, **aoû**t	167
[y]	**u**ne, r**u**e, **eu**	167, 169
[ø]	d**eu**x, v**eu**t, bl**eu**, ennuy**eu**se	383
[œ]	h**eu**re, v**eu**lent, s**œu**r	383
[ə]	le, serons, faisons	62, 442
[ã]	**an**, l**en**t, ch**am**bre, **en**semble	94
[ɔ̃]	m**on**, n**om**, s**on**t	94
[ɛ̃]	m**ain**, f**aim**, ex**am**en, **im**portant, v**in**, ch**ien** symph**on**ie, br**un***, parf**um***	94

*Some speakers pronounce written **un** and **um** as [œ̃].

Consonnes

[p]	**p**ère, ju**pe**	413
[t]	**t**oute, gran**d** ami, quan**d** est-ce que…	110, 154, 413
[k]	**c**omment, **qui**	225, 413
[b]	ro**be**, **b**ien	413
[d]	**d**eux, ren**d**ent	413
[g]	**g**are, lon**gu**e, se**c**ond	362, 413
[f]	**f**ou, **ph**armacie, neu**f**	67

[s]	mer**c**i, profe**ss**eur, fran**ç**ais, tenni**s**, démocra**ti**e	225
[ʃ]	**ch**at, **sh**ort	225
[v]	**v**ous, neu**f** ans	67
[z]	**z**éro, ro**s**e	110, 225
[ʒ]	**j**e, â**g**e, na**ge**ons	39, 225
[l]	**l**ire, vi**ll**e	348
[R]	**r**ue, sœu**r**	261
[m]	**m**es, ai**m**e, co**mm**ent	94
[n]	**n**on, américai**n**e, bo**nn**e	94
[ɲ]	monta**gn**e	225

Semiconsonnes

[j]	fi**ll**e, trava**il**, ch**i**en, vo**y**ez, **y**eux, h**i**er	321, 348
[w]	**ou**i, **w**eek-end	
[ɥ]	h**u**it, t**u**er	

APPENDIX B

Professions

The following professions are in addition to those taught in Ch. 4, p. 115.

agent *m.* **d'assurances** insurance agent
agent *m.* **de police** police officer
agent *m.* **de voyages** travel agent
agent *m.* **immobilier** real-estate agent
artisan *m.* craftsperson
assistant(e) social(e) social worker
avocat(e) lawyer
femme de ménage *f.* cleaning lady
banquier *m.* banker
boucher/bouchère butcher
boulanger/boulangère baker
caissier/caissière cashier
chanteur/chanteuse singer
charcutier/charcutière pork butcher, delicatessen
  owner
chauffeur *m.* driver
chercheur/chercheuse researcher
chirurgien(ne) surgeon
commerçant(e) shopkeeper
conférencier/conférencière lecturer
conseiller/conseillère counsellor; advisor
dentiste *m./f.* dentist
douanier/douanière customs officer
électricien(ne) electrician
épicier/épicière grocer
expert-comptable *m.* CPA
facteur/factrice mail deliverer
garagiste *m./f.* garage owner; mechanic
homme/femme politique politician
photographe *m./f.* photographer

hôtelier/hôtelière hotelkeeper
hôtesse de l'air *f.* stewardess
informaticien(ne) data processor
instituteur/institutrice elementary-school teacher
ménagère *f.* housewife
jardinier/jardinière gardener
maire *m.* mayor
mannequin *m.* fashion model
mécanicien(ne) mechanic
militaire *m.* serviceman/servicewoman
moniteur/monitrice (de ski) *(ski) instructor*
musicien(ne) musician
opticien(ne) optician
PDG *m./f.* CEO (chairperson)
pasteur *m.* (Protestant) minister
peintre *m./f.* painter
pilote *m.* pilot
plombier *m.* plumber
pompier *m.* firefighter
prêtre *m.* priest
psychologue *m./f.* psychologist
rabbin *m.* rabbi
religieuse *f.* nun
reporter *m.* reporter
représentant(e) de commerce traveling salesperson
restaurateur/restauratrice restaurant owner
savant *m.* scientist; scholar
sculpteur *m.* sculptor
serveur/serveuse waiter/waitress
vétérinaire *m./f.* vet

historian d'arte

APPENDIX C

Glossary of Grammatical Terms

Term	Definition	Example(s)
accord *(agreement)* 16, 22	Articles, adjectives, pronouns, etc. are said to agree with the noun they modify when they "adopt" the gender and number of the noun.	*La voisine de Patrick est allemande.* *C'est une jeune fille très gentille.* *Elle est partie en vacances.*
adjectif *(adjective)* 16, 22, 97	A word that describes or modifies a noun or a pronoun, specifying size, color, number, or other qualities.	*Lori Becker n'est pas mariée. Nous sommes américains. Le professeur a une voiture noire. C'est une belle voiture.* (See **adjectif démonstratif, adjectif interrogatif, adjectif possessif.**)
adjectif démonstratif *(demonstrative adjective)* 105	A noun determiner (see **déterminant**) that identifies and *demonstrates* a person or a thing.	*Regarde les couleurs de cette robe et de ce blouson!*
adjectif interrogatif *(interrogative adjective)* 117, 422	An adjective that introduces a question. In French, the word **quel** *(which* or *what)* is used as an interrogative adjective and agrees in gender and number with the noun it modifies.	*Quelle heure est-il? Quels vêtements portez-vous?*
adjectif possessif *(possessive adjective)* 72, 80	A noun determiner that indicates *possession* or *ownership.* Agreement depends on the gender of the noun and not on the sex of the possessor, as in English *(his/her).*	*Où est mon livre? Comment s'appelle son père?*
adverbe *(adverb)* 309	An invariable word that describes a verb, an adjective, or another adverb. It answers the question *when?* (time), *where?* (place), or *how? how much?* (manner).	*Mon père conduit lentement.* (how?) *On va regarder un match de foot demain.* (when?) *J'habite ici.* (where?)
adverbe interrogatif *(interrogative adverb)* 154	An adverb that introduces a question about time, location, manner, number, or cause.	*Où sont mes lunettes? Comment est-ce que Lori a trouvé le film? Pourquoi est-ce que tu fumes?*

Term	Definition	Example(s)
article *(article)* 43, 65, 228	A word used to signal that a noun follows, and to specify the noun as to its *gender* and *number*, as well as whether it is general, particular, or part of a larger whole. (See **article défini, article indéfini,** and **article partitif.**)	
article défini *(definite article)* 43, 46, 335	The definite articles in French are **le, la, l',** and **les.** They are used to refer to a specific noun, or to things in general, in an abstract sense.	*Le professeur est dans la salle de classe. Le lait est bon pour la santé. J'aime les concerts de jazz.*
article indéfini *(indefinite article)* 65	The indefinite articles in French are **un, une,** and **des.** They are used to designate unspecified nouns.	*Lori Becker a un frère et une sœur. J'ai des amis qui habitent à Paris.*
article partitif *(partitive article)* 228	The partitive articles in French are **du, de la, de l',** and **des.** They are used to refer to *part* of a larger whole, or to things that cannot be counted.	*Je vais acheter du fromage. Tu veux de la soupe?*
comparatif *(comparison)* 331, 333	When comparing people or things, these comparative forms are used: **plus** *(more),* **moins** *(less),* **aussi** *(as … as),* and **autant** *(as much as).*	*Le métro est plus rapide que le bus. Il neige moins souvent en Espagne qu'en France. Ma sœur parle aussi bien le français que moi. Elle gagne autant d'argent que moi.*
conditionnel *(conditional)* 452	A verb form used when stating hypotheses or expressing polite requests.	*Tu devrais faire attention. Je voudrais une tasse de café.*
conjugaison *(conjugation)*	An expression used to refer to the various forms of a verb that reflect *person* (1st, 2nd, or 3rd person), *number* (singular or plural), *tense* (present, past, or future), and *mood* (indicative, subjunctive, imperative, conditional). Each conjugated form consists of a *stem* and an *ending.*	Présent: *Nous parlons français en classe.* Passé composé: *Je suis allé à Paris l'année dernière.* Imparfait: *Quand il était jeune, mon frère s'amusait beaucoup.* Futur: *Je ferai le devoir de français ce soir.* Impératif: *Ouvrez vos livres!* Subjonctif: *Il faut qu'on fasse la lessive tout de suite.* Conditionnel: *Je voudrais un verre de coca.*

Term	Definition	Example(s)
contraction *(contraction)* 79, 136, 423	The condensing of two words to form one.	*C'est une photo **du** professeur* [**de** + **le**]. *Nous allons **au** café* [**à** + **le**].
déterminant *(determiner)* 360	A word that precedes a noun and *determines* its quality (*definite, indefinite, partitive,* etc.). In French, nouns are usually accompanied by one of these determiners.	Article *(**le** livre)*; demonstrative adjective (***cette** table)*; possessive adjective (***sa** voiture)*; interrogative adjective (***Quelle** voiture?)*; number (***trois** crayons)*.
élision *(elision)* 20, 44, 266, 291, 447	The process by which some words drop their final vowel and replace it with an apostrophe before words beginning with a vowel sound.	*Je **m'**appelle Martin et **j'**habite près de **l'**église.*
futur *(future)* 365, 366	A tense used to express what *will* happen. The construction **aller** + *infinitive* often replaces the future tense, especially when making more immediate plans.	*Un jour, nous **irons** en France. Nous **allons partir** cet après-midi.*
genre *(gender)* 15, 43	The term used to designate whether a noun, article, pronoun, or adjective is masculine or feminine. All nouns in French have a grammatical *gender*.	***la** table, **le** livre, **le** garçon, **la** mère*
imparfait *(imperfect)* 322, 392, 443	A past tense used to describe a setting (background information), a condition (physical or emotional), or a habitual action.	*Il **faisait** beau quand je suis parti. Je **prenais** beaucoup de médicaments quand j'**étais** jeune.*
impératif *(imperative)* 301, 305	The verb form used to give commands or to make suggestions.	***Répétez** après moi! **Allons** faire une promenade.*
indicatif *(indicative)*	A class of tenses, used to relate facts or supply information. **Le présent, le passé composé, l'imparfait, le futur** all belong to the indicative mood.	*Je ne **prends** pas le petit déjeuner. Le directeur **partira** en vacances le mois prochain. Il **faisait** beau quand je **suis parti**.*
infinitif *(infinitive)* 38, 46	The plain form of the verb, showing the general meaning of the verb without reflecting *tense, person,* or *number*. French verbs are often classified according to	*étudier, choisir, vendre*

Term	Definition	Example(s)
	the last two letters of their infinitive forms: -**er** verbs, -**ir** verbs, or -**re** verbs.	
inversion *(inversion)* 50, 70, 154, 170	An expression used to refer to the reversal of the subject pronoun-verb order in the formation of questions.	*Parlez-vous français? Chantez-vous bien?*
liaison *(liaison)* 13, 16, 68, 135, 154	The term used to describe the spoken linking of the final and usually silent consonant of a word with the beginning vowel sound of the following word.	*Vous [z]êtes américain? Ma sœur a un petit [t]ami.*
mot apparenté *(cognate)* 26, 92	Words from different languages that are related in origin and that are similar are referred to as *cognates*.	***question*** [Fr.] = *question* [Eng.]; ***semestre*** [Fr.] = *semester* [Eng.]
négation *(negation)* 20, 98, 169, 175, 325, 449	The process of transforming a positive sentence into a negative one. In negative sentences the verb is placed between two words, **ne** and another word defining the nature of the negation.	*On **ne** parle **pas** anglais ici. Il **ne** neige **jamais** à Casablanca. Mon grand-père **ne** travaille **plus**. Il n'y a **personne** dans la salle de classe. Mon fils **n'**a **rien** dit.*
nombre *(number)*	The form of a noun, article, pronoun, adjective, or verb that indicates whether it is *singular* or *plural*. When an adjective is said to agree with the noun it modifies in *number*, it means that the adjective will be singular if the noun is singular, and plural if the noun is plural.	***La** voiture de James **est** très petite. **Les** livres de français ne **sont** pas aussi chers que **les** livres de biologie.*
nom *(noun)*	The name of a person, place, thing, idea, etc. All nouns in French have a grammatical gender and are usually preceded by a determiner.	*le **livre**, la **vie**, les **étudiants**, ses **parents**, cette **photo**.*
objet direct *(direct object)* 295, 296, 352	A thing or a person bearing directly the action of a verb. (See **pronom objet direct**.)	*Thierry écrit **un poème**. Il aime **Céline**.*

Term	Definition	Example(s)
objet indirect *(indirect object)* 415	A person (or persons) to or for whom something is done. The indirect object is often preceded by the preposition **à** because it receives the action of the verb *indirectly*. (See **pronom objet indirect.**)	*Thierry donne une rose à **Céline**. Le professeur raconte des histoires drôles **aux étudiants**.*
participe passé *(past participle)* 169, 199	The form of a verb used with an auxiliary to form two-part (compound) past tenses such as **le passé composé.**	*Vous êtes **allés** au cinéma. Moi, j'ai **lu** un roman policier.*
passé composé 168, 198, 322, 443	A past tense used to narrate an event in the past, to tell what happened, etc. It is used to express actions *completed* in the past. The **passé composé** is composed of two parts: an auxiliary (**avoir** or **être**) conjugated in the present tense, and the past participle form of the verb.	*Le président **a parlé** de l'économie. Nous **sommes arrivés** à 5h.*
personne *(person)*	The notion *person* indicates whether the subject of the verb is speaking *(1st person)*, spoken to *(2nd person)*, or spoken about *(3rd person)*. Verbs and pronouns are designated as being in the singular or plural of one of the three persons.	First person singular: *Je n'ai rien compris.* Second person plural: *Avez-**vous** de l'argent?* Third person plural: ***Elles** sont toutes les deux sénégalaises.*
préposition *(preposition)* 150, 152, 206	A word (or a small group of words) preceding a noun or a pronoun that shows position, direction, time, etc. relative to another word in the sentence.	*Mon oncle qui habite **à** Boston est allé **en** France. L'hôtel est **en face de** la gare.*
présent *(present)* 16, 38	A tense that expresses an action taking place at the moment of speaking, an action that one does habitually, or an action that began earlier and is still going on.	*Il **fait** très beau aujourd'hui. Je me **lève** à 7h tous les jours.*

Term	Definition	Example(s)
pronom *(pronoun)* 15, 50, 117, 154, 182, 296, 305, 415, 429	A word used in place of a noun or a noun phrase. Its form depends on the *number* (singular or plural), *gender* (masculine or feminine), *person* (1st, 2nd, 3rd), and *function* (subject, object, etc.) of the noun it replaces.	*Tu aimes les fraises? Oui, **je les** adore. Irez-**vous** à Paris cet été? Non, **je** n'**y** vais pas. Prenez-**vous** du sucre? Oui, **j'en** prends. Qui **t**'a dit de partir? **Lui.***
pronom accentué *(stress pronoun)* 182	A pronoun that is separated from the verb and appears in different positions in the sentence.	*Voilà son livre à **elle.** Viens avec **moi!***
pronom interrogatif *(interrogative pronoun)* 117, 422, 446	Interrogative pronouns are used to ask questions. They change form depending upon whether they refer to people or things and also whether they function as the subject, the direct object, or the object of a preposition of a sentence.	***Qui** est là? **Que** voulez-vous faire dans la vie? **Qu'est-ce que** vous faites? **Qu'est-ce qui** est arrivé?*
pronom objet direct *(direct object pronoun)* 296	A pronoun that replaces a direct object noun.	*Thierry aime Céline et elle **l**'aime aussi.*
pronom objet indirect *(indirect object pronoun)* 415	A pronoun that replaces an indirect object noun.	*Thierry **lui** a donné une rose.*
pronom relatif *(relative pronoun)* 63, 154, 243, 425	A pronoun that refers or "relates" to a preceding noun (*antécédent*) and connects two clauses into a single sentence.	*Le professeur a des amis **qui** habitent à Paris. J'ai lu le livre **que** tu m'as donné.*
pronom sujet *(subject pronoun)* 15	A pronoun that replaces a noun subject.	***Ils** attendent le train. **On** parle français ici.*
sujet *(subject)* 15	The person or thing that performs the action of the verb. (See **pronom sujet.**)	***Les étudiants** font souvent les devoirs à la bibliothèque. **Vous** venez d'où?*
subjonctif *(subjunctive)* 302, 395, 427	A class of tenses, used under specific conditions: (1) the verb is in the second (or subordinate) clause of a sentence; (2) the second clause is introduced by **que**; and	*Mon père préfère que je n'**aie** pas de voiture. Le professeur veut que nous **parlions** français. Ma mère est contente que vous **soyez** ici.*

Term	Definition	Example(s)
	(3), the verb of the first clause expresses advice, will, necessity, emotion, etc.	
superlatif *(superlative)* 335	The superlative is used to express the superior or inferior degree or quality of a person or a thing.	*Le TGV est le train **le plus** rapide du monde. L'eau minérale est la boisson **la moins** chère.*
temps *(tense)*	The particular form of a verb that indicates the time frame in which an action occurs: present, past, future, etc.	*La tour Eiffel **est** le monument le plus haut de Paris. Nous **sommes arrivés** à 5h à la gare. Je **ferai** de mon mieux.*
verbe *(verb)*	A word expressing action or condition of the subject. The verb consists of a *stem* and an *ending,* the form of which depends on the *subject* (singular, plural, 1st, 2nd, or 3rd person), the *tense* (present, past, future), and the *mood* (indicative, subjunctive, imperative, conditional).	
verbe auxiliaire *(auxiliary verb)* 169, 198	The two auxiliary (or helping) verbs in French are **avoir** and **être.** They are used in combination with a past participle to form **le passé composé.**	*Nous **sommes** allés au cinéma hier. Nous **avons** vu un très bon film.*
verbes pronominaux *(reflexive verbs)* 178, 200, 387	Verbs whose subjects and objects are the same. A reflexive pronoun will precede the verb and act as either the direct or indirect object of the verb. The reflexive pronoun has the same *number, gender,* and *person* as the subject.	*Lori **se réveille.** Elle et James **se sont** bien **amusés** hier soir.*

Vocabulaire

This vocabulary list includes all of the words and phrases included in the *Vocabulaire actif* sections of *Entre amis,* as well as the passive vocabulary used in the text. The definitions given are limited to the context in which the words are used in this book. Entries for active vocabulary are followed by the number of the chapter in which they are introduced for the first time. If a word is formally activated in more than one chapter, a reference is given for each chapter. Some entries are followed by specific examples from the text. Expressions are listed according to their key word. In subentries, the symbol ~ indicates the repetition of the key word.

Regular adjectives are given in the masculine form, with the feminine ending in parentheses. For irregular adjectives, the full feminine form is given in parentheses.

The gender of each noun is indicated after the noun. Irregular feminine or plural forms are also noted beside the singular form.

The following abbreviations are used.

CP   Chapitre préliminaire

adj.	adjective	*m.*	masculine
adv.	adverb	*m.pl.*	masculine plural
art.	article	*n.*	noun
conj.	conjunction	*pl.*	plural
f.	feminine	*prep.*	preposition
f.pl.	feminine plural	*pron.*	pronoun
inv.	invariable	*v.*	verb

à at, in, to   1
  ~ côté next door; to the side   5
  ~ côté de next to, beside   5
  ~ droite (de) to the right (of)   7
  ~ gauche (de) to the left (of)   7
  ~ … heure(s) at … o'clock   1
  ~ la vôtre! (here's) to yours!   2
  ~ l'heure on time   7
  ~ l'intérieur de inside   6
  ~ midi at noon   5
  ~ minuit at midnight   5
  ~ toute vitesse at top speed   10
  ~ travers throughout
  être ~ to belong to   6
abord: d' ~ at first   5
absolument absolutely   10
accepter to accept   15
accident *m.* accident   15

accompagner to accompany   6
accord *m.* agreement
  d' ~ okay   5
  être d' ~ (avec) to agree (with)   1, 11
accordéon *m.* accordion   6
accueillant(e) friendly
achat *m.* purchase   9
acheter to buy   9
acteur/actrice *m./f.* actor/actress   1
activité *f.* activity   11
actuellement now   14; nowadays
addition *f.* (restaurant) bill, check   8; addition
adieu *m.* (*pl.* **adieux**) farewell
adjoint au maire *m.* deputy mayor
adorer to adore; to love   2
adresse *f.* address   4

aéroport *m.* airport   5
affaires *f.pl.* business   4
  homme/femme d' ~ *m./f.* businessman/woman   4
affreux (affreuse) horrible   8
âge *m.* age   3
  quel ~ avez-vous? how old are you?   3
âgé(e) old   11
agent (de police) *m.* (police) officer   15
agir: il s'agit de it's (*lit.* it's a matter of)
agrumes *m.pl.* citrus fruits
aider to help   4
aïe! ouch!   6
ail *m.* garlic   8
aimable kind; nice   12

aimer to like; to love   2
  s' ~ to love each other   14
air: avoir l' ~ to seem, to appear, to look   9
album *m.* album   11
alcool *m.* alcohol
Allemagne *f.* Germany   5
allemand(e) German   1
aller to go   5
  ~ en ville to go into town   5
  ~ -retour *m.* round-trip ticket   12
  ~ simple *m.* one-way (ticket)   12
  allez à la porte! go to the door!   CP
  allez-y go ahead, let's go   12
  je vais très bien I'm fine   2
allô! hello! *(on the phone)*   12
alors then, therefore; so   2
amener to bring
américain(e) American   1
ami/amie *m./f.* friend   2
amusant(e) amusing, funny; fun   11
s'amuser to have fun   6
  je veux m'amuser I want to have fun   10
an *m.* year   3
  Jour de l' ~ *m.* New Year's Day   10
ananas *m.* pineapple
anchois *m.* anchovy   8
ancien (ancienne) former; old   4
anglais(e) English   1
Angleterre *f.* England   5
année *f.* year   6
  ~ scolaire *f.* school year   10
anniversaire *m.* birthday   7
  ~ de mariage wedding anniversary   10
annonce *f.* advertisement   14
  petites annonces want ads
annuler to cancel
août *m.* August   7
apéritif *m.* before-dinner drink   8
appareil *m.* appliance; phone   7
appartement *m.* apartment   3
s'appeler to be named, be called   13
  comment vous appelez-vous? what is your name?   1
  je m'appelle … my name is …   1
appétit *m.* appetite
  Bon ~! Have a good meal!   13
apporter to bring   8
apprendre to learn; to teach   8

après after   5
après-demain day after tomorrow   12
après-midi *m.* afternoon   1
  de l' ~ in the afternoon   5
  Bon ~. Have a good afternoon.
arabe *m.* Arabic   5; Arab
arachide *f.* peanut
arbre *m.* tree
argent *m.* money   9
armée *f.* army
arrêt (d'autobus) *m.* (bus) stop   10
arrêter to stop   10
arriver to arrive; to happen   7
  qu'est-ce qui est arrivé? what happened?   14
aspirine *f.* aspirin   9
s'asseoir to sit down   13
  Asseyez-vous! Sit down!   CP
assez sort of, rather, enough   1
  ~ bien fairly well   2
  ~ mal rather poorly   2
  en avoir ~ to be fed up   11
assiette *f.* plate   8
assister (à) to attend   14
assurer to assure; to insure   15
attacher to attach; to put on   10
attendre to wait (for)   9
attentif (attentive) attentive   10
attention: faire ~ to pay attention   4
au revoir good-bye   1
aujourd'hui today   4
aussi also, too   1; as   11
  ~ … que as … as …   11
autant (de) as much   11
autocar *m.* tour bus   12
automne *m.* fall   7
automobiliste *m./f.* driver   15
autoroute *f.* turnpike; throughway, highway   12
autour de around   5
autre other   3
avance *f.* advance
  en ~ early   7
avancer to advance   10
avant before   5
avare miserly   4
avec with   2
avenir *m.* future
avertissement *m.* warning   14
avion *m.* airplane   7
avis *m.* opinion, advice
  à mon (à ton, etc.) ~ in my (your, etc.) opinion   11

avoir to have   3
  ~ besoin de to need   9
  ~ chaud to be hot   8
  ~ envie de to want to; to feel like   5
  ~ faim to be hungry   8
  ~ froid to be cold   8
  ~ l'air to seem, to appear, to look   9
  ~ lieu to take place   11
  ~ l'intention de to plan to   5
  ~ mal (à) to be sore, to have a pain (in)   9
  ~ peur to be afraid   8
  ~ pitié (de) to have pity (on), to feel sorry (for)   10
  ~ raison to be right   8
  ~ rendez-vous to have an appointment, meeting   4
  ~ soif to be thirsty   8
  ~ sommeil to be sleepy   8
  ~ tendance à to tend to   12
  ~ tort to be wrong; to be unwise   8
  en ~ assez to be fed up   11
  qu'est-ce que tu as? what's the matter with you?   9
avril *m.* April   7

bagages *m.pl.* luggage   7
bague *f.* ring   14
bande dessinée *f.* comic strip   6
banque *f.* bank   5
barquette *f.* small box; mini crate   9
basket-ball (basket) *m.* basketball   6
baskets *f.pl.* high-top sneakers   4
bâtiment *m.* building   5
batterie *f.* drums   6
bavard(e) talkative   4
beau/bel/belle/beaux/belles handsome, beautiful   1
  il fait ~ it's nice out   CP, 7
beau-père *m.* (*pl.* **beaux-pères**) stepfather (or father-in-law)   3
beaucoup a lot   2; much, many
beaujolais *m.* Beaujolais *(wine)*   8
beaux-parents *m.pl.* stepparents (or in-laws)   3

bébé *m.* baby 7
beige beige 4
belge Belgian 1
Belgique *f.* Belgium 5
belle-mère *f.* (*pl.* **belles-mères**) stepmother (or mother-in-law) 3
berk! yuck! awful! 8
besoin *m.* need
   avoir ~ de to need 9
beurre *m.* butter 8
   ~ d'arachide *m.* peanut butter 8
bibliothèque *f.* library 5
bien well; fine 2
   ~ que although
   ~ sûr of course 8
bientôt soon
   À bientôt. See you soon. 5
Bienvenue! Welcome! 3
bière *f.* beer 2
billet *m.* bill (*paper money*) 9; ticket 12
bise *f.* kiss 5
bistro *m.* bar and café; bistro 5
bizarre weird; funny looking 4
blague *f.* joke
   sans ~! no kidding! 14
blanc (blanche) white 4
blessé(e) wounded 15
bleu(e) blue 4
bleuet *m.* blueberry (*French-Canadian*)
blond(e) blond 4
blouson *m.* windbreaker, jacket 4
bœuf *m.* beef 8
boire to drink 8
   voulez-vous ~ quelque chose? do you want to drink something? 2
boisson *f.* drink, beverage 2
boîte *f.* box, can 8
bol *m.* bowl 13
bon (bonne) good 2
   bon marché *adj. inv.* inexpensive 4
   bonne journée have a good day 1
bonbon *m.* candy 8
bonjour hello 1
bonsoir good evening 1
bordeaux *m.* Bordeaux (*wine*) 8
bottes *f.pl.* boots 4
bouche *f.* mouth 9
boucherie *f.* butcher shop 9
boulangerie *f.* bakery 5

boum *f.* party 10
bout *m.* end, goal
bouteille *f.* bottle 8
boutique *f.* (gift, clothing) shop 9
bras *m.* arm 9
bridge *m.* bridge (*game*) 6
brie *m.* Brie (*cheese*) 8
brocoli *m.* broccoli 8
brosse *f.* brush
   ~ à cheveux *f.* hairbrush 13
   ~ à dents *f.* toothbrush 13
se brosser (les dents) to brush (one's teeth) 13
bruit *m.* noise 9
brun(e) brown(-haired) 4
bureau *m.* (*pl.* **bureaux**) desk; office 3
   ~ de poste *m.* post office 5
   ~ de tabac *m.* tobacco shop 5
but *m.* goal

ça (cela) that 4
   ~ va? How's it going? 2
   ~ va bien (I'm) fine 2
   ~ veut dire … it means … CP
cachet (d'aspirine) *m.* (aspirin) tablet 9
cadeau *m.* gift 9
cadre *m.* executive 4
café *m.* coffee 2; café 5
   ~ crème *m.* coffee with cream 2
cafétéria *f.* cafeteria 5
calculatrice *f.* calculator 3
calme calm 4
camarade de chambre *m./f.* roommate 3
camembert *m.* Camembert (*cheese*) 8
campagne *f.* country(side)
campus *m.* campus 5
Canada *m.* Canada 5
canadien(ne) Canadian 1
car because
carte *f.* map 12; menu 13
   ~ de crédit *f.* credit card 9
   ~ postale *f.* postcard 4
cartes *f.pl.* cards (*game*) 6
cas: en tout ~ in any case
cassis *m.* blackcurrant
ce/cet/cette/ces this, that, these, those 4
ceinture *f.* belt 4
   ~ de sécurité *f.* safety belt, seat belt 10
cela (ça) that 9
célèbre famous 14
célibataire single, unmarried 1

celui *m.* this (that) one
celle *f.* this (that) one
celles *f.pl.* these; those
cendre *f.* ash 8
cent one hundred 9
centime *m.* centime (*1/100 of a franc*) 9
centre commercial *m.* shopping center, mall 5
cependant however
céréales *f.pl.* cereal; grains 8
certainement surely, of course 1
c'est it is, this is 1
   c'est-à-dire that is to say
   ~ gentil à vous that's nice of you 2
   ~ pour vous it's for you 1
ceux *m.pl.* these; those
CFA (=**Communauté financière africaine**) African Financial Community
chaîne (de télé) *f.* (TV) channel 14
chaise *f.* chair 3
chambre *f.* bedroom 3; room
   camarade de ~ *m./f.* roommate 3
champignons *m.pl.* mushrooms 8
chance *f.* luck
   Bonne ~! Good luck! 12
changer (de) to change 10
chanson *f.* song 10
chanter to sing 2
chanteur/chanteuse *m./f.* singer 11
chapeau *m.* (*pl.* **chapeaux**) hat 4
chaque each 7
charcuterie *f.* pork butcher's; delicatessen 9
charmant(e) charming 3
chat *m.* cat 3
château *m.* castle 5
chaud(e) hot 2
   avoir ~ to be hot 8
   il fait ~ it's hot (warm) CP, 4, 7
chauffage *m.* heat 13
chauffeur *m.* driver 10
chaussée *f.* pavement 15
chaussettes *f.pl.* socks 4
chaussures *f.pl.* shoes 4
chauve bald 4
chef *m.* head (*person in charge*); boss; chef
chemise *f.* shirt 4
chemisier *m.* blouse 4
chèque *m.* check 9
   ~ de voyage *m.* traveler's check 9
cher (chère) dear 2; expensive 4

chercher to look for   2
chéri(e) *m./f.* dear, honey   10
cheveux *m.pl.* hair   4
chèvre *m.* goat cheese   8
chewing-gum *m.* chewing gum   9
chez at the home of   4
  ~ toi at your house   4
chic *adj. inv.* chic; stylish   4
chien *m.* dog   3
chimie *f.* chemistry   5
Chine *f.* China   5
chinois(e) Chinese   1
chocolat chaud *m.* hot chocolate   2
choisir to choose   12
choix *m.* choice   8
chose *f.* thing   4
  quelque ~ *m.* something   2
  pas grand- ~ not much   5
chouette great *(fam.)*   14
chut! shh!   10
cigare *m.* cigar   6
cinéma *m.* movie theater   5
cinq five   CP, 3
cinquante fifty   3
citron pressé *m.* lemonade   2
classe *f.* class
  en ~ in class; to class   4
clé *f.* key   12
climatisation *f.* air conditioning   13
coca *m.* Coca-Cola   2
code postal *m.* zip code   9
coin *m.* corner   9
collège *m.* jr. high school
combien (de) how many, how much   3
commander to order   7
comme like, as   2; how; since
  ~ ci, ~ ça so-so   2
  ~ il (elle) était …! how … he (she) was!   11
  ~ si … as if …
commencer to begin   7
  commencez! begin!   CP
comment how; what   3
  ~ ? what (did you say?)   CP, 2
  ~ allez-vous? how are you?   2
  ~ ça va? how is it going?   2
  ~ dit-on …? how do you say …?   CP
  ~ est (sont) …? what is (are) … like?   4
  ~ est-ce qu'on écrit …? how do you spell …?   2
  ~ je vais faire? what am I going to do?   12

  ~ trouvez-vous …? what do you think of …?   2
  ~ vous appelez-vous? what is your name?   1
commentaire *m.* commentary   10
commerce *m.* business   5
communication *f.* communication
  votre ~ de … your call from …   1
complet *m.* suit   4
complet (complète) full; complete   12
composter (un billet) to punch (a ticket)   12
comprendre to understand; to include   8
  je ne comprends pas I don't understand   CP
compris(e) included; understood   8
comptabilité *f.* accounting   5
compter to count
condamner: être condamné(e) to be sentenced
conduire to drive   10
confirmer to confirm   12
confiture *f.* jam   8
confortable comfortable   4
confus(e) ashamed; embarrassed   14
connaître to know; to be acquainted with, to be familiar with   10
conseil *m.* (piece of) advice   10
se consoler to console oneself   14
content(e) happy   5
constamment constantly   10
constant(e) constant   10
continuer to continue
  continuez continue   CP
contraire *m.* contrary, opposite
  au ~ on the contrary   8
contravention *f.* traffic ticket   15
contre against; in exchange for   15
  par ~ on the other hand
corps *m.* body   9
côté *m.* side
  à ~ next door; to the side   5
  à ~ de next to, beside   5
se coucher to go to bed   6
couci-couça so-so
couleur *f.* color   4
  de quelle ~ est (sont) …? what color is (are) …?   4
couloir *m.* hall; corridor   5
coup *m.*: **~ d'envoi** kick-off
couper to cut   13
cour *f.* court

couramment fluently   11
courir to run
cours *m.* course; class   5
courses *f.pl.* errands, shopping   4
cousin/cousine *m./f.* cousin   3
couteau *m.* (*pl.* **couteaux**) knife   13
coûter to cost   9
craie *f.* chalk   CP
cravate *f.* tie   4
crédit: carte de ~ *f.* credit card   9
crème *f.* cream   2
crêpe *f.* crepe; French pancake   8
croire to believe, to think   14
  je crois que oui I think so   14
  je ne crois pas I don't think so   14
croissance *f.* increase, growth
croissant *m.* croissant   8
crudités *f.pl.* raw vegetables   8
cuiller *f.* spoon   13
cuisine *f.* cooking; food   4; kitchen   3
cuisinière *f.* stove   3

d'abord at first   5
d'accord okay   5
  être ~ (avec) to agree (with)   1, 11
dame *f.* lady   13
dames *f.pl.* checkers   6
dangereux (dangereuse) dangerous   11
dans in   2
  ~ une heure one hour from now   5
danser to dance   2
d'après according to
davantage additional, more
de (d') from, of   1
de rien you're welcome   12
décembre *m.* December   7
décider to decide
décombres *m.pl.* ruins
décrire to describe   6
déçu(e) disappointed   9
dehors outside   11
déjà already   6
déjeuner *m.* lunch   8
  petit ~ breakfast   8
déjeuner *v.* to have lunch   5
délicieux (délicieuse) delicious   8
demain tomorrow   5
  après- ~ day after tomorrow   12
demande *f.* request   12

faire une ~ to make a request   12
demander to ask   6
démarrer to start   10
demi(e) half
  et ~ half past (the hour)   5
demi-heure *f.* half hour   7
dent *f.* tooth   9
dentifrice *m.* toothpaste   13
départ *m.* departure   12
départementale *f.* departmental
  (local) highway   12
se dépêcher to hurry   13
dépendre to depend
  ça dépend (de …) it (that)
    depends (on …)   13
déprimé(e) depressed   9
depuis for   6; since   9
déranger to bother   7
déraper to skid   15
dernier (dernière) last   6
  la dernière fois the last time   6
derrière behind   5
  juste ~ right behind   15
des some; any   3; of the
descendre to go down, get out of   7
désirer to want   2
désolé(e) sorry   9
dessert *m.* dessert   8
dessin animé *m.* cartoon   11
se détendre to relax
détester to hate, to detest   2
détruire to destroy
dette *f.* debt   15
deux two   CP, 1
  tous (toutes) les ~ both   12
devant in front of   5
devenir to become   7
devoir *m.* obligation
  devoirs *m.pl.* homework   4
devoir *v.* must, to have to, to
    probably be, to be supposed to;
    to owe   5
d'habitude usually   4
Dieu *m.* God
  Mon Dieu! My goodness!   2
dimanche *m.* Sunday   5
dîner *m.* dinner   4
dîner *v.* to eat dinner   4
diplôme *m.* diploma   12
dire to say; to tell   14
  … veut ~ … … means …   6
  vous dites you say   3
discret (discrète) discreet, reserved
  4

se disputer to argue   14
dissertation *f.* (term) paper   6
divorce *m.* divorce   14
divorcé(e) divorced   1
divorcer to get a divorce   14
dix ten   CP, 3
dix-huit eighteen   CP, 3
dix-neuf nineteen   CP, 3
dix-sept seventeen   CP, 3
doigt *m.* finger
dollar *m.* dollar   9
DOM (=Département d'outre-mer)
  overseas department *(equivalent*
  of a state)
dommage *m.* pity, shame
  c'est ~ that's (it's) too bad   14
donc then; therefore
donner to give   4
  donnez-moi … give me …   CP
dont about/of which (whom); whose
  14
dormir to sleep   6
dos *m.* back   9
d'où: vous êtes ~? where are you
  from?   2
douche *f.* shower   12
  prendre une douche to shower
doute *m.* doubt
  sans ~ probably   3
doux (douce) mild
douzaine *f.* dozen   8
douze twelve   CP, 3
droit *m.* right *(entitlement)*
droit(e) *adj.* right
  à ~ (de) to the right (of)   5
  tout ~ straight ahead   5
drôle funny   14
durcir to harden

eau *f.* (*pl.* **eaux**) water   2
  ~ minérale mineral water   2
échanger (contre) to trade (for)   15
échecs *m.pl.* chess   6
éclater to burst
école *f.* school   5
écouter to listen (to)   2
  écoutez! listen!   CP
écrire to write   6
  comment est-ce qu'on écrit … ?
    how do you spell … ?   2
  écrivez votre nom! write your
    name!   CP
  … s'écrit … … is spelled …   2

écrivain *m.* writer   4
égal(e) (*m.pl.* **égaux**) equal
  cela (ça) m'est ~ I don't care   5
église *f.* church   5
élève *m./f.* pupil   4
élire to elect
elle she, it   1; her   6
elles they   1; them   6
s'éloigner to move away
s'embrasser to kiss   14
émission (de télé) *f.* (TV) show   11
emmenthal *f.* Swiss cheese   8
emploi du temps *m.* schedule   5
employé/employée *m./f.*
  employee   4
emprunter to borrow   14
en *prep.* in   1; by, through
  ~ avance early   7
  ~ première (seconde) in first
    (second) class   12
  ~ retard late   7
  ~ tout cas in any case
  ~ voiture by car   7
en *pron.* some, of it (them); about it
  (them)   14
  je vous ~ prie don't mention it;
    you're welcome; please do   7
  vous n' ~ avez pas? don't you have
    any?   9
encore again   CP; still, more   3
  ~ à boire (manger)? more to drink
    (eat)?   8
  ~ de …? more …?   8
  pas ~ not yet   2
s'endormir to fall asleep   13
endroit *m.* place   5
enfant *m./f.* child   3
enfin finally   5
ennuyeux (ennuyeuse) boring   4
enseigne *f.* sign
enseigner to teach   2
ensemble together   CP, 2
ensoleillé(e) sunny
ensuite next, then   5
entendre to hear   9
  ~ parler de to hear about   15
  s' ~ (avec) to get along (with)   14
  entendu agreed; understood   12
entre between, among   5
  ~ amis between (among) friends   1
entrée *m.* first course, appetizer
entreprise *f.* business
entrer to enter   7
  ~ en collision to hit, collide   15

entrez! come in! CP
envie: avoir ~ de to want to; to feel like 5
environ approximately
épaule *f.* shoulder 9
épeler to spell 12
épicerie *f.* grocery store 5
épinards *m.pl.* spinach 8
époque *f.* time, period 11
   à cette ~ at that time; back then 11
épouser to marry 11
équilibré(e) stable
équipe *f.* team 11
escale *f.* stop(over)
escargot *m.* snail 10
esclave *m./f.* slave
Espagne *f.* Spain 5
espagnol(e) Spanish 1
espérer to hope 8
essayer to try
essentiel: il est ~ que it is essential that 10
est *m.* east
est-ce que *(question marker)* 2
estomac *m.* stomach 9
et and 1
étage *m.* floor 12
état *m.* state 5
   ~ civil marital status 1
États-Unis *m.pl.* United States 5
été *m.* summer 7
étranger/étrangère *m./f.* foreigner
étranger (étrangère) foreign 12
étroit(e) narrow; close
études *f.pl.* studies 15
étudiant(e) *m./f.* student 3
étudier to study 2
être to be 1
   ~ à to belong to 6
   ~ d'accord (avec) to agree (with) 1, 11
   ~ en train de to be in the process of 11
   vous êtes d'où? where are you from? 2
eux *m.pl. pron.* they, them 6
exact(e) exact, correct
   c'est ~ that's right 13
exagérer to exaggerate 2
examen *m.* test, exam 6
   à un ~ on an exam 6
excellent(e) excellent 2
excuser to excuse
   excusez-moi excuse me 1

excusez-moi (nous, etc.) d'être en retard excuse me (us, etc.) for being late 13
exemple *m.* example
   par ~ for example 6
exercice *m.* exercise 6
exiger (que) to demand (that) 13
expédier to send
extroverti(e) outgoing 4

fâché(e) angry 14
se fâcher to get angry 14
facile easy 9
façon *f.* way, manner 8
   sans ~ honestly, no kidding 8
faim *f.* hunger
   avoir ~ to be hungry 8
faculté *f.*: **~ des lettres** College of Liberal Arts
faire to do, to make 4
   ~ attention to pay attention 4
   ~ du pouce to hitchhike *(French-Canadian)*
   ~ la cuisine to cook 4
   ~ la lessive to do laundry 4
   ~ la sieste to take a nap 4
   ~ les provisions to do the grocery shopping 4
   ~ un voyage to take a trip 5
   ~ une demande to make a request 12
   ~ une promenade to take a walk; to take a ride 4
   il fait chaud it's hot out CP, 4, 7
   se ~ des amis to make friends 14
fait *m.* fact
   au ~ ... by the way ... 2
falloir (il faut) to be necessary 4, 10
famille *f.* family 3
fatigué(e) tired 2
faut: il ~ ... it is necessary ... 4
   il ~ que it is necessary that, (someone) must 10
   il ne ~ pas que (someone) must not 10
faute *f.* fault; mistake 15
fauteuil *m.* armchair 3
faux (fausse) false; wrong 2
femme *f.* woman 1; wife 3
   ~ d'affaires businesswoman 4
   ~ politique (female) politician 4
fermé(e) closed 6
fermer to close 6

fermez le livre! close the book! CP
fermez la porte! close the door! CP
fermier/fermière *m./f.* farmer 4
fête *f.* holiday 7
feu *m.* (*pl.* feux) traffic light 10; fire
feuille *f.* leaf/sheet (of paper) 9
feuilleton *m.* soap opera; series 14
février *m.* February 7
fiançailles *f.pl.* engagement 14
fiancé(e) engaged 1
fier (fière) proud
fièvre *f.* fever 9
fille *f.* girl 3; daughter 3
film *m.* film, movie 5
fils *m.* son 3
fin *f.* end
finir to finish 12
flamand *m.* Flemish 5
fleuve *m.* river
flûte *f.* flute 6
   ~! darn!; shucks! 12
fois *f.* one time 6; times, multiplied by
   à la ~ at the same time
   la dernière ~ the last time 6
   deux ~ twice
follement in a crazy manner 10
fonctionnaire *m./f.* civil servant 4
football (foot) *m.* soccer 6
   ~ américain *m.* football 6
formidable great, fantastic 14
fort *adv.* loudly, with strength 15
fou/folle *m./f.* fool; crazy person 10
fou (folle) (*m.pl.* fous) crazy 10
foulard *m.* scarf 4
fourchette *f.* fork 13
frais: il fait ~ it's cool 7
fraises *f.pl.* strawberries 8
franc *m.* franc 9
français(e) French 1
   à la française in the French style 13
   en français in French CP
France *f.* France 5
francophone French-speaking
frapper to knock
   Frappez à la porte! Knock on the door! CP
freiner to brake 15
fréquenter (quelqu'un) to date (someone) 11
frère *m.* brother 3

frites *f.pl.* French fries   8
  steak- ~ *m.* steak with French fries
    15
froid(e) cold   2
  avoir ~ to be cold   8
  il fait ~ it's cold   CP, 7
fromage *m.* cheese   5
frontière *f.* border
fruit *m.* a piece of fruit   8
fumer to smoke   6
fumeur/fumeuse *m./f.* smoker
  non- ~ nonsmoker
fumeur *m.* smoking car   12;
  non ~ nonsmoking car   12
fumeur/fumeuse *adj.* smoking

gagner to win; to earn
  ~ **(à la loterie)** to win (the lottery)
    12
gants *m.pl.* gloves   4
garage *m.* garage   3
garçon *m.* boy   3; waiter   8
garder to keep; to look after   4
gare *f.* (train) station   3
gâteau *m.* (*pl.* **gâteaux**) cake   8
  petit ~ cookie
gauche *adj.* left
  à ~ **(de)** to the left (of)   5
gendarme *m.* (state) policeman   15
général: en ~ in general   2
généralement generally   4
généreux (généreuse) generous
genou *m.* knee   9
  genoux *m.pl.* lap, knees   13
gens *m.pl.* people   4
gentil(le) nice   3
  c'est ~ **à vous** that's nice of you   2
gestion *f.* management   5
glace *f.* ice cream   8
glissant(e) slippery   15
golf *m.* golf   6
gorge *f.* throat   9
goudron *m.* tar
goûter to taste   13
grand(e) big, tall   1
  ~ **magasin** *m.* department store
    9
  pas grand-chose not much   5
grand-mère *f.* (*pl.* **grands-mères**)
  grandmother   3
grand-père *m.* (*pl.* **grands-pères**)
  grandfather   3
grands-parents *m.pl.* grandparents
  3

gras (grasse) fat
  faire la ~ **matinée** to sleep in, to
    sleep late
gratuit(e) free
grippe *f.* flu   6
gris(e) grey   4
gros(se) fat; large   1
grossir to put on weight   12
guerre *f.* war   7
  en temps de ~ in wartime
guitare *f.* guitar   6
gymnase *m.* gymnasium   5
gymnastique *f.* gymnastics   5

*An asterisk indicates that no liaison or
elision is made at the beginning of the
word.*

habile skilful
s'habiller to get dressed   13
habiter to live; to reside   2
  où habitez-vous? where do you
    live?   1
habitude *f.* habit
  d' ~ usually   4
  avoir l' ~ **de** to be used to   5
*****haricots verts** *m.pl.* green beans   8
*****hasard** *m.* chance, luck
  par ~ by chance   15
heure *f.* hour   CP, 1; (clock) time
  5
  à l' ~ on time   7
  dans une ~ one hour from now
    5
  il est ... heure(s) it is ... o'clock
    CP, 5
  tout à l' ~ in a little while   5; a
    little while ago   6
heureusement fortunately   6
heureux (heureuse) happy   4
*****heurter** to hit, run into   15
hier yesterday   6
histoire *f.* story   14
  quelle ~! what a story!   14
hiver *m.* winter   7
*****hockey** *m.* hockey   6
homme *m.* man   1
  ~ **d'affaires** businessman   4
  ~ **politique** politician   4
horaire *m.* timetable
*****hors-d'œuvre** *m. inv.* appetizer   8
hôtel *m.* hotel   1
hôtesse de l'air *f.* (female) flight
  attendant   11
*****huit** eight   CP, 3

ici here   2
  par ~ this way, follow me   13
idiot/idiote *m./f.* idiot   15
il he, it   1
il y a there is (are)   3
  il n'y a pas de quoi you're welcome
    13
  il n'y en a plus there is (are) no
    more   12
  ~ **... jours** ... days ago   6
  qu'est-ce qu' ~ **?** what's the matter?
    3
île *f.* island
ils they   1
imbécile *m./f.* imbecile   15
immeuble *m.* building
impair: nombre ~ *m.* odd number
impatience *f.* impatience   9
impatient(e) impatient   4
imperméable *m.* raincoat   4
important(e) important
  il est ~ **que** it is important that
    10
incroyable *adj.* unbelievable,
  incredible   14
indications *f.pl.* directions   10
indiquer to tell; to indicate; to point
  out   12
indispensable indispensable,
  essential
  il est ~ **que** it is essential that   10
infirmier/infirmière *m./f.* nurse   4
informations *f.pl.* news   14
informatique *f.* computer science   5
inondation *f.* flood
s'inquiéter to worry   13
insister to insist
  je n'insiste pas I won't insist   8
  si vous insistez if you insist   8
s'installer to move (into)
instrument *m.* instrument   6
intelligent(e) intelligent   4
intellectuel(le) intellectual   4
intention: avoir l' ~ **de** to plan to   5
interdit(e) forbidden
  sens ~ *m.* one-way street   10
intéressant(e) interesting   4
s'intéresser à to be interested in   14
intérieur *m.* inside
  à l' ~ **de** inside of   6
inutile useless   12
inviter to invite   10
Irlande *f.* Ireland   5
Israël *m.* Israel   5
Italie *f.* Italy   5

italien(ne) Italian 1
ivre drunk 15

jamais ever, never
  ne … ~ never 4
jambe *f.* leg 9
jambon *m.* ham 8
janvier *m.* January 7
Japon *m.* Japan 5
japonais(e) Japanese 1
jaune yellow 4
je I 1
jean *m.* jeans 4
jeu *m.(pl. jeux)* game 6
jeudi *m.* Thursday 5
jeune young 1
jogging *m.* jogging 2
joli(e) pretty 1
jouer to play 2
  à quoi jouez-vous? what (game)
    do you play? 6
  de quoi jouez-vous? what
    (instrument) do you play? 6
jour *m.* day 1
  ~ de l'An New Year's Day 10
  quinze jours two weeks 11
journal *m.* newspaper 6
journée *f.* day
  bonne ~! have a nice day! 1
juillet *m.* July 7
juin *m.* June 7
jupe *f.* skirt 4
jurer to swear
  je te le jure I swear (to you) 14
jus *m.* juice
  ~ d'orange orange juice 2
jusqu'à *prep.* until 10
  jusqu'au bout right up till the end

kilo *m.* kilogram 8
kiosque *m.* newsstand 9
kir *m.* kir 2

la (*see* **le**)
là there 4
laid(e) ugly 1
laisser to leave; to let 10
  laisse-moi (laissez-moi)
    tranquille! leave me alone!
    10
lait *m.* milk 2
langue *f.* language 5

laquelle (*see* **lequel**)
las(se) tired
lave-vaisselle *m.* dishwasher 3
laver to wash 13
  se ~ to get washed; to wash up
    13
le/la/l'/les the 2; him, her, it, them
  10
légume *m.* vegetable 8
lent(e) slow 10
lentement slowly 10
lequel/laquelle/lesquels/lesquelles
    which? which one(s)? 14
les (*see* **le**)
lesquel(le)s (*see* **lequel**)
lessive *f.* wash; laundry 4
lettre *f.* letter 6
leur *pron.* (to) them 14
leur(s) *adj.* their 3
lever to lift; to raise 13
  se ~ to get up; to stand up 6
  Levez-vous! Get up! CP
librairie *f.* bookstore 5
libre free 5; vacant
lien *m.* tie; bind
lieu *m.* (*pl.* **lieux**) place 5
  avoir ~ to take place 11
limonade *f.* lemon-lime soda 2
lire to read 6
  lisez! read! CP
lit *m.* bed 3
litre *m.* liter 9
littérature *f.* literature 5
livre *f.* pound 9
livre *m.* book 3
loi *f.* law
loin (de) far (from) 5
long (longue) long 9
longtemps a long time 6
louer to rent 12
lui he, him 6; (to) him; (to) her
  14
lundi *m.* Monday 5
lunettes *f.pl.* eyeglasses 4
lycée *m.* high school

ma (*see* **mon**)
machine à laver *f.* washing machine
  3
Madame (Mme) Mrs., ma'am;
  woman 1
Mademoiselle (Mlle) Miss; young
  woman 1
magasin *m.* store 4

  grand ~ department store 9
magazine *m.* magazine 6
mai *m.* May 7
maigrir to lose weight 12
maillot de bain *m.* bathing suit 13
main *f.* hand 9
maintenant now 4
maire *m.* mayor 11
  adjoint au ~ deputy mayor
mairie *f.* town (city) hall 11
mais but 2
maison *f.* house 3
mal *m.*: **avoir ~ (à)** to be sore, to
  have a pain (in) 9
mal *adv.* poorly 2; badly
malade sick 2
malgré in spite of
manger to eat 2
manquer to miss
manteau *m.* (*pl.* **manteaux**) coat 4
marchand/marchande *m./f.*
  merchant 9
marché *m.* (open-air) market 9
  ~ aux puces flea market 9
mardi *m.* Tuesday 5
mari *m.* husband 3
mariage *m.* marriage; wedding 11
marié(e) married 1
se marier (avec) to marry 14
marine *f.* navy
Maroc *m.* Morocco 5
marocain(e) Moroccan 1
marque *f.* make, brand 15
marron *adj. inv.* brown 4
mars *m.* March 7
match *m.* game 10
matin *m.* morning 1
matinée: faire la grasse ~ to sleep in
  late
mauvais(e) bad 4
  il fait ~ the weather is bad 7
mayonnaise *f.* mayonnaise 8
me me 10; (to) me 14
méchant(e) nasty; mean 4
méchoui *m.* roast lamb *(North-
  African specialty)*
médecin *m.* doctor 4
médicament *m.* medicine 9
se méfier de to watch out for
meilleur(e) better 11
  ~ ami(e) *m./f.* best friend 1
  le/la ~ best 11
  Avec mon ~ souvenir
    With my best regards 4
membre *m.* member 3

même even   14; same
  -~(**s**) -self (-selves)   2
ménage *m.* housework   4
menu *m.* (fixed price) menu   13
merci thank you   1; (no) thanks   2
  non, ~ no, thank you   2
mercredi *m.* Wednesday   5
mère *f.* mother   2, 3
mes (*see* **mon**)
mesdames *f.pl.* ladies   13
messieurs *m.pl.* gentlemen   13
mesure *f.* (unit of) measure
météo(rologie) *f.* weather   14
météorologique *adj.* weather
mettre to put; to place; to lay   13
  ~ **la table** to set the table   13
  ~ **le chauffage** to turn on the heat
    13
  se ~ à table to sit down to eat   13
  Mettez …! Put …!   CP
mexicain(e) Mexican   1
Mexico Mexico City
Mexique *m.* Mexico   5
miam! yum!   8
midi noon   5
le mien/la mienne mine   5
mieux better   11
  il vaut ~ que it is preferable that, it
    is better that   10
  j'aime le ~ I like best   11
mille *inv.* one thousand   9
million *m.* million   9
mince thin   1
  ~ **!** darn it!   12
minuit midnight   5
minute *f.* minute   5
mobylette *f.* moped, motorized
    bicycle   3
moi me   1; I, me   6
moins less   11
  au ~ at least   6
  j'aime le ~ I like least   11
  ~ **le quart** quarter to (the hour)
    5
mois *m.* month   6
mon, ma, mes my   3
monde *m.* world   7
  tout le ~ everybody   4
monnaie *f.* change, coins   9
Monsieur (M.) Mr., Sir; man   1
monter to go up; to get into   7
montre *f.* watch   4
montrer to show   14
morceau *m.* (*pl.* **morceaux**) piece   8
mort *f.* death   15

mort(e) dead
mot *m.* word   6
  plus un ~ not one more word   10
moto *f.* motorcycle   3
mourir to die   7
moutarde *f.* mustard   8
musée *m.* museum   5
musique *f.* music   6
myrtille *f.* blueberry

nager to swim   2
naïf (naïve) naive   4
naître to be born   7
nappe *f.* tablecloth   13
nationalité *f.* nationality   1
naturellement naturally   8
navire *m.* ship
ne (n') not   1
  ~ **… jamais** never   4
  ~ **… pas** not   1
  ~ **… personne** no one, nobody,
    not anyone   15
  ~ **… plus** no more, no longer   8
  ~ **… que** only   11
  ~ **… rien** nothing, not anything
    6
  n'est-ce pas? right?; are you?; don't
    they?; etc.   2
nécessaire: il est ~ que it is necessary
    that   10
négritude *f.* negritude (*system of
    black cultural and spiritual
    values*)
neiger to snow   7
  il neige it's snowing   CP, 7
nerveux (nerveuse) nervous   4
neuf nine   CP, 3
neuf (neuve) brand-new   10
  quoi de neuf? what's new?   5
neveu *m.* (*pl.* **neveux**) nephew   3
nez *m.* nose   9
  le ~ qui coule runny nose   9
nièce *f.* niece   3
noir(e) black   4
nom *m.* name   CP, 1
  ~ **de famille** last name   1
  à quel ~ …? in whose name …?
    12
nombre *m.* number   1
nommer to name   1
non no   1
non plus neither   6
nord *m.* north

note *f.* note; grade, mark   4
notre, nos our   3
nourrir to feed, to nourish
nous we   1; us   10; (to) us   14
nouveau/nouvel (nouvelle) (*m.pl.*
    nouveaux) new   4
novembre *m.* November   7
nuit *f.* night   1
  Bonne nuit. Pleasant dreams.   5
numéro (de téléphone) *m.*
    (telephone) number   4

obéir to obey   12
occidental(e) western
occupé(e) busy   6
s'occuper de to be busy with, to take
    care of   7
  occupe-toi de tes oignons! mind
    your own business!   11
octobre *m.* October   7
œil *m.* (*pl.* **yeux**) eye   9
  mon ~! my eye!, I don't believe it!
    10
œuf *m.* egg   8
œuvre *f.* work
offrir to offer
oh là là! oh dear!, wow!   9
oignon *m.* onion   8
  occupe-toi de tes oignons! mind
    your own business!   11
oiseau *m.* bird   5
omelette *f.* omelet   8
on one, people, we, they, you   1
oncle *m.* uncle   3
onze eleven   CP, 3
or *m.* gold
orange *f.* orange (*fruit*)   4
  jus d' ~ *m.* orange juice   2
orange *adj. inv.* orange   4
orangina *m.* orange soda   2
ordinaire ordinary, everyday   4
ordinateur *m.* computer   3
ordre *m.* order
oreille *f.* ear   9
oriental(e) eastern
original(e) (*m.pl.* **originaux**)
    different; novel; original
    14
ou or   1
où where   1
oublier to forget   6
ouest *m.* west
oui yes   1

ouvert(e) open 12
ouvrier/ouvrière *m./f.* laborer 4
ouvrir to open
  ouvrez la porte! open the door!
    CP

pain *m.* bread 8
  ~ grillé toast 8
pantalon *m.* (pair of) pants 4
papier *m.* paper 9
paquet *m.* package 9
par by; through 6
  ~ contre on the other hand
  ~ exemple for example 6
  ~ ici (come) this way, follow me
    13
parce que because 6
pardon: ~? pardon?, what did you
    say? CP
  je vous demande ~ please excuse
    me; I beg your pardon 9
parents *m.pl.* parents; relatives 3
paresseux (paresseuse) lazy 4
parfait(e) perfect 5
parking *m.* parking lot 5
parler to speak 2
  ~ de to tell about 7
  ~ fort to speak loudly 15
partie *f.* part
partir (de) to leave (from) 6
  à partir de from that time on
pas no, not
  ne … ~ not 1
  ~ du tout! not at all! 1
  ~ encore not yet 2
  ~ grand-chose not much 5
  ~ trop bien not too well 2
passer to pass
  ~ un an to spend a year 3
  ~ un test to take a test 5
se passer to happen; to take place
passionnant(e) exciting 14
pastille *f.* lozenge 9
pâté *m.* pâté *(meat spread)* 8
patiemment patiently 10
patient(e) patient 4
patiner to skate 2
patinoire *f.* skating rink 10
pâtisserie *f.* pastry shop; pastry 9
patrie *f.* homeland
patron/patronne *m./f.* boss 4
pauvre poor 4, 11
payer to pay (for) 9

pays *m.* country 5
Pays-Bas *m.pl.* Netherlands 5
pêche *f.* fishing
pédagogie *f.* education, teacher
    preparation 5
pendant for; during 6
  ~ que while 6
  ~ combien de temps …? how
    long …? 6
penser to think 8
  qu'en penses-tu? what do you
    think of it (of them)? 8
perdre to lose 9
  ~ patience to lose (one's) patience
    9
père *m.* father 2, 3
permettre to allow
  permettez-moi de me présenter
    allow me to introduce
    myself 1
  vous permettez? may I? 1
permis de conduire *m.* driver's
    license 10
personnage *m.* character; individual
personne *f.* person *(male or female)*
    1
  ne … ~ no one, nobody, not
    anyone 15
personnellement personally 10
pétanque *f.* lawn bowling 6
petit(e) small, short 1
  ~ ami(e) *m./f.* boyfriend/
    girlfriend 3
  petit déjeuner *m.* breakfast 8
  petite fille *f.* little girl 3
  petits pois *m.pl.* peas 8
petite-fille *f.* (*pl.* **petites-filles**)
    granddaughter 3
petit-fils *m.* (*pl.* **petits-fils**) grandson
    3
petits-enfants *m.pl.* grandchildren
    3
peu (de) little, few 8
  un ~ a little bit 2
peuple *m.* people
peur *f.* fear
  avoir ~ to be afraid 8
peut-être maybe; perhaps 2
pharmacie *f.* pharmacy 9
pharmacien/pharmacienne *m./f.*
    pharmacist
photo *f.* photograph 3
  sur la ~ in the picture 3
physique physical 15
piano *m.* piano 6

pièce *f.* play 6
  ~ (de monnaie) coin 9
pied *m.* foot 9
pilote *m.* pilot 11
pilule *f.* pill 9
pique-nique *m.* picnic 12
piscine *f.* swimming pool 5
pitié *f.* pity
  avoir ~ (de) to have pity, to feel
    sorry (for) 10
pizza *f.* pizza 2
place *f.* seat; room; place 7
plaire to please
  s'il vous plaît please 2
plaisir *m.* pleasure
  Au plaisir. See you again. 5
  avec ~ with pleasure 2
plancher *m.* floor 13
plat *m.* course, dish 8
plein(e) full
pleurer to cry 2
pleuvoir to rain 7
  il pleut it's raining CP, 7
  il pleuvait it was raining 11
plupart *f.* majority
  la ~ (de) most (of) 6
plus more 11
  il n'y en a ~ there is (are) no more
    12
  le/la/les ~ … the most … 11
  moi non ~ nor I, me neither 6
  ne … ~ no more, no longer 8
plusieurs several
poème *m.* poem 6
pois *m.pl.*: **petits ~** peas 8
poisson *m.* fish 2
poivre *m.* pepper 13
police *f.* police (force)
  agent de ~ police officer 15
politique *f.* politics 2; policy
politique: homme/femme ~ *m./f.*
    politician 4
pomme *f.* apple 8
pomme de terre *f.* potato 8
populaire popular 11
porc *m.* pork 8
porte *f.* door 1
porter to wear; to carry 4
portugais(e) Portuguese 5
poser une question to ask a question
    12
possession *f.* possession 3
postale: carte ~ *f.* postcard 4
poste *f.* post office; mail
  bureau de ~ *m.* post office 5

poster to mail 7
pouce *m.* thumb
  faire du ~ to hitchhike *(French-Canadian)*
poulet *m.* chicken 8
pour for, in order to 2
  ~ ce qui est de with respect to
pourquoi why 2
  ~ pas? why not? 6
pourvoir to provide
pouvoir *m.* power
pouvoir *v.* to be able; to be allowed 10; can
  je peux I can 9
  on peut one can 9
  pouvez-vous me dire …? can you tell me …? 9
  pourriez-vous …? could you …? 12
  puis-je …? may I …? 12
préféré(e) favorite 11
préférence *f.:* **de ~** preferably
préférer to prefer 8
  je préfère que I prefer that 10
premier (première) first 5
  en première in first class 12
prendre to take; to eat, to drink 8
  prenez …! take …! CP
prénom *m.* first name 1
préparer (un cours) to prepare (a lesson) 6
près (de) near 1
  tout ~ very near 12
présenter to introduce
  je vous présente … let me introduce you to … 3
presque almost 14
prêter to lend 14
prie: je vous en ~ you're welcome 7
printemps *m.* spring 7
prise de conscience *f.* awareness
prix *m.* price 12
problème *m.* problem
  Pas de problème! No problem!
prochain(e) next 5
  À la prochaine. Until next time. 5
proche near; close
professeur (prof) *m.* teacher *(male or female)* 1
profession *f.* profession, occupation
promenade *f.* walk; ride 4
  faire une ~ to take a walk; to take a ride 4

se promener to take a walk, ride 13
promettre to promise
  c'est promis it's a promise 10
propos: à ~ de regarding, on the subject of 8
propre clean 4; specific; own
propriétaire *m./f.* owner 10
provisions *f.pl.* groceries 4
  faire les ~ to do the grocery shopping 4
provoquer to cause
prudemment prudently 10
prudent(e) cautious 10
publicité *f.* publicity; commercial 14
puis then; next 4
puis-je …? may I …? 12
puisque since
pull-over (pull) *m.* sweater 4
pyjama *m.* (pair of) pajamas 13

quand when 4
quantité *f.* quantity
quarante forty 3
quart quarter
  et ~ quarter past, quarter after 5
  moins le ~ quarter to, quarter till 5
quatorze fourteen CP, 3
quatre four CP, 1
quatre-vingt-dix ninety 9
quatre-vingt-onze ninety-one 9
quatre-vingt-un eight-one 9
quatre-vingts eighty 9
que that
  ~ …? what …? 4
  ne … ~ only 11
quel(le) …? which …? 4
  quel âge avez-vous? how old are you? 3
  quel jour est-ce? what day is it? 5
  quelle …! what a …! 2
  quelle est votre nationalité? what is your nationality? 1
  quelle heure est-il? what time is it? 5
quelque chose *m.* something 2
quelquefois sometimes 4
quelques a few; some 8
quelqu'un someone 2
qu'est-ce que/qui what? 4
  qu'est-ce que c'est? what is this? what is it? 4

qu'est-ce que vous avez comme …? what do you have for (in the way of) …? 8
qu'est-ce qu'il y a …? what is there …? what's the matter? 3
qu'est-ce que tu aimes? what do you like? 2
qu'est-ce que vous voulez? what do you want? 2
qui who 1
  qu'est-ce ~ …? what …? 4
quinze fifteen CP, 3
  ~ jours two weeks 11
quoi what
  il n'y a pas de ~ don't mention it, you're welcome 13
  ~ de neuf? what's new? 5

raconter to tell 14
radio *f.* radio 2
raison *f.* reason
  avoir ~ to be right 8
raisonnable reasonable 10
ralentir to slow down 12
rapide rapid, fast 10
rapidement rapidly 10
rarement rarely 4
ravi(e) delighted 14
récemment recently 6
recette *f.* recipe
recommander to recommend 12
reculer to back up 10
récuser to exclude; to challenge
réduire to reduce
réfrigérateur *m.* refrigerator 3
refuser to refuse
regarder to watch; to look at 2
regretter to be sorry 14
  je regrette I'm sorry 8
relief *m.* relief, hilly area
remarquer to notice 6
remercier to thank 12
remplacer to replace
rencontrer to meet 5, 14
rendez-vous *m.* meeting; date 5
  avoir ~ to have an appointment, meeting
rendre to give back 9
  ~ visite à qqn to visit someone 9
renseignement *m.* item of information 12
rentrer to go (come) back; to go (come) home 7

repas *m.* meal 8
répéter to repeat; to practice 8
  répétez, s'il vous plaît please repeat CP
répondre (à) to answer 9
  répondez answer CP
se reposer to rest 13
réserver to reserve 9
résidence (universitaire) *f.* dormitory 5
responsabilité *f.* responsibility 11
restaurant *m.* restaurant 5
rester to stay 5; to remain
  il en reste un(e) there's one left 9
  il vous reste …? do you still have …? 12
retard *m.* delay
  en ~ late 7
retour *m.* return
  aller- ~ round-trip ticket 12
retourner to go back, to return 7
rétroviseur *m.* rearview mirror 10
réunion *f.* meeting 13
réussir (à) to succeed; to pass (a test) 12
se réveiller to wake up 13
revenant *m.* ghost 14
revenir to come back 7
revoir to see again
  au ~ good-bye 1
rez-de-chaussée *m.* ground floor 12
rhume *m.* cold (*illness*) 9
riche rich 12
ridicule ridiculous 14
rien nothing
  de ~ you're welcome; don't mention it, not at all 12
  ne … ~ nothing, not anything 6
riz *m.* rice 8
robe *f.* dress 4
  ~ de mariée wedding dress 11
robinet *m.* faucet 6
roi *m.* king
roman *m.* novel 6
  ~ policier detective story 6
rose *adj.* pink 4
rôti (de bœuf) *m.* (beef) roast 9
rouge red 4
rouler to roll; to move (*vehicle*); to go 15
route *f.* route, way, road 12
roux (rousse) red(-haired) 4
rue *f.* street 9
rugby *m.* rugby 6

russe Russian 1
Russie *f.* Russia 5

sa (*see* **son**)
saignant(e) rare, undercooked 15
saison *f.* season 7
salade *f.* salad 8
  ~ (verte) (green) salad 8
sale dirty 4
salle *f.* room
  ~ à manger dining room 8
  ~ de bain bathroom 6
  ~ de classe classroom 5
  ~ de séjour living room 3
salut! hi! 1; bye (-bye) 5
salutation *f.* greeting
samedi *m.* Saturday 5
sandwich *m.* sandwich 8
sans without 6
  ~ blague! no kidding 14
  ~ doute probably 3
  ~ façon honestly, no kidding 8
santé *f.* health
  à votre ~! (here's) to your health!; cheers! 2
sardine *f.* sardine 9
saucisse *f.* sausage 9
saumon *m.* salmon 8
savoir to know 12
  je ne sais pas I don't know 2
saxophone *m.* saxophone 6
sciences *f.pl.* science 5
  ~ économiques economics 5
scolaire *adj.* school
  année ~ *f.* school year 10
sec (sèche) dry
second(e) second
  en seconde in (by) second class 12
seize sixteen CP, 3
séjour *m.* stay
sel *m.* salt 13
semaine *f.* week 5
semestre *m.* semester 6
Sénégal *m.* Senegal 5
sénégalais(e) Senegalese 1
sens interdit *m.* one-way street 10
(se) sentir to feel
se séparar to separate (from each other) 14
sept seven CP, 3
septembre *m.* September 7
sérieusement seriously 10

sérieux (sérieuse) serious 10
serveur/serveuse *m./f.* waiter/waitress 8
service *m.* service
  à votre ~ at your service 7
serviette *f.* towel 12; napkin 13
ses (*see* **son**)
seul(e) alone; only 5
  un ~ a single
seulement only 9
short *m.* (pair of) shorts 4
si *conj.* if 3
  s'il vous plaît please 2
si *adv.* so 10
si! yes! 3
siècle *m.* century 10
sieste *f.* nap 4
  faire la ~ to take a nap 4
simple simple, plain 4
  c'est bien simple it's quite easy 9
simple: aller ~ one-way ticket 12
sincère sincere 11
se situer to be situated
six six CP, 3
skier to ski 2
skis *m.pl.* skis 13
smoking *m.* tuxedo 11
sœur *f.* sister 3
sofa *m.* sofa 3
soif: avoir ~ to be thirsty 8
soir *m.* evening 1
  ce ~ tonight 5
  tous les soirs every night 6
soirée *f.* party 13; evening
soixante sixty 3
soixante et onze seventy-one 3
soixante-dix seventy 3
soixante-douze seventy-two 3
soleil *m.* sun 7
  Il fait du soleil. It's sunny. CP
son, sa, ses his, her, its 3
sorte *f.* kind 8
  quelle(s) sorte(s) de …? what kind(s) of …? 8
  toutes sortes de choses all kinds of things 9
sortir to go out 6
  je vais ~ I'm going to go out 5
  sortez! leave! CP
souci *m.* worry; care 11
souffler to blow
souhaiter (que) to wish; to hope (that) 13
soupe *f.* soup 8
sourire *m.* smile 13

sourire *v.* to smile 13
souris *f.* mouse 5
sous under 5
se souvenir (de) to remember 13
souvent often 2
sportif (sportive) athletic 4
statue *f.* statue 11
steak *m.* steak
  ~ -frites steak with French fries
    15
stéréo *f.* stereo 3
stop *m.* stop sign 10
sucre *m.* sugar 13
sud *m.* south
Suède *f.* Sweden 5
suédois(e) Swedish 1
Suisse *f.* Switzerland 5
suisse *adj.* Swiss 1
suite: tout de ~ right away 1
suivant(e) following, next 7
superficie *f.* area
supermarché *m.* supermarket 9
supplément *m.* extra charge;
    supplement 12
sur on 3
sûr(e) sure
  bien ~ of course 8
sûrement surely, definitely 14
surveiller to watch
sweat-shirt *m.* sweatshirt 4

TGV *m.* very fast train 7
tabac *m.* tobacco; tobacco shop 9
  bureau de ~ tobacco shop 5
table *f.* table 1
  à ~ at dinner, at the table 6
tableau *m.* chalkboard CP
se taire to be quiet
  tais-toi! (taisez-vous!) keep quiet!
    10
tant so much; so many 6
tante *f.* aunt 3
tard late 6
tarder to be a long time
    coming 13
tarte *f.* pie 8
tasse *f.* cup 2
taux *m.* rate
te you 10; (to) you 14
tee-shirt *m.* tee-shirt 4
téléphone *m.* telephone 1
  au ~ on the telephone 6
téléphoner (à) to telephone 6

télévision (télé) *f.* television 2
témoin *m.* witness 15
temps *m.* time 6; weather 4
  emploi du ~ *m.* schedule 4
  quel ~ fait-il? what is the weather
    like? 4
tendance *f.* tendency, trend
  avoir ~ à to tend to 12
tennis *m.* tennis 2
  jouer au ~ to play tennis 2
  tennis *f.pl.* tennis shoes 4
tentation *f.* temptation
terre *f.* earth 9
tête *f.* head 9
thé *m.* tea 2
théâtre *m.* theater
Tiens! Well! Gee! 3
timbre *m.* stamp 9
toi you 4
toilettes *f.pl.* restroom 5
toit *m.* roof 5
tomate *f.* tomato 8
tomber to fall 2
ton, ta, tes your 3
tort *m.* wrong
  avoir ~ to be wrong; to be unwise
    8
tôt early 6
toujours always 4; still
toupet *m.* nerve
tour *f.* tower 11
tour *m.* turn, tour 11
tourner to turn 7
Toussaint *f.* All Saints' Day
tousser to cough 9
tout/toute/tous/toutes *adj.* all; every;
    the whole 12
  tous les deux (toutes les deux)
    both 12
  tous les soirs every night 6
  toute la famille the whole family
    11
  tout le monde everybody CP, 4
  tout le week-end all weekend
    (long) 5
tout *adv.* completely; very 12
  ~ à l'heure a little while ago, in a
    little while 5
  ~ de suite right away 12
  À ~ de suite. See you very soon.
  ~ près very near 7
tout *pron. inv.* all, everything
  pas du ~! not at all! 1
train *m.* train 3

être en ~ de to be in the process of
    11
tranche *f.* slice 8
tranquille calm 10
travail (manuel) *m.* (manual) work
    4
travailler to work 2
travailleur (travailleuse) hard-
    working 4
travers: à ~ throughout
treize thirteen 3
tremblement de terre *m.* earthquake
trente thirty 3
très very 1
triste sad 4
trois three CP, 1
trompette *f.* trumpet 6
trop (de) too much, too many 3
trouver to find, to be of the opinion
    2
  se ~ to be located
  où se trouve (se trouvent) …?
    where is (are) …? 5
  vous trouvez? do you think so? 2
truite *f.* trout 8
tu you *(familiar)* 1
tuer to kill

un(e) one CP, 1; one, a, an 3
union *f.:* **~ douanière** customs
    union
unique unique
  enfant ~ *m./f.* only child
université *f.* university 1
universitaire *(adj.)* university 5

vacances *f.pl.* vacation 6
  bonnes ~! have a good vacation!
    6
  en ~ on vacation 6
vaisselle *f.* dishes 4
valoir mieux (il vaut mieux) to be
    better 10
valse *f.* waltz 6
vanille *f.:* **glace à la ~** *f.* vanilla ice
    cream 8
vaut: il ~ mieux que it is preferable
    that, it is better that 10
vélo *m.* bicycle 3
vendeur/vendeuse *m./f.*
    salesman/saleswoman 4
vendre to sell 9

vendredi *m.* Friday 5
venir to come 7
   ~ de … to have just … 7
   d'où venez-vous? where do you come from? 7
   je viens de … I come from … 2
vent *m.* wind
   il fait du ~ it's windy CP, 7
vérité *f.* truth 14
verre *m.* glass 2
vers toward 5
   ~ (8 heures) approximately, around (8 o'clock) 5
verser to pour 13
vert(e) green 4
veste *f.* sportcoat 4
vêtement *m.* article of clothing 4
veuf/veuve *m./f.* widower/widow 1
veux (*see* **vouloir**)
viande *f.* meat 8
victime *f.* victim 7
vie *f.* life
   c'est la ~ that's life 6
   gagner sa ~ to earn one's living
vieux/vieil (vieille) old 1
ville *f.* city 4, 5; town
vin *m.* wine 2

vingt twenty CP, 3
vingt et un twenty-one CP, 3
vingt-deux twenty-two CP, 3
violet(te) purple 4
violon *m.* violin 6
visite: rendre ~ à to visit (a person) 9
visiter to visit (a place)
vite quickly 10
vitesse *f.* speed 10
   à toute ~ at top speed 10
vivement eagerly
voici here is; here are 3
voilà there is; there are 1
voir to see 14
   tu vas voir you're going to see 5
   tu vois you see 11
voisin/voisine *m./f.* neighbor 11
voiture *f.* automobile 3
   en ~ by car 7
voix *f.* voice 7
vol *m.* flight 12
volant *m.* steering wheel 10
volontiers gladly 2
votre, vos your 1
vôtre: à la ~! (here's) to yours! (to your health!) 2
vouloir to want, to wish 10

   … veut dire … … means … CP, 6
   je veux bien gladly; yes, thanks 2
   je veux que I want 10
   je voudrais I would like 2, 10
vous you (*formal*) 1; (to) you 14
voyage *m.* trip, voyage 5
   chèque de ~ *m.* traveler's check 9
   faire un ~ to take a trip 5
voyager to travel 2
vrai(e) true 2
vraiment really 2

week-end *m.* weekend 5
   tout le ~ all weekend (long) 5
wolof *m.* Wolof (*language*) 5

y there 7
   allez- ~ go ahead 12
   il y a there is (are) 3
yeux *m.pl.* eyes 4, 9

zéro zero CP, 3
Zut! Darn! 12, 15

ANGLAIS-FRANÇAIS

This vocabulary list includes only the active words and phrases listed in the *Vocabulaire actif* sections. Only those French equivalents that occur in the text are given. Expressions are listed according to the key word. The symbol ~ indicates repetition of the key word.

The following abbreviations are used.

adj.	adjective	*m.pl.*	masculine plural
adv.	adverb	*n.*	noun
conj.	conjunction	*pl.*	plural
f.	feminine	*prep.*	preposition
f.pl.	feminine plural	*pron.*	pronoun
inv.	invariable	*v.*	verb
m.	masculine		

a, an un(e)
able: be ~ pouvoir
about de; environ
  ~ 8:00 vers 8 heures
  ~ it (them) en
  hear ~ entendre parler de
absolutely absolument
accept accepter
accident accident *m.*
accompany accompagner
according to d'après
accordion accordéon *m.*
accounting comptabilité *f.*
acquainted: be ~ with connaître
activity activité *f.*
actor/actress acteur/actrice *m./f.*
address *n.* adresse *f.*
adore adorer
advance *v.* avancer
advertisement annonce *f.*
advice (piece of) conseil *m.*
afraid: be ~ avoir peur
after après
afternoon après-midi *m.*
  in the ~ de l'après-midi
again encore
against contre
age âge *m.*
ago il y a …
agree (with) être d'accord (avec)
  agreed entendu
ahead: go ~ allez-y
  straight ~ tout droit
air conditioning climatisation *f.*

airplane avion *m.*
airport aéroport *m.*
all *pron./adj.* tout (toute/tous/
  toutes)
  ~ weekend (long) tout le weekend
  not at ~! pas du tout!
allow permettre
  ~ me to introduce myself
  permettez-moi de me présenter
almost presque
alone seul(e)
  leave me ~! laisse-moi (laissez-
  moi) tranquille!
already déjà
also aussi
always toujours
  not ~ pas toujours
American *adj.* américain(e)
amusing *adj.* amusant(e)
anchovy anchois *m.*
and et
angry fâché(e)
  get ~ se fâcher
answer répondre (à)
anyone quelqu'un
  not ~ ne … personne
anything quelque chose *m.*
  not ~ ne … rien
apartment appartement *m.*
appear avoir l'air
appetizer hors-d'œuvre *m.inv.*
apple pomme *f.*
appointment rendez-vous *m.*
  have an ~ avoir rendez-vous

approximately environ; vers
  (time)
April avril *m.*
Arabic arabe *m.*
argue se disputer
arm bras *m.*
armchair fauteuil *m.*
around environ; vers *(time)*; autour
  de *(place)*
  ~ (8 o'clock) vers (huit heures)
arrive arriver
as aussi, comme
  ~ … ~ aussi … que
  ~ much autant (de)
ashamed confus(e)
ask demander
  ~ a question poser une question
asleep: fall ~ s'endormir
aspirin tablet cachet d'aspirine *m.*
assure assurer
at à
  ~ first d'abord
  ~ midnight à minuit
  ~ noon à midi
  ~ … o'clock à … heure(s)
  ~ the home of chez
athletic sportif (sportive)
attach attacher
attend assister (à)
attention: pay ~ faire attention
attentive attentif (attentive)
August août *m.*
aunt tante *f.*
automobile voiture *f.*

away: right ~ tout de suite
awful! berk!

baby bébé *m.*
back *n.* dos *m.*
back *adv.*: **go ~** retourner; rentrer
   ~ then à cette époque
   come ~ revenir
   give ~ rendre
back up reculer
bad mauvais(e)
   that's (it's) too ~ c'est dommage
   the weather is ~ il fait mauvais
badly mal
bakery boulangerie *f.*
bald chauve
ball (dance) bal *m.*
bank banque *f.*
bar and café bistro *m.*
basketball basket-ball (basket) *m.*
bathing suit maillot de bain *m.*
bathroom salle de bain *f.*
be être
   ~ a long time coming tarder
   ~ able pouvoir
   ~ acquainted with, familiar with connaître
   ~ afraid avoir peur
   ~ born naître
   ~ cold avoir froid
   ~ fed up en avoir assez
   ~ hot avoir chaud
   ~ hungry avoir faim
   ~ in the process of être en train de
   ~ interested in s'intéresser à
   ~ located se trouver
   ~ necessary falloir (il faut)
   ~ of the opinion trouver
   ~ probably, supposed devoir
   ~ right avoir raison
   ~ sleepy avoir sommeil
   ~ sore avoir mal (à)
   ~ sorry regretter
   ~ thirsty avoir soif
   ~ wrong, unwise avoir tort
beans haricots *m.pl.*
Beaujolais *(wine)* beaujolais *m.*
beautiful beau/bel/belle/beaux/belles
because parce que
become devenir
bed lit *m.*
   go to ~ se coucher
bedroom chambre *f.*
beef bœuf *m.*

beer bière *f.*
before avant
begin commencer
behind derrière; en retard
   right ~ juste derrière
beige beige
Belgian belge
Belgium Belgique *f.*
believe (in) croire (à)
   I don't ~ it! mon œil!
belong to être à
belt ceinture *f.*
   safety ~, seat ~ ceinture de sécurité *f.*
beside à côté (de)
best *adv.* mieux; *adj.* le/la meilleur(e)
   ~ friend meilleur(e) ami(e) *m./f.*
   I like ~ j'aime le mieux (le plus); je préfère
   ~ regards avec mon meilleur souvenir
better *adv.* mieux; *adj.* meilleur(e)
   it is ~ that il vaut mieux que
between entre
   ~ friends entre amis
beverage boisson *f.*
bicycle vélo *m.*
big grand(e), gros(se)
bill *n. (paper money)* billet *m.*; *(restaurant check)* addition *f.*
billion milliard *m.*
bird oiseau *m.*
birthday anniversaire *m.*
bistro bistro *m.*
black noir(e)
   ~ currant liqueur crème de cassis *f.*
blond blond(e)
blouse chemisier *m.*
blue bleu(e)
body corps *m.*
book livre *m.*
bookstore librairie *f.*
boots bottes *f.pl.*
Bordeaux *(wine)* bordeaux *m.*
boring ennuyeux (ennuyeuse)
born né(e)
   be ~ naître
borrow emprunter
boss patron (patronne) *m./f.*
both tous les deux (toutes les deux)
bottle bouteille *f.*
bowl *n.* bol *m.*
bowling: lawn ~ pétanque *f.*

box boîte *f.*
boy garçon *m.*
boyfriend petit ami *m.*
brake *v.* freiner
brand *n.* marque *f.*
brand-new neuf (neuve)
bread pain *m.*
breakfast petit déjeuner *m.*
bridge *(game)* bridge *m.*
Brie *(cheese)* brie *m.*
bring apporter
broccoli brocoli *m.*
brother frère *m.*
brother-in-law beau-frère *m. (pl.* beaux-frères)
brown brun(e); marron
brush *n.* brosse *f.*
   tooth ~ brosse à dents *f.*
brush *v.* se brosser
building bâtiment *m.*
business affaires *f.pl.*, commerce *m.*
   mind your own ~! occupe-toi de tes oignons!
businessman/woman homme/femme d'affaires *m./f.*
busy occupé(e)
   be ~ with s'occuper de
but mais
butcher shop boucherie *f.*
   pork butcher's charcuterie *f.*
butter beurre *m.*
   peanut ~ beurre d'arachide *m.*
buy acheter
by par
   ~ car en voiture
   ~ chance par hasard
   ~ the way … au fait …

café café *m.*, bistro *m.*
cafeteria cafétéria *f.*
cake gâteau *m. (pl.* gâteaux)
calculator calculatrice *f.*
call appeler, téléphoner
   your ~ from … votre communication de …
called: be ~ s'appeler
calm calme, tranquille
Camembert *(cheese)* camembert *m.*
campus campus *m.*
can *n.* boîte *f.*
can (be able to) *v.* pouvoir
Canada Canada *m.*
Canadian canadien(ne)

candy bonbon *m.*
car voiture *f.*
  by ~ en voiture
card carte *f.*
  credit ~ carte de crédit
  post ~ carte postale
cards *(game)* cartes *f.pl.*
care *n.* souci *m.*
  take ~ of s'occuper de
care *v.*: **I don't ~** cela (ça) m'est égal
carry porter
cartoon dessin animé *m.*
cat chat *m.*
cautious prudent(e)
centime centime *m.*
century siècle *m.*
cereal céréales *f.pl.*
certain sûr(e)
certainly tout à fait; certainement
chair chaise *f.*
chalk craie *f.*
chalkboard tableau *m.*
chance hasard *m.*
  by ~ par hasard
change *n.* monnaie *f.*
change *v.* changer (de)
channel: TV ~ chaîne (de télé) *f.*
charge: extra ~ supplément *m.*
charming charmant(e)
cheap bon marché *adj. inv.*
check chèque *m.*
  traveler's ~ chèque de voyage *m.*
  ~ *(restaurant bill)* addition *f.*
checkers dames *f.pl.*
cheese fromage *m.*
chemistry chimie *f.*
chess échecs *m.pl.*
chewing gum chewing-gum *m.*
chic chic *adj. inv.*
chicken poulet *m.*
child enfant *m./f.*
China Chine *f.*
Chinese chinois(e)
chocolate: hot ~ chocolat chaud *m.*
choice choix *m.*
choose choisir
church église *f.*
cigar cigare *m.*
cigarette cigarette *f.*
city ville *f.*
civil servant fonctionnaire *m./f.*
class cours *m.*, classe *f.*
  in ~ en classe
  in first ~ en première classe
classroom salle de classe *f.*

clean propre
close *adj.* près (de)
close *v.* fermer
closed fermé(e)
clothing (article of) vêtement *m.*
coat manteau *m.* (*pl.* manteaux)
Coca-Cola coca *m.*
coffee café *m.*
coin pièce (de monnaie) *f.*
cold *(illness) n.* rhume *m.*
cold *adj.* froid(e)
  be ~ avoir froid
  it's ~ il fait froid
collide entrer en collision
color couleur *f.*
  what ~ is (are) …? de quelle
    couleur est (sont) …?
come venir
  ~ back revenir, rentrer
  ~ in! entrez!
  where do you ~ from? d'où venez-
    vous?
comfortable confortable
comic strip bande dessinée *f.*
commentary commentaire *m.*
commercial *n.* publicité *f.*
complete complet (complète)
completely tout *inv. adv.*;
    complètement
computer ordinateur *m.*
  ~ science informatique *f.*
confirm confirmer
console oneself se consoler
constant constant(e)
constantly constamment
contrary contraire *m.*
  on the ~ au contraire
cooking cuisine *f.*
cool: it's ~ il fait frais
corner coin *m.*
corridor couloir *m.*
cost *v.* coûter
cough *v.* tousser
could you …? pourriez-vous …?
country pays *m.*
course *(classroom)* cours *m.*; *(meal)*
    plat *m.*
  of ~ certainement, bien sûr
cousin cousin/cousine *m./f.*
crazy fou (folle)
  ~ person fou/folle *m./f.*
  in a ~ manner follement
cream crème *f.*
credit card carte de crédit *f.*
croissant croissant *m.*

cry *v.* pleurer
cup tasse *f.*
cut *v.* couper

dance *n.* bal *m.*
dance *v.* danser
dangerous dangereux (dangereuse)
darn it! mince!; zut!
date *n.* date *f.*; rendez-vous *m.*
date (someone) *v.* fréquenter
    (quelqu'un)
daughter fille *f.*
day jour *m.*
  ~ after tomorrow après-demain
  have a good ~ bonne journée
  New Year's ~ Jour de l'An *m.*
  what ~ is it? quel jour est-ce?
dead mort(e)
dear *n.* chéri/chérie *m./f.*
dear *adj.* cher (chère)
death mort *f.*
debt dette *f.*
December décembre *m.*
definitely sûrement, certainement
delicatessen charcuterie *f.*
delicious délicieux (délicieuse)
delighted ravi(e)
demand (that) exiger (que)
department store grand magasin *m.*
departmental (local) highway
    départementale *f.*
departure départ *m.*
depend dépendre
  it (that) depends ça dépend
depressed déprimé(e)
describe décrire
desk bureau *m.* (*pl.* bureaux)
dessert dessert *m.*
detective story roman policier *m.*
detest détester
die mourir
different original(e) (*m.pl.*
    originaux); différent(e)
dining room salle à manger *f.*
dinner dîner *m.*
  at ~ à table
  have ~ dîner
diploma diplôme *m.*
directions indications *f.pl.*
dirty sale
disappointed déçu(e)
discreet discret (discrète)
dish plat *m.*
dishes vaisselle *f.*

do the ~ faire la vaisselle
dishwasher lave-vaisselle *m.*
divorce *n.* divorce *m.*
divorce *v.* divorcer
divorced divorcé(e)
do faire
  ~ the grocery shopping faire les provisions
  what am I going to ~? comment je vais faire?
doctor médecin *m.*, docteur *m.*
dog chien *m.*
dollar dollar *m.*
door porte *f.*
dormitory résidence (universitaire) *f.*
dozen douzaine *f.*
dress *n.* robe *f.*
  wedding ~ robe de mariée *f.*
dressed: get ~ s'habiller
drink *n.* boisson *f.*
  before-dinner ~ apéritif *m.*
drink *v.* boire, prendre
  do you want to ~ something? voulez-vous boire quelque chose?; quelque chose à boire?
drive *n.*: **to take a ~** faire une promenade en voiture   4
drive conduire
driver automobiliste *m./f.*, conducteur/conductrice *m./f.*, chauffeur *m.*
  ~ 's license permis de conduire *m.*
drums batterie *f.*
drunk *adj.* ivre
during pendant

each chaque
ear oreille *f.*
early tôt, en avance
earn one's living gagner sa vie
earth terre *f.*
easy facile; simple
eat manger, prendre
  ~ dinner dîner
  ~ lunch déjeuner
economics sciences économiques *f.pl.*
education pédagogie *f.*
egg œuf *m.*
eight huit
eighteen dix-huit
eighty quatre-vingts
eighty-one quatre-vingt-un
eleven onze

embarrassed confus(e)
employee employé/employée *m./f.*
end *n.* fin *f.*
engaged fiancé(e)
engagement fiançailles *f.pl.*
England Angleterre *f.*
English anglais(e)
enough assez
enter entrer
errands courses *f.pl.*
essential essentiel(le)
  it is ~ that il est essentiel que
even même
evening soir *m.*
  good ~ bonsoir
ever jamais
every chaque; tout (toute/tous/ toutes)
  ~ night tous les soirs
everybody tout le monde
everything tout *pron. inv.*
exaggerate exagérer
exam examen *m.*
  on an ~ à un examen
example exemple *m.*
  for ~ par exemple
excellent excellent(e)
exciting passionnant(e)
excuse: ~ me je vous demande pardon; excusez-moi
executive cadre *m.*
exercise exercice *m.*
expensive cher (chère)
eye œil *m.* (*pl.* yeux)
  my ~! mon œil!
eyeglasses lunettes *f.pl.*

fall *n.* automne *m.*
fall *v.* tomber
  ~ asleep s'endormir
false faux (fausse)
familiar: be ~ with connaître
family famille *f.*
famous célèbre
fantastic formidable
far (from) loin (de)
farmer fermier/fermière *m./f.*
fast rapide
fat gros(se), gras(se)
father père *m.*
father-in-law beau-père *m.* (*pl.* beaux-pères)
faucet robinet *m.*

fault faute *f.*
favorite préféré(e)
fear peur
February février *m.*
fed up: be ~ en avoir assez
feel sentir, se sentir
  ~ like avoir envie de
  ~ sorry (for someone) avoir pitié (de)
fever fièvre *f.*
few peu (de)
  a ~ quelques
fifteen quinze
fifty cinquante
film film *m.*
finally enfin
find *v.* trouver
fine bien
  I'm ~ je vais très bien; ça va bien
finish finir
first premier (première)
  ~ name prénom *m.*
  at ~ d'abord
  in ~ class en première classe
fish *n.* poisson *m.*
five cinq
flea market marché aux puces *m.*
Flemish flamand *m.*
flight vol *m.*
flight attendant (*female*) hôtesse de l'air *f.*
floor (*of a building*) étage *m.*; (*of a room*) plancher *m.*
  ground ~ rez-de-chaussée *m.*
flu grippe *f.*
fluently couramment
flute flûte *f.*
follow: ~ me par ici
following suivant(e)
food cuisine *f.*
fool fou/folle *m./f.*
foot pied *m.*
football football américain *m.*
for depuis; pendant; pour
foreign étranger (étrangère)
forget oublier
fork fourchette *f.*
fortunately heureusement
forty quarante
four quatre
fourteen quatorze
franc franc *m.*
France France *f.*
free libre
French français(e)

~ **fries** frites *f.pl.*
in ~ en français
in the ~ style à la française
steak with ~ fries steak-frites *m.*
Friday vendredi
friend ami/amie *m./f.*
  make friends se faire des amis
from de
front: in ~ of devant
fruit fruit *m.*
fun amusant(e)
  have ~ s'amuser
funny amusant(e), drôle

game jeu *m.* (*pl.* jeux), match *m.*
garage garage *m.*
garlic ail *m.*
Gee! Tiens!
general: in ~ en général
generally généralement
generous généreux (généreuse)
German allemand(e)
Germany Allemagne *f.*
get obtenir, recevoir
  ~ **along (with)** s'entendre (avec)
  ~ **angry** se fâcher
  ~ **dressed** s'habiller
  ~ **into** monter
  ~ **out of** descendre
  ~ **up, stand up** se lever
  ~ **washed, wash up** se laver
ghost revenant *m.*
gift cadeau *m.*
girl fille *f.*
girlfriend petite amie *f.*
give donner
  ~ **back** rendre
gladly volontiers; je veux bien
glass (drinking) verre *m.*
glasses (eye) lunettes *f.pl.*
gloves gants *m.pl.*
go aller, rouler (in a vehicle)
  ~ **across** traverser
  ~ **ahead** allez-y
  ~ **back** retourner, rentrer
  ~ **down** descendre
  ~ **into town** aller en ville
  ~ **out** sortir
  ~ **to bed** se coucher
  ~ **up** monter
goat cheese chèvre *m.*
golf golf *m.*
good bon (bonne)
  ~ **evening** bonsoir

  ~ **morning** bonjour
  have a ~ day bonne journée
good-bye au revoir
grade note *f.*
grains céréales *f.pl.*
grandchildren petits-enfants *m.pl.*
granddaughter petite-fille *f.* (*pl.* petites-filles)
grandfather grand-père *m.* (*pl.* grands-pères)
grandmother grand-mère *f.* (*pl.* grands-mères)
grandparents grands-parents *m.pl.*
grandson petit-fils *m.* (*pl.* petits-fils)
great formidable; chouette (*fam.*)
green vert(e)
  ~ **beans** haricots verts *m.pl.*
grey gris(e)
groceries provisions *f.pl.*
  do the grocery shopping faire les provisions
grocery store épicerie *f.*
guitar guitare *f.*
gymnasium gymnase *m.*
gymnastics gymnastique *f.*

hair cheveux *m.pl.*
  hairbrush brosse à cheveux *f.*
half *adj.* demi(e)
  ~ **past ...** il est ... heure(s) et demie
hall couloir *m.*
ham jambon *m.*
hand main *f.*
handsome beau/bel/belle/beaux/belles
happen arriver, se passer
happy heureux (heureuse); content(e)
hard-working travailleur (travailleuse)
hat chapeau *m.*
hate *v.* détester
have avoir
  ~ **an appointment, date** avoir rendez-vous
  ~ **a pain (in)** avoir mal (à)
  ~ **dinner** dîner
  ~ **fun** s'amuser
  ~ **just** venir de
  ~ **lunch** déjeuner
  ~ **pity** avoir pitié (de)
  ~ **to** devoir
  do you still ~ ...? il vous reste ...?

what do you ~ for (in the way of) ...? qu'est-ce que vous avez comme ...?
he *pron.* il; lui
head tête *f.*
health: (here's) to your ~! à votre santé!
hear entendre
  ~ **about** entendre parler de
heat chauffage *m.*
hello bonjour; bonsoir; salut
  ~ **!** (*on the phone*) allô!
help aider
her *pron.* elle; lui
her *adj.* son, sa, ses
here ici
  ~ **is, ~ are** voici
hi! salut!
high-top sneakers baskets *f.pl.*
highway autoroute *f.*
  departmental (local) ~ départementale *f.*
him *pron.* lui
his *adj.* son, sa, ses
hockey hockey *m.*
holiday fête *f.*
home maison *f.*
  at the ~ of chez   4
  go (come) ~ rentrer
homework devoirs *m.pl.*
honestly sans façon
hope espérer; souhaiter (que)
horrible affreux (affreuse)
hot chaud(e)
  ~ **chocolate** chocolat chaud *m.*
  be ~ avoir chaud
  it is ~ il fait chaud
hotel hôtel *m.*
hour heure *f.*
  one ~ ago il y a une heure
  one ~ from now dans une heure
house maison *f.*
  at your ~ chez toi
housework ménage *m.*
  do ~ faire le ménage
how comment
  ~ **are you?** comment allez-vous?; (comment) ça va?
  ~ **do you say ...?** comment dit-on ...?
  ~ **do you spell ...?** comment est-ce qu'on écrit ...?
  ~ **long?** pendant combien de temps ...?
  ~ **many, much** combien (de)

~ **old are you?** quel âge avez-vous?

~ **... he (she) was!** comme il (elle) était ...!

hundred cent

hungry: be ~ avoir faim

hurry se dépêcher

husband mari *m.*

I *pron.* je; moi

ice cream glace *f.*

   vanilla ~ glace à la vanille *f.*

idiot idiot (idiote) *m./f.*

if si

imbecile imbécile *m./f.*

impatience impatience *f.*

impatient impatient(e)

important important(e)

   it is ~ that il est important que

in à; dans; en

   ~ a crazy manner follement

   ~ a little while tout à l'heure

   ~ exchange for contre

   ~ general en général

   ~ order to pour

   ~ the afternoon de l'après-midi

included compris(e)

incredible incroyable

indeed tout à fait

indicate indiquer

indispensable indispensable

inexpensive bon marché *inv.*

information renseignement *m.*

inside intérieur *m.*

   ~ of à l'intérieur de

insist insister

instrument instrument *m.*

insure assurer

intellectual *adj.* intellectuel(le)

intelligent intelligent(e)

interested: be ~ in s'intéresser à

interesting intéressant(e)

introduce présenter

   allow me to ~ myself permettez-moi de me présenter

invite inviter

Ireland Irlande *f.*

Israel Israël *m.*

it *pron.* cela, ça; il, elle

it is il est, c'est

   is it ...? est-ce que ...?

   ~ better that il vaut mieux que

   ~ cold il fait froid

   ~ cool il fait frais

   ~ essential il est essentiel

~ **nice out** il fait beau

~ **preferable** il vaut mieux

~ **raining** il pleut

~ **snowing** il neige

~ **windy** il fait du vent

Italian italien(ne)

Italy Italie *f.*

its *adj.* son, sa, ses

jacket blouson *m.*

jam confiture *f.*

January janvier *m.*

Japan Japon *m.*

Japanese japonais(e)

jeans jean *m.*

jogging jogging *m.*

juice jus *m.*

   orange ~ jus d'orange *m.*

July juillet *m.*

June juin *m.*

just: to have ~ ... venir de ...

keep garder

key clé *f.*

kidding: no ~ sans façon; sans blague!

kilogram kilo *m.*

kind *n.* sorte *f.*

all ~s of things toutes sortes de choses

   what ~(s) of ... quelle(s) sorte(s) de ...

kind *adj.* aimable, gentil(le)

kir kir *m.*

kiss *v.* s'embrasser

kitchen cuisine *f.*

knee genou *m.* (*pl.* genoux)

knife couteau *m.* (*pl.* couteaux)

knock frapper

know connaître, savoir

   I don't ~ je ne sais pas

laborer ouvrier/ouvrière *m./f.*

lady dame *f.*

language langue *f.*

lap *n.* genoux *m.pl.*

last dernier (dernière)

   ~ name nom de famille *m.*

   the ~ time la dernière fois

late tard, en retard

   be ~ être en retard

   it is ~ il est tard

lawn bowling pétanque *f.*

lay mettre

lazy paresseux (paresseuse)

leaf (of paper) feuille *f.*

learn apprendre (à)

least le/la/les moins

   at ~ au moins

   I like ~ j'aime le moins

leave laisser, partir

   ~ from partir (de)

   ~ me alone! laisse-moi (laissez-moi) tranquille!

   there's one left il en reste un(e)

left: to the ~ (of) à gauche (de)

leg jambe *f.*

lemon-lime soda limonade *f.*

lemonade citron pressé *m.*

lend prêter

less moins

let laisser

   let's go allez-y, allons-y

letter lettre *f.*

library bibliothèque *f.*

license: driver's ~ permis de conduire *m.*

life vie *f.*

   that's ~ c'est la vie

lift lever

like *v.* aimer

   I would ~ je voudrais

like *conj.* comme

listen (to) écouter

liter litre *m.*

literature littérature *f.*

little *adj.* petit(e)

   ~ girl petite fille *f.*

little *adv.* peu (de)

   a ~ un peu (de)

live habiter

long long (longue)

   a ~ time longtemps

   be a ~ time coming tarder

   how ~ ...? pendant combien de temps ...?

   no longer ne ... plus

look regarder; (*seem*) avoir l'air

   ~ after garder

   ~ for chercher

lose perdre

   ~ (one's) patience perdre patience

   ~ weight maigrir

lot: a ~ (of) beaucoup (de)

love *v.* adorer, aimer

   ~ each other s'aimer

lozenge pastille *f.*

luck chance *f.*

good ~! bonne chance!
what ~! quelle chance!
lunch déjeuner *m.*
have ~ déjeuner

magazine magazine *m.*
mail *v.* poster
make *n.* marque *f.*
make *v.* faire
~ a request faire une demande
~ friends se faire des amis
mall centre commercial *m.*
man homme *m.*, monsieur *m.*
management gestion *f.*
manner façon *f.*
manners étiquette *f.*
many beaucoup
how ~ combien
so ~ tant
too ~ trop (de)
map carte *f.*
March mars *m.*
market marché *m.*
flea ~ marché aux puces *m.*
super ~ supermarché *m.*
marriage mariage *m.*
married marié(e)
marry se marier (avec); épouser
matter: what's the ~ with you?
qu'est-ce que tu as?
May mai *m.*
may (be able to) pouvoir
~ I? vous permettez?, puis-je?
maybe peut-être
mayonnaise mayonnaise *f.*
mayor maire *m.*
me *pron.* me, moi
~ neither, nor I moi non plus
meal repas *m.*
have a good ~! bon appétit!
mean *v.* vouloir dire
mean *adj.* méchant(e)
meat viande *f.*
medicine médicament *m.*
meet rencontrer
to have met avoir connu
meeting réunion *f.*, rendez-vous *m.*
have a ~ avoir rendez-vous
member membre *m.*
mention: don't ~ it il n'y a pas de
quoi; de rien
menu carte *f.* (*à la carte*); menu *m.*
(*fixed price*)
merchant marchand/marchande
m./f.

Mexican mexicain(e)
Mexico Mexique *m.*
midnight minuit
milk lait *m.*
million million *m.*
mind your own business! occupe-toi
de tes oignons!
mine le mien/la mienne
minute minute *f.*
mirror: rearview ~ rétroviseur *m.*
miserly avare
Miss Mademoiselle (Mlle)
mistake faute *f.*
Monday lundi *m.*
money argent *m.*
month mois *m.*
moped mobylette *f.*
more encore, plus
~ …? encore de …?
~ to drink (eat)? encore à boire
(manger)?
there is no ~ il n'y en a plus
morning matin *m.*
Moroccan marocain(e)
Morocco Maroc *m.*
most (of) la plupart (de);
the ~ le/la/les plus
mother mère *f.*
mother-in-law belle-mère (*pl.* belles-
mères)
motorcycle moto *f.*
motorized bicycle mobylette *f.*
mouse souris *f.*
mouth bouche *f.*
movie film *m.*
~ theater cinéma *m.*
Mr. Monsieur (M.)
Mrs. Madame (Mme)
much beaucoup
how ~ combien
not ~ pas grand-chose
so ~ tant (de)
too ~ trop (de)
museum musée *m.*
mushrooms champignons *m.pl.*
music musique *f.*
must devoir, il faut
(someone) ~ not il ne faut pas
mustard moutarde *f.*
my *adj.* mon, ma, mes

naive naïf (naïve)
name *n.* nom *m.*
family (last) ~ nom de famille
in whose ~ …? à quel nom …?

my ~ is … je m'appelle …
what is your ~? comment vous
appelez-vous?
named: be ~ s'appeler
nap sieste *f.*
take a ~ faire la sieste
napkin serviette *f.*
nasty méchant(e)
nationality nationalité *f.*
what is your ~? quelle est votre
nationalité?
naturally naturellement
near près (de)
very ~ tout près
necessary nécessaire
it is ~ il faut, il est nécessaire (que)
need avoir besoin de
neighbor voisin/voisine *m./f.*
neither: me ~ moi non plus
nephew neveu *m.* (*pl.* neveux)
nervous nerveux (nerveuse)
never jamais (ne … jamais)
new nouveau/nouvel (nouvelle)
(*m.pl.* nouveaux); neuf (neuve)
~ Year's Day Jour de l'An *m.*
what's ~? quoi de neuf?
news informations *f.pl.*
newspaper journal *m.*
newsstand kiosque *m.*
next *adv.* ensuite, puis; *adj.*
prochain(e); suivant(e)
~ door à côté
~ to à côté de
nice aimable, gentil(le)
have a ~ day bonne journée
it's ~ out il fait beau
that's ~ of you c'est gentil à vous
niece nièce *f.*
night nuit *f.*
nine neuf
nineteen dix-neuf
ninety quatre-vingt-dix
ninety-one quatre-vingt-onze
no non
~ kidding! sans blague!; sans façon
~ longer ne … plus
~ more ne … plus
~ one ne … personne
nobody ne … personne
noise bruit *m.*
noon midi
nor: ~ I moi non plus
nose nez *m.*
runny ~ le nez qui coule
not ne (n') … pas

~ **anyone** ne … personne
~ **anything** ne … rien
~ **at all** il n'y a pas de quoi, de rien; pas du tout
~ **much** pas grand-chose
~ **yet** pas encore
note note *f.*
nothing ne … rien
notice remarquer
novel *n.* roman *m.*
novel *adj.* original(e) (*m.pl.* originaux)
November novembre *m.*
now maintenant, actuellement
number nombre *m.*, numéro *m.*
telephone ~ numéro de téléphone *m.*
nurse infirmier/infirmière *m./f.*

obey obéir
o'clock heure(s)
at … ~ à … heure(s)
it is … ~ il est … heure(s)
October octobre *m.*
of de
~ **course** bien sûr
office bureau *m.* (*pl.* bureaux)
post ~ bureau de poste *m.*
officer: police ~ agent de police *m.*
often souvent
oh dear! oh là là!
okay d'accord
if that's ~ si ça va
old âgé(e), vieux/vieil (vieille)
how ~ **are you?** quel âge avez-vous?
omelet omelette *f.*
on sur
one *pron.* on
no ~ ne … personne
one (*number*) un (une)
one-way: ~ **street** sens interdit *m.*
~ **ticket** aller simple *m.*
onion oignon *m.*
only *adj.* seul(e); *adv.* seulement; ne … que
open *v.* ouvrir
open *adj.* ouvert(e)
opinion avis *m.*
be of the ~ trouver, penser
in my (your, etc.) ~ à mon (à ton, etc.) avis
opposite contraire *m.*
or ou
orange *n.* orange *m.*

~ **juice** jus d'orange *m.*
~ **soda** orangina *m.*
orange *adj.* orange *inv.*
order *v.* commander
order: in ~ **to** pour
ordinary *adj.* ordinaire
original original(e) (*m.pl.* originaux)
other autre
ouch! aïe!
our notre, nos
outgoing extroverti(e)
outside dehors
owe devoir
owner propriétaire *m./f.*

package paquet *m.*
pain: have a ~ (**in**) avoir mal (à)
pajamas (**pair of**) pyjama *m.*
pale pâle
pants (**pair of**) pantalon *m.*
paper papier *m.*; journal *m.*
term ~ dissertation *f.*
pardon: I beg your ~ je vous demande pardon; excusez-moi
parents parents *m.pl.*
parents-in-law beaux-parents *m.pl.*
party boum *f.*, soirée *f.*
pass (**an exam**) réussir
pastry pâtisserie *f.*
~ **shop** pâtisserie *f.*
patience: lose (**one's**) ~ perdre patience
patient *adj.* patient(e)
patiently patiemment
pavement chaussée *f.*
pay (**for**) payer
~ **attention** faire attention
peanut arachide *f.*
~ **butter** beurre d'arachide *m.*
peas petits pois *m.pl.*
people gens *m.pl.*; on
pepper poivre *m.*
per par
perfect parfait(e)
perhaps peut-être
period époque *f.*
person (*male or female*) personne *f.*
personally *adv.* personnellement
pharmacy pharmacie *f.*
photograph photo *f.*
physical physique
piano piano *m.*
picnic pique-nique *m.*
pie tarte *f.*

piece morceau *m.* (*pl.* morceaux)
pill pilule *f.*, cachet *m.*
pilot pilote *m.*
pink rose
pity pitié *f.*
pizza pizza *f.*
place *n.* endroit *m.*, lieu *m.*
take ~ avoir lieu
place *v.* mettre
plain simple
plan to avoir l'intention de
plate assiette *f.*
play *n.* pièce *f.*
play *v.* jouer
~ **a game** jouer à
~ **an instrument** jouer de
~ **tennis** jouer au tennis
please s'il vous plaît (s'il te plaît)
~ **do** je vous en prie
pleasure plaisir *m.*
with ~ avec plaisir
poem poème *m.*
point out indiquer
police officer agent de police *m.*, gendarme *m.*
politician homme/femme politique *m./f.*
politics politique *f.*
poor *adj.* pauvre
poorly mal
popular populaire
pork porc *m.*
~ **butcher's** charcuterie *f.*
post office bureau de poste *m.*
postcard carte postale *f.*
potato pomme de terre *f.*
pound livre *f.*
pour verser
practice répéter
prefer préférer
I ~ **that** je préfère que
preferable: it is ~ **that** il vaut mieux que
prepare (**a lesson**) préparer (un cours)
pretty joli(e)
price prix *m.*
probably sans doute
process: be in the ~ **of** être en train de
program programme *m.*
TV ~ émission (de télé) *f.*
promise promettre
it's a ~ c'est promis
prudently prudemment

publicity publicité *f.*
punch (a ticket) composter (un billet)
pupil élève *m./f.*
purchase achat *m.*
purple violet(te)
put mettre
  ~ **on** attacher; mettre *(clothes)*
  ~ **on weight** grossir

quarter *m.* quart
  ~ **past,** ~ **after** et quart
  ~ **to,** ~ **till** moins le quart
question question *f.*
  ask a ~ poser une question
quickly vite; rapidement
quiet: keep ~! tais-toi! (taisez-vous!)

radio radio *f.*
rain pleuvoir
  it's raining il pleut
raincoat imperméable *m.*
raise lever
rapid rapide
rapidly rapidement
rare *(undercooked)* saignant(e)
rarely rarement
rather assez
  ~ **poorly** assez mal
read lire
really vraiment; sans façon
reasonable raisonnable
recently récemment
recommend recommander
red rouge
  ~ **-haired** roux (rousse)
refrigerator réfrigérateur *m.*
regarding à propos de
relatives parents *m.pl.*
remain rester
remember se souvenir (de)
rent *v.* louer
repeat répéter
request *n.* demande *f.*
  make a ~ faire une demande
reserve réserver
reside habiter
responsibility responsabilité *f.*
rest se reposer
restaurant restaurant *m.*
restroom toilettes *f.pl.*
return retourner, revenir, rentrer
rice riz *m.*

rich riche
ride: take a ~ se promener, faire une promenade en voiture
ridiculous ridicule
right *n.* droit *m.*
right *adj.* droit(e); exact(e)
  ~ **?** n'est-ce pas?
  ~ **away** tout de suite
  ~ **behind** juste derrière
  be ~ avoir raison
  that's ~ c'est exact
  to the ~ **(of)** à droite (de)
ring *n.* bague *f.*
road route *f.*
roast (of beef) rôti (de bœuf) *m.*
roll *v.* rouler
roof toit *m.*
room chambre *f.;* salle *f.*
  bath ~ salle de bains *f.*
  bed ~ chambre *f.*
  class ~ salle de classe *f.*
  dining ~ salle à manger *f.*
roommate camarade de chambre *m./f.*
round-trip ticket aller-retour *m.*
rugby rugby *m.*
run into heurter
Russia Russie *f.*
Russian russe

sad triste
salad salade *f.*
  (green) ~ salade (verte) *f.*
salesman/saleswoman vendeur/vendeuse *m./f.*
salmon saumon *m.*
salt sel *m.*
sandwich sandwich *m.*
sardine sardine *f.*
Saturday samedi *m.*
sausage saucisse *f.*
saxophone saxophone *m.*
say dire
scarf foulard *m.*
schedule emploi du temps *m.*
school école *f.*
  high ~ lycée *m.*
science sciences *f.pl.*
  computer ~ informatique *f.*
season saison *f.*
second second(e), deuxième
  in ~ **class** en seconde
see voir
seem avoir l'air

-self(-selves) -même(s)
sell vendre
semester semestre *m.*
Senegal Sénégal *m.*
Senegalese sénégalais(e)
separate *v.* séparer
  ~ **from each other** se séparer
September septembre *m.*
series *(TV)* feuilleton *m.*
serious sérieux (sérieuse)
seriously sérieusement
service: at your ~ à votre service
set: ~ **the table** mettre la table
seven sept
seventeen dix-sept
seventy soixante-dix
seventy-one soixante et onze
seventy-two soixante-douze
she *pron.* elle
sheet (of paper) feuille *f.*
shh! chut!
shirt chemise *f.*
shoes chaussures *f.pl.*
shop *(clothing)* boutique *f.*
  tobacco ~ (bureau de) tabac *m.*
shopping courses *f.pl.*
  ~ **center** centre commercial *m.*
short petit(e)
shorts (pair of) short *m.*
shoulder épaule *f.*
show montrer
shower *n.* douche *f.*
shower *v.* se doucher
sick malade
since depuis
sincere sincère
sing chanter
singer chanteur/chanteuse *m./f.*
single célibataire
Sir Monsieur (M.)
sister sœur *f.*
sister-in-law belle-sœur *f.* (*pl.* belles-sœurs)
sit down s'asseoir
  ~ **to eat** se mettre à table
six six
sixteen seize
sixty soixante
skate patiner
skating rink patinoire *f.*
ski skier
skid déraper
skirt jupe *f.*
skis skis *m.pl.*
sleep dormir

sleepy: be ~ avoir sommeil
slice tranche *f.*
slippery glissant(e)
slow *adj.* lent(e)
slow down ralentir
slowly lentement
small petit(e)
smile *n.* sourire *m.*
smile *v.* sourire
smoke fumer
smoking (car) fumeur
   non- ~ non-fumeur
snail escargot *m.*
snow neiger
   it's snowing il neige
so alors, si
   ~ many tant
   ~ much tant
soap opera feuilleton *m.*
soccer football (foot) *m.*
socks chaussettes *f.pl.*
soda: lemon-lime ~ limonade *f.;*
     orange ~ orangina *m.*
sofa sofa *m.*
some *adj.* des, quelques; *pron.* en
someone quelqu'un
something quelque chose *m.*
sometimes quelquefois
son fils *m.*
song chanson *f.*
soon bientôt
sore: be ~ avoir mal (à)
sorry désolé(e)
   be ~ regretter
   feel ~ (for) avoir pitié (de)
sort of assez
so-so comme ci, comme ça
soup soupe *f.*
Spain Espagne *f.*
Spanish espagnol(e)
speak parler
speed vitesse *f.*
   at top ~ à toute vitesse
spell épeler
   how do you ~ …? comment est-ce
     qu'on écrit …?
   … is spelled … … s'écrit …
spend (a year) passer (un an)
spinach épinards *m.pl.*
spoon cuiller *f.*
sportcoat veste *f.*
spring *n.* printemps *m.*
stamp timbre *m.*
stand up se lever
start commencer; démarrer

   it's starting to get cold il
     commence à faire froid
state état *m.*
statue statue *f.*
stay rester
steak steak *m.*
   ~ with French fries steak-frites *m.*
steering wheel volant *m.*
stepfather beau-père *m.* (*pl.* beaux-
     pères)
stepmother belle-mère *f.* (*pl.* belles-
     mères)
stepparents beaux-parents *m.pl.*
stereo stéréo *f.*
still encore; toujours
stomach estomac *m.*
stop *n.* arrêt *m.*
   ~ sign stop *m.*
   bus ~ arrêt d'autobus *m.*
stop *v.* (s')arrêter
store magasin *m.*
   department ~ grand magasin *m.*
   grocery ~ épicerie *f.*
story histoire *f.*
   detective ~ roman policier *m.*
stove cuisinière *f.*
strawberries fraises *f.pl.*
street rue *f.*
   one-way ~ sens interdit *m.*
student étudiant/étudiante *m./f.*
studies *n.* études *f.pl.*
study *v.* étudier
stylish chic *adj. inv.*
succeed réussir
sugar sucre *m.*
suit *n.* complet *m.*
   bathing ~ maillot de bain *m.*
summer été *m.*
sun soleil *m.*
Sunday dimanche *m.*
supermarket supermarché *m.*
supplement supplément *m.*
supposed: be ~ to devoir
surely certainement, sûrement
surprise surprise *f.*
   what a good ~! quelle bonne
     surprise!
swear jurer
   I ~ (to you) je te le jure
sweater pull-over (pull) *m.*
sweatshirt sweat-shirt *m.*
Sweden Suède *f.*
Swedish suédois(e)
swim nager
swimming pool piscine *f.*

Swiss suisse
   ~ cheese emmenthal *m.*
Switzerland Suisse *f.*

table table *f.*
   at the ~ à table
   set the ~ mettre la table
tablecloth nappe *f.*
tablet cachet *m.*
   aspirin ~ cachet d'aspirine *m.*
take prendre
   ~ a nap faire la sieste
   ~ a test passer (un examen)
   ~ a trip faire un voyage
   ~ a walk, a ride faire une
     promenade
   ~ place avoir lieu
talkative bavard(e)
tall grand(e)
taste goûter
tea thé *m.*
teach enseigner
teacher professeur *m.*
   ~ preparation pédagogie *f.*
team équipe *f.*
tee-shirt tee-shirt *m.*
telephone *n.* téléphone *m.*
   ~ number numéro de téléphone
     m.
   on the ~ au téléphone
telephone *v.* téléphoner (à)
television télévision (télé) *f.*
tell indiquer, raconter, dire, parler
   can you ~ me …? pouvez-vous me
     dire …?
   ~ a story raconter une histoire
ten dix
tend to avoir tendance à
tennis tennis *m.*
   ~ shoes tennis *f.pl.*
   play ~ jouer au tennis
term paper dissertation *f.*
test examen *m.*
thank *v.* remercier
thanks merci
   yes, ~ je veux bien
that *adj.* ce/cet, cette, ces; *conj.* que;
     pron. ce, cela, ça; *relative pron.*
     qui, que
the le/la/les
theater théâtre *m.*
their leur(s)
them elles, eux; les, leur
then alors, ensuite, puis

there là, y
  ~ is (are) il y a, voilà
  over ~ là-bas
therefore alors; donc
they *pron.* ils, elles, on, eux
thin mince
thing chose *f.*
think croire, penser, trouver
  do you ~ so? vous trouvez?
  I don't ~ so je ne crois pas
  what do you ~ of it (of them)?
    qu'en penses-tu?
  what do you ~ of …? comment
    trouvez-vous …?
thirsty: be ~ avoir soif
thirteen treize
thirty trente
this *adj.* ce/cet, cette, ces
  ~ way par ici
those *adj.* ces
thousand mille *inv.*
three trois
throat gorge *f.*
throughway autoroute *f.*
Thursday jeudi *m.*
ticket billet *m.*
  one-way ~ aller simple *m.*
  round-trip ~ aller-retour *m.*
  traffic ~ contravention *f.*
tie *n.* cravate *f.*
time temps *m.*; heure *f.*; fois *f.*
  a long ~ longtemps
  at that ~ à cette époque
  on ~ à l'heure
  the last ~ la dernière fois
  what ~ is it? quelle heure est-il?
tired fatigué(e)
to à
  ~ the side à côté
toast pain grillé *m.*
tobacco tabac *m.*
  ~ shop (bureau de) tabac *m.*
today aujourd'hui
together ensemble
tomato tomate *f.*
tomorrow demain
  day after ~ après-demain
tonight ce soir
too aussi
  ~ many trop (de)
  ~ much trop (de)
  you ~ vous aussi
tooth dent *f.*
toothbrush brosse à dents *f.*
toothpaste dentifrice *m.*

tour tour *m.*
  ~ bus autocar *m.*
towel serviette *f.*
tower tour *f.*
town ville *f.*
  ~ hall mairie *f.*
trade … for échanger … contre
traffic light feu *m.* (*pl.* feux)
train train *m.*
  ~ station gare *f.*
travel voyager
traveler's check chèque de voyage *m.*
trip voyage *m.*
trout truite *f.*
true vrai(e)
truly vraiment
  yours ~ amicalement
trumpet trompette *f.*
truth vérité *f.*
try essayer
  may I ~ …? puis-je …?
Tuesday mardi *m.*
turn *n.* tour *m.*
turn *v.* tourner
  ~ on (*the TV*) mettre
  ~ on the heat mettre le chauffage
turnpike autoroute *f.*
tuxedo smoking *m.*
twelve douze
twenty vingt
twenty-one vingt et un
twenty-two vingt-deux
two deux

ugly laid(e)
unbelievable incroyable
uncle oncle *m.*
under sous
understand comprendre
United States États-Unis *m.pl.*
university université *f.*
unmarried célibataire
until *prep.* jusqu'à
unwise: be ~ avoir tort
up: get ~ se lever
us nous
useless inutile
usually d'habitude

vacation vacances *f.pl.*
  have a good ~! bonnes vacances!
  on ~ en vacances

vanilla vanille *f.*
  ~ ice cream glace à la vanille *f.*
vegetable légume *m.*
  raw vegetables crudités *f.pl.*
very tout; très
violin violon *m.*
visit visiter
  ~ someone rendre visite à qqn
voyage voyage *m.*

wait (for) attendre
waiter garçon *m.*, serveur *m.*
waitress serveuse *f.*
wake up se réveiller
walk *n.* promenade *f.*
  take a ~ se promener, faire une
    promenade
walk *v.* se promener
waltz valse *f.*
want vouloir, désirer, avoir envie de
war guerre *f.*
warning avertissement *m.*
wash laver; se laver
washing machine machine à laver *f.*
watch *n.* montre *f.*
watch *v.* regarder
water eau *f.* (*pl.* eaux)
  mineral ~ eau minérale
way route *f.*; façon *f.*
  by the ~ au fait
we nous
wear porter
weather météo(rologie) *f.*, temps *m.*
  the ~ is bad il fait mauvais
  what is the ~ like? quel temps fait-
    il?
wedding mariage *m.*
  ~ anniversary anniversaire de
    mariage *m.*
  ~ dress robe de mariée *f.*
Wednesday mercredi *m.*
week semaine *f.*
  per ~ par semaine
  two weeks quinze jours
weekend week-end *m.*
weight: put on ~ grossir
  lose ~ maigrir
welcome: you're ~ de rien, je vous en
    prie, il n'y a pas de quoi
Welcome! Bienvenue!
well *adv.* bien
  are you ~? vous allez bien?
  fairly ~ assez bien
  not very ~ pas très bien

Well! Tiens!
what *pron.* qu'est-ce que/qu'est-ce qui, que; *adj.* quel(le)
  ~? comment?
  ~ am I going to do? comment je vais faire?
  ~ day is it? quel jour est-ce?
  ~ (did you say)? comment?
  ~ is (are) … like? comment est (sont) …?
  ~ is there …? qu'est-ce qu'il y a …?
  ~ is this? qu'est-ce que c'est?
  ~ is your name? comment vous appelez-vous?
  ~'s new? quoi de neuf?
  ~'s the matter? qu'est-ce qu'il y a?
  ~ time is it? quelle heure est-il?
wheel: steering ~ volant *m.*
weird bizarre
when quand
where où
  ~ are you from? vous êtes d'où?; d'où venez-vous?
  ~ is (are) …? où se trouve (se trouvent) …?
which *adj.* quel(le); *pron.* lequel

while pendant que
  a little ~ tout à l'heure
white blanc (blanche)
who qui
why pourquoi
  ~ not? pourquoi pas?
widower/widow veuf/veuve *m./f.*
wife femme *f.*
win gagner
  ~ the lottery gagner à la loterie
wind vent *m.*
  it's windy il fait du vent
windbreaker blouson *m.*
wine vin *m.*
winter hiver *m.*
wish vouloir; souhaiter
  I want je veux (que)
  I would like je voudrais (que)
with avec
without sans
witness témoin *m.*
Wolof *(language)* wolof *m.*
woman femme *f.*, dame *f.*
word mot *m.*
work *n.* travail *m.*
  manual ~ travail manuel *m.*
work *v.* travailler

world monde *m.*
worry *n.* souci *m.*
worry *v.* s'inquiéter
wounded *adj.* blessé(e)
wow! oh là là!
write écrire
wrong faux (fausse)
  be ~ avoir tort

year an *m.*; année *f.*
  school ~ année scolaire
yellow jaune
yes oui; si!
yesterday hier
yet encore
  not ~ pas encore
you *pron.* tu, vous; te, vous; toi, vous
young jeune
your *adj.* ton, ta, tes; votre, vos
  (here's) to yours! à la vôtre!
yuck! berk!
yum! miam!

zero zéro
zip code code postal *m.*

Index

In the following index, the symbol (v) refers to lists of vocabulary within the lessons. The symbol (g) refers to the sections titled *Il y a un geste* that explain gestures used with the indicated phrase.

Permissions and Credits

The authors and editors wish to thank the following persons and publishers for permission to include the works or excerpts mentioned.

Realia